UTB 2267

W0336168

Eine Arbeitsgemeinschaft der Verlage

Beltz Verlag Weinheim · Basel · Berlin
Böhlau Verlag Köln · Weimar · Wien
Wilhelm Fink Verlag München
A. Francke Verlag Tübingen und Basel
Haupt Verlag Bern · Stuttgart · Wien
Verlag Leske + Budrich Opladen
Lucius & Lucius Verlagsgesellschaft Stuttgart
Mohr Siebeck Tübingen
C. F. Müller Verlag Heidelberg
Ernst Reinhardt Verlag München und Basel
Ferdinand Schöningh Verlag Paderborn · München · Wien · Zürich
Eugen Ulmer Verlag Stuttgart
UVK Verlagsgesellschaft Konstanz
Vandenhoeck & Ruprecht Göttingen
WUV Facultas · Wien

Philippe Mastronardi

Juristisches Denken

Eine Einführung

2., überarbeitete Auflage

Haupt Verlag
Bern · Stuttgart · Wien

Philippe Mastronardi (*1946), Ordinarius für öffentliches Recht an der Universität St. Gallen. Rechtsstudium an der Universität Bern, 1972 Fürsprecherpatent und 1978 Promotion. Bis 1994 Sekretär der Geschäftsprüfungskommission der eidgenössischen Räte.

Schwerpunkt der Lehr- und Forschungstätigkeit: Staatsrecht (insbesondere Demokratiefragen), Rechtstheorie, Methodenlehre. Verfasser verschiedener Publikationen zur Verwaltungsorganisation und zum Public Management.

Bibliografische Information der *Deutschen Bibliothek*

Die Deutsche Bibliothek verzeichnet diese Publikation in der Deutschen Nationalbibliografie; detaillierte bibliografische Angaben sind im Internet über http://dnb.ddb.de abrufbar.

ISBN 3-8252-2267-5 (UTB)

Printed in Germany

ISBN 3-8252-2267-5 (UTB-Bestellnummer)

www.haupt.ch

Vorwort

Das vorliegende Buch verfolgt zwei scheinbar unvereinbare Zwecke. Es ist als Einführung für Studierende der ersten Semester gedacht, bietet aber zugleich eine Vertiefung für rechtstheoretisch interessierte Leserinnen und Leser.

> Aus der Erfahrung heraus, dass sich alles, was man wirklich begriffen hat, auch einfach darstellen lässt, soll die Einführung Nutzen ziehen. Das Wesen des juristischen Denkens soll plastisch und thesenartig hervorgehoben werden: Was tue ich, wenn ich juristisch arbeite?
>
> Aus der Erfahrung heraus, dass jede Erkenntnis neue Fragen aufwirft, soll das Bedürfnis nach Reflexion befriedigt werden, das entstehen mag, wenn das Handwerkszeug beherrscht wird. Die Spielarten des juristischen Denkens sollen in ihren Zusammenhängen und Spannungen verstanden und kritisch hinterfragt werden: Was sind meine stillschweigenden Voraussetzungen?

Die beiden Zwecke führen jeweils zu klar getrennten Abschnitten, damit jede Leserin und jeder Leser wählen kann, was sie oder ihn interessiert. Diese Aufteilung des Buches wird grafisch deutlich gemacht:

> Jede der 11 vorgestellten juristischen Denkweisen wird in zwei Teilen angeboten:
> 1. Einführung
>   - Einstiegsbeispiel
>   - Einführung in die betreffende Spielart juristischen Denkens
>   - Übungsbeispiel zur Illustration
> 2. Vertiefung

Die klare Trennung von Einführung und Vertiefung gestattet, eine Schwierigkeit jedes Lehrbuches zu bewältigen: Eine Einführung enthält zwangsläufig Vereinfachungen, die den Stand der Wissenschaft ein wenig verfälschen. Jeder Verfasser ist daher versucht, die Einführung zu differenzieren – sei es auch nur, um den Kollegen zu zeigen, dass er weiss, wie komplex das Thema eigentlich ist. Damit wird aber der Text schwerer verständlich, überladen und der Zweck der Einführung wird verfehlt. Mit der gewählten Form ist der Schreibende von diesen Rücksichten entlastet: Im Einführungsteil dominiert das didaktische Ziel ohne Einschränkung; Wissenschaftlichkeit wird nicht angestrebt. Im Vertiefungsteil dominiert die methodische Reflexion. Literaturhinweise ermöglichen es, allenfalls fehlende Vorkenntnisse der Leserschaft nachzuholen. Literaturhinweise können zum Nachschlagen benutzt werden. Allerdings soll auch dieser Teil sprachlich gut verständlich sein. Er ist ein Lehrbuch, keine Monographie. Daher soll er zumindest für fortgeschrittene Studierende gut lesbar sein. Sogar der interessierte Anfänger und die interessierte Anfängerin, die etwas „hinter die Kulissen" schauen möchten, werden daraus Gewinn ziehen, wenn sie bereit sind, die eine oder andere Unsicherheit in Kauf zu nehmen.

Das Buch eignet sich daher sowohl als Lektüre oder Unterrichtsmittel im Zusammenhang mit der Einführung in die Rechtswissenschaft, als auch im Rahmen von Methodenlehre, Rechtsvergleichung, Rechtsphilosophie und Rechtstheorie.

Die Grundstruktur des Buches folgt den *Polaritäten im juristischen Denken*. Die zahlreichen Spielarten juristischer Argumentation werden – aus sachlichen wie aus didaktischen Gründen – so zusammengestellt, dass sie jeweils aus dem Unterschied zwischen zwei Gegensatzpaaren ihre Konturen gewinnen. Damit kann zugleich zum Ausdruck gebracht werden, dass es zu jeder Denkweise mindestens eine legitime Alternative gibt, so dass keine Denkweise einen absoluten Geltungsanspruch erheben darf. Dem dient auch der Begriff der „Spielart" juristischen Denkens, der bewusst jenen der „juristischen Methode" überlagern soll.

Dass es keine allein „richtige" juristische Denkweise gibt, heisst nicht, dass keine Gewichtung vorgenommen werden soll (z.B. zugunsten des normativen Denkens). Aber die Betonung einer Denkweise ist nie ausschliesslich gemeint; sie beruht auf der Erfahrung des Autors in der Lehre und soll dort einen Akzent setzen, wo im Denken der Studierenden besonders oft Mängel auftreten.

Lesehilfe: Wer sich vorerst nicht mit den Grundlagen befassen möchte, kann nach Teil I (Was ist juristisches Denken?) Teil III (Spielarten des juristischen Denkens) lesen und dann auf Teil II (Grundlagen) zurückkommen.

Vorwort zur zweiten Auflage

Die zweite Auflage setzt das Bemühen der ersten Fassung fort. Einige Vereinfachungen sollen das Verständnis erleichtern; wenige Ergänzungen dienen der Vertiefung.

Die Struktur des Buches ist unverändert geblieben.

St.Gallen, im März 2003

Dank

Das vorliegende Buch ist während eines Forschungssemesters entstanden, das mir die Universität St. Gallen gewährt hat. Während mehr als drei Monaten genoss ich die Gastfreundschaft des Max-Planck-Instituts für ausländisches öffentliches Recht und Völkerrecht in Heidelberg, wofür ich seinen Direktoren, den Herren Jochen A. Frowein und Rüdiger Wolfrum, herzlich danke. Bereitwillige Unterstützung und wertvolle Anregungen verdanke ich zahlreichen Mitarbeiterinnen und Mitarbeitern des Instituts, allen voran Frau Dagmar Richter. Besonderer Dank verdient Patrik Stadler, ohne dessen Vorarbeit und Nachbearbeitung das Buch nicht zustande gekommen wäre. Er und meine weiteren Assistierenden, Vedat Erduran, Magda Kaluza und Nathalie Marquart, haben mir geholfen, den Text für Studierende verständlich zu gestalten. Susann Jenny-Steinacher hat den Text in verdankenswerter Weise lektoriert.

St. Gallen, im April 2001

Inhaltsübersicht

I Was ist juristisches Denken? 1

1 Einführung: Recht und soziale Norm 1

2 Vertiefung: Nutzen und Gerechtigkeit 6

II Grundlagen 9

1 Beobachten und Teilnehmen 10

2 Erkennen und Verstehen 26

3 Erkenntnisinteresse und Entscheidungsinteresse 53

4 Deskriptives und normatives Denken 71

5 System und Diskurs 101

6 Recht und Kultur 122

III Spielarten des juristischen Denkens 165

1 Vorverständnis und Methode 166

2 Juristische Logik und empirische Realität 186

3 Differenzieren und Generalisieren 209

4 Systemdenken und Problemlösungsdenken 241

5 Nutzen und Schaden – Rechte und Pflichten 263

IV Das Gesamtbild des juristischen Denkens **283**

1 Einführung 283

2 Vertiefung 298

Literaturverzeichnis **305**

Sachwortregister **315**

Inhaltsverzeichnis

I Was ist juristisches Denken? 1

1 Einführung: Recht und soziale Norm 1

1.1 Erläuterung 1

1.2 Übungsbeispiel 4

2 Vertiefung: Nutzen und Gerechtigkeit 6

II Grundlagen 9

1 Beobachten und Teilnehmen 10

1.1 Einführung 10

1.1.1 Beispiel 10

1.1.2 Erläuterung: Der Unterschied von Theorie und Praxis 12

1.1.3 Übungsbeispiel 17

1.2 Vertiefung 19

1.2.1 Zwei Arten von Erkenntnis 19

1.2.2 Systemtheorie und Handlungslehre 22

2 Erkennen und Verstehen 26

2.1 Einführung 26

2.1.1 Beispiel 26

2.1.2 Erläuterung: Die Kunst des Verstehens 27

2.1.2.1 Naturwissenschaften und Sozial- und Geisteswissenschaften 27

2.1.2.2 Allgemeine Hermeneutik 29
2.1.2.3 Juristische Hermeneutik 33
2.1.3 Übungsbeispiel 34
2.2 Vertiefung: Zur Wissenschaftstheorie des Rechts 36
2.2.1 Logik der Erkenntnis 36
2.2.2 Allgemeine Hermeneutik: Die Zirkelstruktur des Verstehens 38
2.2.2.1 Verstehen als Erkenntnis im Diskurs 38
2.2.2.2 Abgrenzung zu Max Weber 40
2.2.2.3 Abgrenzung zu Hans-Georg Gadamer 44
2.2.3 Verknüpfung von Erkennen und Verstehen 46
2.2.4 Juristische Hermeneutik: Der Zirkel als Methode 50

3 Erkenntnisinteresse und Entscheidungsinteresse 53

3.1 Einführung 53
3.1.1 Beispiel 53
3.1.2 Erläuterung: Entscheidung als Ziel juristischen Denkens 55
3.1.3 Übungsbeispiel 59
3.2 Vertiefung: Die Interessenstruktur des Vorverständnisses 61
3.2.1 Erkenntnis und Interesse 61
3.2.2 Entscheidungslehre 63
3.2.3 Juristische Entscheidungslehre 66
3.2.3.1 Das rationale Urteil als Handlungsziel 66
3.2.3.2 Das juristische Entscheidungsinteresse 67
3.2.3.3 Verstehen - Begründen - Entscheiden 68
3.2.3.4 Urteile herstellen und darstellen 69

4 Deskriptives und normatives Denken 71

4.1 Einführung 71

4.1.1 Beispiel 71

4.1.2 Erläuterung: Beschreiben und Werten 73

4.1.2.1 Deskriptive und normative Begriffe 74

4.1.2.2 Tatsachen und Normen 79

4.1.2.3 Macht, Recht und Ethik 84

4.1.2.4 Verknüpfung 85

4.1.3 Übungsbeispiel 86

4.2 Vertiefung: Funktion und Norm 88

4.2.1 Deskriptives, funktionales und normatives Denken 88

4.2.2 Sein und Sollen 92

4.2.3 Überwindung der Trennung 96

5 System und Diskurs 101

5.1 Einführung 101

5.1.1 Beispiel 101

5.1.2 Erläuterung: Der Einfluss des Bezugsrahmens auf das Denken 102

5.1.3 Übungsbeispiel 108

5.2 Vertiefung: Der Vorrang des Diskurses 109

5.2.1 System- und Diskurstheorie des Rechts 109

5.2.2 Integrative juristische Ethik 114

6 Recht und Kultur **122**

6.1 Einführung 122

6.1.1 Beispiel 122

6.1.2 Erläuterung: Kulturelle Bedingtheit des Rechtsdenkens 123

6.1.2.1 Recht als Kultur, Prozess und Sprache 124

6.1.2.2 Das Recht unterschiedlicher Kulturen 127

6.1.2.3 Zur Relativität unseres Denkens 133

6.1.3 Übungsbeispiel 135

6.2 Vertiefung: Kulturelle Relativität und Universalismus im Recht 136

6.2.1 Kulturelle Relativität des Rechts 136

6.2.2 Zum Anspruch des Universalismus 143

6.2.3 Ethik der interkulturellen Verständigung 153

6.2.4 Juristische Rationalität 160

III Spielarten des juristischen Denkens **165**

1 Vorverständnis und Methode **166**

1.1 Einführung 166

1.1.1 Beispiel 166

1.1.2 Erläuterung: Von der Meinung zum Urteil 168

1.1.3 Übungsbeispiel 176

1.2 Vertiefung: Methode als Rationalisierungsprozess 177

1.2.1 Zum Verhältnis von Methode und Urteil 177

1.2.2 Zur Wissenschaftlichkeit der Rechtswissenschaft 181

2 Juristische Logik und empirische Realität 186

2.1 Einführung 186

2.1.1 Beispiel 186

2.1.2 Erläuterung: Norm und Wirklichkeit im juristischen Denken 188

2.1.2.1 Juristisches Denken als logische Analyse der Norm 188

2.1.2.2 Juristisches Denken als empirische Analyse des Sachverhalts 196

2.1.3 Übungsbeispiel 200

2.2 Vertiefung: Rechtslogischer Idealismus und Rechtsrealismus 202

2.2.1 Normlogischer Positivismus 202

2.2.2 Rechtsrealismus 204

2.2.3 Überwindung der Gegensätze 207

3 Differenzieren und Generalisieren 209

3.1 Einführung 209

3.1.1 Analyse und Synthese 209

3.1.1.1 Beispiel 209

3.1.1.2 Erläuterung: Zerlegen und Zusammenfügen 211

3.1.1.3 Übungsbeispiel 214

3.1.2 Abstraktes und konkretes Denken 215

3.1.2.1 Beispiel 215

3.1.2.2 Erläuterung: Generell-abstrakte Norm und individuell-konkreter Entscheid 217

3.1.2.3 Übungsbeispiel 222

3.1.3 Differenzierendes und generalisierendes Denken 223

3.1.3.1 Beispiel 223

3.1.3.2 Erläuterung: Unterscheiden und Verallgemeinern 225

3.1.3.3 Übungsbeispiel 230

3.2 Vertiefung: Der Teil und das Ganze 232
3.2.1 Typus und Grundsatz als mittlere Stufen der Generalisierung 232
3.2.2 Die Integration der Differenzen 236

4 Systemdenken und Problemlösungsdenken 241
4.1 Einführung 241
4.1.1 Beispiel 241
4.1.2 Erläuterung: Das Recht als System und als Aufgabe 242
4.1.2.1 Recht als System 243
4.1.2.2 Recht als Aufgabe 245
4.1.2.3 Ausgleich durch die juristische Dogmatik 249
4.1.3 Übungsbeispiel 252
4.2 Vertiefung: Juristische Argumentation 254

5 Nutzen und Schaden – Rechte und Pflichten 263
5.1 Einführung 263
5.1.1 Beispiel 263
5.1.2 Erläuterung: Der Weg vom Interesse zum Recht 264
5.1.3 Übungsbeispiel 270
5.2 Vertiefung: Das Gute und das Gerechte 272
5.2.1 Ethik für Juristen 272
5.2.2 Utilitarismus und Deontologie 273
5.2.3 Das gerechte Gute? 277

IV Das Gesamtbild des juristischen Denkens **283**

1 Einführung **283**

1.1 Beispiel 283

1.2 Erläuterung 287

1.2.1 Das Zusammenspiel der juristischen Denkweisen 287

1.2.2 Verhältnis von Denkweise und Methode 289

1.2.3 Pluralistische Grundsätzlichkeit 291

1.2.4 Die Verantwortung des Juristen 295

1.3 Übungsbeispiel 296

2 Vertiefung **298**

2.1 Ethik der juristischen Verständigung 298

2.2 Integrierendes Denken 301

2.3 Ethische Anleitung 302

Literaturverzeichnis **305**

Sachwortregister **315**

I WAS IST JURISTISCHES DENKEN?

1 Einführung: Recht und soziale Norm

Sie fahren auf der Autobahn. Eine Tafel verkündet, dass wegen einer Baustelle in 1000 m der Verkehr nur noch einspurig weitergeführt wird. Auf der rechten Spur hat sich bereits eine Kolonne gebildet, die linke ist noch auf 800 m frei. Fahren sie vor oder reihen Sie sich in die Kolonne ein? Warum? 1

Aufgabe: 2

Legen Sie sich eine Antwort zurecht, bevor Sie weiterlesen.

Die Lösung ist in den nachfolgenden Text eingestreut. 3

1.1 Erläuterung

Unser Verhalten anderen gegenüber ist durch zahlreiche Konventionen gesteuert, die nicht rechtlicher Art sind. Sitte, Brauch oder Gruppendruck schaffen soziale Normen, in denen Verhaltenserwartungen ausgesprochen werden, denen wir uns unterziehen sollen, wenn wir sozial integriert sein wollen. Typisches Beispiel sind die Anstandspflichten. Verletzen wir diese, werden wir von der Gruppe, welche diese Normen teilt, geächtet. Wo die Normen eindeutig sind, die soziale Kontrolle gross genug ist und der Schutz des Einzelnen oder von Minderheiten kein Problem bietet, genügt die soziale Normierung. Rechtliche Regelung ist nicht notwendig. 4

Werden aber bisherige Selbstverständlichkeiten in Frage gestellt oder gilt es, komplizierte Fragen des Zusammenlebens zu organisieren, genügt die gewachsene Gruppenordnung allein nicht mehr. Es besteht ein Bedürfnis danach, zu wissen, ob die Norm für den Zweifelsfall überhaupt gilt, sowie ein Bedürfnis danach, widersprüchliche Erwartungen zu klären. Die soziale Normierung muss differenziert werden; ich will mich zur Wehr setzen können, wenn ich finde, sie treffe auf meinen Fall nicht oder nur teilweise zu. Ich will klare, erkennbare und verlässliche Normen (Rechtssicherheit) und ich will Normen, welche meine individuellen Bedürfnisse und Ansprüche gegenüber der sozialen Gruppe achten und schützen (Gerechtigkeit). 5

6 *Z.B. will ich wissen, ob ich im Stau links aufschliessen darf oder ob ich Schlange stehen muss. Ich habe es eilig und gewinne wertvolle Zeit, wenn ich vorfahre, weiss aber, dass sich die andern darüber ärgern und mich nur ungern vor ihnen in die Schlange einlassen. Dabei wäre es für die Verkehrssicherheit besser, wenn alle auf beiden Spuren aufschliessen würden*[1]*. Sowohl mein Eigennutz als auch der Gesamtnutzen sprechen für das Vorfahren, die Anstandsregel aber dagegen, denn sie will nicht, dass ich zu meinem Nutzen die anderen schädige (die Schlange rechts wird mit jedem, der links vorbeifährt, langsamer, weil die Vorfahrenden am Schluss ja doch in die Schlange eingelassen werden müssen).* [2]

7 Der Konflikt zwischen mir und der sozialen Gruppe kann ungelöst bleiben, solange er latent bleibt oder von niemandem für sehr wichtig erachtet wird. Er kann durch soziale Sanktionen entschieden werden, wenn diese einerseits wirksam sind und mich anderseits nicht unverhältnismässig verletzen[3]. Versagt die soziale Normierung, dann braucht sie den staatlichen Zwangsapparat zur Durchsetzung der sozialen Gebote. Der Staat beschliesst dann, die Ordnungsvorstellungen der Mehrheit gegenüber Minderheiten oder einzelnen durchzusetzen. Was die Vielen für gut oder nützlich erachten, wird den Wenigen und Einzelnen aufgezwungen. Zum Rechtsstaat wird dieser Zwangsapparat freilich erst, wenn er Regeln und Verfahren schafft, die gestatten, den Interessen der Vielen die Rechte der Wenigen gegenüberzustellen, welche die Durchsetzung des Mehrheitswillens verhindern können. Grundrechte und gesetzlich geschützte Rechtspositionen sorgen in der rechtsstaatlichen Demokratie dafür, dass die allgemeinen Interessen oder der Nutzen der Mehrheit unter den Vorbehalt der Rechte von Einzelnen und von Minderheiten gestellt werden.

8 *Was macht somit den Gruppenkonflikt zur Rechtsfrage:*

- *Die Staatlichkeit der Durchsetzung?*
- *Der demokratische Mehrheitsentscheid über das geltende Recht?*

---

1 Z.B. verringert sich die Gefahr eines Rückstaus bis zur letzten Autobahneinfahrt.

2 Vgl. das sog. Trittbrettfahrer-Problem, bei dem jeder Schwarzfahrer dazu beiträgt, die Fahrtarife für die Ehrlichen anzuheben.

3 Soziale Sanktionen werden ohne rechtsstaatliches Verfahren verhängt und sind oft sehr hart (so z.B. der Rufmord).

Es gehört gewiss zum Recht, dass eine Institution, die wir heute Staat nennen, auf demokratische Weise Entscheidungen darüber trifft, wie Konflikte zwischen Menschen oder Gruppen zu befrieden sind, und dass diese Institution ihre Entscheide zwangsweise durchsetzen kann. Das Typische am Staat ist aber, dass er diese Entscheidungen nach rechtlichen Kriterien zu treffen hat. Die staatlichen Behörden sind gehalten, juristisch zu denken. 9

Das spezifisch Juristische an der staatlichen Konfliktlösung ist, dass das, was die soziale Gruppe (bzw. der Einzelne oder die Minderheit) für „gut" oder „nützlich" halten, in *Rechte* gegossen wird, denen Pflichten der Gegenseite gegenüberstehen. Die sozialen Vorstellungen über das angemessene Verhalten werden zu Rechten und Pflichten formalisiert und verallgemeinert. Rechtsschutz verdient nur jenes Interesse, welches in der gleichen Situation allen gleichermassen zugestanden werden kann. Ein soziales Gut wird nur dann zum Rechtsgut, wenn es vor den Kriterien der Rechtsgleichheit und der Gerechtigkeit (so wie sie von der konkreten Rechtsordnung verstanden werden) standhält. Ein Nutzen wird nur dann zu einem Recht, wenn er nach den Grundsätzen und Regeln des positiven Rechts als *schützenswert* anerkannt wird. 10

Juristisches Denken unterteilt somit soziale Vorstellungen des Guten und Nützlichen in solche, welche sich in Rechte und Pflichten übersetzen lassen, und solche, welche dieser Prüfung nicht standhalten. Der Jurist sucht in der Alltagswelt nach jenen normativen Vorstellungen, die er in die Rechtssprache übersetzen kann, um sie als *rechtserheblich* zu erklären. Er filtert dabei alles aus, was der verbürgten Rechtsauffassung vom Richtigen nicht entspricht. Er darf nicht alles für Recht erklären, was ihm gut scheint, sondern nur das, was für alle richtig ist (Urteil nach Recht und Gerechtigkeit). 11

Das Recht erhebt das „Richtige" zum Massstab des „Guten". 12

Solange das Strassenverkehrsrecht nicht verbietet, die Schlange im Stau links zu überholen, bleibt die Anstandspflicht, sich in die Schlange einzustellen, eine blosse soziale Norm. Die Konvention hat das Siegel der Richtigkeit nicht erhalten. Der Staat kann sogar gegenteilig entscheiden und eine Tafel aufstellen, die dazu auffordert, bei Stau auf beiden Spuren aufzuschliessen. Dann trifft er eine Lösung, die sowohl alle gleich und gerecht behandelt, als auch den Gesamtnutzen optimiert. 13

1.2 Übungsbeispiel

14 *A zieht in eine neue Wohnung um und lässt sich beim Herauftragen der Möbel von zwei Freunden helfen. B, ein dritter Freund, der davon erfahren hat, kommt ungefragt hinzu und will mithelfen. Dabei stürzt er im Treppenhaus und bricht sich das linke Bein. Er verlangt nun Schadenersatz von A.*

15 Argumente von B:

- A hat den Nutzen der Hilfe, er soll auch den Schaden tragen.
- Wenn A den Freundesdienst nicht durch mittragen des Schadens erwidert, wird B ihm nie mehr helfen
- Es wäre eigennützig, wenn A den Freundschaftsdienst annähme, ohne selber bereit zu sein, B ebenfalls zu helfen, wenn dieser Hilfe braucht

16 Argumente von A:

- B hat sich den Schaden selber angetan. Er hätte besser aufpassen können
- A trifft keine Schuld am Ungeschick von B
- A hat gar nicht gewollt, das B ihm helfe. B handelte auf eigene Gefahr
- Der Schadenersatz ist viel höher als der Nutzen, den A aus der Hilfe gezogen hat; es wäre unbillig, A den Schaden aufzubürden.

17 **Aufgabe:**

Tauschen Sie die in den vorstehenden Argumenten enthaltenen Nützlichkeitserwägungen gegen Rechtsargumente aus.

18 **Lösung:**

Argumente von B:

- (A hat den Nutzen der Hilfe, er soll auch den Schaden tragen:) Nach dem Prinzip der Tauschgerechtigkeit wäre es ungerecht, dem Einen den Nutzen und dem Andern den Schaden zuzuteilen. Nutzen und Schaden sind auszugleichen.
- (Wenn A den Freundesdienst nicht durch mittragen des Schadens erwidert, wird B ihm nie mehr helfen:) Nach dem Gegenseitigkeitsprinzip schuldet A dem B die gleiche Solidarität, welche ihm dieser entgegengebracht hat.
- (Es wäre eigennützig, wenn A den Freundschaftsdienst annähme, ohne selber bereit zu sein, B ebenfalls zu helfen, wenn dieser Hilfe braucht:) Wer aus einem Geschäft Rechte zieht, muss auch die damit verbundenen Pflichten übernehmen.

Argumente von A: 19

- (B hat sich den Schaden selber angetan. Er hätte besser aufpassen können:) Nach dem Grundsatz der Eigenverantwortung trägt jeder den Schaden, den er sich zufügt, selber.
- (A trifft keine Schuld am Ungeschick von B:) Nach dem Prinzip der Verschuldenshaftung ist nur derjenige verantwortlich, der dem Andern schuldhaft einen Schaden zufügt.
- (A hat gar nicht gewollt, das B ihm helfe. B handelte auf eigene Gefahr:) Zwischen A und B bestand kein Vertragsverhältnis, weshalb keine vertragliche Haftung geltend gemacht werden kann.
- (Der Schadenersatz ist viel höher als der Nutzen, den A aus der Hilfe gezogen hat; es wäre unbillig, A den Schaden aufzubürden:) Nach dem Aequivalenzprinzip darf A nicht zu einem Schadenersatz verpflichtet werden, der unverhältnismässig höher ist, als der Nutzen, den er aus der Hilfe (Geschäftsführung ohne Auftrag) gezogen hat.

Zusatzfrage: 20

Wenn A dem B geholfen hätte und ihm das Gleiche widerfahren wäre, was würde er geltend machen? *Ein Rollentausch hilft zu verdeutlichen, dass die Gerechtigkeit die Gleichbehandlung gleichwertiger Fälle verlangt - hier den Schadensausgleich.*[4]

Hinweis: Das Schweizerische Bundesgericht hat entschieden, dass der Geschäftsführer ohne Auftrag nicht schlechter gestellt werden darf, als derjenige, welcher einen unentgeltlichen Auftrag erfüllt. Dieser kann vom Auftraggeber auch dann Schadenersatz verlangen, wenn den Auftraggeber kein Verschulden am Schaden trifft (Bundesgerichtsentscheid (BGE) 61 II 95 ff., 98). 21

4 Den gleichen Rollentausch verwendet der Strafrichter, wenn er feststellen will, ob ein Dieb sich bewusst war, unrecht zu handeln: Er versetzt den Angeschuldigten in die Eigentümerrolle und provoziert eine entsprechende Reaktion.

2 Vertiefung: Nutzen und Gerechtigkeit

22 Recht entsteht, wenn Nützlichkeit in die Form der Gerechtigkeit gegossen wird.

23 Juristisches Denken bewegt sich zwischen den Polen der Nützlichkeits- und der Pflichtenethik (*Utilitarismus* und *Deontologie*). Der Jurist argumentiert im Konflikt zwischen verschiedenen Vorstellungen des Guten und soll in diesem Streit einen gerechten Ausgleich schaffen.

24 Die Menschen berufen sich dann auf ihr Recht, wenn sie glauben, es diene ihrem *Nutzen*. Dies sowohl, wenn sie damit eine soziale Machtposition (und sei sie noch so bescheiden) stützen oder stärken können (*etwa das Eintreiben einer Forderung*), als auch, wenn sie damit die soziale Machtposition eines anderen abwehren wollen (*etwa das Verhindern der Vollstreckung*). Soziale Macht muss nicht durch das Recht zugeteilt werden, sondern wird meist durch gesellschaftliche Normen gesteuert. Solche Macht wird vom Recht nicht erfasst[5]. Wo allerdings eine Gesellschaft beschliesst, bestimmte Typen von Macht rechtlich zu gestalten, sollen diese Typen von Machtausübung an bestimmte Vorstellungen der Gerechtigkeit gebunden werden.

25 Rechtspositionen sind rechtlich gefasste Machtpositionen. Sie gestatten ihrem Inhaber, seine Vorstellung vom Guten oder Nützlichen anderen aufzuzwingen. Umgekehrt begrenzen sie diese Vorstellung auf jene Inhalte, welche dem rechtlich verfassten *Konzept der Gerechtigkeit* entsprechen: Das Recht wählt aus einer unbegrenzten Zahl von Nützlichkeiten jene aus, die es für gerecht erachtet. Es tut dies je nach Rechtsordnung auf unterschiedliche Weise. Zu einem – meist geringen – Teil legt es inhaltlich fest, welches „Gute" als Rechtsgut den Schutz der Rechtsordnung verdient (z.B. das Eigentum oder die Gesundheit), zu einem andern Teil bestimmt es nur die Verfahren und Kriterien, nach denen im Einzelfall die Grenze des Schutzwürdigen bestimmt werden kann (z.B. beim Vertragsabschluss durch die Parteien des Vertrages oder beim Vertrauensprinzip

5 Z.B. die Macht der Männer über die Frauen oder der Reichen über die Armen. Daneben gibt es aber auch viele Machtpositionen, die erst durch das Recht geschaffen werden (z.B. die Amtsmacht, die Macht der Verbände oder der Eigentümer).

durch den Richter). Das Recht selektioniert somit Nützlichkeiten nach dem Kriterium der Gerechtigkeit[6].

Das Verhältnis des Guten, des Nützlichen und des Gerechten kann somit juristisch wie folgt gefasst werden: 26

Das *Gute* ist alles, was ein Einzelner oder eine Gruppe für sein bzw. ihr Leben als wertvoll erachtet – im Innenleben des Einzelnen, in persönlichen Beziehungen oder im Zusammenleben der Gesellschaft. Es ist der Bereich der Ethik. Das Recht ist nur beschränkt geeignet, diesen Bereich zu positivieren. Soweit die zwischenmenschliche Ebene betroffen ist, und sich die Wertung staatlich schützen lässt, formuliert das Recht dafür Rechtsgüter und allgemeine Rechtsgrundsätze. 27

Das *Nützliche* beschlägt den pragmatischen Teilbereich des Guten. Hier geht es um Vorstellungen des Guten, welche sich in konkreten Interessen (Einzelner oder von Gruppen) niederschlagen und als qualitative und quantitative Forderungen formulieren lassen. Das Nützliche ist das sozial operationalisierbare (d.h. instrumentell umsetzbare) Gute. Im Wirtschaftsbereich lässt es sich in Geld übersetzen, in anderen Bereichen in Schritte der Zielerreichung (etwa in Belastungsgraden der Umwelt). Das Recht ist in hohem Masse geeignet, Nützlichkeiten zu bewerten und zu schützen. Es schafft dafür Regeln, aus denen sich Rechtsansprüche und Verfahrensrechte ableiten lassen. 28

Das *Gerechte* ist das Bewertungskriterium, mit welchem das Recht das Nützliche beurteilt, um seinen Schutz zu gewähren oder zu verweigern. Nutzen und Schaden der interessierten Parteien werden abgewogen. Dem Nützlichkeitsdenken, das den Gesamtnutzen optimieren will, wird dabei nur soweit Rechtsschutz verliehen, als dem nicht Rechtsansprüche von Einzelnen oder von Minderheiten entgegenstehen. Dem Nutzenstreben 29

6 Dies gilt nicht nur für das Privatrecht. Im Strafrecht verlangt die Gerechtigkeit den Vorrang der Spezialprävention vor der Generalprävention, im öffentlichen Recht erzwingt das Verhältnismässigkeitsprinzip den Verzicht auf die Durchsetzung öffentlicher Interessen, wenn die vorgesehenen Massnahmen nicht den geringsten möglichen Eingriff in private Rechte darstellen oder den Privaten nicht zugemutet werden dürfen. Grundrechte schaffen in ihrem Kernbereich einen absoluten Vorrang der Rechtsidee vor der Nützlichkeit.

des einen setzt das Recht des andern Grenzen, indem es dem Interesse die *Pflicht* gegenüberstellt: Das Nützlichkeitsdenken eines jeden wird in die Pflicht eingebunden, das Recht des andern auf Anerkennung zu achten.

30 Das Verhältnis von „gut", „nützlich" und „gerecht" kann wie folgt illustriert werden: Für die Reichen ist es gut, wenn es genügend Arme gibt, die bereit sind, für wenig Geld zu arbeiten. Für die Volkswirtschaft hingegen ist es nützlich, wenn ein Mittelstand besteht, der genügend Kaufkraft hat. Für die Armen schliesslich ist es gerecht, wenn ein System der sozialen Sicherheit besteht, das alle vor Not und Elend bewahrt.

31 Das Nützliche wird dadurch zum Recht, dass es in die Pflicht zur Wahrung der Gerechtigkeit eingebunden wird. Recht verpflichtet den Utilitarismus auf eine Deontologie. Die *Rechtsidee* beansprucht den Vorrang vor dem *Interesse*.

Das Gute	**Das Nützliche**	**Das Gerechte**
subjektive, unbestimmte Vorstellung (*z.B. Glück*)	objektivierter, messbarer Wert (*z.B. Geld)*	Rechte und Pflichten gegenüber anderen (*Rechtsverhältnis*)
Interesse		Rechtsidee
Utilitarismus[7]		Deontologie[8]

Das Verhältnis des Guten, des Nützlichen und des Gerechten

32 Die Absicht des vorliegenden Buches ist, diesen Zusammenhang in seiner vielfältigen Ausfächerung zu erhellen und zu zeigen, wo und wie im Rechtsdenken Nützlichkeiten einerseits, Rechte und Pflichten anderseits massgeblich sind, wie sie einander überlagern und wo sie sich verknüpfen lassen. Jede der Spielarten des juristischen Denkens, die im Folgenden vorgestellt werden, hat dazu ihren Beitrag zu leisten.

7 Nützlichkeitsethik (zielt auf das grösste Glück der grössten Zahl ab); vgl. Ziff. III 5.2.

8 Pflichtenethik (verlangt die Anerkennung des anderen als gleichberechtigten Partner); vgl. Ziff. III 5.2.

II Grundlagen

Das juristische Denken trägt zwar spezifische Merkmale, teilt aber auch Gemeinsamkeiten mit einer Reihe anderer Disziplinen (Ökonomie, Soziologie, Geschichte, Ethik). Bevor auf die Spezialität des juristischen Denkens eingegangen werden kann (Teil III), müssen daher die Qualitäten ausgewiesen werden, welche das Rechtsdenken mit anderen geistes- und sozialwissenschaftlichen Denkweisen gemeinsam hat (Teil II). 33

Teil II stellt in 6 Kapiteln je eine besondere Denkweise dar, indem anhand einer leitenden Frage jeweils die zwei einander polar gegenüberstehenden Typen des Denkens hervorgehoben werden (*z.B.: Frage nach dem Subjekt: bin ich Beobachter oder Teilnehmer, wenn ich einen sozialen Sachverhalt erkennen will?*) 34

Kapitel	**polares Begriffspaar einer Denkweise**		**leitende Frage ...**
II 1	Beobachten	Teilnehmen	nach dem Subjekt
II 2	Erkennen	Verstehen	nach der Art des Wissens
II 3	Erkenntnisinteresse	Entscheidungsinteresse	nach dem Handlungsbezug
II 4	deskriptiv	normativ	nach der Geltungsart: wahr oder richtig?
II 5	System	Diskurs	nach der Intersubjektivität der Erkenntnis
II 6	universaler Anspruch	kulturelle Bedingtheit	nach dem Geltungsbereich der Erkenntnis

Übersichtstabelle 1: Die grundlegenden polaren Denkweisen

1 Beobachten und Teilnehmen

1.1 Einführung

1.1.1 Beispiel

35 *A hat mit seinem Personenwagen einen Fussgänger angefahren, der über die Strasse wollte. Nach seinen Aussagen hat A den alten Mann überhaupt nicht gesehen, weil dieser hinter einem parkierten Wagen hervorkam.*

36 a) *Der Vorfall hat sich in Japan ereignet.* Dort werden 90 % der Fälle, in denen es zu einer Anklageerhebung kommt, verurteilt. Als wichtigster Grund dafür *gilt*, dass es für einen Staatsanwalt eine Schande bedeutet, einen Fall zu „verlieren". Deshalb wird die Anklage erst erhoben, wenn das belastende Material überwältigend *wirkt*. Wird hingegen Anklage geführt, erschwert es das obrigkeitliche Verhältnis von Staat und Bürger dem Privaten, die staatliche Autorität in einem Prozess zu desavouieren. Anderseits wird in Japan ein Geständnis, das mit tätiger Reue abgelegt wird, stark strafmildernd gewertet. Deshalb wird in rund 80 % aller Gerichtsfälle ein Geständnis abgelegt. Denn so, wie das Opfer nach japanischer Tradition dem reuigen Täter, der den Schaden soweit möglich kompensiert, zu verzeihen hat, ist auch der Staat zur Milde gehalten. – A hat daher (statistisch gesehen) die besten Chancen, glimpflich davon zu kommen, wenn er gar nicht versucht, Recht zu bekommen, sondern seine Unachtsamkeit reuig eingesteht.

37 b) *Der Vorfall hat sich in Deutschland ereignet*. Hier *gilt* im Strafrecht das Schuldprinzip: A kann nur verurteilt werden, wenn ihm fahrlässiges Verhalten vorgeworfen werden kann. Wenn dem alten Mann oder einem Dritten ein Selbst- bzw. Mitverschulden vorgeworfen werden kann, *wirkt* das für A strafmildernd. Diese Rechtslage will A sich zunutze machen. Sein Anwalt entwickelt daher folgende Verteidigungsstrategie für ihn:

- Der alte Mann befand sich nicht auf dem Fussgängerüberweg (CH: Fussgängerstreifen, AT: Schutzweg[9])
- A war nicht mit übersetzter Geschwindigkeit unterwegs
- A hätte auch dann nicht rechtzeitig bremsen können, wenn er den Mann sofort gesehen hätte
- Der Mann hat seinen Unfall selber verschuldet
- Der parkierte Wagen, hinter welchem der Mann auf die Strasse getreten war, stand ausserhalb eines Parkfeldes und stellte ein gefährliches Verkehrshindernis dar.

Fragen: 38

1) Wie unterscheiden sich die beiden Darstellungen des Falles?
2) Welche unterschiedliche Bedeutung haben die Wörtchen „gilt" und „wirkt" in den beiden Darstellungen?

Lösung: 39

1) (a) ist die objektive Beschreibung des Falles „von aussen", (b) die subjektive Orientierung *im* Fall „von innen". Der entscheidende Unterschied liegt darin, dass ich in (a) eine Situation aus der Distanz beobachte und beschreibe (Standpunkt des Beobachters), während ich in (b) als Beteiligter eine Handlungsanweisung gebe (Standpunkt des Teilnehmers). **Merke:** Dass Fall (a) in die Ferne verlegt worden ist, während Fall (b) im Kulturkreis der Leserin und des Lesers liegt, ist nur ein Hilfsmittel, das die Unterscheidung der Darstellungsweisen erleichtern soll. Für Fall (a) liesse sich ebenfalls eine Anwaltsstrategie entwickeln; für Fall (b) wäre ebenso eine soziologische Beschreibung möglich.
2) „Geltung" und „Wirkung" sind in (a) in *faktischem* Sinne gemeint: In der japanischen Gesellschaft wird die Vorstellung der Schande tatsächlich anerkannt / das Belastungsmaterial ist so stark, dass es mit hoher Wahrscheinlichkeit zu einer Verurteilung führt (diese Aussagen sind entweder *wahr* oder *falsch*). In (b) sind die gleichen Begriffe in *normativem* Sinne gemeint: Das Schuldprinzip gilt im deutschen Strafrecht, auch wenn viele Urteile es nicht voll verwirklichen / Selbst- und Mitverschulden führen nicht kausal zu geringeren Strafen, sondern bilden Gründe, welche der Richter bei der Würdigung der gesamten

---

9 Die Beispiele werden in der Regel in der Terminologie der Bundesrepublik (DE) dargestellt. Abweichende Begriffe der schweizerischen (CH) und der österreichischen (AT) Rechtssprache werden in Klammern vermerkt. Das Gleiche gilt für die Verweise auf die Rechtsgrundlagen.

Umstände zu bewerten hat (diese Aussagen sind entweder *richtig* oder *unrichtig*)[10].

40 **Hinweis:** Das Beispiel zeigt, dass wir ein Ereignis auf zwei grundsätzlich verschiedene Weisen darstellen können. Der Unterschied liegt nicht im Objekt, um das es geht, sondern im Subjekt, das die Schilderung vornimmt. Im einen Fall verhalte ich mich als Beobachter des Ereignisses, im andern Fall als Teilnehmer.

1.1.2 Erläuterung: Der Unterschied von Theorie und Praxis

41 Die Beobachtung gilt nach dem Muster der Naturwissenschaften als Grundform wissenschaftlicher Erkenntnis. In Astronomie, Physik, Chemie oder Biologie kommt Erkenntnis durch Beobachtung zustande – sei es durch Betrachten und Messen natürlicher Abläufe, sei es durch Analyse von künstlichen Experimenten, soweit solche möglich sind. Dabei wird angenommen, dass der Eingriff in die Natur, welchen der Wissenschafter mit seinen Instrumenten vornimmt, die Wirklichkeit nicht oder nur in vernachlässigbarer Weise verändert. Die Resultate der Beobachtung gelten als objektiv wahr, jederzeit und von jedermann in gleicher Weise reproduzierbar und damit vom Subjekt des Beobachters unabhängig.

42 Beobachtung setzt den sog. archimedischen Standpunkt voraus, der ausserhalb der Welt feststeht und von dem aus ich das Geschehen aus der Distanz betrachten kann. Während ich auf der Erde den Eindruck habe, Sonne, Mond und Sterne drehten sich um die Erde, sieht ein Mann auf dem Mond, dass die Erde sich um ihre eigene Achse dreht:

10 Näheres zum normativen und zum deskriptiven Denken, die hier angesprochen sind, findet sich unter Ziffer II 4.

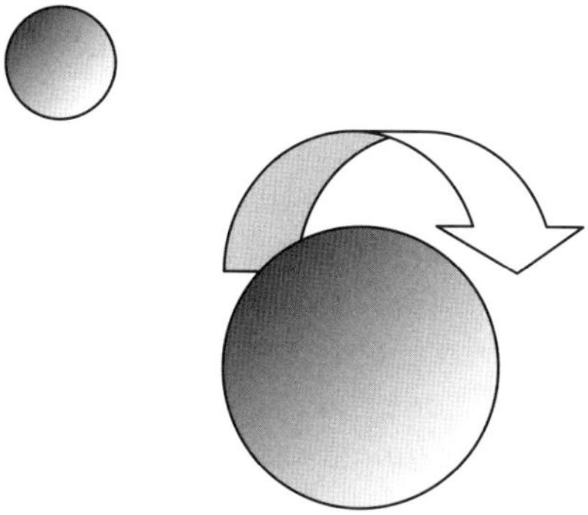

Die Erddrehung als Beispiel von Beobachtung und Teilnahme
Der Beobachter auf dem Mond sieht die Erddrehung, die der Teilnehmer auf der Erde nicht sehen kann. Allerdings ist der Mann auf dem Mond ebenso Teilnehmer, wenn es um die Drehung des Mondes um dessen eigene Achse geht...

Beobachtung ist auch in Fragen des gesellschaftlichen Zusammenlebens 43
möglich. Ethnologie, Soziologie, Politikwissenschaft oder Ökonomie betrachten und messen Abläufe und Verhältnisse in sozialen Gruppen oder in ganzen Gesellschaften. Sie beschreiben Einzelereignisse, statistische Wahrscheinlichkeiten, Sitten und Gewohnheiten, Konventionen und soziale Normen. Sie entwickeln daraus Verhaltensmodelle, nach denen mit angebbarer Wahrscheinlichkeit künftiges Verhalten vorausgesehen werden kann. Ihre Aussagen erheben den Anspruch, wahr zu sein.

Im gesellschaftlichen Bereich genügt die Beobachtung, wenn statistische 44
Wahrscheinlichkeiten oder faktische Erfahrungssätze gefragt sind. Beobachtung liefert darüber hinaus Informationen über die Wirksamkeit eines bestimmten Verhaltens, sie sagt mir, was ich voraussichtlich zu erwarten habe, wenn ich in bestimmter Weise handle. Sie liefert mir eine „Wenn–dann–Auskunft" für zweckmässiges Vorgehen. *Wenn ich in Japan tätige Reue bekunde, habe ich bessere Chancen, nicht ins Gefängnis zu müssen, als wenn ich behaupte, keinen Fehler begangen zu haben.*

45 Was Beobachtung nicht liefert, ist normative Orientierung für *richtiges* Verhalten. Daraus, dass in einer Gruppe bestimmte Konventionen oder soziale Normen gelten, folgt nicht, dass ich mich entsprechend verhalten *soll.* (*Ist die Gruppe, welche ich beobachte, die Drogenszene in meiner Stadt, halte ich mich besser nicht an ihre Erwartungen.*) Beobachtung liefert die technische Information über das Verhältnis von Zwecken und Mitteln, nicht aber die Bewertung der Zwecke. *Die Beobachtung japanischer Gepflogenheiten nützt dem japanischen Richter wenig, wenn er entscheiden muss, ob es richtig sei, mich im konkreten Fall zu verurteilen oder freizusprechen*[11]. *Dafür braucht er Wertungskriterien, welche ihm gestatten, den Einzelfall zu beurteilen.*

46 Sobald ich wertende Entscheidungen zu treffen habe, muss ich den Standpunkt des Beobachters gegen jenen des Teilnehmers austauschen. Menschliches Handeln orientiert sich ausdrücklich oder stillschweigend an Wertungen. Erst gestützt auf diese Wertungen lassen sich Zweckmässigkeitsfragen beantworten. Das Wissen um die Mittel, welche bestimmten Zwecken dienen, ist sekundär zum Wissen um die Zwecke, die zu verfolgen sind. Als Teilnehmer im sozialen Handeln brauche ich beide Wissen: jenes um das Wie und jenes um das Wozu meines Handelns. Typisches Beispiel ist das Handeln des Richters: Ihm genügt es nie, die Straftat zu beobachten. Er muss auch noch wissen, wie er sie rechtlich bewerten und beurteilen soll. Dafür braucht er handlungsorientierende Normen aus Gesetzen oder früheren Gerichtsentscheiden; er braucht Massstäbe oder Grundsätze des Richtigen neben jenen des Wahren oder Wirksamen. Der Richter muss sein Urteil nach den Wertungen des Rechts, das er zu sprechen hat, begründen können. *Der deutsche (wie der japanische) Richter muss wissen, was das Schuldprinzip im Strafrecht bedeutet, und ob die Gründe, welche der Anwalt anruft, hinreichen, um im konkreten Fall eine Schuld des Täters zu verneinen.*

47 Beobachter- und Teilnehmerstandpunkt unterscheiden sich also in der Stellung des Subjekts zum Gegenstand des Wissens. Der Beobachter hat Distanz dazu, der Teilnehmer steht mitten drin. Der Beobachter muss

---

11 Er erfährt daraus nur, mit welcher Wahrscheinlichkeit ein Richter mich freisprechen oder verurteilen wird, nicht aber, was im konkreten Fall geschehen soll.

nicht entscheiden, der Teilnehmer wohl. Der Beobachter schildert den Ablauf einer Geschichte, der Teilnehmer gestaltet sie mit. Die Qualität des Beobachters misst sich an der Wahrheit seiner Aussagen, die Qualität des Teilnehmers an der Richtigkeit seines Urteils.

Kapitel	**polares Begriffspaar einer Denkweise**		**leitende Frage ...**
II 1	Beobachten ➡ wahre Aussage ➡ Theorie	Teilnehmen ➡ richtiges Urteil ➡ Praxis	nach dem Subjekt

Übersichtstabelle 1 a: Beobachten und Teilnehmen

Typische Beispiele dieser unterschiedlichen Betrachtungsweisen sind jene 48
des Ökonomen und des Juristen: *Wenn es z.B. darum geht, die Mieterschutzvorschriften zu beurteilen, sehen die beiden Fachleute ganz andere Dinge vor sich. Der Volkswirtschafter stellt fest, dass der staatliche Eingriff in die Preise auf dem Wohnungsmarkt ineffizient ist, weil er die Marktmechanismen stört und damit den Liegenschaftsmarkt verzerrt; zudem kritisiert er, dass der sozialstaatlich ausgerichtete Mieterschutz undifferenziert arme und wohlhabende Mieter begünstigt. Es wäre volkswirtschaftlich und sozialpolitisch effizienter, zur Marktmiete zurückzukehren und den Armen mit Direktzahlungen zu helfen*[12]*. Der Jurist stellt hingegen fest, dass bei Wohnungsmangel ein Machtgefälle zwischen den Partnern des Mietverhältnisses besteht, das nur durch zwingende Rechtsvorschriften und Klagerechte zu Gunsten des Mieters einigermassen aufgewogen werden kann. Unbestimmte Rechtsbegriffe und Generalklauseln genügen, um ungerechtfertigte Begehren von Mietern abzuweisen. Ohne Verletzung wesentlicher Rechtspositionen der schwächeren Partei kann die Marktmiete nicht eingeführt werden, bevor das Machtgleichgewicht am Markt hergestellt ist. Die beiden Standpunkte blockieren einander: Der Ökonom braucht die Marktmiete, um das Machtgleichgewicht herzustellen – der Jurist braucht ein stabilisiertes Machtgleichgewicht, um auf den Mieterschutz verzichten zu können.*

---

12 Ungeachtet des wertenden Begriffs der Effizienz sind die Aussagen des Ökonomen rein beschreibend gemeint (vgl. dazu Ziff. II 4). Sie erheben den Anspruch, eine Wahrheit über die Wirkungszusammenhänge auf dem Wohnungsmarkt wiederzugeben.

49 Das Beispiel zeigt eine doppelte Spannung von Beobachten und Teilnehmen einerseits, Allgemeinem und Besonderem anderseits. Die Beobachtung des Ökonomen neigt zur abstrakten Gesamtschau, die Teilnahme des Juristen zur Betonung des konkreten Einzelfalles. Der Beobachter kann das Besondere zur Ausnahme erklären, die er ausklammern darf, weil es ihm um das Ganze geht. Der Teilnehmer darf das Allgemeine ausklammern, weil es im Rahmen des Einzelfalles nicht verändert werden kann. Der Erste interessiert sich für das Generelle, die Theorie, der Zweite für das Konkrete, die Praxis.

50 Damit zeigt sich, dass Beobachten und Teilnehmen auch die Tätigkeitsformen der Theorie und der Praxis sind. „Theorie" ist griechisch für Schau, Betrachtung; „Praxis" heisst Tätigkeit, Handlung. Der Beobachter hat eine theoretische Beziehung zu seinem Gegenstand, der Teilnehmer eine praktische. Der Beobachter sucht nach Wahrheit, der Teilnehmer nach Richtigkeit. Der Beobachter will wissen, der Teilnehmer handeln.

51 Beobachten und Teilnehmen sind damit das fundamentale Gegensatzpaar in der Stellung des Subjekts zum Gegenstand seines Denkens. Diesen Gegensatz zu verkennen führt zu elementaren Denkfehlern, gerade bei Juristen. Denn nur zu leicht beginnen wir mit einer Beobachtung und enden mit einem Urteil, ohne zu merken, dass wir unversehens den Standpunkt gewechselt haben. Wir haben dann mit Sicherheit eine Feststellung als Begründung missbraucht, etwa indem wir die Tatsache, dass das Opfer dem Täter verziehen hat, als Grund für die Strafmilderung herbeiziehen, ohne zu prüfen, ob dieser Sachverhalt einem gesetzlichen Strafmilderungsgrund entspricht.

52 Beobachten und Teilnehmen sind zwar gegensätzliche Formen des Denkens, sie schliessen einander aber nicht aus. Der Beobachter kann zum Berater werden, indem er seine empirischen und theoretischen Kenntnisse in die konkrete Situation einbringt und für Entscheidungen nutzt. Er braucht dann aber als Teilnehmer zusätzliche Orientierung, die er nicht aus seiner früheren Beschäftigung ziehen kann. Umgekehrt kann der Teilnehmer sich für einen Augenblick aus der Entscheidungssituation lösen und versuchen, diese (und sich selber) aus der Distanz des Beobachters zu

reflektieren. Er gewinnt daraus Einsichten, welche seine früheren Ansichten relativieren und korrigieren mögen.

Praxis darf nicht theorielos sein und Theorie soll nicht praxisfern sein. Ge- 53
rade für den Juristen ist es wichtig, dass er lernt, bewusst zwischen beiden Standpunkten zu wechseln. Denn nur so kann er den Einzelfall richtig in die gesamte Rechtsordnung einordnen – und die Rechtsordnung einzelfallgerecht fortbilden.

Beobachten und Teilnehmen gehören somit beide zum juristischen Den- 54
ken. Doch gibt es eine Gewichtung: Der Jurist ist primär Teilnehmer. Das Beobachten ist die notwendige Ergänzung zu seinem Tagesgeschäft. Einzig im Studium wird dieses Verhältnis üblicherweise verzerrt: Die Studentin und der Student werden zu lernenden Beobachtern der Professoren reduziert, sie stellen fest, wie die juristische Dogmatik vor ihren Augen zelebriert wird, statt dass sie sich selber als Problemlöser am Fall erleben. Wen wunderts, wenn es in den Übungen nicht auf Anhieb gelingt, die Schau zur Praxis zu verdichten?

1.1.3 Übungsbeispiel

A hat seine Frau B nach islamischem Recht verstossen. Er kann dies nach 55
dem Eherecht des Staates, in welchem die beiden ihren ehelichen Wohnsitz haben, ohne Angabe eines Grundes tun. Das deutsche Eherecht kennt keine entsprechende Form für die Auflösung der Ehe. Frau B, welche als gebürtige Deutsche nach der Verstossung nach Deutschland zurückgekehrt ist, reicht hier eine Scheidungsklage ein. A beantragt, auf die Klage sei nicht einzutreten, weil die Ehe bereits aufgelöst sei. Die Klage sei daher gegenstandslos.

Aufgabe:

- Beschreiben Sie die Rechtslage nach islamischem und nach deutschem Recht aus der Position des rechtsvergleichenden Beobachters (treffen Sie Annahmen, soweit Sie die Rechtsordnungen nicht kennen)
- Treffen und begründen Sie das Urteil des deutschen Richters (d.h. aus der Position des Teilnehmers am Prozess).

56 **Lösung:**

- Die Verstossung ist eine der Formen, in denen eine Ehe nach islamischem Recht aufgelöst werden kann. Sie steht nur dem Manne zu. Die verstossene Frau hat Ansprüche auf ihre Mitgift. Sie kann sich aber nicht gegen die Auflösung der Ehe als solcher wehren oder weitergehende Unterstützungsansprüche gegen den Ehemann geltend machen. – In Deutschland kann die Ehe nur durch Tod oder Scheidung aufgelöst werden. Die Scheidung ist durch den Richter auszusprechen. Dabei ist sicherzustellen, dass die Rechte beider Parteien und allfälliger Kinder angemessen gewahrt werden. Bei der Konventionsscheidung wird besonders darauf geachtet, dass jede Partei aus freiem Willen der Scheidung und der Scheidungsregelung zustimmt. – Die beiden Rechtsordnungen gehen offenbar von unterschiedlichen Wertvorstellungen über die Ehe und die Stellung von Mann und Frau in der Gesellschaft aus.
- Scheidungen, welche nach ausländischem Recht gültig sind, müssen von den deutschen Behörden nach den Regeln des internationalen Privatrechts grundsätzlich anerkannt werden. Eine Ausnahme gilt für Verletzungen elementarer Grundsätze der deutschen Rechtsordnung (ordre public-Klausel). Die Verstossung verletzt die Gleichberechtigung von Frau und Mann, die Würde der Frau sowie das Institut der Ehe. Sie missachtet ferner möglicherweise die elementaren Schutzrechte allfälliger Kinder aus der Ehe. Der deutsche Richter darf aus diesen Gründen die Auflösung der Ehe nicht anerkennen und muss auf die Scheidungsklage eintreten.

57 **Hinweis:** Aus der Beobachterperspektive liesse sich bei näherer Betrachtung feststellen, dass jede der beiden Regelungen für die Erhaltung der je gewollten Gesellschaftsordnung zweckmässig ist. Eine Bewertung der beiden Regelungen ist nur möglich, wenn überpositive Wertmassstäbe herangezogen werden. Die Teilnehmerperspektive gestattet dem Richter trotzdem, in beiden Rechtssystemen gestützt auf die jeweils gültigen Rechtsnormen die richtige Entscheidung zu treffen – wobei „richtig" auf das positiv geltende Recht jenes Landes bezogen wird, in welchem der Richter amtet.

58 Das Beispiel zeigt, dass die Teilnehmerperspektive nicht unbedingt „besser" ist als die Beobachterperspektive. Sie bildet bloss die Voraussetzung dafür, dass eine normative Bewertung überhaupt möglich wird (vgl. dazu Ziff. II 4, normatives und deskriptives Denken).

1.2 Vertiefung

1.2.1 Zwei Arten von Erkenntnis

Teilnehmer- und Beobachterstandpunkt führen zu unterschiedlichen Arten 59
von Erkenntnis. Die Wahl des Standpunktes entscheidet - bewusst oder unbewusst - über den Stellenwert ganzer Wissenschaften. Es handelt sich somit um eine wissenschaftstheoretische Grundentscheidung.

Die Unterscheidung von Beobachterstandpunkt und Teilnehmerstand- 60
punkt bildet denn auch die Grundlage für die späteren Unterscheidungen zwischen Erkennen und Verstehen sowie von deskriptivem und normativem Denken (Ziff. II 2 und II 4).

Die drei Begriffspaare bezeichnen je zwei Varianten eines bestimmten 61
Elements im Denken:

- Das erste Begriffspaar, Beobachten und Teilnehmen, betrifft den Standpunkt des erkennenden *Subjekts* in Bezug auf den Gegenstand seiner Erkenntnis: Bin ich Beobachter oder Teilnehmer?
- Das zweite Begriffspaar, Erkennen und Verstehen, betrifft die *Tätigkeit* des Subjekts: Als Beobachter erkenne ich meinen Gegenstand unmittelbar, als Teilnehmer muss ich versuchen, ihn zu verstehen. Ich verschaffe mir dabei eine andere Art von Wissen (Faktenwissen oder Orientierungswissen).[13]
- Das dritte Begriffspaar, deskriptives und normatives Denken, betrifft die Qualität des Erkennens (Wahrheit oder Richtigkeit) und kennzeichnet den Gegenstand der Erkenntnis als Faktum oder Norm.

---

13 Der Begriff des Erkennens wird im Schrifttum unterschiedlich verwendet. So wird oft dem Beobachten direkt das Verstehen gegenübergestellt, ohne das Teilnehmen gesondert auszuweisen (vgl. HABERMAS, Erkenntnis, 394). Im Folgenden wird „Erkennen" als die Tätigkeit des Beobachters vom „Verstehen" als jener des Teilnehmers unterschieden. Beide sind freilich Teile des Wissens oder der Erkenntnis in einem weiteren Sinne. Erkennen ist daher zugleich der Oberbegriff für alle Formen des Wissenserwerbs.

Kapitel	polares Begriffspaar einer Denkweise		leitende Frage ...
II 1	Beobachten	Teilnehmen	nach dem Subjekt: Was ist meine Stellung zum Gegenstand der Erkenntnis?
II 2	Erkennen	Verstehen	nach der Art des Wissens: was über den Gegenstand will ich wissen?
II 4	deskriptiv	normativ	nach der Geltungsart: Soll mein Wissen wahr oder richtig sein?

Subjekt, Tätigkeit und Qualität des Erkennens

62 Auf jeder Seite der Unterscheidung besteht eine dreigliedrige Gedankenkette:

- Beschreiben lässt sich nur, was man erkannt hat; erkennen aber kann man nur vom Beobachterstandpunkt aus.
- Normativ erfassen lässt sich nur, was man verstanden hat. Sinnhaft verstehen aber kann man nur vom Teilnehmerstandpunkt aus.
- Beobachten und Teilnehmen sind somit die Grundoperationen, auf welchen die unterschiedlichen Wissenschaften von der Gesellschaft aufbauen.

63 Soziale Verhältnisse können wir von unterschiedlicher Warte aus untersuchen: Vom Beobachterstandpunkt aus können wir die Gesellschaft als Objekt unserer Beobachtung analysieren. Dieser Zugang zur Wirklichkeit führt zur *Systemtheorie* der Gesellschaft. Vom Teilnehmerstandpunkt her können wir die Gesellschaft als die Welt verstehen, in der wir leben. Dieser Zugang zur Wirklichkeit führt zur *Handlungslehre*[14].

64 Wer immer sich über das Recht äussert, sollte daher klarmachen, von welchem Standpunkt aus er dies tut. Die Dogmatiker und ein grosser Teil der Rechtsphilosophen nehmen den Teilnehmerstandpunkt ein und suchen nach normativer Orientierung. Die Soziologen, Politologen und ein Teil der Rechts-

14 Habermas, Kommunikatives Handeln, Band 2, S. 229 ff.

philosophen (insbesondere die Realisten und die Systemtheoretiker) nehmen den Beobachterstandpunkt ein und suchen funktionale Erkenntnisse.

Die beiden Standpunkte unterscheiden sich vor allem in den ihnen zugrundeliegenden Erkenntnisinteressen (näheres dazu unter Ziff. II 3): 65

- Das Erkenntnisinteresse des Teilnehmers liegt im Bedürfnis nach persönlicher Handlungsorientierung, nach dem Richtigen. Letztlich ist es *ein Entscheidungsinteresse*. Der Teilnehmer sucht normative Anleitung für die Beurteilung einer Situation und für sein Handeln. Idealtypus dieser normativen Betrachtungsweise ist die moralische Erkenntnis.
- Das Erkenntnisinteresse des Beobachters liegt im Wunsch, objektive Gesetzmässigkeiten festzustellen. Der Beobachter sucht nach der Wahrheit. Im Prinzip ist er dabei von der Verantwortung für das, was andere aus seiner Erkenntnis machen, entlastet. Idealtypus dieser deskriptiven Betrachtungsweise ist die Naturwissenschaft.[15]

In den Sozialwissenschaften spielen beide Erkenntnisinteressen eine Rolle. 66
Meist dominiert in einer Disziplin zwar die eine oder andere Sichtweise: Die Rechtswissenschaft betont den Teilnehmerstandpunkt, Soziologie, Politikwissenschaft und Ökonomie vertreten den Beobachterstandpunkt. Es gibt aber in all diesen Disziplinen auch den gegenteiligen Ansatz: Die Realisten[16] und die Vertreter der ökonomischen Analyse des Rechts[17] betreiben Rechtswissenschaft als Beobachter, während jene Realwissenschafter, welche die Methode der teilnehmenden Beobachtung pflegen oder die Ideengeschichte ihrer Disziplin erforschen, den Beobachterstandpunkt zumindest teilweise verlassen. Entsprechend unterschiedlich sind die zugehörigen methodischen Vorgehensweisen.

Die Paradoxie der beobachtenden Sozialwissenschaft liegt freilich darin, 67
dass der Forscher immer zugleich Subjekt und Objekt seiner Erkenntnis ist, weil er in der Gesellschaft lebt, welche er erforschen will. Er ist Teil seines Gegenstandes. Reine Beobachtung wird dadurch unmöglich. Der Teil-

15 Technik ist in dieser Gegenüberstellung die Transformation von Beobachterwissen in Teilnehmernutzen - oft unter Vernachlässigung der normativen Implikation dieses Wechsels im Standpunkt.

16 Zu dieser soziologisch ausgerichteten Rechtstheorie vgl. Ziff. III 2.2.2.

17 Vgl. dazu Ziff. II 5.1.2.

nehmerstandpunkt lässt sich zwar unterdrücken, überwinden lässt er sich nicht. Alle Sozialwissenschaft ist daher verstehend und ein (oft verborgenes) Stück weit normativ.

1.2.2 Systemtheorie und Handlungslehre

68 Teilnehmerperspektive und Beobachterperspektive[18] werden in der aktuellen sozialphilosophischen Diskussion am deutlichsten von JÜRGEN HABERMAS und NIKLAS LUHMANN repräsentiert. LUHMANN vertritt den Standpunkt der systemtheoretischen, HABERMAS jenen der handlungsorientierten Betrachtungsweise sozialer Kommunikation.

69 LUHMANN bezieht kompromisslos den Standpunkt des Beobachters. Für ihn ist alle Erkenntnis eine Konstruktion, welche der Beobachter mittels Unterscheidungen und Bezeichnungen herstellt. LUHMANNS Haltung kann als systemtheoretische Variante des „radikalen Konstruktivismus" verstanden werden[19].

70 Nach LUHMANN differenziert sich die moderne Gesellschaft, indem sich ihre Teilbereiche zu Systemen ausbilden. Damit reagieren diese Systeme auf die historisch wachsende Komplexität der gesellschaftlichen Verhältnisse: In Abgrenzung zu ihrer gesellschaftsinternen Umwelt reduzieren sie in ihrem Innern die Komplexität der Kommunikationsbeziehungen und erhöhen damit ihre Funktionsfähigkeit[20].

71 Solche soziale Systeme sind beispielsweise das Wirtschaftssystem[21], das politische System und das Rechtssystem[22]. So gehören zum Recht alle Kommunikationen, welche sich nach der Unterscheidung von Recht und

18 Vgl. JÜRGEN HABERMAS, Kommunikatives Handeln, Band 2, S. 179.

19 Dies, obwohl er sich davon abgrenzt: NIKLAS LUHMANN, Erkenntnis, bes. S. 13 ff. und 21 ff.

20 NIKLAS LUHMANN, Moderne Systemtheorien, S. 10 f. NIKLAS LUHMANN verwendet hier einen kybernetischen Systembegriff, der das System durch seine operative Geschlossenheit gegenüber seiner Umwelt definiert.

21 DERS., Wirtschaft, S. 52 ff.

22 DERS., Recht, S. 407 ff.

Unrecht ausrichten[23]. Zum Wirtschaftssystem gehören hingegen alle Kommunikationen, welche über das Medium Geld vermittelt werden[24]. Ähnliches gilt auch für das politische System. Dieses hat sich aus der Gesellschaft ausdifferenziert, indem es sich das Machtmittel der physischen Gewalt angeeignet hat[25].

Jedes dieser Systeme ist selbstreproduzierend, sog. autopoietisch und daher gegenüber direktem Einfluss von aussen (operativ) geschlossen[26]. Aber es ist kognitiv offen, also lernfähig. Und so haben die Systeme unterschiedliche Möglichkeiten, einander Umweltbedingungen zu schaffen, nach denen sich die anderen richten müssen. 72

Diese Prozesse sieht LUHMANN nicht in den Kategorien von Macht, Handlung und Verantwortung, sondern als Operationen und Funktionen der Systeme, welche ihre Möglichkeiten gegenüber andern „ausreizen"[27]. Die systemische Betrachtung interessiert sich nicht für das Handeln, das aus der Teilnehmerperspektive zu verantworten wäre, sondern nur für die beobachtbare Funktionalität systemischer Prozesse. LUHMANN will ein Modell der Wirklichkeit herstellen, das erklären kann, wie sich die moderne Gesellschaft entwickelt; er will keine Aussagen darüber machen, ob diese Entwicklung sinnvoll sei und wie wir Menschen sie beeinflussen sollen. 73

HABERMAS hat demgegenüber ein anderes Anliegen. Als Vertreter der „Kritischen Theorie" der Frankfurter Schule geht es ihm primär um die Chance einer Kritik und Veränderung der Gesellschaft. Er anerkennt zwar die Existenz des Systemischen, bestreitet aber die These LUHMANNS, dass die funktionalistische Analyse, wie sie LUHMANN vornimmt, die einzige Form von Rationalität sei[28]. Es gibt daneben eine kommunikative Rationalität, d.h. eine Chance handlungsorientierender Verständigung unter Menschen. Die Lebenswelt, in welcher diese Kommunikation möglich ist, schafft einen Freiraum gegenüber dem systemischen Zwang funktionaler 74

23 DERS., Recht, S. 67.
24 DERS., Recht, S. 453.
25 DERS., Recht, S. 281.
26 DERS., Recht, S. 42 ff.
27 DERS., Recht, S. 494 f.
28 HABERMAS, Theorie der Gesellschaft, S. 144.

Beziehungen. Lebenswelt und System sind zwei nebeneinander berechtigte Weltsichten (Paradigmata)[29]. Wir können die Gesellschaft einerseits als Lebenswelt auffassen, in der wir uns miteinander über Ziele und Werte verständigen. Dann unterschlagen wir den Aspekt der systemischen Steuerung unseres Verhaltens und überschätzen unsere Freiheit. Wir können die Gesellschaft anderseits als System betrachten, das von uns unabhängig nach eigenen Gesetzmässigkeiten abläuft. Dann übersehen wir die Frage der normativen Geltung, der Legitimität dieser Ordnung, die nur mit der freien Zustimmung zum Geltungsanspruch dieser Ordnung begründet werden kann[30].

75 Eine Gesellschaft differenziert sich nach HABERMAS im Laufe ihrer Geschichte sowohl als System wie als Lebenswelt aus[31]. Rationalisierung der Lebenswelt heisst nicht, wie beim System, Erhöhung der funktionalen, zweckrationalen Leistung, sondern Freisetzung des im kommunikativen Handeln angelegten Rationalitätspotentials[32]. Hinter dem Verhältnis von System und Lebenswelt steht jenes von zwei Rationalitäten: der Zweckrationalität und der kommunikativen Vernunft.

76 Während Wirtschaft und Politik nach Auffassung von HABERMAS heute ganz bzw. weitgehend von der Systemrationalität beherrscht werden, kann das Recht sowohl als systemisches Medium der blossen Legalität dienen, als auch eine Institution der legitimen Ordnung in der Lebenswelt sein[33]. In seiner zweiten Rolle kann Recht verständigungsorientiertes Handeln fördern, indem es diskursive Willensbildungsprozesse und konsensorientierte Verhandlungs- und Entscheidungsverfahren errichtet[34]. Das Recht ist demnach auch als Gegenstand geeignet, von den beiden grundlegenden Standpunkten aus angegangen zu werden: systemisch und zweckrational aus der Sicht des Beobachters, handlungs- und verständigungsorientiert aus der Sicht des Teilnehmers.

---

29 JÜRGEN HABERMAS, Legitimationsprobleme, S. 14.
30 DERS., Legitimationsprobleme, S. 15.
31 DERS., Kommunikatives Handeln, Band 2, S. 228; vgl. DERS., Moderne, S. 397 f.
32 DERS., Kommunikatives Handeln, Band 2, S. 232.
33 DERS., Kommunikatives Handeln, Band 2, S. 536.
34 DERS., Kommunikatives Handeln, Band 2, S. 544; vgl. hinten Ziff. II 4.2.3.

Die Gegenüberstellung von LUHMANN und HABERMAS soll zeigen, welche 77
Konsequenzen der Entscheid für die Beobachter- bzw. die Teilnehmerposition haben kann.

- Sozialwissenschaft aus der Beobachterperspektive bringt Erkenntnisse empirischer und theoretischer Natur, die zu Modellen der Gesellschaft geformt werden können. Diese sind wertfrei gedacht und sollen nur die Reflexion über die Bedingungen fördern, unter welchen wir leben.
- Sozialwissenschaft aus der Teilnehmerperspektive bringt Einsichten praktischer Natur (praktisch im philosophischen Sinne der Ethik), die zu einer normativen Handlungslehre geformt werden können. Diese soll uns befähigen, gemeinsam mit den Bedingungen, unter denen wir leben, auf vernünftige Weise umzugehen.

Während LUHMANN sich auf den Beobachterstandpunkt beschränkt, ver- 78
knüpft HABERMAS Teilnehmer- und Beobachterstandpunkt miteinander, indem er versucht, mit seiner Handlungstheorie Lebenswelt und System zu erfassen. Auch wenn ihm dies nicht vollständig gelingen mag, ist damit doch ein unverzichtbarer Anspruch allen Wissens vom menschlichen Zusammenleben hochgehalten: der Anspruch, Theorie und Praxis, Beobachtung und Teilnahme, deskriptives und normatives Denken zu integrieren. Wenn unser Wissen dem „guten Leben" dienen soll, dann muss es uns zu einer vernünftigen Praxis verhelfen, welche die beiden Ansätze verbindet. Beobachten und Teilnehmen sind zwar zunächst klar auseinanderzuhalten, das Ideal integraler Erkenntnis muss aber sein, eine Synthese von Teilnehmer- und Beobachterstandpunkt herzustellen[35].

35 Wie dieser Anspruch eingelöst werden kann, soll in den Ziff. II 4.2.3 und II 5.2.2 angedeutet werden. Unterschiedliche Versuche, zwischen Hermeneutik und Systemtheorie einen Brückenschlag zu schaffen, finden sich im Tagungsband „Beobachtung verstehen, Verstehen beobachten" von TILMANN SUTTER. Zustimmung verdient die Ausgangsthese der Tagung, dass es nicht sinnvoll sei, Verstehen und Beobachten als zwei getrennte Paradigmata einander gegenüberzustellen (TILMANN SUTTER, 15). Allerdings bleibt eine Polarität bestehen, innerhalb derer sich menschliches Erkennen bewegt: Auch die systemtheoretischen Versuche, das Verstehen als Form der Beobachtung zu begreifen (GEORG KNEER, 61 f.), müssen selber noch verstanden werden. Auch der Beobachter kann dem hermeneutischen Zirkel nicht entrinnen. Beobachtung und Verstehen lassen sich

2 Erkennen und Verstehen

2.1 Einführung

2.1.1 Beispiel

79 *Sie haben als Staatsanwalt im Verkehrsunfall vom vorangehenden Kapitel (II 111, Rz. 35 ff.) die Entscheidung zu treffen, ob Sie Anklage erheben sollen. Folgende Beweismittel liegen Ihnen vor:*

- *Polizeirapport*
- *Fotos der Spurensicherung (mit Lage von Fahrzeug und Opfer nach dem Unfall, Position des parkierten Wagens, Bremsspuren)*
- *Berechnung der Fahrgeschwindigkeit durch das gerichtspolizeiliche Labor (52 km/h)*
- *Alkoholmessung der Blutprobe, die dem Täter entnommen worden ist (0,2 Promille)*
- *Protokoll über die Einvernahme des Angeschuldigten*
- *Protokoll über die Zeugenaussage einer Passantin, wonach der alte Mann sehr langsam und gut sichtbar auf die Strasse gekommen sei.*

80 **Aufgabe:**

Bilden Sie zwei Gruppen von Beweismitteln, indem Sie „harte Fakten" von „interpretationsbedürftigen Meinungen" unterscheiden.

81 **Lösung:**

- Nach der Aufgabenstellung sollen als „harte Fakten" offenbar nur solche gelten, welche keiner Interpretation bedürfen. Überall, wo ein Ermessensspielraum gegeben ist oder eine Bewertung nötig wird, liegt eine „Meinung" vor.
- Demnach sind „harte Fakten" zunächst die Fahrgeschwindigkeit und der Alkoholgehalt im Blut des Täters. Sie sind bei korrekter Ermittlungsmethode *wahr*, sonst *falsch*.

---

nur dadurch verknüpfen, dass sie als Teilschritte in einer endlosen hermeneutischen Spirale verstanden werden. Die systemtheoretische Verkürzung des Verstehens auf ein Beobachten ist nur um den Preis eines Verzichts auf Verständigung zu haben (Georg Kneer, 63 f.)

- Die Fotos der Spurensicherung sind als solche auch „harte Fakten". Die Aussage, die sie machen, ist aber interpretationsbedürftig: Bedeutsam für den Beweis des Unfallhergangs ist erst das Gesamtbild, das sich aus der Kombination verschiedener Fotos beim Betrachter ergibt (z.B. wo fand der Aufprall statt?).
- Der Polizeirapport und die beiden Protokolle enthalten typische interpretationsbedürftige Meinungen; auch wenn dem Polizeirapport wegen der Schulung und der Erfahrung der Beamten eine erhöhte Sachrelevanz beigemessen werden kann, bleibt dies immer eine Frage der Bewertung. Zu beurteilen ist,
  - ob Rapport und Protokolle das *richtig* wiedergeben, was Polizist, Angeschuldigter und Zeugin aussagen wollten, ferner,
  - ob diese Aussagen *glaubwürdig* sind, und schliesslich,
  - ob die Aussagen die *Wahrheit* enthalten.

Hinweis: Das Beispiel zeigt, dass die Wahrheit über einen Sachverhalt des 82
Rechts nicht einfach zu erkennen ist. Wahr ist, was im Rechtsverfahren als hinreichend bewiesen anerkannt wird. Die Wahrheit setzt sich zusammen aus Elementen, die empirisch gemessen werden können, und solchen, die nur über einen Interpretationsprozess in ihrem Wahrheitsgehalt richtig verstanden werden können. Erkennen und Verstehen müssen einander zu einem Gesamtbild ergänzen, das eine Mischung von *wahrer Erkenntnis* und *richtigem Verständnis* darstellt.

Mit Absicht wurde der gleiche Sachverhalt als Beispiel herangezogen wie 83
in Ziff. II 1.1.1, weil so gezeigt werden kann, dass auch ein Teilnehmer (als welcher der Staatsanwalt mit Sicherheit zu bezeichnen ist) auf das Erkennen und damit auf den Standpunkt des Beobachters angewiesen ist. Der Versuch, möglichst objektiv zu *erkennen*, was sich ereignet hat, gehört zur ersten Pflicht des Juristen. Er genügt freilich nicht, weil das Ereignis zudem noch im Lichte der Rechtsordnung *verstanden* werden muss.

2.1.2 Erläuterung: Die Kunst des Verstehens

2.1.2.1. Naturwissenschaften und Sozial- und Geisteswissenschaften

Erkennen und Verstehen lassen sich als die typischen Ermittlungsformen 84
des Beobachters bzw. des Teilnehmers kennzeichnen. Der Naturwissenschafter will erkennen, der Sozial- und Geisteswissenschafter sucht zu ver-

stehen[36]. Die Unterscheidung geht also zunächst auf die Haltung des Subjekts gegenüber dem Objekt der Erforschung zurück: Was suche ich, Faktenwissen oder Orientierungswissen? Lautet meine Frage „Was" oder „Wozu"?

85 Ob etwas erkannt oder aber verstanden werden kann, hängt aber auch vom Gegenstand ab. Die naturwissenschaftliche Methode erfasst Objekte der Natur, die sozial- und die geisteswissenschaftlichen Methoden beziehen sich auf Objekte der Kultur. *Wie schnell der Unfallwagen gefahren ist, kann ich mit Hilfe von technischen Berechnungen erkennen, wie schnell der alte Mann auf die Strasse trat, weiss ich erst, wenn ich die Aussage der Zeugin richtig verstanden habe.*

86 Freilich sollte nicht übersehen werden, das diese typische Unterscheidung nur den Kern der jeweiligen Denkformen trifft. So kommen auch die Naturwissenschaften nicht um das Problem des Verstehens herum. Wenn die Astronomen beobachten, dass sich das Weltall ausdehnt, schliessen sie daraus, dass es vor etwa 15 Milliarden Jahren einen Urknall gegeben habe. Das ist eine Interpretation der Messdaten. Sie stimmt nur, wenn wir unterstellen, dass die (von Menschen formulierten) sog. Naturgesetze (etwa bezüglich der Schwerkraft oder der Erhaltung der Energie) auch unter den Extrembedingungen dieses Schöpfungsaktes gelten. Schon die „Ausdehnung" des Weltalls ist keine reine Beobachtung, sondern eine Deutung der messbaren Rotlichtverschiebung im Spektrum weit entfernter kosmischer Objekte. Das kosmologische Konzept prägt die Erkenntnis: Auch Astronomen können die Welt nicht bloss erkennen, sondern müssen versuchen, sie zu verstehen.

87 Worin unterscheidet sich das Verstehen eigentlich vom Erkennen? Als *Erkennen* bezeichnen wir den unmittelbaren Erwerb von Wissen über einen Gegenstand über die Wahrnehmung unserer Sinne und dank der strukturierenden Ordnungskraft unseres Denkens. Was ich sehen, bezeichnen und einordnen kann, das kenne ich. Als *Verstehen* bezeichnen wir den Erwerb von Wissen dank der Vermittlung über die sprachliche Verständi-

---

36 FRIEDRICH MÜLLER, Normstruktur, S. 13 ff.

gung. Was mir ein anderer über einen Gegenstand in Worten mitgeteilt hat, das verstehe ich.

Verstehen ist Erkenntnis durch Sprache. Verstehen bezieht sich auf Texte, 88
seien sie geschrieben oder gesprochen. Überall, wo das Beobachtete in die Form der Sprache übersetzt werden muss, damit es zu Wissen wird, ist es nötig, Aussagen zu verstehen, um zu Erkenntnis zu gelangen. Verstehen ist Erkenntnis aus Verständigung zwischen Menschen. Die Kunst des Verstehens ist die Kunst der Interpretation.

Dies gilt schon für die angewandte Mathematik der Astronomen, viel 89
mehr aber noch für die Ermittlung eines Sachverhalts durch Juristen. In beiden Fällen lässt sich der Sinn gemessener Daten nur erfassen, wenn die Beobachtungen im Lichte einer bestimmten Konzeption der Wirklichkeit interpretiert werden. Diese Konzeption ist immer ein sprachlicher Text, über den wir uns verständigen müssen. (*So erhält die Fahrgeschwindigkeit von 52 km/h ihre Bedeutung aus einer staatlichen Geschwindigkeitsbeschränkung oder aus der Gefährlichkeit der Verkehrssituation am Unfallort*)

Kapitel	**polares Begriffspaar einer Denkweise**		**leitende Frage ...**
II 2	Erkennen ➧ über die Sinne wahrnehmen	Verstehen ➧ einen Text interpretieren	nach der Art des Wissens

Übersichtstabelle 1 b: Erkennen und Verstehen

2.1.2.2. Allgemeine Hermeneutik

Die Kunstlehre der Interpretation ist in Theologie, Geschichtswissenschaft 90
und Literaturwissenschaft unter dem Namen Hermeneutik entwickelt worden. Hermeneutik (Altgriechisch für Erklärung, Auslegung, Übersetzung) ist die Lehre vom Verstehen, insbesondere vom Verstehen geschriebener Texte[37].

Hermeneutik ist die „Methode, Lebenssituationen als solche verstehend 91
zu erfassen"[38]. Ihre Aufgabe ist, eine Situation, in welcher ich mich befin-

37 FESER, S. 31; vgl. EBERHARD, S. 81 ff.
38 SEIFFERT II, S. 57.

de, sowohl in ihren Teilen wie als Ganzes zu begreifen. *Ich verstehe den Teil nur aus seinem Bezug zum Ganzen und das Ganze nur aus der Zusammensetzung seiner Teile.* Ihr Vorgehen beginnt zwangsläufig damit, dass ich die Situation immer schon bis zu einem gewissen Grad kenne, also ein vorwissenschaftliches Wissen davon besitze, auf dem ich aufbaue[39]. Mit der Verstehensmethode ergänze und korrigiere ich dieses Wissen durch neue Informationen, die ich aus einem möglichst breiten Verständnishorizont interpretiere und zu einem neuen Gesamtbild der Situation vereinige (*wenn ich als Richter beginne, die Akten eines Verkehrsunfalles zu lesen, bringe ich von der ersten Seite an mein Verständnis des Ereignisses ein, wie ich es aus eigener Erfahrung als Autofahrer oder aus früheren Gerichtsfällen schon mitbringe*).

92 Hermeneutik folgt damit deutlich der Teilnehmerperspektive. Ihr fehlt die Distanz des Beobachters und die Logik seiner Analyse. So wie die Logik Grundlage der Naturwissenschaft ist, ist die Hermeneutik Grundlage der Sozial- und Geisteswissenschaften. Wo es jener um das Messen geht, geht es diesen um die Angemessenheit[40].

93 Während logisches Denken linear und formal ist sowie als Monolog stattfinden kann, ist hermeneutisches Denken immer zirkelhaft und als Dialog des Denkenden mit dem Gegenstand seines Erkennens zu begreifen[41]. Im Prozess des Verstehens setze ich mein Vorverständnis der Kritik durch andere aus, gleichgültig, ob sie gegenwärtig sind oder sich in Büchern zu meiner Behauptung äussern. Ich führe daher unweigerlich mit ihnen einen Diskurs über meine Auffassung vom Gegenstand der Ermittlung.

94 Verstehen lässt sich nicht als Technik erlernen, die äusserlich bleibt, sondern muss erfahren, d.h. in die eigene Persönlichkeit aufgenommen werden. Es hat damit die dialektische Struktur eines Prozesses, in welchem altes Wissen durch neue Erfahrung überlagert und ersetzt wird[42]. Dialektisch nennen wir den Dreischritt von These, Antithese und Synthese in der Urteilsbildung: Mein Vorverständnis bildet die These, d.h. meine erste

---

39 Ders., I, S. 126 f.
40 Feser, S. 46.
41 Ders., S. 32.
42 Ders., S. 41 f. Feser stützt sich im wesentlichen auf Gadamer.

Vermutung über den Fall und seine Beurteilung. Diese These wird methodisch überprüft und dabei durch Gegenthesen in Frage gestellt und möglicherweise korrigiert. Die argumentative Auseinandersetzung zwischen These und Antithese führt so zur Synthese, dem Urteil.

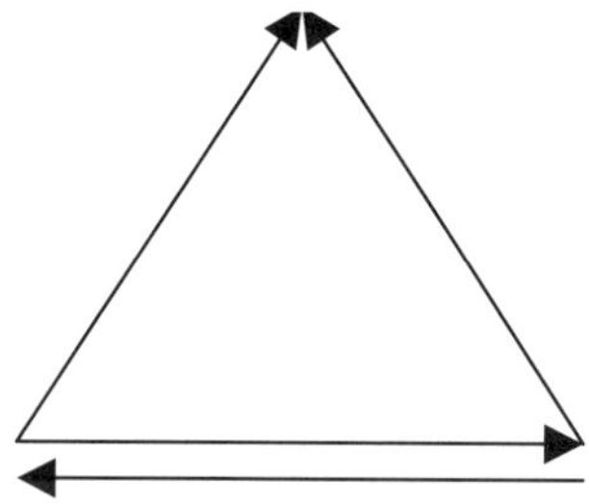

Der dialektische Dreischritt zum Urteil

These: Der Fahrer hat die Geschwindigkeitsgrenze eingehalten.

Antithese: Der Unfallort ist eine unübersichtliche Stelle.

Synthese: Die Fahrgeschwindigkeit war generell zulässig, doch entsprach sie nicht den konkreten Verkehrsverhältnissen. Der Fahrer hat deshalb seine Sorgfaltspflicht verletzt.

Am Ende des Prozesses habe ich nicht nur einen konkreten Fall gelöst, 95
sondern mein Vorwissen für künftige Situationen erweitert. Ich habe mich damit selber ein Stück weit verändert.

Hinweis: Das Beispiel sagt etwas Wesentliches aus über die Ausbildung 96
der Juristinnen und Juristen: Weil juristisches Wissen Verstehen ist, verändert es denjenigen, der es sich aneignet. Juristische Ausbildung ist immer ein Stück Persönlichkeitsbildung; das Studium ist die Verinnerlichung der juristischen Denkweise.

Der Kreis, der vom Vorverständnis über das Verstehen von neuen Infor- 97
mationen zum neuen Verständnis der gesamten Situation führt, wird *hermeneutischer Zirkel* genannt. Ich muss immer schon (bis zu einem gewissen Grade) wissen, was ich eigentlich wissen will, um es erfahren zu können. Wie sonst könnte ich denn die richtigen Fragen stellen? *Als Staatsanwalt*

in unserem Beispiel vermute ich, dass der Fahrzeuglenker, der den alten Mann angefahren hat, fahrlässige Körperverletzung begangen hat; deshalb wähle ich die entsprechende Strafbestimmung aus und prüfe, ob ihre Voraussetzungen zutreffen. Wenn ja, finde ich mich in meinem Vorverständnis bestätigt, wenn nein, muss ich nach anderen Straftatbeständen suchen oder die Anklage fallen lassen.

98 Wäre dieser Kreis ein logischer, so läge ein Denkfehler vor. Daraus, dass die Verletzung von Verkehrsregeln bestraft wird, und daraus, dass alle Fahrzeuglenker Verkehrsregeln verletzen, darf ich nicht schliessen, dass alle Fahrzeuglenker bestraft werden. Im Gegensatz zum logischen Zirkelschluss ist der hermeneutische Zirkel aber nicht geschlossen. Er hebt das Verständnis des Textes auf eine neue Stufe[43]. Genauer wäre es daher, von einer Spirale zu sprechen[44]. Denn die Dialektik von Vorverständnis und Methode führt zu immer präziseren Synthesen. Die Kreisbewegung schafft somit wissenschaftliche Qualität.

99 Als Leitlinie lassen sich folgende allgemeine Regeln oder Aspekte der Hermeneutik (Canones) angeben:

a) Die Objektivität oder Autonomie des zu interpretierenden Textes: der Wille, den Text objektiv zu verstehen.
b) Die Einheit oder Gesamtheit des zu interpretierenden Werkes: das Einzelne aus dem Ganzen und das Ganze aus dem Einzelnen verstehen.
c) Die genetische Auslegung, d.h. die Deutung des Textes aus seinem Ursprung heraus (im Sinne sowohl der subjektiven wie der objektiven historischen Auslegung[45]).
d) Die Auslegung aus der Sachbedeutung (technische Auslegung), d.h. die Suche nach der sachlichen Aussage des Textes über die Welt, von der er spricht.
e) Die vergleichende Auslegung, d.h. der Vergleich eines Textes mit anderen Texten des gleichen Autors oder der gleichen Zeit oder zum gleichen Thema. [46]

---

43 Larenz / Canaris, S. 28.
44 Hassemer, Tatbestand und Typus, S. 107.
45 Näheres dazu vgl. hinten Ziff. III 1.1.2 Rz. 590.
46 Coing, S. 261 ff.;

All diese Aspekte der Hermeneutik sind einander gleichwertig; sie müssen im topischen Verfahren gegeneinander abgewogen werden[47]. 100

2.1.2.3. Juristische Hermeneutik

Die juristische Auslegung folgt den Regeln der allgemeinen Hermeneutik. 101 Ihre Besonderheit liegt einmal darin, dass sie es auch mit normativen Texten zu tun hat[48] (*Hauptbeispiel eines Textes mit Anspruch auf normative Geltung ist der Rechtssatz in einem Gesetz*). Die Lebenssituation, die es zu verstehen gilt, ist anhand dieser normativen Texte zu bewerten. Sodann ist die juristische Hermeneutik auf Entscheidung angelegt: Die Lebenssituation ist nicht nur zu verstehen, sondern zu verändern. Der Jurist macht damit den zusätzlichen Schritt vom Verstehen zum Entscheiden (vgl. dazu Ziff. II 3).

Diese Besonderheiten stammen aus dem Ordnungszweck, den die rechtli- 102 chen Texte verfolgen: Die Rechtsauslegung hat ein praktisches Ziel. Das Verstehen des Textes ist nicht Selbstzweck der Interpretation, sondern ein Schritt in der Anwendung von Recht: Das Textverständnis dient einer juristischen Entscheidung nach dem Muster der Subsumtion eines Sachverhalts unter die Gesetzesnorm[49] (vgl. Ziff. III 2.1.2.1 Rz. 660).

Entscheidung heisst dabei aber nicht diskretionäre Willkür. Auch die juris- 103 tische Interpretation hat nach Objektivität zu streben. Dazu verhelfen eine ganze Reihe methodischer Hilfsmittel (vgl. dazu Ziff. III 1.1.2, Rz. 589 ff.).

a) Die Interpretation geht vom objektiven Wortsinn einer Regel aus (grammatikalische Interpretation) und deutet diesen im Lichte der Entstehungsgeschichte (historische und genetische Interpretation, CH: historisch, AT: subjektiv-historisch).
b) Die hermeneutische Forderung, die Situation ganzheitlich zu erfassen, schlägt sich im Erfordernis der Widerspruchsfreiheit der Regelung nieder und führt zur sog. systematischen Interpretation.

---

47 Topik ist die Kunst des problemorientierten Denkens unter Beizug aller relevanten Gesichtspunkte; vgl. Ziff. III 4.1.2.2.

48 Coing, S. 264 ff. Zur juristischen Hermeneutik vgl. allgemein Larenz / Canaris S. 25 ff.

49 Ders., S. 273 ff.

c) Soweit dabei der (damalige und heutige) gesellschaftliche Interessenkonflikt rekonstruiert wird, handelt es sich um soziologische oder realistische Interpretation.

d) Die Auslegung aus der Sachbedeutung erfolgt aus Sinn und Zweck des Gesetzes, im Hinblick auf die Gerechtigkeit der rechtlichen Ordnung des Sachzusammenhanges (teleologische Interpretation, AT: objektiv-teleologische Auslegung).

e) Die vergleichende Auslegung stellt schliesslich die Frage, wie andere Rechtsordnungen das gleiche Problem gelöst haben, und hilft so, die Eigenart der eigenen Lösung besser zu erkennen sowie Gemeinsamkeiten oder Alternativen sichtbar zu machen.[50]

104 Was soeben über die allgemeine Hermeneutik gesagt worden ist, gilt auch für die juristische Arbeit: Die Entwicklung des Urteils aus der Spannung von Norm und Sachverhalt ist ebenso wie jedes Verstehen ein dialektischer Prozess[51]. Und die juristische Hermeneutik unterliegt der Zirkelstruktur von Vorverständnis und Verstehen ebenso wie die allgemeine Hermeneutik[52].

105 Letztlich ist Hermeneutik eine Struktur jeder Wissenschaft, da das Subjekt immer in die methodische Reflexion einbezogen werden muss[53].

2.1.3 Übungsbeispiel

106 **Hinweis:** Juristen „verstehen" einen Sachverhalt, indem sie daraus einen „Fall" machen. Sie bearbeiten den rohen Sachverhalt mit den Mitteln der juristischen Hermeneutik, um die rechtlich bedeutsamen Elemente herauszuschälen. Die rechtserheblichen Sachverhaltselemente konstituieren den Fall. Diese Herstellung des Falles aus dem Sachverhalt ist ein dialektischer und hermeneutischer Prozess im beschriebenen Sinne. Erfahren Sie dies am Beispiel des Verkehrsunfalls aus Ziffer II 2.1.1:

---

50 Ders., S. 265 ff.

51 Vgl. soeben Ziff. II 2.1.2.2, Rz. 94; Larenz / Canaris, S. 33 ff.

52 Vgl. soeben Ziff. II 2.1.2.2, Rz. 97; Larenz / Canaris, S. 27 ff.; So schon Esser, S. 133 ff.

53 Feser, S. 41 ff. mit Bezug auf Kaufmann.

Fragen: 107

a) Was unterscheidet im Beispiel des Verkehrsunfalls den *rohen* Sachverhalt (den Unfall, wie er in einem Film oder in der Presse wiedergegeben würde) vom *rechtserheblichen* Sachverhalt (dem „Fall", der zu lösen ist)? Wie erkennen (oder vielleicht besser: verstehen) Sie die Elemente des Sachverhalts, die für das Urteil relevant sind?

b) Welche rechtserheblichen Sachverhaltselemente finden Sie in den Argumenten, die der Anwalt in seiner Verteidigungsstrategie zusammengestellt hat? Wie begründen Sie Ihre Einschätzung?

Hier nochmals seine Argumente:

- Der alte Mann befand sich nicht auf dem Fussgängerüberweg (CH: Fussgängerstreifen, AT: Schutzweg) *(warum ist das wichtig?)*
- A war nicht mit übersetzter Geschwindigkeit unterwegs
- A hätte auch dann nicht rechtzeitig bremsen können, wenn er den Mann sofort gesehen hätte
- Der Mann hat seinen Unfall selber verschuldet
- Der parkierte Wagen, hinter welchem der Mann auf die Strasse getreten war, stand ausserhalb eines Parkfeldes und stellte ein gefährliches Verkehrshindernis dar.

Lösung: 108

a) Der Film oder der Pressebericht über den Verkehrsunfall enthält viele Einzelheiten, welche Erlebnischarakter haben und emotional wichtig sind. Die Konstruktion des Rechtsfalles lässt vieles davon weg und hebt anderes hervor. Massgeblich ist die juristische Konzeption der Wirklichkeit, d.h. die Interpretation des Ereignisses im Licht der Rechtsordnung. Die Merkmale des Sachverhalts erhalten ihre Bedeutung aus den Grundsätzen des Strassenverkehrsrechts. *Ich verstehe den Sachverhalt erst, wenn ich ihn mit den Rechtsnormen vergleiche.*

b) Die Argumente des Anwalts stellen Bewertungen des Sachverhalts aus der Sicht des Strassenverkehrsrechts dar:

- Ob der alte Mann den Fussgängerüberweg benutzte oder nicht, ist juristisch relevant, weil das Strassenverkehrsrecht ihm auf dem Fussgängerüberweg den Vortritt gewährt (*ich lese die Akten des Falles aus der Warte des Strassenverkehrsrechts*);
- Die Geschwindigkeit ist rechtserheblich, weil eine Geschwindigkeitsüberschreitung strafbar ist und eine Verletzung der Sorgfaltspflicht des Fahrers

bedeutet (*ich interpretiere die Messung im Lichte der Pflichten eines Autofahrers*);

- Der Bremsweg ist relevant, wenn das Strafrecht die Unmöglichkeit, den Erfolg einer Tat zu verhindern, berücksichtigt (*ich bewerte den natürlichen Kausalzusammenhang unter dem Kriterium der Verantwortung des Fahrers für die Folgen seines Handelns*);
- Das Fehlverhalten des Opfers ist nur dann erheblich, wenn es einen Einfluss auf die Schwere des Verschuldens des Täters haben kann (*ich wäge Verantwortlichkeiten ab*);
- Die Parksünde des Dritten hat zunächst keinen Einfluss auf die Strafbarkeit des Täters und ist deshalb nicht rechtserheblich. Wenn der Wagen aber tatsächlich ein gefährliches Verkehrshindernis dargestellt hat, kann das relevant sein (*etwa nach der Regel, wonach der Fahrer nicht mit diesem Hindernis habe rechnen müssen oder dass er sonst den Fussgänger wesentlich früher hätte bemerken können*).

109 **Hinweis:** Allen rechtserheblichen Elementen des Sachverhalts ist gemeinsam, dass sie im Lichte von Rechtsnormen verstanden werden müssen, damit ihre Bedeutung für den Fall hervortritt. Der rohe Sachverhalt lässt sich zum Teil (je nach der Art der Beweismittel) *erkennen*, den rechtserheblichen Sachverhalt (d.h. den Fall) muss man *verstehen*.

2.2 Vertiefung: Zur Wissenschaftstheorie des Rechts

2.2.1 Logik der Erkenntnis

110 Das moderne Wissenschaftsverständnis ist vom Muster der Naturwissenschaften geprägt. Das zugrundeliegende Weltbild ist jenes des kausalen Determinismus; die Methodik des Denkens beruht auf Induktion und Deduktion[54].

111 Ein Naturphänomen erkennen heisst, seine heutige Erscheinung auf Gesetze zurückzuführen, welche es konstituieren (und seine künftige Entwicklung bestimmen). Naturwissenschaft ist die Suche nach kausalen Beziehungen in der objektiven Welt. Wissenschaftliche Begründung heisst in

54 Siehe sogleich Rz. 112 ff.

diesem Zusammenhang kausale Erklärung. Als erforscht gilt, was auf seinen Ursprung in einem bereits bekannten Phänomen zurückgeführt worden ist[55].

Methodisch liegt dieser Vorstellung das deduktive Denken zugrunde[56]. 112
Dieses bemüht sich, alles Denken auf einen absoluten Anfang zurückzuführen, von welchem die Vielfalt der konkreten Denkinhalte durch logische Schlüsse abgeleitet werden können. Aus einfachen Sätzen werden so immer kompliziertere gebildet, aus allgemeinen immer speziellere.[57]

Die logische Ableitung liefert allerdings nur Denkstrukturen, keine Er- 113
kenntnis über die Wirklichkeit. Denn der logische Schluss darf keine Inhalte haben, die nicht bereits in den Prämissen enthalten waren. Die empirischen Inhalte der Naturwissenschaften werden durch Induktion in das Denksystem eingeführt. Von empirischen Einzelfällen wird dabei auf allgemeine Sätze geschlossen, von denen wiederum auf künftige neue Fälle geschlossen werden darf. Je grösser das empirische Material, das sich so verhält, wie der allgemeine Satz es verlangt, desto grösser die Wahrscheinlichkeit, dass der Satz wahr ist.

Im Gegensatz zu deduktiven Sätzen lassen sich induktive Sätze allerdings 114
nicht beweisen. Während der deduktive Satz wahr ist, wenn er logisch schlüssig ist, ist der induktive Satz erst wahr, wenn es in der gesamten Wirklichkeit kein Gegenbeispiel gibt. Jeder Einzelfall, der sich abweichend verhält, falsifiziert das induktiv geschlossene Gesetz.[58] Das Grundproblem der Induktion bleibt somit die Frage, wie auf induktive Weise allgemein gültige Sätze gebildet werden können[59]. Denn diese bleiben immer Hypothesen, welche dem Kriterium der intersubjektiven Überprüfbarkeit zu unterziehen sind. Auch wenn sie sich dabei vorläufig bewähren, lassen sie sich nie ganz verifizieren. Ihre Wahrheit ist immer provisorisch (*z.B. galt das Gesetz der Schwerkraft, wie es* NEWTON *formuliert hatte, lange Zeit als wahr, bis es von* EINSTEIN *durch die Krümmung des Raumes ersetzt wurde*).

---

55 Vgl. POPPER, S. 31 ff.
56 PIETSCHMANN, S. 24 f.
57 SEIFFERT I, S. 127 ff.;
58 DERS., I, S. 201 ff.; PIETSCHMANN, S. 25 ff.
59 POPPER, S. 3 ff.

115 POPPER hat deshalb methodisch konsequent den Begriff der Wahrscheinlichkeit durch jenen der Bewährung ersetzt. Wir können Theorien nicht soweit verifizieren, bis sie uns „wahr scheinen", sondern wir können sie nur der Bewährung in immer neuen Versuchen der Falsifikation aussetzen[60]. Dadurch wird der Begriff der Wahrheit von seiner empirischen Bedeutung entlastet und in die Kategorie der logischen Aussagen zurückgenommen; im empirischen Bereich sind Aussagen nicht wahr oder falsch, sondern mehr oder weniger bewährt[61].

2.2.2 Allgemeine Hermeneutik: Die Zirkelstruktur des Verstehens

2.2.2.1. Verstehen als Erkenntnis im Diskurs

116 Erklären ist die deterministische Weise, die Welt darzustellen[62]. Es eignet sich nur für jene Ausschnitte aus der Welt, für welche das kausale Denken passt. Überall dort, wo Spielräume der Freiheit bestehen, ist das Verstehen angemessener.

117 Verstehen ist die kommunikative Weise, die Welt darzustellen. Der wichtigste Grundsatz der Hermeneutik besagt, „dass die soziale Welt nicht von aussen erklärt werden dürfe, sondern von innen heraus verstanden werden müsse"[63]. Verstehen ist ein Erklären der Welt vom Teilnehmerstandpunkt aus[64].

---

60 DERS., S. 198 ff.
61 DERS. S. 219 ff.
62 HOLLIS, S. 26 ff.
63 DERS., S. 32.
64 Genau genommen stehen sich Erkennen und Verstehen als *Erkenntnisformen* und Erklären und Deuten als *Formen der Wiedergabe von Erkenntnis* gegenüber. Beim Verstehen sind aber Herstellen und Darstellen von Wissen gleichermassen sprachlich vermittelt, so dass Verstehen immer zugleich ein Deuten ist.

Als Teil der Welt, die wir verstehen wollen, sind wir immer schon „im Bild“[65]. Wir können nie beim Nullpunkt anfangen, denn wir stecken immer mitten im hermeneutischen Zirkel: Wir bringen schon eine vage Alltagsvorstellung mit, ein Vorverständnis von der Frage, die uns beschäftigt. Das ist unser erster Lösungsentwurf. Was wir lesen, vergleichen wir stets mit dem, was wir schon zu wissen glauben. So arbeiten wir uns im ständigen Wechsel von „Entwurf“ und „Kenntnisnahme“ vor, bis wir so viel Information über unser Problem haben, dass wir keine Fragen mehr haben.[66] 118

„Wahr“ ist in diesem Verstehensprozess das, was wir nicht mehr in Frage stellen. Wir brechen den Prozess von Versuch und Irrtum im Denken in dem Augenblick ab, in welchem wir jenen Gewissheitsgrad erreicht haben, der für unsere Zwecke hinreichend ist, d.h., in welchem wir keinen Zweifel mehr übrig haben. Geht es nur um das subjektive Verstehen eines Einzelnen, ist das Ende des Zweifels ein willkürlicher Punkt. Soll hingegen etwas mit Gültigkeit für andere ausgesagt werden, müssen auch diese es verstehen. Sie können daher weiterfragen, bis auch sie die Gültigkeit der Antwort anerkennen. Im Verstehensprozess ist somit die Konsenstheorie der Wahrheit[67] im Kern bereits angelegt. 119

Der Verstehensprozess schafft sowohl subjektive wie objektive Wahrheit. Interpretationen haben notwendigerweise diesen Doppelcharakter: Subjektiv sind sie, weil der Interpret sich in eine Lebenssituation, die er verstehen will, als Persönlichkeit einbringen muss. Objektiv sind sie, weil die Argumente, mit welchen der Interpret sein Verständnis begründet, dieses intersubjektiv nachvollziehbar machen. 120

Verstehen können wir etwas in der sozialen Welt nur durch Bewährung in einem offenen Diskurs, in den alle Anliegen aller Betroffenen eingebracht 121

65 Die Doppeldeutigkeit dieser Wendung ist gewollt: Wir wissen schon etwas von dem, was wir suchen – und wir gehören als Teil in das Bild hinein, das wir uns von unserem Gegenstand machen.

66 SEIFFERT II, S. 130 f.

67 Im Gegensatz zur Korrespondenztheorie der Wahrheit, welche davon ausgeht, dass unsere Begriffe die Wirklichkeit richtig abbilden, lässt die Konsenstheorie nur das für wahr gelten, worüber wir uns geeinigt haben; vgl. Ziff. II 5.2.1 Rz. 388.

werden. Die Verstehenslehre führt damit zur Diskurstheorie[68]. Verstehen ist Erkenntnis im Diskurs.

2.2.2.2. Abgrenzung zu Max Weber

122 Die verstehende Sozialwissenschaft, wie sie MAX WEBER begründet hat, geht nicht so weit, wie der hier vertretene Standpunkt. Sie versucht, ein rein deskriptives Verstehen zu begründen. Der Beobachterstandpunkt wird auch in Fragen der Gesellschaft eingenommen; Verstehen soll wertfrei möglich sein. Damit werden Ideale der naturwissenschaftlichen Erkenntnistheorie in die Sozialwissenschaften hineingetragen.

123 Nach WEBER soll die Soziologie soziales Handeln „deutend verstehen" und zugleich „ursächlich erklären"[69]. Die richtige kausale Deutung soll Ablauf und Motiv des Handelns sowohl kausal adäquat als auch sinnhaft verständlich erkennen[70]. Was für den Handelnden selber ein Grund ist, wird für den Beobachter eine Ursache. *Wenn jemand ein Buch kauft, tut er dies, weil es ihm sinnvoll erscheint. Diese Wertung kann ich als Drittperson „deutend verstehen", ohne selber zu werten. Als Beobachter kann ich nur feststellen, dass der Wille, das Buch zu besitzen, für das Handeln dieser Person kausal bestimmend ist. Ich gebe damit eine „ursächliche Erklärung" für das Handeln der beobachteten Person.*

124 Soziales Handeln versteht Weber als jenes Verhalten von Menschen gegenüber anderen, mit welchem diese subjektiv oder in typischer Weise einen „Sinn" verbinden. Damit dringt der sozialwissenschaftliche Beobachter auch in die Vorstellungswelt der Menschen, die er beschreibt, ein.

125 Da in den Vorstellungen der handelnden Personen neben dem Sein stets auch ein Sollen mitschwingt, an welchem sie sich orientieren, nimmt die verstehende Soziologie auch Wertfragen zum Gegenstand. Sie interessiert sich dabei aber nur für die (kausal) bestimmende Bedeutung der Sollensvorstellungen für das faktische Handeln[71]. Die soziologische Betrachtung

---

68 Vgl. Ziff. II 5.2.1 Rz. 386.
69 WEBER, Wirtschaft, S. 1.
70 DERS., Wirtschaft, S. 5.
71 DERS., Wirtschaft, S. 7; DERS., Wertfreiheit, S. 531.

selber bleibt wertfrei und wird als empirische Disziplin streng von der Ebene der Wertphilosophie getrennt[72].

Da die sozialwissenschaftliche Forschung nach Evidenz strebt, befasst sie sich mit jenen Handlungsaspekten, welche dem Typus rationalen Handelns entsprechen. Zu diesem Zweck konstruiert sie einen rein zweckrationalen Verlauf des Handelns als „Idealtypus“[73]. Zweckmässigkeit misst sich dabei am Erfolg des Handelns[74]. *Die zweckrationale Erklärung für den Kauf des Buches kann z.B. im angestrebten Lernerfolg liegen, wenn es sich um ein Lehrbuch handelt, oder in der spannenden Unterhaltung, wenn es ein Kriminalroman ist.* 126

Dieses Denken vermag zwar Mittel und Zwecke zu einander in Beziehung zu setzen. Zwecke und Ideale selber aber lassen sich nicht mehr wissenschaftlich begründen. Sie fallen ausserhalb des Gegenstands der Wissenschaft. Sein und Sollen werden so getrennt, dass nur das Sein in den Bereich der Wissenschaft fällt, das Sollen hingegen wissenschaftlich nicht rationalisierbar ist und daher subjektiv bleibt.[75] 127

WEBER betont, dass die Methode seiner verstehenden Soziologie nur aus methodischen Gründen zweckrational verfährt und nicht eine tatsächliche Vorherrschaft des Rationalen über das Leben unterstellt[76]. Aus dem methodischen Individualismus und Rationalismus dürfe kein philosophischer Individualismus bzw. Rationalismus geschlossen werden[77]. 128

Mit der Beschränkung auf die zweckrationalen Aspekte des Handelns klammert WEBER bewusst die Frage nach den beim Handeln vorausgesetzen Werten aus. „Vom Standpunkt der Zweckrationalität aus ... ist Wertrationalität immer ... irrational“[78]. *Ob es besser ist, ein Lehrbuch oder einen Kriminalroman zu kaufen, ist zweckrational kaum mehr zu begründen; gänzlich offen bleiben muss, ob der Zweck, Jus zu studieren, richtig ist.* 129

---

72 DERS., Wertfreiheit, S. 501.
73 DERS., Wirtschaft, S. 3.
74 DERS., S. 13.
75 Vgl. KOLAN, S. 40 ff.
76 WEBER, Wirtschaft, S. 3.
77 DERS., Wirtschaft, S. 9.
78 DERS., Wirtschaft, S. 13.

130 Wenn WEBER z.B. die Frage nach der legitimen Geltung einer Herrschaftsordnung stellt, verwendet er einen soziologischen Geltungsbegriff: legitime Geltung kommt einer Ordnung zu, wenn sich die Handelnden tatsächlich an den Maximen dieser Ordnung orientieren, weil sie diese als für sich verbindlich ansehen[79]. Legitimität wird wertneutral als faktische Akzeptanz, Geltung ebenso als Wirksamkeit einer Ordnung verstanden[80]. *Eine Prüfungsordnung ist somit dann soziologisch legitim, wenn sich die meisten Dozierenden und Studierenden daran halten; ob darin vermeidbare willkürliche Elemente vorkommen, ist irrelevant.*

131 WEBER wahrt konsequent den Beobachterstandpunkt. Er behandelt Vorstellungen und Werte von Menschen als etwas, das ihm selber äusserlich bleibt. Dies ist nur möglich dank der Reduktion des Anspruchs auf die Ebene der Zweckrationalität. Zugunsten einer naturwissenschaftlich inspirierten Konzeption von Wissenschaftlichkeit verzichtet er auf Ganzheitlichkeit des Verstehens und beschränkt sich auf die Deutung menschlichen Handelns nach einem idealtypisch rationalisierten Modell.

132 Weber ist sich zwar bewusst, dass Normen nicht nur als Gegenstand der Untersuchung, sondern auch als Bestandteil des Wissens eine Rolle spielen, mit dem der Untersuchende an seine Aufgabe geht. „Sein Wissen um den ideell möglichen „Sinn" des Handelns ermöglicht ihm dessen empirische Erkenntnis"[81]. Weber erblickt darin aber keinen hermeneutischen Zirkel der Erkenntnis[82].

133 Bleibt man sich der Einschränkungen, welche sich diese Methode auferlegt, bewusst, dann kann diese Form von Erkenntnis funktional zweckmässig sein. Sie bleibt aber immer partiell und bedarf der Ergänzung durch ein hermeneutisches Konzept von Verstehen, bevor sie zur Grundlage einer Entscheidung werden darf. Ansonsten verkürzen wir den Men-

---

79 DERS., Wirtschaft, S. 16.

80 Wenn WEBER von der „idealen Regel" oder „Norm" spricht, meint er meist die Vorstellung davon, die „als reales Agens des Handelns" wirkt (Stammler, S. 329).

81 WEBER, Stammler, S. 330.

82 Der Soziologe soll sich als Beobachter beim Verständnis von Sinnfragen bemühen, von eigener Erfahrung möglichst zu abstrahieren, um Objektivität zu gewinnen.

schen und sein Handeln auf den zweckrationalen Idealtypus, von dem WEBER selber sagt, er sei der Klarheit zuliebe möglichst „weltfremd" definiert[83]. – Auf diese Weise erfasst WEBER letztlich nicht das Handeln, sondern nur das Verhalten des Menschen. Die Erkenntnis bleibt äusserlich; der Einzelne wird nicht als Handlungssubjekt ernst genommen.

Problematisch ist diese Fassung verstehender Sozialwissenschaft deshalb, 134
weil sie in der Praxis in aller Regel für das Ganze des Verstehens gehalten wird. Weil die methodischen Einschränkungen sehr effizient sind und das Modell der Zweckrationalität für die Steuerung des Verhaltens von Konsumenten, Bürgern und Untergebenen erfolgversprechend eingesetzt werden kann, wird dieser Wissenschaftsstrang seit WEBER einseitig gefördert und genutzt. Unser Wissen vom Menschen wird in eine „rationale" und eine „irrationale" Hälfte geteilt und in spezielle Disziplinen (Psychologie einerseits, Soziologie und Ökonomie anderseits) gespalten.

Dabei werden die methodologischen Einsichten WEBERS gerne vergessen. 135
Aus einem frei wählbaren Forschungsansatz wird die sachgerechte Erkenntnismethode gemacht. Hinter dem methodologischen Individualismus und Rationalismus wird die zugrundeliegende Philosophie sichtbar. Die Methode dient der Selbstbestätigung eines individualistischen und rationalistischen Welt- und Menschenbildes, wie es dem modernen Liberalismus vielfach zugrunde liegt.

Das Konzept der Wertfreiheit sozialwissenschaftlicher Forschung ist im 136
Zuge der Auseinandersetzung mit der Hermeneutik teilweise überwunden worden. Hier sei lediglich an WEBER die Frage gerichtet, wie wertfrei sein eigenes Konzept eigentlich gewesen ist. Denn sobald auch das Sollen in der Form von Wertvorstellungen der Menschen in ein verstehendes Beobachten eingeschlossen werden soll, muss der Beobachter sich in diese Wertvorstellungen einlassen. Ihre Bedeutung lässt sich nur als Teilnehmer im hermeneutischen Zirkel erfassen. Der normative Gegenstand der Erkenntnis muss sich auch in der Methode niederschlagen. WEBER selber räumt ein, dass Verstehen mehr ist als funktionale Betrachtung, dass es

83 WEBER, Wirtschaft, S. 10.

gegenüber der beobachtenden Erklärung eine „Mehrleistung" erbringt. Er lässt diese aber im Dunkeln[84]. Das Ganzheitliche ist für ihn nicht fassbar.

2.2.2.3. Abgrenzung zu Hans-Georg Gadamer

137 Das Gegenstück zu WEBER bildet GADAMER. Dieser vertritt konsequent den Teilnehmerstandpunkt und spricht dem Vorverständnis, das wir in den Erkenntnisprozess einbringen, eine zentrale Rolle zu. Alle methodische Bemühung um Erweiterung unseres Erkenntnishorizontes vermag das Vorverständnis nicht aus dieser Mitte zu rücken[85]. Im besten Fall ergibt sich eine Verschmelzung der Horizonte des Interpreten mit der zu interpretierenden Welt[86]. *Verstehen gelingt dann, wenn ich mich ganz in die Welt des Textes, den ich lese, einlasse – wenn ich die fremde Welt meine eigene werden lasse.*

138 Verstehen ist für GADAMER nicht eine Technik der Erkenntnis oder die Handlung eines Subjekts[87], sondern ein objektives Geschehen, in welchem sich das Sein der Sache dem Interpreten offenbart[88]. Verstehen ist eine „Seinserfahrung"[89], d.h. eine „Begegnung mit etwas, das sich als Wahrheit geltend macht" [90]. Darin liegt eine bewusste Umkehr des subjektivistischen Erkenntnisansatzes: „In Wahrheit gehört die Geschichte nicht uns, sondern wir gehören ihr"[91].

139 GADAMER begreift Hermeneutik nicht als Form, in welcher der Mensch die Welt erkennt, sondern als Seinsweise der Welt. Hermeneutik ist für GADAMER nicht unsere Methode, die Welt zu erkennen. Sie ist ein Wesens-

---

84 DERS., Wirtschaft, S. 7.

85 GADAMER, S. 298, mit Verweis auf Heidegger, der den Zirkel so bestimmt, dass das Verständnis des Textes dauerhaft vom Vorverständnis bestimmt bleibt.

86 GADAMER, S. 311 f. und 380 bezieht sich konkret auf den historischen Horizont und jenen des heutigen Interpreten.

87 DERS., S. 295; vgl. S. 252 f. mit Bezug zu HUSSERL.

88 GADAMER, S. 479 f.; ALBERT, S. 73, spricht daher kritisch von einem „Offenbarungsmodell der Erkenntnis".

89 GADAMER, S. 490.

90 DERS., S. 493.

91 DERS., S. 281.

merkmal der Welt selber. GADAMERS „hermeneutische Ontologie"[92] macht die Sprache zum Wesen der Welt, in der wir leben und über die wir nicht verfügen, weil sie uns vorgegeben ist. In der Sprache kommt das Seiende gegenüber dem Menschen zum Wort [93]. *Die Welt zeigt sich uns, indem sie zu uns spricht.*

GADAMER verzichtet daher auf Kriterien richtigen Verstehens[94]. Denn „im Grunde schlage ich *keine Methode* vor, sondern ich beschreibe, *was ist*"[95]. Damit ist die Ontologie vorgegeben und nicht von der Möglichkeit der Seinserkenntnis abhängig. Die Verstehenslehre ist für GADAMER Ausfluss der Seinslehre und nicht umgekehrt. Verstehen ist Auswirkung der Welt auf den Menschen, nicht Instrument des Menschen zur Erkenntnis der Welt. 140

GADAMER verlangt von uns letztlich einen Wechsel des Subjekts im Prozess der Erkenntnis: Nicht wir erkennen die Welt, indem wir sie beobachten und in Worten beschreiben, sondern die Welt öffnet sich uns, wenn wir ihre Sprache erlernen. 141

Die Konzeption GADAMERS behebt gewiss den Mangel an Hermeneutik bei Weber, allerdings um den Preis der Übernahme einer bestimmten philosophischen Konzeption der Welt. Muss die Verstehenslehre an eine Ontologie gebunden werden, zudem an eine, welche die gesuchte methodische Klarheit verschleiert? Wohl lehrt uns gerade der hermeneutische Zirkel, dass wir Methode und Philosophie nie trennen können, doch kann das nicht bedeuten, dass wir uns, um teilnehmendes Verstehen zu ermöglichen, auf einen bestimmten philosophischen Gedankenstrang verpflichten müssen, der von HEGEL über DILTHEY zu HEIDEGGER führt[96]. 142

---

92 DERS., S. 442.

93 DERS., S. 442 ff., S. 478: *„Sein, das verstanden werden kann, ist Sprache"* (Hervorhebung durch GADAMER).

94 SCHROTH, S. 309; vgl. bereits die Kritik von BETTI, S. 43 ff. BETTI erkennt, dass GADAMER für den Interpreten ein „Monopol der Wahrheit" (S. 44) in Anspruch nimmt, das sich nicht begründen lässt.

95 So GADAMER noch in der 4. Auflage 1975, S. 483; Hervorhebung durch ihn); vgl. dazu HINDERLING, Rz. 26.

96 Ein Vertreter der Lebensphilosophie (vgl. DILTHEY, S. 146 ff.) kann freilich ähnliches über den vorherrschenden Rationalismus der Kantianer sagen.

143 Gerade der hermeneutische Ansatz verlangt den Verzicht auf einen Anspruch auf absolute Wahrheit wissenschaftlicher Erkenntnis, weil er die Relativität von Vorverständnis und Horizonterweiterung betont. Wir können als Teilnehmer die Welt nie absolut erfassen. Das Absolutum der ontologischen Hermeneutik von GADAMER verletzt damit die hermeneutische Ausgangslage. GADAMER schlüpft unbemerkt in die Position des objektiven Beobachters, um uns von dort her zu erklären, dass wir alle wesensmässig nicht aus der Teilnehmerrolle herauskommen können. Oder anders gewendet: für die Konstruktion seiner Ontologie setzt er die Gültigkeit seiner Ontologie ausser Kraft. – Die Aussagen einer Verstehenslehre sollten demgegenüber aber auch reflexiv auf die Entwicklung dieser Lehre angewendet werden können. Es gibt keine Philosophie ausserhalb der Hermeneutik.[97]

144 Gesucht ist somit eine offene Methodik, welche den hermeneutischen Bedingungen menschlicher Erkenntnis gerecht wird, ohne dass sie uns auf eine bestimmte Ontologie verpflichtet. Ein ontologisch begründeter Ansatz würde einen Grossteil der Welt- und Menschenbilder, welche heute vertreten werden, ausschliessen. Eine moderne Verstehenslehre muss für den Pluralismus der persönlichen Haltungen, welche in den Erkenntnisprozess einfliessen, offen sein.

2.2.3 Verknüpfung von Erkennen und Verstehen

145 Die Verstehenslehren von WEBER und GADAMER sind hier als Gegenpole einander gegenübergestellt worden, weil sich Extrempositionen deutlicher zeichnen lassen als Mischlagen[98]. In der hier gebotenen Kürze lässt sich auf diese Weise am besten das Spannungsfeld abstecken, in welchem sich eine Konzeption der Hermeneutik bewegen muss, wenn sie insbesondere auch für das juristische Denken brauchbar sein soll.

---

97 Für jeden Theoretiker ist die Versuchung gross, sich selber von der Gültigkeit seiner Theorie auszunehmen; vgl. die entsprechende Kritik an LUHMANN, Ziff. II 5.2.1 Rz. 378.

98 Die Skizzen beanspruchen nicht, beiden Autoren historisch gerecht zu werden. Es geht vielmehr darum – ganz im Sinne WEBERS – zwei Idealtypen des Verstehens zu schaffen, welche miteinander verglichen werden können.

WEBER verfehlt den Schritt von der Beobachterperspektive zur Teilnehmerperspektive. Sein Denken ist nicht in der Lage, Sollensurteile zu begründen. Brauchbar ist es in jenen Sachbereichen, welche sich empirisch erfassen lassen. 146

GADAMER übernimmt die Teilnehmerperspektive, verwirft aber die Möglichkeit des Beobachtens. Sein Denken verfehlt die Chance der empirischen Rationalität. Es liefert keine hinreichende Methodik des Verstehens, welche normative Urteile überprüfbar machen würde. 147

Der Gegensatz betrifft auch die Dimension von Teil und Ganzem: WEBER vertritt einen Individualismus, der das Ganzheitliche der Welt, in der wir leben, übersieht; GADAMER pflegt einen Holismus, der das Subjekt im sprachlichen Geschehen der Welt aufgehen lässt. In beiden Fällen werden einseitige Aspekte menschlichen Lebens absolut gesetzt. 148

Eine integrale Verstehenslehre sollte mehrere Dimensionen des Denkens umfassen: 149

- Sie sollte den Teilnehmerstandpunkt zur Grundlage nehmen,
- sie sollte den Beobachterstandpunkt als Hilfsmittel der Reflexion einsetzen,
- sie sollte die hermeneutische Befangenheit des Interpreten in seinem Vorverständnis anerkennen (Eingeständnis der Relativität des Denkens),
- jedoch ein kritisches Verfahren der intersubjektiven Überprüfung vorsehen, welches optimale Garantie für Wahrheit und Richtigkeit der Erkenntnisse gewährleistet (Anspruch auf kommunikative Rationalität des Denkens).

Dabei wäre es verfehlt, diese Dimensionen zu einer einzigen, zwingend richtigen Denkweise verschmelzen zu wollen. Angemessen ist vielmehr eine Typologie von Denkformen, welche den unterschiedlichen Mischungslagen einer konkreten Aufgabe gerecht werden kann. 150

MARTIN HOLLIS hat für die Typologie des sozialen Handelns eine Matrix entwickelt, welche hier weiterführt. Er geht ebenfalls von der Dichotomie von Erkennen (bei ihm: Erklären) und Verstehen aus und teilt beide Darstellungsformen von Erkenntnis in eine individualistische und eine holistische Perspektive auf: 151

	Erklären	Verstehen
Holismus	Systeme	Spiele
Individualismus	Akteure	Aktoren

Typologie des sozialen Handelns nach HOLLIS

152 Die sozialwissenschaftliche Darstellung menschlichen Handelns kann nach diesem Modell die Form der *Erklärung* annehmen und dabei entweder das soziale Ganze individualistisch aus Einzelakten zusammensetzen oder das Verhalten der Einzelnen aus der Funktionsweise des Systems erklären. Der Modus der Erklärung ist in beiden Fällen das kausale Denken des Beobachters (vgl. WEBER, LUHMANN).

153 Die Darstellung menschlichen Handelns kann aber auch die Form des *Verstehens* annehmen und dabei ebenso entweder das Zusammenspiel der einzelnen Teilnehmer aus deren Einzelakten aufbauen oder die Handlungen der Spieler aus den Regeln des Spiels verstehen. Der Modus des Verstehens ist in beiden Fällen die kommunikative Verständigung (vgl. HABERMAS, GADAMER).

154 Das Modell lässt sich im Sinne der hier vertretenen Verstehenslehre nutzen: Je nach der zu lösenden Aufgabe ist eine unterschiedliche Mischung der vier Standpunkte angebracht: mehr Verstehen oder mehr Erklären, mehr Ganzheitlichkeit oder mehr Individualisierung. Welche Mischung die „richtige" ist, ist selber Gegenstand des hermeneutischen Zirkels: Die Methode muss sich ebenso im hermeneutischen Dreischritt von Vorverständnis, Korrektur und Urteil entwickeln, wie das Wissen über die Sache, das angestrebt wird. Die Zirkelbewegung erfasst nicht nur unser Wissen über den Gegenstand der Erkenntnis, sondern schon unser Wissen über die Methode der Erkenntnis.

155 Damit werden die grundlegenden Dichotomien der Erkenntnistheorie zwar nicht aufgehoben. Sie bleiben die analytischen Kategorien des Erkennens. Aber sie werden weder reifiziert noch absolut gesetzt (*was ja nur mit dem Münchhausen-Trick einer absoluten Beobachterperspektive möglich würde*). Wir werden frei, die Möglichkeiten des Denkens so einzusetzen, wie wir es vor uns und vor anderen rechtfertigen können. Wir

sind nicht mehr Gefangene einer bestimmten Denkschule (zwischen WEBER und GADAMER liegen zahlreiche andere Konzepte, die Anspruch auf Richtigkeit erheben[99]) – allerdings bezahlen wir diese Freiheit mit der Verantwortung, unser Denken in jeder Situation zu reflektieren und im Diskurs zu begründen.

Der Übergang über die Trennlinien im Modell von HOLLIS bleibt gewiss 156
nicht ohne Schwierigkeiten[100]. Eine Grosstheorie der Erkenntnis, welche alle vertretbaren Standpunkte zu einer Synthese vereint, ist auch gar nicht erforderlich. Es genügt, für Übergänge im Einzelfall gute Gründe zu finden.

So lässt sich z.B. die Mischung von Individualismus und Holismus zumin- 157
dest im Bereich des Verstehens durch die intersubjektive Natur der Sprache begründen; Sprache ist sowohl Kultur, die dem Einzelnen vorgegeben ist, als auch Handlung, die der Einzelne vornimmt. Je nach Gegenstand und Geltungsanspruch eines Sprechaktes ist seine Bindung an die Kultur oder seine Nähe zur individuellen Gestaltungsfreiheit grösser. *Die Heirat zweier Menschen z.B. ist kulturelle Institution und individuelle Handlung zugleich: Sie begründet die Ehe als gesellschaftliche und rechtliche Institution; die entsprechenden Rituale und ihre Bedeutung sind durch Konventionen zum Teil fest geprägt. Die Heirat ist aber zugleich Willensakt zweier Menschen. Diese können ihr Fest individuell gestalten und ihm ihre persönliche Bedeutung verleihen.*

Erklären und Verstehen erweisen sich als widerspenstigere Alternativen. 158
Es gibt hier keine Mittellage wie jene der Intersubjektivität zwischen Individualismus und Kollektivismus. Die Verknüpfung kann nur dadurch erreicht werden, dass ich im Laufe meiner Erkenntnissuche meinen Standpunkt wechsle und jede Frage, die ich aus der Teilnehmerperspektive zu stellen beginne, auch aus der Beobachterperspektive zu erfassen suche. Dank der Prozesshaftigkeit des Denkens bin ich nicht auf eine einzige Position beschränkt, sondern bleibe beweglich. Dem Verstehen kommt allerdings zeitlich eine Priorität zu: Denn in Fragen der Gesellschaft muss

---

99 Z.B. der Kritische Rationalismus, vgl. die Kritik an GADAMER in ALBERT , S. 68 ff.

100 HOLLIS widmet dieser Frage den Grossteil seines Buches; er bleibt gegenüber dem Gedanken einer grossen Synthese aller vier Konzepte skeptisch.

ich mit der Teilnehmerperspektive beginnen. Das Vorverständnis ist unentrinnbar. Der reflexive Griff zur Beobachtung kann nur das Korrektiv zur hermeneutischen Verständigung bilden. *Was die Heirat zweier Menschen bedeutet, kann ich nur aus dem Verständnis ihrer Handlung im Lichte der kirchlichen Tradition und der rechtlichen Folgen der Heirat verstehen; die soziologische Beobachtung der Konventionen und Rituale kann sodann dazu dienen, die Institution der Heirat kritisch zu reflektieren.*

159 Bei dieser integralen Betrachtung können „Gründe" auch „Ursachen" sein[101]. Was aus der Teilnehmerperspektive als Grund geltend gemacht wird, wirkt sich aus der Beobachterperspektive als Ursache aus. Die Verknüpfung von Grund und Ursache liegt in der verpflichtenden Kraft der kommunikativen Rationalität für das tatsächliche Handeln. Je mehr die Beteiligten sich an die gemeinsam geteilten Gründe (Werte, Ziele, Argumente) gebunden fühlen, desto stärker wirkt die dadurch geschaffene (wert- und zweckrationale) Motivation als bestimmender Faktor des faktischen Handelns. Im Idealfall umfassender Rationalität würden daher die Methode des Verstehens und jene des Erklärens das gleiche Ergebnis darstellen[102]. Gründe werden zu Ursachen, wenn alle gemäss ihren Einsichten handeln. *Bei einer Liebesheirat ist die Liebe für die Partner der Grund ihrer Heirat; für Dritte bildet sie die Ursache des Eheschlusses. Würden alle Ehen aus Liebe geschlossen, wäre die Liebe Grund und Ursache der Ehe zugleich.*

2.2.4 Juristische Hermeneutik: Der Zirkel als Methode

160 Nach GADAMER befindet sich der Jurist in der gleichen hermeneutischen Situation wie der Historiker. GADAMER verleiht dem juristischen Denken sogar Beispielscharakter für die allgemeine Hermeneutik[103]. Die juristische Hermeneutik ist für ihn daher kein Sonderfall, sondern der historischen Hermeneutik gleichgestellt[104].

101 Vgl. GROEBEN, S. 322 für den Bereich der Psychologie.

102 Das würde sie freilich nicht austauschbar machen, da Ausgangspunkt und Weg von Verstehen und Erklären qualitativ verschieden bleiben.

103 GADAMER, S. 330 ff.

104 DERS., S. 334.

Gewiss ist Jurisprudenz auch eine „verstehende Wissenschaft"[105]. Juristisches Verstehen unterliegt jedoch spezifischen Bedingungen. So ist das Vorverständnis oft in besonderem Masse parteilich, interessengebunden, so dass die juristische Hermeneutik gegenüber dem Vorverständnis eine ideologiekritische Aufgabe wahrzunehmen hat[106]. 161

Sodann interpretiert der Jurist vornehmlich normative Texte, welche gegenüber der Wirklichkeit einen Sollensanspruch geltend machen. Der Jurist muss dieses Sollen in der Regel nicht nur verstehen, sondern auch zur Grundlage seines Handelns, der juristischen Entscheidung, machen[107]. Er hat daher ein Entscheidungsinteresse, das sich vom Erkenntnisinteresse des Historikers unterscheidet[108]. *Der Historiker beschreibt z.B. den Wandel der Institution Ehe und stellt fest, dass das Konkubinat immer häufiger an die Stelle der Ehe tritt. Er versucht, diese Entwicklung und ihre Ursachen zu verstehen. Der Jurist greift diese Analyse zwar auf; er muss aber die rechtlichen Konsequenzen dieser Entwicklung verstehen, etwa, ob die unterschiedlichen Rechtsfolgen von Ehe und Konkubinat vor der Rechtsgleichheit Bestand haben.* 162

Der Zirkel des juristischen Denkens bewegt sich ferner typischerweise nicht nur zwischen den Teilen und dem Ganzen des Normtextes, sondern darüber hinaus – und vor allem – zwischen Sachverhalt und Norm. „Der konkrete Lebenssachverhalt ist in seiner rechtlichen Relevanz nur verstehbar im Hinblick auf die in Betracht kommende Rechtsnorm, der Sinn der Rechtsnorm aber erschliesst sich nur über das Verständnis des Lebenssachverhalts"[109]. 163

Dieser Zirkel ist recht eigentlich das Grundgerüst der juristischen Methode. Juristische Rationalität besteht in nichts anderem als in der methodischen Überprüfbarkeit der Schritte, mit welchen der Jurist Tatbestand und Rechtsnorm einander annähert. Exemplarisch dafür ist die Darstellung der Konkretisierung von Normen in der strukturierenden Rechtslehre von 164

---

105 LARENZ / CANARIS, S. 25 ff.
106 NEUMANN, Hermeneutik, S. 52 f.
107 DERS., S. 53 f.
108 Vgl. Ziff. II 3.
109 KAUFMANN, Beiträge, S. 74.

FRIEDRICH MÜLLER[110]. Die Methode des hermeneutischen Zirkels wird in der Juristerei intensiver gepflegt als in anderen sozialwissenschaftlichen Disziplinen, weil der Jurist rechtlich zu rationaler Methode verpflichtet ist.

165 Das materielle Recht selber liefert die Kriterien für die juristische Hermeneutik[111]. Denn der Verstehenszirkel hat der Verwirklichung von Rechtsnormen zu dienen und muss sich an den Grundsätzen des Rechts orientieren. Rechtsgleichheit und Rechtssicherheit, aber auch Gerechtigkeit verlangen eine optimale Rationalisierung im Sinne einer intersubjektiv überprüfbaren Argumentation. Das Willkürverbot und gesetzliche Begründungspflichten sind positivrechtliche Normierungen dieser Rationalitätsverpflichtung.

166 Juristisches Verstehen steht somit in einem anderen Verwertungszusammenhang als etwa die historische Hermeneutik. Ungeachtet dieser Differenzen besteht aber eine innere Verwandtschaft der juristischen Hermeneutik mit der allgemeinen. Diese Gemeinschaft erschöpft sich nicht in der Übereinstimmung der beidseits verwendeten Auslegungskriterien. Vielmehr bildet die allgemeine Hermeneutik einen Massstab für die Bewertung des juristischen Vorgehens[112]. Der Jurist ist Teilnehmer und hat überwiegend Verstehensprobleme zu lösen. Für ihn gelten daher die vorne aufgeführten hermeneutischen Regeln für die Korrektur des Vorverständnisses[113].

167 Die Allgemeine Hermeneutik gehört somit zu den Grundlagen der Rechtstheorie. Sie ist eine Metasprache der Jurisprudenz und dient der Selbstreflexion des Juristen über das, was er tut.[114]

---

110 FRIEDRICH MÜLLER, Strukturierende Rechtslehre, S. 225 ff.; vgl. Ziff. III, 1.1.2, Rz. 584.

111 SCHROTH, S. 313.

112 HINDERLING, Rz. 178 in Anlehnung an COING. Daran ändert für HINDERLING auch die Kritik an der Unvollkommenheit der von der allgemeinen Hermeneutik herstammenden juristischen Auslegungsmittel nichts (Rz. 179); sie belegt nur, dass die Hermeneutik weiterentwickelt werden muss. In Anlehnung an GADAMER fordert HINDERLING deshalb eine „existenziale Hermeneutik" (Rz. 238 ff.).

113 Vgl. die Canones der Hermeneutik oben in Ziff. II 2.1.2.2, Rz. 99.

114 LARENZ / CANARIS, S. 63 ff. Dies gilt freilich erst dank der juristischen Rezeption der allgemeinen Hermeneutik seit COING; im 19. Jahrhundert verstand sich die juristische Auslegungslehre als originäre Hermeneutik (FROMMEL, S. 22 ff.).

Die vorne für die allgemeine Hermeneutik entwickelte integrale Verstehenslehre[115] gilt entsprechend auch für das juristische Denken. Ausgehend vom Teilnehmerstandpunkt dessen, der in einer gegebenen Situation handeln soll, überprüft der Jurist sein Vorverständnis von der gesuchten Lösung, indem er alle verfügbaren Mittel seiner Information ausschöpft. Dazu gehören grösstenteils sprachlich vermittelte Informationen, deren Bedeutung er zu verstehen sucht. Eingebettet in diesen Kontext trifft er auch auf einige Tatsachen, die er als Beobachter erkennen kann. Die Beobachterperspektive benutzt er ferner, um sein Urteil oder bestimmte Aspekte davon aus möglichst neutraler Distanz zu betrachten und sich aus der unausweichlichen Befangenheit ein Stück weit zu befreien. Da er seine Entscheidung vor einer Behörde, einer Gegenpartei oder der Öffentlichkeit zu vertreten hat, ist er gehalten, all diese Schritte und Standortwechsel in einsehbarer Weise zu begründen. 168

Die integrale Verstehenslehre liefert auf diese Weise die Grundlagen einer Theorie des juristischen Diskurses (vgl. hinten Ziff. II 5.2.1). 169

3 Erkenntnisinteresse und Entscheidungsinteresse

3.1 Einführung

3.1.1 Beispiel

Sie haben zum allgemeinen Teil des Strafrechts folgende Prüfungsaufgabe zu lösen: 170

A hat seine neue Freundin zum Abendessen in ein Wirtshaus eingeladen. Sie erscheint dort aber nicht. Vor Enttäuschung betrinkt er sich. Als der Wirt ihm am späten Abend keinen Alkohol mehr geben will, wird A jähzornig und schlägt den Wirt zu Boden. Die Wirtin lässt die Polizei kommen. In der Einvernahme macht A geltend, er sei in seiner Enttäuschung und wegen des Alkoholgenusses strafrechtlich nicht schuldfähig (CH, AT: zurechnungsunfähig) gewesen.

---

115 Ziff. II 2.2.3, Rz. 149 ff.

171 Da Sie sich auf die Prüfung vorbereitet haben, geht Ihnen folgendes Wissen zum Thema durch den Kopf:

- 1) Schuldfähigkeit ist die Fähigkeit eines Täters, die Rechtswidrigkeit seiner Tat zu erkennen und sein Handeln nach dieser Einsicht zu bestimmen.
- 2) Die strafrechtliche Schuldfähigkeit ist ein allgemeines Tatbestandsmerkmal des Strafrechts.
- 3) Sie ist ein Teilgehalt des Schuldprinzips. Fehlende Schuldfähigkeit ist ein Schuldausschliessungsgrund.
- 4) Die Enttäuschung von A ist kein Schuldausschliessungsgrund. Sie kann höchstens ein Argument zur Milderung des Strafmasses bilden.
- 5) Die Trunkenheit kann ein Schuldausschliessungsgrund sein, wenn sie im Fall von A dessen Fähigkeit, sich zu beherrschen, hinreichend reduziert hat.
- 6) Als bewiesen muss unterstellt werden, dass A wegen seines hohen Alkoholgenusses tatsächlich weder in der Lage war, das Unrecht seiner Tat einzusehen, noch - hätte er diese Einsicht gehabt - sich nach dieser zu richten.
- 7) Die Handlung des Schuldunfähigen bleibt rechtswidrig, ist aber nicht strafbar.
- 8) Selbstverschuldete Schuldunfähigkeit entlastet nicht von strafrechtlicher Verantwortung.
- 9) Entscheidend ist, ob A, als er sich betrank, damit rechnen musste, dass er unter Alkoholeinfluss gewalttätig werde, und ob er das in Kauf nahm.

172 **Aufgaben:**

Zum Teil beschreiben die neun Sätze das Institut der strafrechtlichen Zurechnungsfähigkeit (Gruppe 1); zum Teil stellen sie Gründe für den Entscheid über den Fall dar (Gruppe 2).

(1) Ordnen Sie die neun Gedanken den Gruppen 1 bzw. 2 zu

(2) definieren Sie die typischen Unterschiede zwischen den beiden Gruppen von Gedanken.

Lösung: 173

a) Einteilung in Gruppen:

(1) Die Gedanken 1), 2), 3), 7) und 8) gehören zur Beschreibung des Rechtsinstituts;

(2) die Gedanken 4), 5), 6) und 9) gehören zur Entscheidung des Falles (Nr. 5 stellt einen Übergang zwischen den beiden Gruppen dar, indem der erste Halbsatz noch das Institut beschreibt, der zweite Halbsatz auf den konkreten Fall eingeht).

b) Typische Unterschiede:

Die beiden Gruppen unterscheiden sich in der Art der Aussage: Die erste Gruppe beantwortet Wissensfragen; die zweite Anwendungsfragen. Die erste Gruppe dient der „Darstellung des Rechts"; die zweite Gruppe der „Rechtsanwendung".

Hinweis: Die beiden Gruppen von Aussagen kommen bei jeder Falllösung vor. Im Wissensteil ist das Verständnis der Rechtsordnung in ihrer generellen und abstrakten Fassung gefragt; die Aussagen sind dogmatisch (*was versteht das Strafrecht unter...?*). Im Anwendungsteil ist das Verständnis des Einzelfalles in seiner individuellen und konkreten Eigenart gefragt; die Aussagen sind fallbezogen (*was bedeutet der Umstand... für die Entscheidung des Falles?*). 174

3.1.2 Erläuterung: Entscheidung als Ziel juristischen Denkens

Für zahlreiche Wissenschaften (insbesondere die sog. Grundlagenwissenschaften) ist die Erkenntnis Selbstzweck der Bemühungen. In der Rechtswissenschaft ist Erkenntnis Mittel zum Zweck der Entscheidung von Rechtsfragen. 175

Kapitel	**polares Begriffspaar einer Denkweise**		**leitende Frage ...**
II 1	Beobachten	Teilnehmen	nach dem Subjekt
II 2	Erkennen	Verstehen	nach der Art des Wissens
II 3	Erkenntnisinteresse ➡ Selbstzweck	Entscheidungsinteresse ➡ Mittel zum Zweck	nach dem Handlungsbezug

Übersichtstabelle 1 c: Erkenntnisinteresse und Entscheidungsinteresse

176 Juristisches Denken unterscheidet sich vom historischen in erster Linie dadurch, dass der Jurist stets ein *Handlungsziel* verfolgt. Sein Vorverständnis ist nicht nur durch seine allgemeine und berufliche Lebenserfahrung geprägt, sondern auch noch von der konkreten Handlungssituation, in welcher er eine richtige Entscheidung treffen soll. Für ihn ist verstehende Erkenntnis Mittel zum Zweck. Er will nur so viel wissen, wie nötig ist, damit er seinen Fall lösen kann.[116]

177 Solches Verhalten wäre für einen Historiker unwissenschaftlich, weil der subjektive Standpunkt die Perspektive verzerrt und weil der Erkenntnisprozess willkürlich abgebrochen wird, bevor die Grenzen des Möglichen erreicht sind. Die Historiker können höhere Anforderungen an die Wissenschaftlichkeit ihrer Forschung stellen, weil sie keine praktischen Schlüsse aus ihren Erkenntnissen ziehen müssen. Historische Forschung muss nicht zu Resultaten führen, die sich zu einem widerspruchslosen Ganzen zusammenfügen lassen. Geschichte kann aus Geschichten bestehen; sie braucht (ja: darf) nicht zu einer in sich geschlossenen Lehre der Vergangenheit werden. Geschichtswissenschaft ist nicht systematisch.

178 Rechtswissenschaft hingegen zählt zu den *systematischen Wissenschaften*. Diese beginnen auch mit der hermeneutischen Erfassung der Quellen, doch ist das Verstehen hier nicht Selbstzweck, sondern Mittel zum Zweck des Erfassens eines *Problems*. Sie können die Vielfalt unterschiedlicher Meinungen nicht stehen lassen, sondern müssen sich für eine Wahrheit entscheiden[117]. *Während die Geschichtswissenschaft z.B. die Zunahme des Konkubinats nur beschreibt und deutet, liefert die Soziologie eine konzeptionelle Erklärung für die Entwicklung.* Auch die Rechtswissenschaft bringt eine systematische Ordnung in die zu verstehenden Sachverhalte und Normen und macht das zu lösende Problem so überhaupt greifbar. *Ehe und Konkubinat werden zuerst definiert und dann miteinander unter rechtlichen Gesichtspunkten verglichen.*

---

116 Die juristische Wahrheit ist denn auch meist nur eine Wahrscheinlichkeit (Wurzel, S. 102).

117 Seiffert II, S. 265.

Juristisches Verstehen dient ferner dem *Entscheiden*. Der Jurist darf nicht beim Verständnis des Problems stehen bleiben. Er muss eine Lösung anbieten. Dabei ist er nicht frei, sondern muss seine Entscheidung nach Massgabe der rechtlichen Normen *begründen*. 179

Juristisches Denken ist immer von einer *Aufgabe* geprägt: *Wie finde und begründe ich eine überzeugende Entscheidung zum Problem, das ich zu verstehen suche?* Der juristische Arbeitsprozess verläuft deshalb in drei Schritten: (1) dem *Verstehen*, (2) dem *Begründen* und (3) dem *Entscheiden*. 180

- (1) das allgemeine hermeneutische Verstehen von Fakten und Texten
- (2) das spezifisch juristische Vorgehen nach den Regeln der Methodenlehre (juristische Begründung)
- (3) das juristische Urteil (Entscheidungshandlung, die sich auf Rechtsnormen abstützt).

Die Aufgabe der Entscheidung und die Pflicht, diese Entscheidung fachlich richtig zu begründen, überlagern somit den allgemeinen Verstehensprozess in der juristischen Arbeit. Der Jurist hat neben dem Erkenntnisinteresse an der Sache ein spezifisch ausgeformtes *Entscheidungsinteresse*: Er soll eine Entscheidung treffen, welche nach dem positiven Recht und nach den Regeln der juristischen Kunst begründet werden kann. 181

Dieses Entscheidungsinteresse grenzt juristisches Denken deutlich von anderen Disziplinen ab. *Ein einfaches Beispiel mag dies erläutern. Der Begriff der „Sache" hat in Naturwissenschaft, Philosophie, Technologie, Ökonomie und Jurisprudenz je eine eigene Bedeutung, weil diese Disziplinen ein unterschiedliches Interesse verfolgen:* 182

- *Die naturwissenschaftliche Denkweise verfolgt das Erkenntnisinteresse des empirischen Beschreibens. Für sie ist eine Sache ein messbarer physischer Gegenstand.*
- *Die philosophische Denkweise verfolgt das Interesse am Verstehen der Welt, in der wir leben. Für sie ist die Sache das Objekt im Gegensatz zum Subjekt (dem Menschen).*
- *Die technische Denkweise verfolgt das Verfügungsinteresse des Menschen über die Welt. Für sie ist die Sache ein Gegenstand der Natur, den wir beherrschen können.*

- *Die ökonomische Denkweise verfolgt das Interesse an der Befriedigung von materiellen Bedürfnissen. Für sie ist die Sache das wirtschaftlich nutzbare Objekt, das wir auf dem Markt tauschen können.*
- *Die juristische Denkweise verfolgt das Interesse an der Entscheidung von Rechtsfragen. Für sie ist die Sache all das, was sie für die anderen Disziplinen auch ist (ein physischer Gegenstand, der nicht selber den Charakter eines Subjekts hat, sondern der menschlichen Herrschaft unterworfen werden kann und wirtschaftlich nutzbar ist), aber nur, soweit sich daran Besitz oder Eigentum begründen lässt – entscheidend für den Rechtsbegriff der Sache ist somit die Möglichkeit einer rechtlichen Zuordnung: Juristisch existiert nur, worüber rechtlich entschieden werden kann*[118].

183 Juristisches Denken erschöpft sich somit nicht im Verstehen. Es führt über zum *Urteilen*. Mit Urteil ist hier nicht jene Bewertung gemeint, die in jedem Verstehen enthalten ist. Das juristische Urteil ist eine soziale Handlung, in welcher gestützt auf (1) *Verstehen* und (2) *Begründen* (3) eine *Entscheidung* getroffen wird.

184 Auf dem Weg vom Verstehen zum Entscheiden verändert sich die Haltung des Juristen. Zunächst will ich erkennen, was die Bedingungen meines Handelns sind. *Auf das Beispiel der strafrechtlichen Schuldfähigkeit (Ziff. II 3.1.1) bezogen: Zuerst muss ich einerseits wissen, wie die Schuldfähigkeit definiert ist und anderseits, was im Wirtshaus geschehen ist.* Dann aber will ich eine Entscheidung herstellen. *Als zweiten Schritt will ich mein normatives und mein faktisches Wissen anwenden, indem ich beides zu einem Urteil über den Fall verknüpfe.* Die erste Haltung ist rezeptiv, die zweite produktiv: Ich muss zunächst Tatsachen und Normen in mein Denken aufnehmen, damit meine Entscheidung als vernünftig gelten kann. Aber ich darf mich nicht darauf beschränken, Tatsachen und Normen miteinander zu vergleichen. Ich muss daraus einen „Schluss" ziehen, der nicht nur ein logischer ist, sondern meiner begründeten Überzeugung entspringt[119]. *Ich suche mit guten juristischen Gründen zu bele-*

---

118 Z.B. ist die Milch in der Kuh juristisch noch keine Sache, weil erst die abgemessene Menge Milch im Kessel oder im Tetrapack verkauft werden kann.

119 Vgl. Ziff. III 3.

gen, warum ich finde, A berufe sich zu Recht (oder zu Unrecht) auf das Fehlen seiner Schuldfähigkeit.

Auch wenn sich mein Urteil juristisch noch so gut begründen lässt, bleibt 185
es eine Entscheidung, für die ich verantwortlich bin.

Daher ist der Begriff der „Rechtsfindung", mit dem der Arbeitsprozess des 186
Juristen meist bezeichnet wird, irreführend. Er stammt aus der Vorstellung eines vorgegebenen (Natur-) Rechts, das von uns nur entdeckt werden muss. Richtig daran ist, dass wir versuchen müssen, möglichst viele Elemente unserer Entscheidung in bereits vorhandenen Gesetzen, Urteilen und Kommentaren zu finden. Diese Elemente zu einem Ganzen zusammenzusetzen bleibt aber immer unsere eigene Leistung. Der Jurist ist immer Schöpfer seines Urteils.

3.1.3 Übungsbeispiel

Wir kehren zur Schuldfähigkeit im Strafrecht zurück. Ihre Aufgabe ist 187
diesmal, dieses Rechtsinstitut nach den Regeln zweier juristischer Interpretationsmethoden zu verstehen:

a) nach den Regeln der historischen und genetischen Interpretation (CH: historisch, AT: subjektiv-historisch) *(Welche Geschichte hat das Erfordernis der Schuldfähigkeit?)*
b) nach den Regeln der zeitgemässen teleologischen Interpretation (AT: objektiv-teleologisch) *(Was ist der heutige Sinn dieser Strafbarkeitsvoraussetzung?)*

Versuchen sie die Lösung der Aufgabe aufgrund Ihrer gegenwärtigen 188
Kenntnisse oder Vermutungen über die Entwicklung vom Racheprinzip über das Erfolgsstrafrecht zum Schuldstrafrecht einerseits, den Grundsätzen des modernen Schuldstrafrechts (Bestrafung des subjektiv vorwerfbaren Verhaltens) anderseits.

Lösung: 189

- Historisch ist die Einführung des Prinzips der Schuldfähigkeit als Antwort auf Verletzungen des Gerechtigkeitsgefühls durch das Erfolgsstrafrecht zu verstehen. Dieses hat zwar bereits das Racheprinzip durch eine massvolle Friedensordnung abgelöst (z.B. nach dem Prinzip der Tallion – Auge um Auge, Zahn um

Zahn), aber dem neuzeitlichen Individualismus und seinen subjektivierten Vorstellungen von Verantwortlichkeit nicht Rechnung getragen.

- Sinn und Zweck des Prinzips der Schuldfähigkeit im modernen Strafrecht ist, die Gerechtigkeit der Strafe sicherzustellen. Der Täter darf nur für etwas bestraft werden, das man ihm subjektiv vorwerfen kann. Was man seinem bewussten Handeln nicht zurechnen kann, darf man ihm nicht vorwerfen. Er ist daher mangels Schuldfähigkeit freizusprechen.

190 **Hinweis**: Historisches Verstehen ist getrieben vom *Erkenntnis*interesse, das Rechtsinstitut in seiner zeitlichen Entwicklung zu begreifen; zeitgemäss teleologisches Verstehen ist getrieben vom *Entscheidungs*interesse, ein – nach hier und jetzt gültigen Massstäben – richtiges Urteil zu fällen.

191 Der Begriff der Gerechtigkeit kommt in beiden Interpretationen vor, jedoch in anderem Zusammenhang.

- Bei der historischen Interpretation geht es darum, zu verstehen, welche Gerechtigkeitsvorstellungen zum Zeitpunkt der Einführung des Schuldstrafrechts massgeblich waren. Diese historischen Erkenntnisse bilden eine wichtige Verständnishilfe, nicht aber eine unmittelbare Entscheidungsgrundlage für das Urteil.
- Bei der zeitgemässen teleologischen Interpretation hingegen bildet die zu verstehende Vorstellung von Gerechtigkeit jene unmittelbar anwendbare Norm, die mir sagt, was ich unter dem Institut der Zurechnungsfähigkeit zu verstehen habe, wenn ich einen Fall entscheiden soll.

192 Beide Male ist der Begriff der Gerechtigkeit normativ, d.h. vom Teilnehmerstandpunkt aus, zu verstehen. Aber nur die historische Interpretation kann losgelöst vom aktuellen Einzelfall betrieben werden, so dass ihr das verstehende Erkennen der Vergangenheit genügt; die zeitgemässe teleologische Interpretation kann sinnvoll nur mit Bezug auf konkret zu entscheidende Fälle vorgenommen werden, so dass das Verstehen zusätzlich durch die Entscheidungssituation geprägt ist.

3.2 Vertiefung: Die Interessenstruktur des Vorverständnisses

3.2.1 Erkenntnis und Interesse

Die Unterscheidung von Beobachten und Teilnehmen, welche zu den Erkenntnisweisen des Erkennens und des Verstehens führt, lässt sich letztlich nur als Antwort auf die Frage nach dem zugrundeliegenden Interesse an der Erkenntnis begreifen. Die Spaltung der Wege, auf denen der Mensch zu Wissen gelangt, entspricht zwei fundamental unterschiedlichen Interessenlagen seines Lebens[120]. 193

Zum einen braucht der Mensch technisch verwertbares Wissen, das sich auf kausale Erklärungen abstützt, welche über empirisches Erkennen gewonnen werden. Auf diesem Wege gewinnt er die Herrschaft über die Natur und behauptet sich ihr gegenüber. Solches Wissen dient der Selbstbehauptung der menschlichen Gattung. 194

Zum andern braucht der Mensch praktisches (d.h. normatives) Wissen, also sinnorientierte Kenntnis, die über hermeneutisches Erkennen gewonnen wird. Auf diesem Wege verständigt er sich mit seinen Mitmenschen über das Zusammenleben. Solches Wissen dient der Kulturentwicklung des Menschen. 195

Die technische und die praktische Grundorientierung spalten das Handeln des Menschen in zwei Richtungen, das *instrumentelle* und das *kommunikative* Handeln: 196

- Die technische Orientierung verschafft dem Handeln einen instrumentellen Charakter, der sachorientiert ist und den Regeln der Zweckrationalität folgt[121];
- Die praktische Orientierung verschafft dem Handeln einen sinnstiftenden Charakter, der personenorientiert ist und den Normen des kommunikativen Handelns folgt[122].

120 Vgl. HABERMAS, Erkenntnis, S. 235 ff.

121 HABERMAS fasst diese Handlungsweise unter dem Begriff der Arbeit zusammen (Technik, S. 62; Erkenntnis, S. 242).

122 HABERMAS nennt diese Handlungsweise Interaktion (Technik, S. 62, Erkenntnis, S. 242).

197 Diese Grundorientierungen an technischem bzw. praktischem Handeln bestimmen die Art des Wissens, welches für sie erforderlich ist. Sie bilden erkenntnisleitende Interessen genereller Art. Je nachdem, für welchen Lebenszusammenhang eine Erkenntnis gesucht wird, suchen wir technisches oder praktisches Wissen. Unser Vorverständnis vom Problem wird jeweils durch die eine oder die andere Grundorientierung geprägt: unsere Einstellung zum Thema ist entweder instrumental oder kommunikativ.

198 In der modernen Welt, in welcher die instrumentale Einstellung überwiegt, fällt der kommunikativen Vernunft die Aufgabe der Selbstreflexion zu, welche die Frage nach dem Sinn zweckrationaler Handlungen stellt. Das erkenntnisleitende Interesse dieser kritischen Vernunft ist therapeutischer oder emanzipatorischer Natur[123]: Um die Technik an ihren Platz im Dienste des Menschen zu verweisen, suchen wir uns von Imperativen der technischen Rationalität zu befreien, welche den Charakter von Systemzwängen erlangt haben.

199 Das Recht hat hier eine Mittlerstelle; es kann sowohl instrumental als auch kommunikativ eingesetzt werden. Vor allem aber kann es dazu dienen, Bedürfnisse unseres Zusammenlebens so zu formulieren, dass sie mit zweckrationalen Mitteln der sozialen Steuerung angemessen befriedigt werden können. Es übersetzt damit kommunikative in instrumentale Rationalität[124]. *Die Intuition der Gerechtigkeit als gleichberechtigte Anerkennung des anderen ist eine Norm der kommunikativen Rationalität; das Willkürverbot oder das Vertrauensprinzip sind Übersetzungen dieser Norm in die instrumentale Rationalität der sozialen Steuerung.*

200 Instrumentales und kommunikatives Erkenntnisinteresse bilden somit die Grundstruktur auch des juristischen Vorverständnisses. Die Aufgabe des Rechts bedingt, dass beide Interessen reflektiert und zueinander in Beziehung gesetzt werden. Die Zielnormen eines demokratischen Rechtsstaates (Freiheit, Menschenwürde, Mitbestimmung, Solidarität) verlangen, dass juristische Arbeit vom Primat der kommunikativen Rationalität ausgeht.

---

123 Ders., Erkenntnis, S. 348 ff.
124 Mastronardi, Funktionales Recht, S. 179.

Die beiden grundlegenden Erkenntnisinteressen werden im Einzelfall durch konkrete Interessenlagen überdeckt. Der Rechtsstreit dreht sich meist um Verfügungsinteressen, die sich sowohl auf Sachen wie auf Menschen beziehen können. Das Erkenntnisinteresse zumindest der Streitparteien eines Zivilprozesses ist somit stark von instrumentellen Interessen verschiedenster Art geprägt. Aufgabe des hermeneutischen Prozesses und der juristischen Methode ist es, diese Interessenbindung des Vorverständnisses zu klären und rechtlich zu beurteilen. 201

3.2.2 Entscheidungslehre

Das Handlungsziel juristischer Arbeit, ein Urteil zu fällen, fügt den beschriebenen Interessen ein weiteres hinzu: das Entscheidungsinteresse. Juristische Erkenntnis ist insgesamt instrumental in dem Sinne, dass sie nur der rechtlichen Entscheidung dient. 202

Aus dieser Handlungsperspektive betrachtet ist die Rechtswissenschaft die *Entscheidungslehre der Juristen*. Dogmatik und Methodenlehre liefern die Regeln, nach denen bei der juristischen Entscheidung vorzugehen ist. Ein kurzer Vergleich soll die Eigenart der juristischen Entscheidungslehre deutlich machen: 203

Die Entscheidungstheorie ist vor allem für die *Betriebswirtschaft* von grosser Bedeutung[125]. Die Betriebswirtschaftslehre wird sogar als angewandte Entscheidungstheorie bezeichnet[126]. Ausgehend vom Modell des ökonomischen Verhaltens untersucht sie die Rationalität von betrieblichen Entscheidungen. Rational ist dabei ein Verhalten, das sich konsequent an einem widerspruchsfreien Zielsystem orientiert, im Falle des Unternehmens an den Regeln der marktwirtschaftlichen Konkurrenz. 204

Die deskriptive Entscheidungstheorie untersucht empirisch, wie Entscheidungen in Wirklichkeit getroffen werden, und erklärt die Ursachen dafür. 205

---

125 Vgl. BAMBERG / COENENBERG, S. 1 ff.
126 LAUX, S. 2.

Die von ihr entworfenen Erklärungsmodelle lassen sich auch für die Prognose künftigen Verhaltens nutzen.[127]

206 Die präskriptive Entscheidungstheorie gibt Anleitungen zum rationalen Entscheidungsverhalten. Sie erklärt, wie sich ein Unternehmer bei gegebenen normativen Prämissen und faktischen Bedingungen rational zu verhalten hat.[128]

207 Die Entscheidungslehre betrachtet Entscheidung als Prozess, in welchem

- der Handelnde mit normativen Zielen ausgestattet ist,
- sich aus seinem Umfeld mit Informationen versorgt und
- gestützt auf die logische Verknüpfung von Zielen und Informationen auf sein Umfeld einwirkt.

Der Prozess wird jeweils in der Sprache der Systemtheorie dargestellt.[129]

208 Aufgabe der Betriebswirtschaftslehre ist, Aussagen darüber zu machen, wie zu entscheiden ist, wenn bestimmte vorgegebene (Unternehmens-) Ziele erreicht werden sollen. Ihre Entscheidungslehre ist demnach primär präskriptiv, stützt sich aber auf deskriptive Modelle zum Entscheidungsverhalten in der ökonomischen Wirklichkeit.[130]

209 Wie verhält sich diese Entscheidungslehre nun zur juristischen? Beide sind „normativ" in dem Sinne, dass sie Kriterien für das richtige Handeln unter vorgegebenen Zielen angeben. Die Begriffe „Ziel" und „Norm" bedeuten aber je etwas anderes. *Unternehmensziel ist der Gewinn, Rechtsziel ist die Gerechtigkeit; Unternehmensnorm ist die Effizienz, Rechtsnorm ist die Gesetzmässigkeit.*

210 Die Ziele des Unternehmens sind teils selbstgewählt, teils durch das Wirtschaftssystem vorgegeben. Sie sind reine Wirkungsziele, d.h. erfolgsorientiert (Output-Orientierung): *Selbstgewähltes Unternehmensziel ist z.B. die Senkung der Produktionskosten um 10%; dabei sind die Lohnstruktur des Unternehmens und die Rahmenbedingungen des Arbeitsmarktes als teils*

---

127 BAMBERG / COENENBERG, S. 4 ff.; LAUX, S. 14 f.
128 BAMBERG / COENENBERG, S. 3 f.; LAUX, S. 15 f.
129 BAMBERG / COENENBERG, S. 1 f.
130 DIES., S. 11 f.

veränderbare, teils fremdbestimmte Vorgaben zu beachten. Die rechtlichen Ziele hingegen sind durch die Rechtsordnung gesetzt, d.h. für den Entscheidenden immer fremdbestimmt. Der (z.B. wirtschaftliche) Erfolg der Rechtshandlung ist meist nur indirektes, rechtlich nicht verbindliches Fernziel; unmittelbares Handlungsziel ist die Regel- oder Rechtskonformität (Input-Orientierung). *Bei der Aushandlung günstigerer Dienstverträge (AT: auch Arbeitsvertrag, CH: Arbeitsvertrag) ist das Rechtsziel deren Rechtsgültigkeit, d.h. die Übereinstimmung mit dem Dienstvertragsrecht. Die Regeln des Tarifvertrags (CH: Gesamtarbeitsvertrags, AT: Kollektivvertrags), welche einer Lohnsenkung entgegenstehen, sind dabei fremdbestimmte rechtliche Ziele.*

Normative Anleitung heisst in der Betriebswirtschaftslehre Angabe von 211
Maximen nützlichen Handelns; die Sanktion bei Verletzung der Anleitung ist der Misserfolg. *Für die Unternehmensleitung ist die Effizienzsteigerung normative Anleitung; der Misserfolg von Rationalisierungsmassnahmen kann zur Entlassung des Managements führen.* In der Rechtswissenschaft heisst normative Anleitung Befolgung von Rechtspflichten. Die Sanktionen werden je nach Art der Pflicht und der Verletzung durch die Rechtsordnung in unterschiedlicher Weise angedroht. *Für den Unternehmungsjuristen ist das Dienstvertragsrecht die normative Anleitung; dessen Verletzung kann zu Schadenersatzforderungen führen.*

Wo die betriebswirtschaftliche Entscheidungslehre normativen Charakter 212
trägt, ist Normativität im funktionalen Sinne gemeint; gesollt ist ein Handeln, das strategisch richtig und ökonomisch effizient ist. Die juristische Entscheidungslehre hingegen ist normativ im Rechtssinn; gesollt ist ein Handeln, das dem objektiven Recht entspricht. Die Entscheidung muss nach den Regeln der juristischen Methodenlehre und Dogmatik gestaltet sein und den Grundsätzen der Rechtsordnung entsprechen.

3.2.3 Juristische Entscheidungslehre

213 Eine allgemeine juristische Entscheidungslehre steht noch aus[131]. Hier kann nur skizziert werden, was ihre Elemente sein könnten[132]:

3.2.3.1. Das rationale Urteil als Handlungsziel

214 Auszugehen ist vom *Handlungsziel* des juristischen Urteils. Dieses verändert die Aufgabe des Juristen gegenüber jener des allgemeinen Hermeneutikers. Der Jurist hat sein Text- und Sachverständnis auf diese Entscheidungssituation auszurichten. Rechtstexte und juristische Methodik haben den Stellenwert von Mitteln zur Rationalisierung einer subjektiven Entscheidung.

215 Rationalisierung kann dabei nicht wie in der Betriebswirtschaftslehre Zweckrationalität meinen, sondern muss integral auf argumentative Rechtfertigung der Entscheidung nach allen rechtlich relevanten Seiten abzielen. Hier gelten die allgemeinen Kriterien der Hermeneutik (Ziff. II 2.1.2.2, Rz. 99) sowie jene der juristischen Methodik (Ziff. III 1.1.2, Rz. 589 ff).

216 Der Prozess der juristischen Entscheidung ist dialektisch und deshalb als intersubjektiver Diskurs auszugestalten. Nur zur Not dürfen die „andern" durch schriftliche Quellen vertreten werden. In diesem Falle ist ein diskursiver Stil zu pflegen, der den Monolog rhetorisch umgestaltet. Nicht umsonst sorgt das positive Recht dafür, dass verbindliche Entscheide nur in echt institutionalisierten Diskursen getroffen werden können, in welchen in der Rechtsetzung demokratische Mitwirkungsrechte, in der Rechtsanwendung Partei- und Weiterzugsrechte vorgesehen sind.

---

131 Sie spaltet sich heute weitgehend in die Methodenlehre der Rechtsanwendung einerseits, die Regelungstheorie oder Gesetzgebungstheorie anderseits. Hier soll hingegen die allgemeinere Ebene einer juristischen Handlungslehre angesprochen werden.

132 Anregungen liefern Arbeiten wie die von FRIEDRICH MÜLLER (strukturierende Rechtslehre) oder KRAWIETZ, (Entscheidung); sie bewegen sich allerdings vorwiegend auf dem Teilschritt der juristischen Methodenlehre.

3.2.3.2. Das juristische Entscheidungsinteresse

Die Entscheidungssituation des Juristen verändert dessen Vorverständnis 217 gegenüber jenem eines Historikers. Direkt oder mittelbar hat der Jurist Teil an einem politischen Amt, in welchem gesellschaftliche Macht ausgeübt wird. Er ist damit real oder potenziell Teilnehmer mit umschriebener Rolle und Zuständigkeit. Sein Vorverständnis wird faktisch durch Macht und rechtlich durch Verantwortung geprägt. *Faktisch kann der Jurist entscheiden, was der Sache nützlich zu sein scheint; rechtlich darf er nur entscheiden, was richtig ist.* Das juristische Entscheidungsinteresse trägt damit eine faktische und eine normative Seite:

Faktisch ist der Jurist geneigt, praktikable, effiziente und durchsetzbare 218 Lösungen zu entwickeln. Auch ohne ihm zu unterstellen, er handle nur aus Eigennutz, ist damit zu rechnen, dass er sich selber (z.B. als Amtsträger) in den Zweckmässigkeitsüberlegungen seiner Problemlösung nicht ausschliesst.

Normativ ist der Jurist aufgerufen, eine rechtmässige und gerechte Ent- 219 scheidung zu treffen, welche eine tragfähige Lösung des Problems bringt. In der Entscheidung soll sich die Rechtsordnung verwirklichen und bewähren, allenfalls fortbilden.

Diese beiden Aspekte des Entscheidungsinteresses des Juristen können 220 zueinander in Spannung treten:

- Das faktische Entscheidungsinteresse dient der Effizienz und führt zu funktionaler Argumentation (Kriterium der Nützlichkeit),
- das normative Entscheidungsinteresse dient der Rechtsidee und führt zu grundsätzlicher Argumentation (Kriterium der Gerechtigkeit). *Faktische Interessen stützen sich etwa auf das Argument der Sachlogik oder des gesunden Menschenverstands; normative Argumente berufen sich etwa auf das Gebot der Gesetzmässigkeit oder auf die Rechtsgleichheit.*

Das Nützliche und das Gerechte treten damit bereits im juristischen Vor- 221 verständnis aufeinander[133]. Je nachdem, von welchem Ziel wir uns stärker leiten lassen, treffen wir andere Entscheide.

133 Mehr dazu in Ziff. III 5.2.

222 Das Vorverständnis des Juristen ist damit konfliktbeladen und bedarf in besonderem Masse der kritischen Reflexion. Im Prozess der rationalen Urteilsbildung sind die Interessen aufzudecken und zu rechtfertigen.

223 Juristische Methodik ist schon bisher darauf ausgerichtet gewesen, das normative Entscheidungsinteresse rational zu prüfen und zu begründen. Sie hat sich vermehrt mit den meist verdeckten faktischen Interessen zu befassen und diese auf ihre rechtliche Zulässigkeit zu befragen.

224 Im monologisch supponierten Rechtsdiskurs *(die meisten Bücher werden im Alleingang geschrieben)* fehlen die aktuellen Interessenkonflikte. Hier geht es eher um Hintergrundinteressen des Juristenstandes oder um kulturelle Voreingenommenheiten. Diese sind durch den Beizug von rechtssoziologischen Quellen zu korrigieren. (*Wo liegt der „blinde Fleck" in der Weltsicht der Juristen?*)

225 Im realen Diskurs der Behörden sind zudem institutionelle Sicherungen erforderlich, um die Interessenlage offenzulegen und zu bereinigen (Ausstandsregeln, Offenlegungspflichten, Öffentlichkeitsprinzip in der Verwaltung, Verfahrensrecht).

3.2.3.3. Verstehen - Begründen - Entscheiden

226 Eine juristische Lehre der vernünftigen Entscheidung muss drei Schritte der juristischen Arbeit erfassen:

227 Der erste Schritt ist der *Verstehensprozess*. Dieser richtet sich nach dem allgemeinen hermeneutischen Zirkel. Unser Vorverständnis ist geprägt von persönlicher und beruflicher Erfahrung und muss in das Verständnis von Norm und Wirklichkeit eingebracht sowie durch vergleichendes Quellenstudium korrigiert und präzisiert werden. Insoweit ist juristische Arbeit Verstehensarbeit.

228 Der zweite Schritt ist der *Begründungsprozess*. Das hermeneutische Wechselspiel von Entwurf und Kenntnisnahme wird beim Juristen durch die Aufgabe ergänzt, eine Entscheidung zu begründen. Das Vorverständnis ist immer zugleich ein Vor-Urteil. Seine Umwandlung in das Urteil erfolgt, indem versucht wird, das Vor-Urteil mit den Mitteln der juristischen Methodik zu begründen. Seine Korrektur wird genau dann nötig, wenn

diese Begründung nicht gelingt, bzw. für eine abgeänderte Entscheidung besser möglich wird. Seine Präzisierung ergibt sich in dem Umfang, in welchem die Begründung differenzierter ausfällt als der Urteilsentwurf.

Der dritte Schritt ist der *Entscheidungsprozess*[134]. Verstehen und Begrün- 229
den führen die juristische Arbeit an die Entscheidung heran, sind damit aber nicht identisch. Der Begründungsprozess kennt kein vorgegebenes Ende. Die Entscheidung ist jener Akt, mit dem dieses Ende gesetzt wird. Damit dieser Akt nicht willkürlich bleibt, muss auch er begründet werden. Im monologischen Verfahren genügt die Prüfung, ob das Ergebnis überzeugt oder „befriedigt"; im realen Diskurs muss der Zweifel durch Verfahrensrechte institutionalisiert werden, welche die zuständige Behörde zwingen, sich zu fragen, ob ihre Entscheidung einer kritischen Überprüfung standhält (Rechtsweg, Verfassungsgerichtsbarkeit gegenüber dem Gesetzgeber). Hier kommt der Kritik faktischer Entscheidungsinteressen (Ziff 323.2 hiervor) besondere Bedeutung zu.

3.2.3.4. Urteile herstellen und darstellen

Ausserhalb didaktischer Veranstaltungen dienen juristische Begründungen 230
ausschliesslich der Darstellung bereits gefällter Entscheidungen. Das gilt auch für Rechtsschriften und Urteilsentwürfe im Gerichtsprozess oder für rechtliche Erwägungen in politischen Dokumenten. Welche Überlegungen im Laufe der Vorarbeiten verworfen oder präzisiert worden sind, wird nicht wiedergegeben.

Das erweckt den Eindruck, juristische Argumentation sei nur legitimie- 231
rend, nicht konstitutiv für rechtliche Urteile. Die Urteile selber würden auf ganz anderem Wege hergestellt als dargestellt.[135]

---

134 Dieser dritte Schritt wird in der Methodenlehre etwa auch angesprochen, z.T. aber nur, weil die Wertungsproblematik bis hierher aufgeschoben wird (so FUNK, Argumentation, S. 111 f.)

135 WURZEL (S. 98 ff.) begründet dies mit der Psychologie der Rechtsprechung, wonach der Richter den Parteien die Gewissheit vermitteln müsse, dass das Urteil die logisch gewonnene Konsequenz eines Rechtssatzes sei und somit dem Willen des Gesetzgebers und nicht jenem des Richters entspreche.

232 Darin liegt eine Verkürzung des hermeneutischen Prozesses. Denn es wird vorausgesetzt, dass das Urteil mit dem Vorverständnis zusammenfalle. Dies trifft dann zu, wenn ein erfahrener Jurist einen Routinefall zu beurteilen hat, für den er bereits alle Textbausteine des Urteils auf seinem Server hat (*allerdings erkennt er auch in diesem Falle erst im Laufe der interpretierenden Lektüre, in welche Kategorie von Fällen das Dossier gehört*).

233 In aller Regel entwickelt sich das Vorverständnis eines juristischen Problems im Laufe des Verfahrens. Hier ist freilich zwischen dem gesollten und dem wirklichen Verlauf zu unterscheiden. Während eine juristische Entscheidungslehre normativ die hier beschriebenen Schritte vorsehen muss, kann das tatsächliche Verhalten von Behörden beträchtlich davon abweichen. Ein Urteil kann z.B. stark durch faktische Entscheidungsinteressen bestimmt sein, die nicht offengelegt werden. Dann wird die Begründung nur „nachgeschoben" und dient ausschliesslich der Darstellung, nicht aber der Herstellung des Urteils.

234 Immerhin sorgt auch dann der Rechtsmittelweg dafür, dass für die nächsthöhere Instanz mit dem Urteil der Vorinstanz eine Begründung vorliegt, bevor die neue Instanz ihren Entscheid trifft. Die Rechtsmittelinstanz muss diese zumindest zur Kenntnis nehmen.

235 Aber auch dort, wo die juristische Entscheidungslehre kontrafaktisch ist (d.h. nicht dem faktischen Entscheidungsablauf entspricht), bleibt sie normativ gültig. Dies ist positivrechtlich durch Verteidigungs- und Mitwirkungsrechte von Betroffenen sichergestellt, welche die entscheidungsbefugten Behörden zum Diskurs verpflichten.

236 Normativ bleibt somit auch für die Herstellung des Urteils – und nicht nur für seine Darstellung – die Reihenfolge gültig: Das Entscheiden folgt dem Begründen und nicht umgekehrt.

4 Deskriptives und normatives Denken

4.1 Einführung

4.1.1 Beispiel

Nach der Lektüre der bisherigen Kapitel sollte klar sein, dass das juristische Denken vom Teilnehmerstandpunkt ausgeht, einen Verstehensprozess durchläuft und in eine Entscheidung ausmündet. Die nächste Eigenart, welche nun zu erörtern ist, bildet der normative Charakter dieses Denkens. Er ist da und dort bereits sichtbar geworden: Die juristische Fachsprache formuliert alle Anliegen der Alltagssprache in Rechte und Pflichten um[136]. 237

Mit diesem Vorwissen sollen Sie nun versuchen, anhand eines Beispiels das normative Denken des Juristen vom deskriptiven Denken etwa des Ökonomen zu unterscheiden: 238

A will das Lehrbuch „juristisches Denken" kaufen. Sie geht in die Universitätsbuchhandlung und fragt einen Verkäufer, ob das Buch vorrätig sei. Dieser holt es vom Regal, zeigt es ihr, sie nickt und sagt, es sei das richtige. Was kostet es? Er sagt ihr den Preis und sie nickt erneut. Er legt das Buch auf den Ladentisch und stellt eine Quittung aus, während sie einen Geldschein hinlegt. Er nimmt diesen, gibt das Wechselgeld heraus und fragt, ob sie das Buch so mitnehmen könne. Sie nimmt das Buch, steckt es in ihre Tasche und verlässt die Buchhandlung. 239

Die vorstehende Schilderung entspricht einem Drehbuch für einen Film. Sie erfasst den „rohen" Sachverhalt. Ihre Aufgabe ist nun, diese Schilderung aus der Perspektive zweier Wissenschaften umzuformen: 240

(1) als *Beschreibung durch einen Ökonomen*. Sie wissen, dass sich dieser für die marktwirtschaftliche Bedeutung des Sachverhalts interessiert und davon ausgeht, dass individuelle Nutzenvorstellungen zu Präferenzentscheiden der Marktteilnehmer und entsprechenden Tauschhand-

136 Vgl. die Unterscheidung von rohem und rechtserheblichem Sachverhalt in Ziff. II 2.1.3.

lungen am Markt führen. Ein Tausch kommt dann zustande, wenn er beiden Seiten vorteilhaft erscheint

(2) als *Beurteilung durch einen Juristen*. Sie wissen, dass sich dieser für die rechtserheblichen Elemente des Sachverhalts interessiert und diese daraufhin untersucht, ob sie die Merkmale der einschlägigen Rechtsnormen erfüllen, d.h. Rechte gegenüber Menschen und Sachen bzw. Pflichten begründen.

241 **Lösung:**

- Aus ökonomischer Sicht bewertet A den Nutzen des Buches höher als den Preis, den sie dafür zu bezahlen hat (das Buch ist für sie eine Investition in ihre berufliche Zukunft, die sich mit der Zeit lohnen wird). Sie zieht das Buch dem Geld vor. Der Buchhändler hingegen zieht das Geld dem Buch vor (für ihn deckt der Preis die kalkulierten Kosten und wirft einen Ertrag ab). Weil sich die unterschiedlichen Präferenzen ergänzen, kommt es am Ladentisch zum Tausch von Ware gegen Geld. Marktwirtschaftlich spiegelt der Preis das Verhältnis von Angebot und Nachfrage, nach welchem der Verlag den Ladenpreis des Buches errechnet hat.
- Aus juristischer Sicht eröffnet A mit ihrer Frage nach dem Buch Kaufverhandlungen mit dem Buchhändler. Dieser tritt darauf ein, indem er das Buch suchen geht. Mit dem ersten Kopfnicken einigen sich die Parteien über den Gegenstand, mit dem zweiten über den Kaufpreis. Damit sind alle wesentlichen Merkmale eines Kaufvertrages erfüllt und der Kauf ist abgeschlossen. Er begründet als Verpflichtungsgeschäft Rechte obligatorischer Natur zwischen den Parteien: Sie erwirbt das Recht auf Aushändigung des Kaufgegenstandes, er das Recht auf Bezahlung des Kaufpreises. Davon zu unterscheiden ist das Verfügungsgeschäft, welches in der faktischen Übergabe des Buches über den Ladentisch besteht. Beim vorliegenden Bargeschäft erfolgen Leistung und Gegenleistung Zug um Zug, beim Kreditkauf wird die Zahlung aufgeschoben. In jedem Fall begründet das Verfügungsgeschäft Eigentum von A am Buch, also ein dingliches Recht an der Sache.

242 **Hinweis:** Der Ökonom beobachtet die faktischen Interessen und Präferenzen der Marktteilnehmer und erklärt deren Verhalten aufgrund von Marktgesetzen. Der Jurist bewertet die Handlungen der Parteien danach, ob sie unter die Rechtsnormen des Vertragsrechts subsumiert werden können. Während ökonomisch nur ein Vorgang vorliegt (welcher juristisch als Verfügungsgeschäft gewertet wird), schaltet der Jurist eine normative

Vorphase ein, in welcher sich die Parteien zu dem verpflichten, was sie tun wollen.

Ökonomisch	Kaufverhandlung		Tauschakt
Juristisch	Kaufverhandlung	Verpflichtung	Verfügung
Beispiel	Fragen und Antworten	Zweimaliges Kopfnicken	Tausch von Buch und Geld

Ökonomische und juristische Betrachtung eines Kaufgeschäfts

Der Charakter des Normativen liegt genau darin, dass nicht unvermittelt vom Interesse zur Handlung übergegangen wird, sondern dazwischen eine Beurteilungsphase eingeschaltet ist, in welcher die Absichten bewertet und geordnet werden. Mein Interesse wird nur als (sei es rechtlich, ethisch oder religiös) gültig anerkannt und geschützt, wenn es den Grundsätzen und Regeln der (rechtlichen, ethischen oder religiösen) Normen entspricht. 243

Normatives Denken fragt danach, worauf ich mich berufen kann, wenn ich ein Interesse geltend mache. Nur wenn das Interesse als normativ schützenswert beurteilt wird, erlangt es die Anerkennung als Anspruch. Normatives Denken wägt nicht *Interessen* gegeneinander ab, sondern *Güter*. Im Fall des juristischen Denkens wird jedes faktische Interesse daraufhin untersucht, ob es einem *Rechtsgut* entspreche. Wenn ja, sind die Rechtsgrundsätze und Rechtsregeln anzuwenden, welche dieses Rechtsgut schützen. Der Weg des normativen Denkens führt vom Interesse über das Rechtsgut und die Rechtsnorm zum Urteil. *A hat ein Interesse daran, das Buch zu besitzen. Um ihr Besitzesinteresse schützen zu können, muss sie Eigentum (ein Rechtsgut) am Buch erwerben. Das Kaufsrecht bestimmt, wann sie Eigentümerin wird und damit in ihrem Interesse rechtlich geschützt ist.* 244

4.1.2 Erläuterung: Beschreiben und Werten

Alle bisherigen Gegenüberstellungen sind letztlich eine Vorbereitung auf die juristisch entscheidende Polarität zwischen deskriptivem und normativem Denken. Juristisches Denken enthält immer beides: Sachverhalt und Norm, Beschreibung und Bewertung. Für das juristische Urteil müssen wir 245 zwei Arten von Wissen verknüpfen: Ein Wissen über Sachverhalte, die wir beschreiben können, und ein Wissen über Normen, dank deren wir die Sachverhalte bewerten können. Das erste Wissen antwortet auf die Leitfrage, ob eine Behauptung *wahr* sei; das zweite Wissen antwortet auf die Leitfrage, ob eine Behauptung *richtig* sei.

Kapitel	**polares Begriffspaar einer Denkweise**		**leitende Frage ...**
II 1	Beobachten	Teilnehmen	nach dem Subjekt
II 2	Erkennen	Verstehen	nach der Art des Wissens
II 3	Erkenntnisinteresse	Entscheidungsinteresse	nach dem Handlungsbezug
II 4	deskriptiv ➡ Beschreiben ➡ Tatsachen	normativ ➡ Werten ➡ Normen	nach der Geltungsart: wahr oder richtig?

Übersichtstabelle 1 d: Deskriptives und normatives Denken

4.1.2.1. Deskriptive und normative Begriffe

246 Die Unterscheidung von Beschreiben (deskriptiv) und Werten (normativ)[137] bildet den Kern der juristischen Denkschulung. Entscheidend ist die Fähigkeit, gedanklich *Sein* und *Sollen* auseinanderzuhalten. Das leuchtet ein und scheint banal, ist es aber nicht.

247 Die erste Schwierigkeit liegt im Gewohnheitscharakter unseres Denkens und Handelns. Was für uns normal ist, „wird schon recht sein": Normalität ersetzt Normativität. Das Selbstverständliche wird nicht daraufhin hinterfragt, ob es gerechtfertigt sei. *Brombeeren, die auf der Strassenseite des Gartenzauns hängen, haben wir schon immer gegessen, also sind wir davon überzeugt, dass wir das auch dürfen.*

248 Die zweite Schwierigkeit liegt darin, dass die Alltagssprache oft nicht zwischen dem Seins- und dem Sollensaspekt einer Handlung unterscheidet. Einem Beispiel dafür sind wir bereits beim Kauf dieses Buches begegnet. Ein Buch kaufen heisst umgangssprachlich, es im Laden holen und dafür bezahlen. Dass der Kauf normativ etwas anderes bedeutet, nämlich eine

137 Vgl. sogleich Ziff. II 4.1.2.2.

gegenseitige Verpflichtung zur Übergabe von Ware und Geld, wird uns dabei nicht bewusst.

Ein zweites Beispiel betrifft die Sachherrschaft über das Buch: Nach der Umgangssprache wird die Käuferin „Besitzerin" des Buches. Damit meinen wir in einem Wort zugleich, dass sie die tatsächliche Herrschaft über das Buch hat und dass sie dazu auch berechtigt sei. Wir vermischen damit Sein und Sollen, Macht und Recht. Juristisch hingegen unterscheiden wir den Besitz (die faktische Verfügungsmacht) vom Eigentum (der rechtlichen Verfügungsbefugnis). *Der Autodieb hat Besitz am Wagen, was die faktische Vermutung begründet, er sei dessen Eigentümer, bis der wahre Eigentümer sein Recht am Wagen dartut* (DE § 1006 BGB, CH: Art. 930 ZGB, AT: §§ 323f. ABGB). Reden wir von Besitz, so beschreiben wir das tatsächliche Verhältnis von Mensch und Sache, reden wir von Eigentum, bewerten wir diese Tatsache juristisch. 249

Alles Denken ist Sprache. Wir können ausserhalb der Sprache nicht denken. Deshalb sind die Begriffe so wichtig. *Wir können uns nicht herausreden und sagen, wir hätten den Besitz schon normativ gemeint*. Denn die Wissenschaftlichkeit der Rechtskunde liegt eben gerade in der Präzision der juristischen Fachsprache. Und das ist keine Spielerei, sondern hat konkrete Folgen. *Der Besitzer verliert, der Eigentümer gewinnt, wenn sie miteinander um die Sache streiten.* 250

Die juristische Sprache ist somit eine normative Sprache. Sie spricht immer vom Sollen. *Der Eigentümer* soll *seinen Besitz gegen jedermann verteidigen dürfen.* Verfänglich ist allerdings, dass dies im Wortlaut nicht immer zum Ausdruck kommt. Insbesondere der Gesetzgeber behandelt das Sollen sprachlich wie ein Sein, obwohl klar ist, dass er eine Anordnung trifft und nicht einen Zustand beschreibt: So heisst es etwa (in §§ 1591 ff. BGB, sinngemäss in Art. 255 ZGB, § 138 ABGB): 251

- Das Kind *ist* ehelich, wenn es vor oder während der Ehe empfangen worden ist.
- Gemeint ist: Das Kind *gilt* rechtlich als Kind der Ehegatten ... *(es soll behandelt werden wie ein Kind der Ehegatten)*

Der Indikativ meint hier eine normative Aussage, nämlich, dass der Ehemann gegenüber solchen Kindern die Pflichten eines Vaters zu erfüllen habe, solange er nicht bewiesen hat, dass ein anderer der Vater ist[138]. Als Beschreibung wäre der Satz objektiv höchst fragwürdig, weil gerade nach der Gerichtserfahrung nicht alle Kinder, welche in der gesetzlich bestimmten Zeitspanne gezeugt worden sind, der Ehe entstammen. Das Beispiel zeigt, dass wir dem Sinn eines Satzes entnehmen müssen, ob er als Beschreibung oder als Bewertung gemeint ist. Es lehrt uns, dass wir die Rechtssprache sorgfältig interpretieren müssen.

252 Weil wir nur in der Sprache denken können, pflegen alle Wissenschaften ihre Sprache so genau. Daraus aber ergibt sich die dritte Schwierigkeit bei der Unterscheidung von Sein und Sollen: Zum Teil wird der gleiche Begriff von verschiedenen Wissenschaften in unterschiedlichem Sinn verwendet.

253 Wichtigstes Beispiel ist der Begriff der „Geltung". *In Deutschland gilt die Meinungsfreiheit* (Art. 5 GG, CH: Art. 16 BV, AU: Art. 13 StGG).Wenn der Jurist dies sagt, meint er, dass alle Menschen in Deutschland das Recht haben, ihre Meinung frei von staatlichen Sanktionen zu äussern (*die Folge der Geltung ist ein Dürfen*). Spricht ein Soziologe den gleichen Satz aus, behauptet er, dass dieser Anspruch in Deutschland tatsächlich wirksam sei und jeder ungehindert alles sagen kann (*die Folge der Geltung ist ein Können*).

254 Normative Geltung meint die Verbindlichkeit einer Verhaltensanforderung; dagegen meint die faktische Geltung die Effizienz dieser Anforderung oder die Chance ihrer Durchsetzbarkeit[139]. *Die Gurtentragpflicht beim Autofahren gilt in der ganzen Schweiz, auch wenn ihre faktische Geltung in der Westschweiz sehr gering ist.* Normative und faktische Geltung lassen sich nicht voneinander ableiten. Eine soziale Norm kann faktisch gelten, ohne rechtlich abgestützt zu sein; eine Rechtsnorm kann normativ gelten, ohne faktisch befolgt zu werden[140]. Der Begriff der Geltung ist im faktischen und im normativen Gebrauch ein anderer.

---

138 Engisch, Einführung, S. 9 f.

139 Larenz / Canaris, S. 17 (Unterscheidung nach Max Weber).

140 Was für die einzelne Norm zutrifft, stimmt freilich nicht für die Rechtsordnung insgesamt: Sobald ganze Teile des Rechts faktisch unwirksam werden, schadet dies auch der normativen Geltung des Rechts (vgl. Kelsen, S. 215 ff.).

Beispiel: Präjudizien (frühere Gerichtsentscheide) haben im kontinentalen Recht faktische Geltung. Das heisst, dass die Chance gross ist, dass sie in gleichgelagerten Fällen bestätigt werden. Sie haben aber keine normative Geltung im Sinne einer Rechtsquelle. Ein Gerichtsurteil wirkt auf künftige Entscheide nur dank seiner Überzeugungskraft, insbesondere vermittelt über den in ihm ausgesprochenen Grundsatz, der auch auf andere Rechtsfälle ausstrahlen kann.[141] 255

Ähnlich ergeht es dem Begriff der „Legitimität“: Soziologisch gesehen ist legitim alles, was die Betroffenen bereit sind, hinzunehmen[142]. Legitimität fällt zusammen mit faktischer Akzeptanz. Juristisch ist jedoch nur das legitim, was aus rechtfertigenden Gründen akzeptiert werden soll. Legitimität ist hier qualifizierte Akzeptanz: Legitim ist ein Anspruch, von dessen Richtigkeit wir uns mit guten Gründen überzeugt haben. – Wieder erweist sich die Beobachter-, bzw. Teilnehmerperspektive als das unterscheidende Kriterium. (*Ob die Betroffenen einen Entscheid akzeptieren, kann ich an ihrem Verhalten beobachten; ob sie den Entscheid legitim finden, kann ich nur im Gespräch mit ihnen herausfinden.*) 256

Verwirrung schafft der funktionalistische Legitimitätsbegriff: LUHMANN definiert Legitimität zunächst im faktischen Sinne (*legitim ist, was akzeptiert wird*). Dann verwendet er diesen Begriff aber funktional im Sinne der gesellschaftlichen Effizienz (*legitim ist, was für das System effizient ist*). Diese funktionale Normativität ist für den systemtheoretischen Ansatz typisch[143], weil die funktionale Betrachtungsweise Tatsachen so darstellt, dass ihre Funktion für das Ganze beschrieben wird. Damit enthält die Beschreibung zugleich die normative Bewertung der Funktion eines Teils für das Ganze. Solche Bewertungen präsentieren sich aber als wertneutrale Feststellungen, welche gemacht werden können, ohne die Teilnehmerperspektive einzunehmen[144]. 257

---

141 LARENZ / CANARIS, S. 255 ff.

142 DIES., S. 22 f. WEBER (Wirtschaft, S. 124) beschreibt verschiedene Typen der Legitimität, ohne eine explizite Bewertung der Typen vorzunehmen.

143 LARENZ / CANARIS, S. 22 f.

144 Zur Kritik daran vgl. hinten Ziff. II 4.2.1 und MASTRONARDI, Funktionales Recht, S. 174 ff.

258 *Beispiel: Wann sagen Sie, es sei die* Funktion *des Richters, Gesetze zu interpretieren, und wann, dies sei seine* Aufgabe*?*

- *Im ersten Fall beschreiben Sie den faktischen Anteil des Richters an der Rechtsverwirklichung (die Richterfunktion), im zweiten Fall sprechen Sie Ihre normative Erwartung aus, er habe diese Funktion richtig zu erfüllen (die Rechtsprechung). Zwar kann auch der faktische Anteil des Richters am Recht bewertet werden, allerdings nur als Wirkung auf das Rechtssystem, für welches er arbeitet. Die normative Erwartung hingegen betrifft die gerechte Entscheidung im Einzelfall.*

259 Die Begriffsverwirrung lässt sich auflösen, wenn wir uns bewusst machen, dass es zwei verschiedene Begriffe des Rechts gibt: Recht als soziale Norm und Recht als Sollensnorm.

- Die Soziologie ist eine empirische Wissenschaft. Sie betrachtet das Recht als eine der vielen sozialen Konventionen, welche unser Verhalten steuern. Sie interessiert sich allein für die Wirkungsaspekte des Rechts (*funktioniert die Rechtsordnung als Friedensordnung?*).
- Die Rechtswissenschaft ist eine Normwissenschaft. Sie betrachtet das Recht unter seinem normativen Aspekt und befasst sich mit dem „Sinn" von Normen. Ihr Thema ist die normative Geltung und der Sinngehalt von Normen des positiven Rechts (*schafft die Rechtsordnung gerechte Verhältnisse?*)[145].

260 Wenn wir nicht sicher sind, was gemeint ist, können wir folgende *Testfrage* stellen: *Wie bewerte ich die Aussage: als wahr / falsch oder als richtig / unrichtig?* Aussagen über Tatsachen nennen wir wahr oder falsch, solche über die normative Geltung einer Norm richtig oder unrichtig[146].

---

145 Larenz / Canaris, S. 17.

146 Dies., S. 19 mit Bezug auf Engisch; die Autoren meinen allerdings, Richtigkeit drücke „einen etwas schwächeren Grad an Gewissheit aus". Dabei verkennen sie, dass es nicht um einen quantitativen, sondern um einen qualitativen Unterschied geht, nämlich um jenen von Sein und Sollen, vgl. hinten Ziff. II 4.2.2.

4.1.2.2. Tatsachen und Normen

Nachdem die sprachliche Form geklärt ist, wird auch der Inhalt verständlich: Juristen beschreiben Tatsachen und bewerten sie anhand von Normen. Juristisches Denken beschreibt und wertet zugleich, unterscheidet aber Beschreibung und Wertung sorgfältig. Darin liegt die Quelle juristischer Kunst. 261

Beispiel: Sind Fakten Gründe? Ist A unschuldig, weil er sich betrunken hat? Ist A Eigentümerin des Buches, weil sie es bezahlt hat? Ist das Kind ehelich, weil es während der Ehe geboren wurde? Ja und nein! 262

- Argumente faktischer Art werden von Studierenden aller Semester zuhauf als juristische Begründungen von Urteilen angeboten. Das ist nicht falsch, aber ungenau und ungenügend.
- Fakten sind als Sachverhaltselemente notwendige Glieder in der juristischen Argumentation. Sie bilden für sich aber noch keine rechtlich qualifizierten Gründe.
- Erst die Bewertung des Faktums im Lichte der Rechtsnorm formt aus der Tatsache ein juristisches Argument. *A ist nur unschuldig, wenn wir begründen können, dass seine Trunkenheit als Schuldausschliessungsgrund anzuerkennen ist; das Kind ist nur ehelich, wenn die Rechtsvermutung sich im konkreten Fall bewährt; A ist keineswegs deshalb Eigentümerin, weil sie bezahlt hat, sondern sie muss bezahlen, weil sie Eigentum erwerben wollte.*
- Ein Grund ist immer erst die Richtigkeitsbehauptung und nicht schon die Wahrheitsbehauptung. *Dass A betrunken war, mag wahr sein. Als Grund für einen Freispruch dient diese Tatsache erst, wenn ich begründen kann, dass es richtig sei, diese Tatsache als Schuldausschliessungsgrund zu werten.*

Tatsachen sind keine Gründe, weil sie keine Normen sind. Ein juristisches Urteil kann nur normativ begründet werden, und zwar aufgrund von Rechtsnormen, nicht nur anhand funktionaler oder sozialer Normen. 263

Dies ist wichtig, weil es Tatsachen gibt, die als soziale Normen wirken. Es gibt also Tatsachen, die Normen sind! Nur sind sie das nicht im juristischen Sinne. Norm heisst Mass, und Masse gibt es auch ausserhalb des 264

Rechts. Neben Sollensnormen bestimmen Seinsnormen (Gewohnheiten, Konventionen) unser Verhalten in erheblichem Masse (*z.B. die Anstandspflicht, Schlange zu stehen*). Soziale Normen bilden eine Verhaltenserwartung, welcher wir uns nicht entziehen können, ohne einer gesellschaftlichen Sanktion zu verfallen[147].

265 Solche Normen gibt es im Alltagsleben, aber auch in anderen Wissenschaftsbereichen. Der Jurist ist insbesondere mit Normen der Betriebswirtschaftslehre, der Volkswirtschaftslehre und der Politikwissenschaft konfrontiert. Welchen Stellenwert haben diese normativen Anforderungen für ihn?

266 Die *Betriebswirtschaftslehre* ist eine normative Wissenschaft in dem Sinne, dass sie Verhaltensnormen für erfolgreiches Wirtschaften aufstellt. Sie liefert Entscheidungshilfen für das Management in Betrieb und Unternehmung[148]. Die Normativität dieser Handlungsempfehlungen ist freilich innerhalb der Betriebswirtschaftslehre umstritten. So wird etwa geltend gemacht, es gehe nur um deskriptive Aussagen über die Eignung bestimmter Handlungen zur Erreichung vorgegebener Ziele[149].

267 Die betriebswirtschaftliche Rationalität ist darüber hinaus aber von Normen geprägt, welche die Unternehmensziele selber umschreiben. Gewinnorientierung und Unternehmensentwicklung erlangen in diesem Zusammenhang normativen Charakter. In der Betriebswirtschaftslehre wird dafür eine eigene Führungsebene ausgeschieden, das sog. „normative Management". Diese Ebene steht unterhalb der Managementphilosophie, aber über dem strategischen und dem operativen Management. Sie umfasst die Unternehmensverfassung, die Unternehmenspolitik und die Unternehmenskultur[150].

268 Ohne weitere Vertiefung lässt schon die verwendete Begrifflichkeit erkennen, dass hier Anleihen beim Staatsrecht gemacht werden[151]. Klar ist

147 RÜTHERS, Rz. 98.
148 WERHAHN, S. 174 ff.
149 KÜTTNER, S. 257 ff.
150 BLEICHER, S. 44 ff.; RÜEGG-STÜRM, S. 34.
151 DERS., S. 290 f.

aber auch, dass nur eine Analogie gemeint ist. Normativität ist nicht im Rechtssinn gemeint, sondern als Maxime erfolgreichen Wirtschaftens. Aus rechtlicher Sicht handelt es sich um soziale Normen ohne Verbindlichkeit für den Juristen. Sie sind für ihn faktische Interessen des Unternehmers, welche durchaus zu beachten sind, die aber nur als Tatsachen in die juristische Argumentation einfliessen.

Betriebswirtschaftliche Ziele sind freilich noch in einem weiteren Sinne 269
normativ. Sie enthalten Werturteile, weil neben der rein technischen Rationalität des optimalen Mitteleinsatzes auch eine sinngebende Rationalität mitschwingt. Neben dem Verfügungswissen braucht der Unternehmer auch ein Orientierungswissen, das ihm sagt, ob er das, was er wirtschaftlich kann auch tun soll[152]. In diesem Sinne enthält die Unternehmensphilosophie unmittelbar ethische Werte mit Aussagen über denn Sinn des Wirtschaftens für den Kreis der Betroffenen (Stakeholders): von den Eigentümern des Unternehmens über die Manager und Mitarbeiter bis zu den Kunden und der weiteren Öffentlichkeit[153]. Diese normative Ebene hat sozialethischen Charakter und gehört zum Bereich der Moral.[154] Auch sie ist für den Juristen nicht unmittelbar verbindlich, es sei denn er könne begründen, dass die ethische Norm vom Recht übernommen und in einen Rechtsgrundsatz oder eine Rechtsregel gegossen worden sei (*z.B. als Mitbestimmungsrecht der Arbeitnehmer*).

Die *Volkswirtschaftslehre* oder Ökonomik erteilt ebenfalls Anweisungen, 270
nun aber auf einer abstrakteren Ebene des Wirtschaftens. Sie betrifft den Umgang mit knappen Ressourcen, d.h. die Frage, wie menschliche Bedürfnisse mit knappen Mitteln optimal befriedigt werden können[155]. Sie berät uns in der Wahl zwischen alternativen Handlungen, indem sie deren Kosten und Nutzen modellhaft einander gegenüberstellt und nach dem Effizienzkriterium[156] beurteilt.

---

152 THOMMEN, S. 436 f.
153 BLEICHER, S. 437 f.; RÜEGG-STÜRM, S. 33 f.
154 ULRICH, Wirtschaftsethik, S. 393 ff.
155 FISCHBACH, S. 17 ff.; HOMANN, S. 52 f.
156 Dazu kritisch THIELEMANN, S. 40 ff.

271 Ökonomische Rationalität ist demnach ebenfalls wertend. Sie beurteilt Wahlhandlungen nach ihrer Effizienz, d.h. Nützlichkeit für ein vorgegebenes Bezugssystem. Dieses ist meist die Volkswirtschaft, kann aber auch das Rechtssystem sein. Aber auch die ökonomische Effizienz des Rechts ist keine juristische Norm, sondern nur ein Folgenargument zur Beurteilung der Wirksamkeit einer rechtlichen Entscheidung. Sie ist in der juristischen Arbeit unter den „Realien des Rechts" oder im Rahmen der Methode der Folgenbeachtung[157] zu berücksichtigen, bleibt aber ein faktischer Gesichtspunkt im juristischen Gedankengang.

272 Wie die Betriebswirtschaftslehre vertritt auch die Volkswirtschaftslehre eine implizite Ethik. Diese steckt vor allem in den Grundannahmen über das rational handelnde Individuum und im Effizienzbegriff. Auch diese Normen sind für den Juristen nicht verbindlich, es sei denn, sie seien ins Recht übergeführt (wie z.B. der Individualismus in die Privatautonomie).

273 Zu beachten ist insbesondere, dass Effizienz zunächst nur ein faktisches Interesse darstellt und keine Rechtsnorm ist. Sie wird erst zu einem Rechtsgut, wenn Rechtsnormen zum Ziel haben, sie zu schützen (*etwa im Verfahrensrecht die summarische Prüfung offensichtlicher Rechtsfälle*). Ohne diese rechtliche Umsetzung ist das ökonomische Ziel nur ein Wirksamkeitskriterium und damit ein faktischer Gesichtspunkt in der juristischen Argumentation[158].

274 Die *politische Wissenschaft* ist in zahlreiche Denkrichtungen gespalten. Politische Philosophie, historisierende und vergleichende Politikwissenschaft, Behaviorismus, Funktionalismus, politischer Rationalismus und andere Schulen[159] machen in unterschiedlichem Masse normative Aussagen oder treffen zumindest normative Voraussetzungen. Die Frage nach dem „richtigen" Denken bleibt hier offen[160]. Auch wenn explizit normative Ansätze an Einfluss verloren haben, bleiben sie noch von Bedeutung, und sei es

157 Vgl. hinten Ziff. III 1.1.2 Rz. 593.
158 Näheres zum Verhältnis von Interesse, Rechtsgut und Rechtsnorm vgl. Ziff. III 5.1.2.
159 Faganini, S. 38 ff.
160 Ders., S. 51.

nur als Korrektiv zum vorherrschenden Empirismus der deskriptiv-analytischen Ansätze[161].

Soweit sich politische Wissenschaft als beschreibend versteht, will sie nicht 275
normativ wirken. Trotzdem ist darauf zu achten, dass etwa Maximen des politischen Systems nicht unversehens im juristischen Prozess normative Bedeutung erlangen. *Es ist schwierig, in der Schweiz vom Milizprinzip oder von der direkten Demokratie zu sprechen, ohne darin Grundsätze für die Interpretation der Volksrechte zu sehen.* Die politischen Konventionen bilden eine ausserrechtliche Wirklichkeit, auf welche das Recht zwar Bezug nimmt, von denen es aber durchaus abweichen kann. Politische Maximen *gelten* rechtlich nicht, weil sie faktisch wirksam sind, sondern nur falls und soweit sie vom Recht als richtig anerkannt werden[162].

Normative Politikwissenschaft will hingegen ausdrücklich Handlungsorien- 276
tierung für die Politik anbieten. Sie nimmt beispielsweise die Perspektive des Bürgers ein und versucht, Allgemeininteressen gegen die besser organisierten Eigeninteressen der Verbände wahrzunehmen[163]. Politische Gerechtigkeit ist für diesen Ansatz gewiss eine verpflichtende Norm, aber nur im Sinne der politischen Ethik. Auch hier gilt, dass solche Kriterien nur in dem Masse rechtlich verbindlich sind, als sie von der Rechtsordnung übernommen werden.

Generell gilt, dass für den Juristen nur Rechtsnormen legitime Begrün- 277
dungsnormen sind. Soziale und ethische Normen bilden keine hinreichenden Gründe. So dürfen wir unser Urteil nicht mit dem gesunden Menschenverstand oder mit Sitte und Brauch begründen. Weder die Macht des Faktischen noch der Anspruch der Moral können die juristische Argumentation ersetzen.

161 VON ARNIM, Politikwissenschaft, S. 1 ff.

162 Es gilt das Gleiche wie für faktische Interessen: sie werden nur anerkannt, wenn ein Rechtsgut sie abdeckt (vorne Ziff. II 4.1.1, Rz. 244).

163 So VON ARNIM, Politikwissenschaft, S. 24 ff.

4.1.2.3. Macht, Recht und Ethik

278 *Das Recht steht zwischen Macht und Ethik*[164]. Es nimmt von beidem etwas auf, fällt aber mit keinem zusammen.

279 *Recht folgt Macht*, vor allem bei seiner Entstehung als Gesetz. Aber auch im Rechtsetzungsprozess erhebt bereits bestehendes Recht den Anspruch auf Geltung. *Recht braucht Macht*, vor allem zu seiner Durchsetzung. Aber ebenso gilt: *Recht stellt Macht in Frage*. Recht ist primär Recht des Schwächeren, denn der Stärkere braucht es weniger.

280 Juristisches Denken hat deshalb ein differenziertes Verhältnis zur Machtfrage zu pflegen: Machtpositionen sind daraufhin zu überprüfen, ob sie rechtlich legitim sind. Werden sie von einem schützenswerten Rechtsgut gedeckt, sind sie anzuerkennen, sonst nicht.

281 Recht folgt *Ethik*, soweit es Ideale verwirklichen soll. Aber Recht ist nicht einfach eine „Minimalethik" für das gesellschaftliche Zusammenleben. Zum einen hat nicht alles Recht einen ethischen Kern. *Der Entscheid für den Rechtsverkehr auf den Strassen ist ethisch neutral.* Zum andern entwickelt jede Rechtsordnung in einem strukturierten Prozess eigene Wertungen, die keiner bestimmten Morallehre zugeordnet werden können. Die Wertungen des Rechts sind pluralistisch, politisch getragen, kompromisshaft und in Entwicklung begriffen. Wenn schon, muss von einer spezifischen Rechtsethik gesprochen werden. Diese lässt sich auf keine bestimmte philosophische oder politische Doktrin verpflichten.

282 *Beispiel:* Wer sich im Rechtsstaat auf ein Widerstandsrecht beruft, darf nicht unmittelbar moralische Grundsätze geltend machen, sondern muss dartun, dass der Rechtsstaat in einer bestimmten, als ungerecht empfundenen Regel seine eigenen fundamentalen Grundsätze verletze. *Wer rechtskräftig abgewiesene Asylsuchende vor der Polizei versteckt hat, weil er geglaubt hat, dazu moralisch verpflichtet zu sein, muss vor Gericht geltend machen, im Asylverfahren sei die Menschenwürde der betroffenen Ausländer verletzt worden.* Das Recht hat – zumindest im

---

164 Die Begriffe Moral und Ethik werden auf unterschiedliche Weise gebraucht. Z.T. bezeichnet man mit Moral die moralischen Normen selber, mit Ethik die Lehre von diesen Normen (vgl, RÜTHERS, Rz. 99); hier wird nicht differenziert.

Rechtsstaat – seine eigenen, rechtlich definierten Werte, auf die sich moralisches Empfinden berufen kann, um rechtlich anerkannt zu werden. Moralische Anliegen sind wie faktische Interessen nur schützenswert, soweit sie in die Rechtssprache übersetzt werden können.

Macht und Ethik gelten je somit nur nach Massgabe des Rechts. Juristi- 283
sche Argumentation kann Machtfragen und Moralforderungen einerseits als faktische Elemente des zu lösenden Problems begreifen, anderseits diese Tatsachen rechtlich bewerten. Erst mit dieser rechtlichen Durchdringung können Aspekte der Macht oder der Ethik zu Gründen der juristischen Entscheidung werden.

4.1.2.4. Verknüpfung

Juristisches Denken erfordert die klare Unterscheidung von Tatsachen und 284
Normen. Unterscheiden bedeutet aber nicht Trennen[165]. Das Unterschiedene kann und soll miteinander verknüpft werden.

Beschreiben und Werten sind die beiden Grundoperationen des juristi- 285
schen Denkens. Eine möglichst wahrheitsgetreue Beschreibung der Wirklichkeit bildet den einen Pol des Gedankenganges; eine möglichst richtige Bewertung der Rechtsnormen den andern. Juristische Argumentation bewegt sich zwischen diesen beiden Polen hin und her.

Der juristische Gedankengang sucht ja die gegenseitige Annäherung von 286
Norm und Wirklichkeit in einem methodisch angeleiteten und überprüfbaren Verfahren. Die juristische Fassung des hermeneutischen Zirkels besteht in der Bewertung des Faktums aus der Sicht der Norm und der Interpretation der Norm aus der Sicht des Faktums. *Z.B. unterscheidet der Strafrichter zunächst die Tatfrage von der Rechtsfrage: Die Motive des Täters sind Tatfrage; ob sie das Tatbestandsmerkmal der „niedrigen Beweggründe" erfüllen, ist Rechtsfrage. Im „Hin- und Herwandern des Blicks"[166] sucht der Richter aber sogleich nach gesetzlichen Beweggründen, von denen*

---

165 HESSE, S. 8.
166 ENGISCH, Studien, S. 15.

her er die Motive bewerten soll und nach Merkmalen der Motivation, die als Beweggründe gedeutet werden können.[167]

287 In der juristischen Arbeit werden rechtliche Normierung und konkrete Wirklichkeit zueinander in Beziehung gesetzt und in ihrer gegenseitigen Bedingtheit verstanden[168]. Rechtswissenschaft ist zwar eine normative Wissenschaft. Aber nicht nur: sie muss auch die soziale Wirklichkeit erkennen[169]. Sie ist damit Geisteswissenschaft und Sozialwissenschaft in einem, ein Verfahren der gegenseitigen Übersetzung zwischen Norm und Faktum. Deshalb muss juristisches Denken beides umfassen, das Beschreiben wie das Werten.

288 Damit aus der Verknüpfung allerdings keine Vermischung wird, ist methodisch sauber vorzugehen. Dies sicherzustellen ist Aufgabe der juristischen Methodenlehre[170].

4.1.3 Übungsbeispiel

289 **Aufgabe:**

Beschreiben und beurteilen Sie die Gewaltenteilung im demokratischen Rechtsstaat. Ordnen Sie Ihre Aussagen dazu nach drei Kategorien

- *a) faktische Machtverhältnisse*
- *b) Anforderungen der politischen Ethik*
- *c) Rechtsgrundsätze.*

290 Sie verfügen über folgende Stichworte zum Thema:

- 1) Legislative, Exekutive, Judikative
- 2) Machtgleichgewicht: die eine Macht soll die andere begrenzen
- 3) Klare Kompetenzausscheidung zwischen Parlament, Regierung und höchstem Gericht
- 4) Gewaltenhemmung

---

167 Näheres vgl. unter Ziff. III 1.2.2.

168 Hesse, S. 6.

169 Coing, S. 297 f.

170 Vgl. Friedrich Müller, Juristische Methodik, sowie die Hinweise in Ziff. III 2.

- 5) Rechtlicher Vorrang des Parlaments, faktische Überlegenheit der Regierung
- 6) Unvereinbarkeit der Mitgliedschaft in mehreren Gewalten
- 7) Richterliche Unabhängigkeit
- 8) Machtbeschränkung zum Schutz der Freiheit
- 9) Unmerkliche Machtverschiebung im Leistungsstaat von der Politik zur Verwaltung
- 10) Stammfunktion der Rechtsetzung, der Regierung und Verwaltung, der Rechtsprechung
- 11) Spannung zwischen Verfassung und Verfassungswirklichkeit
- 12) Die sozialen Kräfte sollen in gerechter Mischung an der Staatsmacht beteiligt werden.

Lösung: 291

- Die Stichworte 5), 9) 11) sind Aussagen zu den faktische Machtverhältnissen
- Die Stichworte 1), 2), 4), 8), 12) sind Aussagen der politischen Ethik
- Die Stichworte 3), 6), 7) 10 sind Aussagen zu Rechtsgrundsätzen.

Hinweise: 292

- 1) Legislative, Exekutive, Judikative sind Konzepte der politischen Theorie, nicht des Rechts; dieses spricht von den Behörden Parlament, Regierung und Gericht und weist ihnen bestimmte Befugnisse zu. Die „Gewalten" sind politische Ideen, welche rechtlich differenziert und von Staat zu Staat in unterschiedlicher Weise ausgestaltet werden.
- 4) Gewaltenhemmung ist zunächst ebenfalls das politikwissenschaftliche Modell für die rechtliche Ausgestaltung von Veto- oder Mitwirkungsrechten einer Behörde im Zuständigkeitsbereich einer anderen. Ist diese Regelung getroffen, kann freilich dahinter ein Rechtsgrundsatz der Gewaltenhemmung formuliert werden. Was im Einzelfall mit dem Begriff gemeint ist, hängt davon ab, ob man ein abstraktes Modell oder dessen konkrete Ausgestaltung in einer Rechtsordnung vor Augen hat.
- 10) Stammfunktion ist ein Begriff der juristischen Dogmatik, der besagt, die Verfassung sei im Zweifelsfall so auszulegen, dass z.B. die Rechtsetzungsaufgaben dem Parlament zukommen, weil hier seine Kernaufgabe liege. Hier hat eine funktionale politikwissenschaftliche Betrachtung durch Übernahme in die juristische Lehre normativen Gehalt erlangt.

4.2 Vertiefung: Funktion und Norm

4.2.1 Deskriptives, funktionales und normatives Denken

293 Juristisches Denken ist normativ. Dadurch grenzt es sich ab vom Beschreiben der beobachtenden Wissenschaften. Der Jurist setzt zwar auch bei der Beschreibung tatsächlicher Vorgänge an, bewertet diese aber sodann anhand der Rechtsordnung. Er fällt ein normatives Urteil.

294 Dies genügt allerdings noch nicht zur Abgrenzung von jenen Sozialwissenschaften, die beschreibend verfahren. Soweit Soziologie oder Ökonomie problemorientiert arbeiten, sind sie – wie die Rechtswissenschaft, aber im Gegensatz etwa zur Geschichtswissenschaft – systematische Wissenschaften, welche ihre Feststellungen in einen Gesamtzusammenhang stellen[171]. Auch sie nehmen eine Beurteilung vor. Diese ist aber nicht normativ, sondern funktional.

295 Ein Sachverhalt erlangt bei der funktionalen Betrachtung seine Bedeutung dadurch, dass er für das System, zu welchem er gezählt wird, eine bestimmte Funktion erfüllt. Er stabilisiert, verändert, entwickelt oder gefährdet das System in seinem Fortbestand. Er kann daher anhand der Systemerfordernisse beurteilt werden.

296 *Der Ameisenstaat kann als Systembeispiel dienen: Die Königin legt genau so viele Eier, wie nötig sind, um die Soldaten zu ersetzen, die sterben. Auf Wegen, die nicht völlig erforscht sind, erfährt die Königin mitten im Bau, was die Bedürfnisse draussen sind und richtet sich danach. Sie wird in ihrem Verhalten durch die Funktion, den Ameisenstaat am Leben zu erhalten, gesteuert.*[172]

297 Im systembezogenen Denken bilden die Elemente ein Gefüge, das mehr ist, als die Summe seiner Teile; zudem verhalten sich die Einzelteile in einer Weise, die nur durch ihre Funktion für das Ganze erklärt werden kann[173].

---

171 Vgl. vorne Ziff. II 3.1.2, Rz. 178.

172 Hollis, S. 130 ff.

173 Ders., S. 135.

Systemdenken ist zweckgerichtet: Das Ganze bestimmt den Zweck der Teile. Seine Logik ist zweckrational. Es wahrt den Beobachterstandpunkt, beansprucht aber dennoch, verstehend zu sein: Es vermittelt ein Sinnverständnis, das sich auf die Regeln des Systems bezieht. 298

Die Unterscheidung von Erkennen und Verstehen bzw. Beschreiben und Werten ist daher durch Einfügen der *funktionalen Denkweise* zu differenzieren. Die Zweiteilung wird zu einer Dreigliederung nach *Ursachen, Regeln und Gründen*[174] - kausales Denken, zweckrationales Denken und wertrationales Denken. Die beiden ersten kommen ohne Wertungen aus und verfahren daher beschreibend, das Dritte bewertet und ist daher normativ. Zweckrationales Denken fällt zwar auch Entscheidungen, bleibt dabei aber wertfrei. 299

Funktionales Denken gehört zwar zur Denkkette, welche vom Beobachten über das Erkennen zum Beschreiben führt. Die Denkweise ist aber nicht kausal, auf Ursachen bezogen, sondern funktional, d.h. auf die Regeln eines übergeordneten Systems bezogen[175]. Dies ermöglicht ein „Urteilen" im Sinne des Entscheidens aufgrund von wertfreien, systembezogenen Kriterien. Funktionales Denken ist die systemische Ausgestaltung der Zweckrationalität. 300

Daraus ergibt sich die folgende Darstellung der Denkweisen: 301

---

174 DERS., S. 240 ff.

175 Der Begriff der Regel wird hier im soziologischen, nicht im juristischen Sinne verwendet.

Kapitel	**polares Begriffspaar einer Denkweise**		
II 1	Beobachten		Teilnehmen
II 2	Erkennen		Verstehen
II 3	Erkenntnisinteresse		Entscheidungsinteresse
II 4	deskriptiv		normativ
	deskriptives Denken	funktionales Denken	normatives Denken
	Ursachen	Regeln	Gründe
	➡ zwingende Folge	➡ wertfreie, auf den Systemzweck bezogene Entscheidung	➡ werthafte, auf Menschen bezogene Entscheidung
	kausaler Ablauf	zweckrationales Handeln	wertrationales Handeln
Beispiel Gewaltenteilung	Machtverschiebung von der Politik zur Verwaltung	Machtgleichgewicht zwischen den drei Gewalten	Rechtsanspruch des Einzelnen auf einen unabhängigen Richter

Deskriptives, funktionales und normatives Denken

302 Das Modell des zweckrationalen Handelns ist allerdings unvollständig. Es unterstellt, dass alle Aktoren automatische Regelbefolger seien. Die meisten Regeln enthalten aber Spielraum für Interpretationen. Dies eröffnet Entscheidungsalternativen, welche nach individuellen oder kollektiven Nutzenvorstellungen gewählt werden. Auch wenn man den Begriff der Zweckrationalität auf diese Weise erweitert, kann aber nicht alles soziale Handeln zweckrational erklärt werden. Wo ich Gründe für die Wahl zwischen Zwecken brauche, denke und handle ich wertbezogen.[176]

303 Die Unzulänglichkeit des zweckrationalen Handlungsmodells liegt darin, dass die übliche Entscheidungstheorie unterstellt, dass das Handeln rationaler Akteure durch Gründe kausal determiniert werde. Gründe würden so zu Ursachen: Bei gegebenen Präferenzen ergebe sich die Entscheidung aus den Prämissen wie ein kausaler Vorgang[177]. Die zweckrationale Handlung lässt sich nach dieser Auffassung wie ein kausaler Ablauf darstellen. Solchem Handeln fehlt der Charakter der subjektiven Wertung, Entscheidung und Verantwortung.

---

176 HOLLIS, S. 255 ff.
177 DERS., S. 256.

Allerdings ist funktionales Denken durchaus in der Lage, Wertungsfragen zu bearbeiten. Werte sind aus soziologischer Sicht Vorzugsregeln, welche in komplexen Situationen dazu dienen, Entscheidungen zu vereinfachen und dadurch die Entscheidungsfähigkeit des Einzelnen wie die Leistungsfähigkeit des Systems als Ganzem zu erhöhen. Sie stabilisieren dadurch das System.[178] 304

Die Wertproblematik wird dabei unter dem Gesichtspunkt der *sozialen Steuerung* betrachtet. Werte leisten etwas: Sie „strukturieren Entscheidungsmöglichkeiten und leiten als Selektionsgesichtspunkte Entscheidungsprozesse"[179]. Das funktionale Urteil über Werte (z.B. des Rechts) liegt in ihrer Nützlichkeit für den Entscheidungsprozess und für das (Rechts-) System. Der Funktionalist kann auf diese Weise Werturteile treffen, ohne subjektive Wertungen vorzunehmen. 305

Dabei wird der Beobachterstandpunkt allerdings nicht verlassen. Die Wertung bezieht sich nur auf die Leistung, nicht auf den Inhalt einer Entscheidung. Dem Teilnehmer liefert sie keine Gründe für die Ausgestaltung seines Urteils. 306

Normatives Urteilen hingegen kann die Wertungsproblematik nicht als Frage der sozialen Steuerung angehen. Der Richter versteht sein Handeln nicht als objektiven Prozess, der unter gegebenen Alternativen, Präferenzen und Steuerungsregeln ursächlich abläuft. Für ihn ist die Entscheidung nicht Funktion, sondern Aufgabe. Werte sind für ihn Gründe seines Handelns, die er im Hinblick auf das zu lösende Problem konkretisieren und zu einer überzeugenden Argumentation verknüpfen muss. 307

Normatives Denken orientiert sich an Gründen, weil das Urteil, das zu fällen ist, vor den betroffenen Menschen *verantwortet* werden muss. Letztlich ist es die Verantwortlichkeit des Teilnehmers, die diesen auf Gründe verpflichtet; Gründe aber stützen sich auf Werte. 308

---

178 WILLKE, Grundrechtstheorie, S. 49 ff. (unter Bezugnahme auf PARSONS und LUHMANN).

179 DERS., Grundrechtstheorie, S. 72.

309 Verantwortliches Handeln braucht Werte somit nicht um ihrer Leistung willen, sondern weil sie eine Orientierung vermitteln. Sie enthalten Aussagen über das Sollen.

4.2.2 Sein und Sollen

310 Der Kern der Unterscheidung von funktionalem und normativem Denken ist die Trennung von Sein und Sollen. Juristisches Denken muss diese Kategorien deutlich auseinanderhalten.

311 Der praktische Grund dafür liegt darin, dass wir einerseits mit Tatsachen keine Normen begründen können, es aber anderseits auch nicht möglich ist, Normen mit Tatsachen zu widerlegen. Tatsachen und Normen stehen weder in einem logischen noch in einem kausalen Verhältnis zueinander. Weder kausal noch logisch „folgt" das Sollen aus dem Sein (naturalistischer Fehlschluss) oder das Sein aus dem Sollen (normativistischer Fehlschluss)[180]. Damit ist aber nicht gesagt, dass zwischen Sein und Sollen kein hermeneutischer Bezug hergestellt werden kann: Das Sein erhält seinen Sinn durch das Sollen, ebenso wie dieses ohne das Sein keine Wirkung hat.

312 Trennung und Verknüpfung von Sein und Sollen sind im Folgenden näher zu untersuchen. Dabei ist zunächst die Wurzel der Unterscheidung verständlich zu machen (1); anschliessend soll ihre Bedeutung in der Rechtstheorie an den Beispielen von KELSEN (2) und WEBER (3) gezeigt werden; schliesslich gilt es, den Weg zur Überwindung der Trennung zu weisen (Ziff. II 4.2.3).

313 (1) Die scharfe *Trennung von Sein und Sollen* hat ihren Ursprung im Paradigma des Erklärens[181], also in der Beobachtung kausaler Beziehungen und in der formalen Logik. Diese bildet die Grundlage der klassischen Philosophie und Wissenschaft. Als sog. *absolutistische Logik* sucht sie für alles eine erste Ursache in einem Fixpunkt, der keiner weiteren Begrün-

---

180 PETER A. SCHMID, S. 7 ff.

181 DUX, S. 245 f. mit Bezug auf DAVID HUME.

dung bedarf[182]. Dieses Denken ist rückwärts gewandt und sucht Gewissheit in einem vorgegebenen Absoluten, das alles bestimmt, was ihm nachgeordnet ist.

In der Neuzeit macht die Logik einen Strukturwandel durch. Sie sucht 314
zwar nach wie vor nach der ersten Ursache, dem „Principium" oder dem archimedischen Punkt, der die absolute Sicherheit als Ausgangspunkt des Denkens – der logischen Deduktion – verbürgen soll. Zum ersten Prinzip macht DESCARTES aber *das Zweifeln als Akt des denkenden Subjekts*. Damit wird die Logik auf die Subjektivität des Denkens zurückgeführt[183].

Damit, dass das Subjekt aus seiner Einheit mit der Welt herausgelöst wird, 315
entsteht erst die Trennung zwischen Subjekt und Objekt in der modernen Denkstruktur. Weil das Denken als geistige Tätigkeit zum Subjekt geschlagen wird, ergibt sich logisch, dass der gesamte Objektbereich seine frühere Geistigkeit verliert. Die Natur wird zur blossen „Realität", zur Sache. Desgleichen müssen die praktische Vernunft und das Sollen, beides Ideale des Denkens, ganz der Seite des Subjekts zufallen. Alles Normative wird damit „subjektiv", während das Faktische als „objektiv" gilt. *Wert hat nur, was von mir bewertet wird – die Sache hat keinen Eigenwert.*

Daraus ergibt sich – unter dem Paradigma der linearen Logik – die scharfe 316
Trennung von Sein und Sollen. Denn im Sinne der Kausalität kann keine Eigenschaft des Objektbereichs Quelle einer Eigenschaft im Subjektbereich

182 DERS., S. 154.

183 DERS., S. 153 ff. Das erkennende Ich ist bei Descartes so sehr letzte Gewissheit, dass es nicht einmal Gott nachgeordnet sein kann (DERS., S. 160). Wohl ist der menschliche Körper Kreatur und daher Gott nachgeordnet, seine Seele aber nicht. Nur dank der Teilhabe der Seele an Gott und damit ihrer Einheit mit Gott ist hier die Spannung für Descartes aufgelöst. Das Problem der Trennung von Leib und Seele (ein Thema, das typischerweise mit der Neuzeit aufbricht!) ist Konsequenz der cartesianischen Spaltung, da der menschliche Körper auch Objekt der Erkenntnis sein kann: „Das Leib-Seele-Verhältnis ist nur eine spezielle Form des Subjekt-Objekt-Verhältnisses" (DERS., S. 171). Der Subjektivismus spaltet somit auch Gott und die Welt auseinander. Und weil er im Laufe der Jahrhunderte vor allem die weltliche Erkenntnis entwickelt, verdrängt er Gott immer mehr aus seinem Blick.

sein und umgekehrt[184]. *Alles Sollen ist subjektiv. Objekte haben nur Ursachen und Folgen, sie begründen aber kein menschliches Sollen. Entsprechend haben Menschen auch keine Pflichten oder Verantwortungen gegenüber der Natur, wenn sie diese nicht vereinbaren.*

317 Seither ist das Reich des Sollens untrennbar mit dem Subjektivismus verbunden. Sollenssätze gelten als nicht wahrheitsfähig, ja nicht einmal als objektiv begründbar. Sie sind daher in letzter Konsequenz auch kein geeigneter Gegenstand einer Wissenschaft, da diese sich nach neuzeitlicher Definition auf Wissen über den Objektbereich zu beziehen hat. Die Spaltung der Wissenschaft in Naturwissenschaft und Geisteswissenschaft hat hier ebenso ihre Wurzeln wie jene der Sozialwissenschaft in eine deskriptive und eine normative Variante oder die Dichotomie von Systemtheorie und Handlungslehre.

318 (2) Auch die *juristische Logik* ist stark von diesem Trennungsdenken geprägt. Massgeblichen Einfluss hat hier HANS KELSEN, der seine „Reine Rechtslehre" in streng deduktivem Denken entwickelt. KELSEN will von allem Rechtstatsächlichen und allen politischen Zwecken absehen. Ihn interessiert die reine normative Perspektive: Das Recht als das Gesollte.[185]

319 KELSEN trennt sauber zwischen Sein und Sollen. Sollenssätze folgen nicht den Gesetzen der Kausalität, sondern sind eine Folge menschlicher Setzung: Ein Sollen entsteht, wenn einer Bedingung eine Folge zugerechnet wird. Kausale Beziehungen verlaufen ohne menschliche Entscheidung; normative Beziehungen hingegen setzen voraus, dass Menschen in einem Akt der Zurechnung einem anderen Menschen Verantwortung für eine bestimmte Folge zuschreiben. Sein und Sollen folgen daher unterschiedlichen Denkprinzipien und lassen sich nicht von einander ableiten.[186]

320 Daher kann die Geltung einer Norm nie in einem Faktum, sondern immer nur in einer anderen Norm begründet sein. Die Frage nach dem Geltungsgrund einer Norm führt daher zu einem Regress auf immer höher-

---

184 DERS., S. 246 f.

185 KELSEN, S. 1. Das Folgende wird in Ziff. III 2.2.1 unter methodischem Gesichtspunkt wiederholt.

186 DERS., S. 5.

rangige Normen, bis zur hypothetischen Grundnorm[187]. *Eine Norm gilt, weil sie kraft einer höheren Norm gelten soll.*

Für KELSEN sind Sein und Sollen sowohl verschieden als auch von einander getrennt. Und da das Recht zum Sollen gehört, ist die Rechtswissenschaft eine reine Sollenswissenschaft[188]. Allerdings vermag er diese Trennung nicht konsequent durchzuführen. Die praktische Verknüpfung von Sein und Sollen im Recht zwingt KELSEN, Seins- und Sollensaussagen in seinem Werk dauernd zu vermischen. KELSEN lehrt uns, dem Sollen im Recht die Priorität zu geben; er vermag aber das Sein nicht aus seinem Recht zu vertreiben.[189] 321

(3) Von der Gegenseite der *Soziologie* her vertritt MAX WEBER ebenfalls die absolute Trennung von Sein und Sollen. Er unterscheidet deutlich zwischen der normativen und der empirischen Rechtsordnung. Die normative Ordnung ist ein Gedankengebilde, dem Geltung zugeschrieben wird. Sie ist wie bei KELSEN Gegenstand rein begrifflicher Analyse, eine normative Sphäre. 322

Die empirische Rechtsordnung ist aber – anders als bei KELSEN – nicht etwa die Rechtswirklichkeit oder Rechtspraxis, die von den normativen Vorstellungen abweichen mag, sondern ebenfalls ein normatives Sollen, aber im soziologischen Sinn: Die aus dem Rechtstext entnommene Maxime, nach der sich die Menschen tatsächlich verhalten. Die Normativität der gedanklichen Sollensordnung wird so über die Vorstellung, welche sich die Menschen von ihr machen, zum Kausalfaktor des empirischen Verhaltens.[190] Die normative Rechtsordnung ist für WEBER nur Thema der juristischen Dogmatiker; die Laien orientieren sich ganz an der empirischen Rechtsordnung. *Eine Norm gilt, weil sich die Menschen danach verhalten.* 323

WEBER versteht die welthistorische Entwicklung als einen Prozess der Rationalisierung. Die Rationalität des Kapitalismus fordert ein Rechtssystem, das die Folgen der ökonomischen Handlungen kalkulierbar macht. 324

187 DERS., S. 32.
188 WINKLER, S. 179 f.
189 DERS., S. 192 f.
190 DUX, S. 253 ff.

Die Rechtsordnung muss daher ebenso zweckrational organisiert sein wie die Ökonomie. Da die Gleichbehandlung gleichgelagerter Fälle das formale Prinzip rechtlicher Rationalität ist, hat die Rechtsordnung auf der rein formal verstandenen Rechtsgleichheit zu beruhen. Das Recht kann so als ein System formaler Logik aufgebaut und von allen Wertfragen befreit werden.

325 Dies ist durchaus zum Schutz der Rechtsidee gemeint: Da nach Auffassung von WEBER Wertfragen allein Sache der einzelnen Menschen sind (also rein subjektiv), gibt es keinen anderen Ausweg als diese Formalisierung, um Recht nach objektiven Kriterien zu sprechen und die Unparteilichkeit des Rechts zu wahren. Das Problem effektiver Ungleichheit fällt so aus dem Recht heraus in den Bereich der sozialen Wirklichkeit.[191]

326 Der Vergleich von KELSEN und WEBER zeigt, dass bei gleichen logischen Prämissen von gegensätzlichen Standpunkten her ein gleichermassen einseitiges Rechtsverständnis erzeugt wird: die formallogische Trennung von Sein und Sollen nimmt dem Recht die Fähigkeit, reale Probleme zu lösen. Recht verfehlt damit seine eigentliche Aufgabe.

327 Dieses Resultat ist allerdings nur dann unvermeidlich, wenn die notwendige *Unterscheidung* von Sein und Sollen verwechselt wird mit der kategorischen *Trennung* der beiden Seiten menschlicher Wirklichkeit. Sobald wir aber das Trennungsdenken überwinden, öffnet sich uns ein Weg zur Verknüpfung der normativen und der faktischen Welt.

4.2.3 Überwindung der Trennung

328 Die Trennung von Sein und Sollen ist nur unter dem folgenden doppelten Paradigma zwingend:

a) der deduktiven Logik als alleiniger Denkform des Erkennens
b) der cartesianischen Trennung von Subjekt und Objekt[192].

329 ad a): Sobald wir an die Stelle der deduktiven Logik den Zirkelprozess der Hermeneutik setzen, schaffen wir eine Sinnverknüpfung von Seins- und

191 DERS., S. 263 ff.
192 Zu DESCARTES vgl. Ziff. II 4.2.2 Rz. 314.

Sollensbereich. Das Sein wird in seiner Bedeutung aus dem Sollen verständlich und das Sollen findet seinen Geltungsbereich im Sein. Damit wird es möglich, Reales und Ideales, Tatsachen und Werte aus ihren gegenseitigen Bezügen zu verstehen. Die Spaltung wird dadurch zumindest gemildert.

ad b): Damit wechseln wir aber auch von der Beobachterperspektive zur 330
Teilnehmerperspektive. Wir lösen die scharfe Trennung von Subjekt und Objekt. Wir führen uns als Subjekt in den Horizont des Objektbereichs ein, indem wir immer zugleich uns selber verstehen müssen, wenn wir andere verstehen wollen. Zumindest ansatzweise überwindet jeder hermeneutische Prozess die Trennung von Subjekt und Objekt.

Dieser Wechsel von Methode und Standpunkt ist Voraussetzung für den 331
juristischen Gedankengang, der von Tatsachen zu Normen und umgekehrt übersetzen muss. Nur so ist es möglich, Sachverhalte im Lichte von Normen und Normen in ihrem Bezug zu Sachverhalten zu interpretieren.

Der Sinn der Unterscheidung von Norm und Faktum bleibt erhalten: Der 332
Jurist hat zunächst die beiden Seiten sorgfältig zu analysieren, bevor er sie zusammenführt. Denn nur bei hinreichender Differenzierung von Sachverhalt und Norm kann die passende Verbindung hergestellt werden.

Rechtswissenschaft muss daher zugleich *Seinswissenschaft* und *Normwis-* 333
senschaft sein. Sie ist in sich bereits interdisziplinär.

Der Jurist benötigt die Erkenntnismethoden der Sozialwissenschaften, um 334
das Problem zu erkennen, das zu lösen ist. Dafür setzt er sowohl die deskriptiven wie die normativen Methoden der Sozialwissenschaften ein: Kausale Erklärungen, funktionale und normative Bewertungen fliessen ein in die Erkenntnis der Sachlage. Daraus formuliert der Jurist sein Verständnis vom realen Problem. Neben den rohen Fakten interessieren ihn vor allem die Erwartungen, welche in der Realität an die juristische Entscheidung gehegt werden, also die sozialen Normen, welche das faktische Verhalten steuern. Insoweit ist der Jurist Empirist im Sinne WEBERS.

Um die Normen zu erkennen, welche die Sachlage regeln, benötigt der 335
Jurist die Methoden der Textwissenschaften, ergänzt durch die eigene Interpretationslehre. Am Text interessieren ihn der Wortlaut, seine histori-

schen Bezüge, seine systematische Stellung und sein normatives Ziel. Darüber hinaus sucht er nach Rechtsgütern und Grundsätzen, welche die Dogmatik zum Thema entwickelt hat. Im Rahmen dieser Normananalyse ist der Jurist Normativist im Sinne KELSENS.

336 *Wie kann der Jurist diese beiden Denkwelten vereinen?* Nach dem Selbstverständnis sowohl der empirischen wie der normativen Wissenschaften ist der interdisziplinäre Anspruch der Rechtswissenschaft nicht einlösbar. Jede Richtung hat ihre eigene Rationalität, ihre eigene Sprache, ihren eigenen Diskurs. Je stärker sich die Disziplinen ausprägen, desto geschlossener wird ihr System. Die Spezialisierung wehrt sich gegen alles Übergreifende, integrierende. Da sich die Themenbereiche überschneiden, werden die eigenen Interpretationsmodelle sogar auf Fragen angewendet, welche andere Disziplinen bearbeiten (*z.B. in der ökonomischen Analyse des Rechts oder der Politik*).

337 Eine übergreifende Rolle verbleibt einzig der Philosophie – in den hier interessierenden Fragen des sozialen Handelns vor allem der *Ethik*. Ihr wird die Integration der Spezialsysteme der Wissenschaften überlassen. Das ist insofern angemessen, als die Ethik sich Sinnfragen widmet und daher einen Diskurs über das normative Verhältnis der Disziplinen untereinander pflegen kann. Anderseits wird der Ethik so eine Restposition zugewiesen, von welcher her sie kaum eine Chance hat, ihre Aufgabe zu erfüllen. Das schwierige Dasein der politischen Ethik[193] oder der Wirtschaftsethik[194] bezeugt dies.

338 Während die normativ argumentierenden Varianten der Politikwissenschaft oder der Ökonomie darauf angewiesen sind, ihre Adressaten im dogmatischen Streit zu überzeugen, hat es die Rechtswissenschaft besser. Ihr normativer Anspruch ist durch die positive Rechtsordnung abgedeckt. Im Recht wird ein Teil der politischen und der Wirtschaftsethik positiviert. Die Rechtswissenschaft verfügt deshalb über *eine in ihre Disziplin integrierte ethische Grundlage*. Sie verdankt dies nicht einer dogmatischen Überlegenheit, sondern ihrer institutionellen Absicherung: Das Recht ent-

193 Vgl. VON ARNIM, Politikwissenschaft, S. 3.
194 Vgl. ULRICH, Wirtschaftsethik, S. 11 ff.; DERS., Interdisziplin, S. 94 f.

hält eine „staatlich verordnete Ethik" (*z.B. in der Form der Menschenwürde, des Vertrauensprinzips oder des Gesetzmässigkeitsgrundsatzes*). Die Rechtsordnung verleiht den Behörden die *Macht*, Wertungen, welche aus den normativen Rechtstexten herausgelesen werden können, zum Massstab von Entscheidungen über reale Verhältnisse zu machen. Die Rechtswissenschaft ist dank diesem positivistischen Privileg der schwierigen Aufgabe enthoben, ihren interdisziplinären Geltungsanspruch wissenschaftlich zu begründen. *Ist es überhaupt möglich, soziale Fakten und rechtliche Normen zu „vergleichen", um daraus einen Schluss zu ziehen? Auch wenn es wissenschaftlich unzulässig wäre: das Urteil ist positivrechtlich gefordert!*

Der Jurist braucht für seine praktische Arbeit keine allgemein gültige the- 339
oretische Grundlage. Wenn es ihm nicht gelingt, den Richtigkeitsanspruch seiner Disziplin auf grundsätzliche Weise zu begründen (*wie es z.B. der Philosoph tun muss*), steht somit immer die Möglichkeit offen, auf eine positive (meist nationale) Rechtsordnung zurückzugreifen. In aller Regel entgehen daher Rechts- und Staatstheorien dem ewigen Regress oder Zirkel, indem sie sich auf eine simple Letztbegründung aus dem Faktischen einer konkreten Rechtsordnung berufen[195].

Dieser positivistische Abbruch der Reflexion mag für die Zwecke der juris- 340
tischen Praxis als genügend erscheinen. In der Tat nimmt jede Rechtsordnung ethische Vorstellungen, welche von den Menschen ihrer Rechtsgemeinschaft vertreten werden, in sich auf und formuliert sie in der Rechtssprache als verbindliche Rechtsgrundsätze, Rechtsgüter und Regeln. Damit sind die *ethischen Normen* zu *rechtlichen Vorgaben* umgemünzt; der Jurist braucht sich nicht auf eine Morallehre zu berufen, sondern kann sich unmittelbar an den ethischen Gehalten des Rechts orientieren.

Dank diesem Umstand ist z.B. der Vorrang der juristischen Betrach- 341
tungsweise vor der ökonomischen nicht begründungspflichtig. Der Jurist

---

195 Vgl. KELSEN, S. 203 f. KELSEN leitet den Geltungsgrund einer Rechtsordnung aus einer hypothetischen Grundnorm ab, der zufolge man sich so verhalten soll, wie die Verfassung dieser Rechtsordnung es vorschreibt. VON ARNIM (Staatslehre, S. 1 f.) entwickelt eine Staatslehre, die nur für die Bundesrepublik Deutschland Geltung beansprucht.

kann entscheiden, dass Rechtssicherheit wichtiger ist als Effizienz, obwohl der Ökonom darlegen mag, dass mit einer Praxisänderung letztlich allen besser gedient wäre. Das Legalitätsprinzip, auf das sich der Jurist berufen kann, ist ein allgemeiner Grundsatz des Verwaltungsrechts, während die Effizienz nur bereichsweise rechtlich ausformuliert ist.

342 Bei offenen Regelungen, Grenzfällen oder Wertungskonflikten versagt allerdings diese positivistische Legitimation. Die Behörde kann sich zwar noch auf ihr Amt, aber nicht mehr auf die Inhalte des Rechts berufen. Hier steht auch der Jurist vor der schwierigen Aufgabe, sein Urteil im Spannungsfeld der Disziplinen ethisch zu rechtfertigen. Dazu braucht er eine Begründung für den Vorrang der Ethik vor den spezialisierten Disziplinen.

343 Gefragt ist somit eine Grundlage, auf welcher die *Geltung der Ethik* gegenüber den vielen ausdifferenzierten Wissenschaften beruhen kann. Interdisziplinarität soll durch eine überdisziplinäre Form von Erkenntnis überdacht werden. Unter pluralistischen Bedingungen kommt dafür keine Ontologie oder Ideologie in Betracht. Bestimmte Moralinhalte können nicht a priori vorgegeben werden. Es geht vielmehr um ein Forum, in welchem nach anerkennenswerten Kriterien ein *Diskurs unter den Disziplinen* über den Sinn ihrer Bemühungen geführt werden kann. Seit die Vernunft ihre übergeordnete einheitsstiftende Kraft verloren hat, wird die Lösung in der Richtung einer „transversalen Vernunft" zu suchen sein, welche von den Übergängen zwischen den disziplinären Rationalitäten lebt[196] (näheres dazu in Ziff. II 6.2.2).

344 Hier sei dazu nur noch eine grundsätzliche *Anmerkung* angebracht: Die Spaltung unseres Wissens über die Welt, in der wir leben, hat mit dem Prinzip des Zweifels, der Spaltung von Subjekt und Objekt und der Trennung von Sollen und Sein eingesetzt. Die Integration unseres Wissens wird daher an diesem Punkt der Menschheitsgeschichte ansetzen müssen, um die *Wissensspirale der Differenzierung* – nicht als Rückkehr zum Mittelalter, aber in neuer Form – durch eine Bewegung der Integration in eine andere Richtung zu lenken.[197]

---

196 WELSCH, S. 748 ff.
197 Vgl. dazu MASTRONARDI, Recht und Politik, S. 345 ff.

Denn eine *Synthese von Sein und Sollen* wird erst möglich, wenn die cartesianische Spaltung von Subjekt und Objekt grundsätzlich überwunden wird. Das bedingt ein Überschreiten sowohl des methodischen wie des philosophischen Individualismus zugunsten einer Intersubjektivität, an der nicht nur die vielen Einzelnen als Personen teilnehmen, sondern auch die Welt, in der sie leben. 345

Gefordert ist eine Synthese, welche die Anliegen von Diskurs- und Systemtheorie integriert: eine Intersubjektivität, die zugleich „Interobjektivität" ist, d.h. Kultur und Natur einschliesst[198]. 346

5 System und Diskurs

5.1 Einführung

5.1.1 Beispiel

Der Ökonom beschreibt, der Jurist wertet. Beschreiben fragt nach der Funktion, Werten nach der Aufgabe.[199] Wenden Sie diese Unterscheidungen auf folgendes Beispiel an: 347

Ein Fabrikkamin verrusst die trocknende Wäsche in den Gärten der Nachbarschaft. Worin besteht für einen Ökonomen bzw. Juristen das Problem? Wie löst er es? 348

Sie verfügen dazu über folgende Informationen: 349

- *ökonomisch:* Das Problem lässt sich auf zwei Arten lösen: Entweder kaufen alle betroffenen Anwohner einen Tumbler, oder im Kamin der Fabrik wird ein Russfilter eingebaut.
  - Variante a): Eine Kostenberechnung ergibt, dass der Filter geringere Kosten verursacht als die nötige Anzahl Tumbler
  - Variante b): Der Filter verursacht grössere Kosten

  (Merke: Der Ökonom sucht nach der funktional effizientesten Lösung).

---

198 Zu System und Diskurs vgl. hinten Ziff. II 5.2; der Versuch einer Integration findet sich in den Ziff. II 5.2.2 und III 3.2.2.

199 Vgl. Ziff. II 4.1.2.1, Rz. 258 ff.

- *Juristisch:* Zur Zeit bestehen keine Vorschriften über die Luftverschmutzung durch Russ aus Industriekaminen. Die Stadt wäre aber zuständig, solche zu erlassen. Sie kann Grenzwerte, Kostentragungspflichten und Sanktionen vorsehen
  (Merke: Der Jurist sucht nach der gerechtesten Lösung).

350 **Lösung:**

- Für den Ökonomen besteht das Problem darin, einen Schaden, der den Nachbarn aus der industriellen Nutzung der Luft im Quartier erwächst, zu beheben. Die Lösung soll wirtschaftlich, d.h. funktional effizient für die Gesamtheit der Betroffenen sein.
  - Variante a): Der Einbau des Russfilters ist die effizienteste Lösung. Da die Nachbarn besser weg kommen, wenn sie einen Anteil an den Filter zahlen, als wenn sie je einen Tumbler kaufen, ist es ökonomisch rational, wenn sie dem Fabrikanten anbieten, die Kosten des Filters zu übernehmen.
  - Variante b): Die Anschaffung von Tumblern ist die effizienteste Lösung. Die Nachbarn lösen ihr Problem individuell.
- Für den Juristen besteht das Problem darin, dass die Nachbarn in ihren schützenswerten Interessen an sauberer Luft verletzt sind. Sie können sich dafür auf Rechtsgüter wie Eigentum und Gesundheit berufen. Es fehlen aber gesetzliche Konkretisierungen dieser Güter in Rechte und Pflichten. Die Aufgabe besteht darin, der Stadt eine gerechte Regelung des Umweltschutzes vorzuschlagen. Nach dem Verursacherprinzip ist der Fabrikant zu verpflichten, einen Russfilter in seinen Kamin einzubauen. Diese Lösung gilt für beide ökonomischen Varianten.

351 **Hinweis:** Der Ökonom hat jene Lösung gewählt, welche für das gemeinsame wirtschaftliche Umfeld von Fabrik und Nachbarn funktional die effizienteste ist. Der Jurist hat jene Lösung gewählt, welche den Schaden durch denjenigen tragen lässt, der ihn zu verantworten hat. Der Ökonom nimmt die Perspektive des Gesamtnutzens ein, der Jurist jene der individuellen Berechtigung.

5.1.2 Erläuterung: Der Einfluss des Bezugsrahmens auf das Denken

352 Der Bezugsrahmen, in welchen wir ein Problem versetzen, bestimmt, was wir am Problem überhaupt wahrnehmen können und wie wir es verstehen. System und Diskurs sind zwei Bezugsrahmen, die versuchen, die so-

ziale Dimension des Denkens zu erfassen. Wenn alles Denken Sprache ist, findet es nicht nur im einzelnen Menschen, sondern im Wesentlichen zwischen Menschen statt. Denken ist damit ein intersubjektiver Prozess (der Kommunikation oder der Verständigung). Diese *Intersubjektivität der Erkenntnis* gehört zu den schwierigsten Problemen der Erkenntnislehre. Die Beobachterperspektive interessiert sich für den Kommunikationsprozess in einem sozialen System, die Teilnehmerperspektive für die zwischenmenschliche Verständigung unter betroffenen Personen.

Kapitel	**polares Begriffspaar einer Denkweise**		**leitende Frage ...**
II 1	Beobachten	Teilnehmen	nach dem Subjekt
II 2	Erkennen	Verstehen	nach der Art des Wissens
II 3	Erkenntnisinteresse	Entscheidungsinteresse	nach dem Handlungsbezug
II 4	deskriptiv	normativ	nach der Geltungsart: wahr oder richtig?
II 5	System ➡ Kommunikationsprozess	Diskurs ➡ zwischenmenschliche Verständigung	nach der Intersubjektivität der Erkenntnis

Übersichtstabelle 1e: System und Diskurs

System und Diskurs sind die zwei typischen Antworten auf die Frage nach dem Bezugsrahmen juristischen Denkens: *Wofür* sind Lösungen zu entwickeln? 353

- Für ein gesellschaftliches System (das Recht, die Wirtschaft, die Politik) oder
- für das Zusammenleben von Menschen?

Natürlich könnte man sagen, dass Menschen in Systemen zusammenleben, sodass immer beides gilt. Das stimmt, aber die Problemsicht ist ganz eine andere, je nachdem, ob wir einen Konflikt als Streit zwischen Individuen oder als Störung von Abläufen in einem grösseren Ganzen ansehen. 354

Auch hier liegt wieder die Beobachter- bzw. die Teilnehmerperspektive der Unterscheidung zugrunde. Je nachdem behandeln wir Rechtsfragen als Systemprobleme oder als Konsensprobleme. Je nachdem soll das Recht 355 funktional effiziente Regelungen für soziale Abläufe bereitstellen (1) oder es hat gerechte Regelungen anzubieten, die von den Betroffenen als richtige Lösungen persönlicher Konflikte anerkannt werden können (2).

356 (1) Typische Beispiele für die funktionale Betrachtungsweise sind die ökonomische Analyse des Rechts und die ökonomische Analyse der Politik.

357 Die *ökonomische Analyse des Rechts* will dieses insgesamt auf die optimale Allokation der knappen Ressourcen ausrichten[200]. Die Transaktionskosten sollen möglichst tief gehalten werden (die Transaktionskosten sind unproduktive Kosten für die Zuteilung der Güter am Markt, wie Transport oder Vertragsverhandlungen). Die Grundannahme ist folgende: Sinken die Transaktionskosten auf Null, wird ungeachtet der rechtlichen Regelung die effizienteste Problemlösung gewählt (sog. Coase Theorem): *Es lohnt sich für alle, den Kuchen zu vergrössern, wenn es möglich ist, ihn beliebig in Stücke zu schneiden.* Denn dann wird das so geschehen, dass alle etwas mehr haben.[201]

358 *Die ökonomische Lösung des Beispiels mit dem Russ aus dem Fabrikkamin folgt dieser Logik: Wenn alle als rationale Nutzenmaximierer handeln, treffen sie die effizienteste Lösung. Liegt diese im Einbau eines Filters, wird der auch vorgenommen, ohne dass die Firma rechtlich dazu verpflichtet wird. Der Unterschied mag in der Kostentragung liegen. Wenn hier ein Ausgleich stattfinden soll, kann der ohne direkten staatlichen Eingriff in die Wirtschaft auf dem Weg über die Steuern vorgenommen werden.*

359 Das reine Nutzenkalkül wird allerdings der vielschichtigen Aufgabe des Rechts nicht gerecht. Recht ist dort nötig, wo unser Verhalten nicht durch Selbstverständlichkeiten und klare Einsichten gesteuert werden kann. Das Gemeinwohl muss letztlich demokratisch bestimmt und organisiert werden[202].

---

200 Vgl. SCHÄFER / OTT, S. 49 ff.

201 Dabei ist nicht von Bedeutung, dass einige viel mehr erhalten, andere nur wenig. Es genügt, dass keiner schlechter weg kommt.

202 Die ökonomische Analyse des Rechts findet ihre Berechtigung als ein Element in der Auseinandersetzung um die Prinzipien der Wirtschaftsordnung.

Die *ökonomische Analyse der Politik* ist vor allem in der Form der Public Choice Theorie bekannt geworden. Diese unterstellt, dass politische Prozesse nach dem Muster wirtschaftlicher Rationalität ablaufen und entsprechend gesteuert werden können. Auch im öffentlichen Bereich handelt der Mensch als rationaler Nutzenmaximierer. Der Politiker wird daher das tun, was er muss, um wieder gewählt zu werden. Er lernt, sich in diesem Sinne richtig zu verhalten, wobei das Erfolgskalkül den Massstab für die Richtigkeit des Verhaltens abgibt.[203] 360

Auch diese Betrachtungsweise vernachlässigt den Teilnehmeraspekt des politischen Handelns und reduziert dieses auf effizienten Mitteleinsatz für vorgegebene Ziele. Der Verständigungscharakter von Politik fällt ausser Betracht.[204] 361

Die Vertreter der ökonomischen Analyse von Recht und Politik verstehen sich freilich nicht als Systemtheoretiker etwa im Sinne LUHMANNS[205]. Sie vertreten einen methodischen und philosophischen Individualismus, der dieser Systemkonzeption widerspricht[206]. Sie denken trotzdem systemisch in dem Sinne, dass sie das ökonomische Modell als Denksystem verwenden. Ihr Handlungsbegriff ist zweckrational und nicht normativ. Sie setzen menschliches Verhalten in funktionale Relation zum System der Wirtschaft bzw. der Politik. 362

(2) Das Gegenstück zu dieser funktionalen Sichtweise bildet die *Diskurstheorie des Rechts.* Diese geht davon aus, dass die Rechtsordnung ihre Legitimation in der Zustimmung der Betroffenen sucht. Grundlage des Rechts ist die Verständigung der Rechtsgenossen über die Grundsätze des Zusammenlebens. In der sprachlichen Verständigung selber ist die Anerkennung des Gesprächspartners als gleichberechtigt angelegt: *Niemand kann mich zwingen, die Äusserung eines andern zu verstehen.* Regeln, 363

203 MUELLER, S. 1 ff.

204 Allerdings vermag auch diese Theorie im Einzelnen treffende Aussagen über die politische Realität zu machen.

205 Die funktionalistische Systemtheorie deutet gesellschaftliche Prozesse nicht als Handlungen einzelner Personen, sondern als Operationen bestimmter Teilsysteme, vgl. Ziff. II 5.2.1.

206 ULRICH, Demokratie und Markt, S. 82.

die für alle gelten sollen, müssen vor allen begründet werden. Daher hängt nach dem Diskursprinzip die Geltung einer Norm davon ab, dass sie die Anerkennung durch die Betroffenen verdient und auch in einem realen Diskurs erlangen kann.[207]

364 Soll das Recht diskursethisch begründbar sein, muss es vier grundlegenden Kriterien entsprechen:

- Das Prinzip der gegenseitigen Anerkennung (Reziprozität) verlangt, dass das Recht symmetrische Strukturen errichtet, welche allen Betroffenen die gleichen Chancen verschaffen, ihre Anliegen geltend zu machen: *Im Parlament sollen alle Mitglieder die gleichen Rede- und Antragsrechte haben.*
- Der Grundsatz der zwangslosen Einigung aller verlangt, dass das Recht durch Entscheidungsverfahren, die möglichst der idealen Diskurssituation angenähert werden, demokratisch legitimiert wird; *der parlamentarische Prozess (mit Kommissionsverhandlungen und Ratsdebatten) soll dazu dienen, einen möglichst breiten Konsens herzustellen – das Mehrheitsprinzip ist nur ein praktisch notwendiger Ersatz für die Zustimmung aller.*
- Das Prinzip der Stufengerechtigkeit der Diskurse verlangt, dass alle stellvertretenden Diskurse sich auf eine Delegation durch allgemeinere offene Diskurse berufen können; *Verordnungen legitimieren sich durch Gesetze, diese durch die Verfassung – jede höherrangige Rechtsstufe soll demokratisch breiter abgestützt sein.*
- Das Prinzip der Reflexion verlangt, dass jede staatliche Entscheidung begründet werden muss und rechenschaftspflichtig ist; *die Verwaltung soll der Regierung verantwortlich sein, diese dem Parlament und jenes dem Volk*[208].

365 Die Grundsätze der Diskursethik unterliegen in der Praxis zahlreichen Beschränkungen. Diese müssen aber selber wiederum in einem offenen Diskurs begründet werden[209]. Dadurch gewinnen wir einen Massstab für die Kritik und die Legitimierung des positiv geltenden Rechts: Staatliche Ent-

---

207 Habermas, Moralbewusstsein, S. 76.
208 Mastronardi, Zweck der Eidgenossenschaft, S. 362 f.
209 Habermas, Einbeziehung, S. 284 f.

scheidungen müssen sich unter Bedingungen, die den idealen Diskursvoraussetzungen möglichst nahe kommen, rechtfertigen lassen.

Die *Gegenüberstellung von ökonomischer Analyse und Diskurstheorie* soll 366
den Einfluss des Bezugsrahmens auf das juristische Denken deutlich machen: Ich brauche völlig andere Denkformen und Kriterien, wenn ich darlegen will, dass etwas ökonomisch sinnvoll ist, als wenn ich begründen will, dass das Gleiche demokratisch legitim ist. Je nachdem, in welchem Bezugsrahmen ich denke, ist etwas anderes vernünftig.

Deshalb sind beide Denkweisen berechtigt; beide haben für den Juristen 367
ihre Bedeutung. Die ökonomische kann Wesentliches beitragen, um die reale Problemlage zu verstehen und die entscheidungsrelevanten Sachkriterien aufzubereiten. Sie kann vor allem im Bereich des Wirtschaftsrechts unter dem Gesichtspunkt der Folgenbeachtung entscheidend werden. *Im Bereich der Umweltpolitik sprechen ökonomische Gründe gegen Verbote und polizeiliche Massnahmen und für Lenkungssteuern oder Umweltgutscheine.* Die diskursethischen Kriterien hingegen liefern Argumente bei der Interpretation der Rechtsnormen, die anzuwenden sind. Sie können insbesondere im Bereich des Organisations- und Verfahrensrechts entscheidend werden. *Diskursethische Gründe sprechen dagegen, dass private Interessenorganisationen mit dem Vollzug von Staatsaufgaben in ihrem Sachbereich betraut werden, ohne dass Institutionen und Verfahren geschaffen werden, welche geeignet sind, das Gemeinwohl zu fördern.*

Obwohl beide Denkweisen ihr Recht haben, sind sie nicht gleichwertig. 368
Die Diskursethik liefert normative Grundlagen für die Handlungsorientierung des Juristen, während die Ökonomie nur eine faktische Interessenlage klärt. Wiederum gilt: ökonomische Erkenntnisse erlangen juristische Geltung nur über Rechtssätze, welche das ökonomische Interesse als Rechtsgut anerkennen. Die Diskursethik hingegen ist mehr als nur eine kulturelle Vorstellung, die ebenfalls in Rechtsgrundsätze überführt werden muss, um Geltung zu erlangen. Sie vertritt keine parteilichen Werte, sondern formale Anforderungen von Legitimität, welche für das Recht unverzichtbar sind. Deshalb findet sie ihren (unterschiedlich ausgeprägten) Ausdruck in allen rechtsstaatlichen Demokratien.

5.1.3 Übungsbeispiel

369 *Eine Volksinitiative schlägt in der Schweiz vor, den Steuersatz (DE: Steuertarif) der Einkommenssteuern in einer Volksabstimmung festzulegen (der Steuersatz bestimmt die Höhe der jährlich zu zahlenden Steuer). Konkret soll das Volk alle vier Jahre sowie dann, wenn die Behörden den Steuersatz anheben wollen, darüber abstimmen. Bisher war die Festlegung des Steuersatzes Sache des Parlaments, das weiterhin Steuergesetze erlassen kann und sich mit der Exekutive in die Befugnis teilt, Ausgaben zu beschliessen.*

370 **Aufgabe:**

Welche Gründe sprechen für bzw. gegen die vorgeschlagene Änderung der Kompetenzen? Macht es insbesondere Sinn, nur den Steuersatz dem Volk vorzulegen? Argumentieren Sie dazu – auf der Grundlage Ihres Allgemeinwissens

- a) aus der Sicht der ökonomischen Analyse der Politik (Wie wirkt sich die Kompetenzänderung auf die Staatsausgaben aus?)
- b) mit Gründen der Diskursethik (Wie wirkt sich die Kompetenzänderung auf die Verteilung der Steuerlast aus?).

371 **Lösung:**

a)

- Den Steuersatz der Volksabstimmung zu unterstellen bewirkt, dass die Stimmberechtigten dafür sorgen werden, dass sie weniger Steuern zahlen müssen. Die Steuerlast wird sinken. Das ist ökonomisch effizient.
- Dabei besteht aber die Gefahr, dass die Staatsschuld wächst, wenn die Zuständigkeit für die Ausgabenseite bei den Behörden bleibt. Das wäre ökonomisch ineffizient.
- Daher sind gleichzeitig die wichtigsten Ausgabenbefugnisse an das Volk zu übertragen. Wenn Einnahmen und Ausgaben vom Volk beschlossen werden, wird die Staatsquote sinken. Denn die Bevölkerung wird sparsamer sein als die Behörden, deren Eigeninteresse stärker mit der Staatsleistung verknüpft ist.

b)

- Die Steuerpflicht ist eine der wichtigsten Pflichten der Bevölkerung gegenüber dem Staat. Sie betrifft fast alle Menschen. Daher ist es richtig, wenn das Volk in Steuerfragen das Recht hat, seine Pflichten selber festzulegen.

- Der Steuersatz ist allerdings nicht geeignet, die gerechte Verteilung der Steuerlast zu steuern. Wichtiger ist daher, dass das Volk die gesetzlichen Grundlagen, insbesondere die Progression und die Steuerabzüge selber beschliessen kann.
- Daher ist gleichzeitig die Gesetzgebungsbefugnis an das Volk zu übertragen. Wenn die Grundsätze der Steuererhebung an die Behörden delegiert bleiben, sind die Kompetenzen nicht stufengerecht nach ihrer Bedeutung verteilt.

Hinweis: Typisch für die beiden Sichtweisen ist, dass sich die ökonomi- 372
sche Betrachtung weniger um die Frage kümmert, wie die Staatslast auf die Bevölkerung verteilt wird, während sich die diskursethische Argumentation weniger mit der Frage befasst, wie sich die Regelung auf den ganzen Staatshaushalt auswirkt.

5.2 Vertiefung: Der Vorrang des Diskurses

5.2.1 System- und Diskurstheorie des Rechts

Juristisches Denken nutzt sowohl den Systembezug (1) als auch den Dis- 373
kursbezug (2) als Rahmen. Auf einer grundsätzlichen Ebene gilt es nun, das Verhältnis zwischen diesen beiden Denkkonzepten zu bestimmen.

(1) Zunächst ist der *Systembegriff* zu klären, von welchem hier die Rede 374
ist. Systematisches Denken innerhalb der juristischen Arbeit (a) ist dabei zu unterscheiden von der Konzeption, wonach das Recht insgesamt ein soziales System darstellt (b).

(a) Systematisches Denken gehört zu den Grundformen juristischer Arbeit 375
(vgl. Ziff. III 6). Die Ziele dieses Denkens sind, die Vielheit der Normen und der Sachfragen in eine Ordnung zu bringen und unter ihnen eine Einheit herzustellen[210]. Systematisierendes Rechtsdenken entwickelt allgemeine Rechtsgrundsätze und verhilft so der Rechtsordnung zu Widerspruchslosigkeit, Rechtssicherheit und Rechtsgleichheit. Das Rechtssystem ist hier nur ein methodisches Element innerhalb der rechtlichen Argumentation. Es hat nicht den Stellenwert einer übergeordneten Vorgabe für das Recht

210 CANARIS, S. 12.

insgesamt. Dieser Systembegriff soll später ausführlich dargestellt werden (Ziff. III 4.1.2.1).

376 (b) Der Systembegriff der allgemeinen Systemtheorie hingegen behandelt das Recht insgesamt als ein soziales System, das auf seine Umwelt (das soziale System, aus dem die Rechtsfälle kommen) mit Stabilisierungsleistungen in Form von Entscheidungen reagiert[211].

377 Hier erfolgt deutlich ein Wechsel des Standpunktes vom handelnden Teilnehmer, der mit systematischem Denken Ordnung schaffen will, zum Beobachter, der Leistungen seines Forschungsobjekts analysiert. An die Stelle des Sollens tritt das Wirken, an jene der Begründung der Erfolg.

378 Der Systemtheoretiker schlüpft aus seiner Teilnehmerrolle heraus, um aus der Beobachterperspektive die Denk- und Arbeitsbedingungen der übrigen Teilnehmer vorzugeben. Er verletzt damit die Grundbedingungen des hermeneutischen Zirkels allen Verstehens in der sozialen Welt.[212]

379 Dieses Ausschlagen der menschlichen Erkenntnisbedingungen ist nicht zu verwechseln mit dem notwendigen Versuch, die Teilnehmerrolle im Einzelfall durch Beobachtung zu reflektieren (vgl. vorne Ziff. II 1.1.2, Rz. 52). Die Bemühung um Beobachterdistanz ist Kennzeichen jeder Wissenschaftlichkeit und gehört zum hermeneutischen Zirkel des Verstehens selber. Kritikbedürftig ist nur die These, es sei möglich, den Beobachterstandpunkt zur Grundlage sozialwissenschaftlicher Erkenntnis zu machen.

380 Diese systemische Betrachtungsweise ist nicht nur erkenntnistheoretisch fragwürdig, sie schafft auch praktische Gefahren. Die Versuchung ist nämlich gross, am Ende der Beobachtung in die Teilnehmerrolle zurück zu schlüpfen und aus den Beobachtungen Handlungsanweisungen zu ziehen. Damit werden beobachtbare Wirkungen und Erfolge unversehens zu normativen Gründen. *Weil das politische System nach dem Machtcode funktioniert, ist es dann für den Politiker richtig, nach Macht zu streben.*

---

211 Willke, Grundrechtstheorie, S. 79; zu den Entwicklungsschritten der Theorie sozialer Systeme vgl. Willke, Systemtheorie I, S. 5 ff.

212 Vgl. die Kritik am gleichen Vorgehen Gadamers in Ziff. II 2.2.2.3, Rz. 143.

Je häufiger aber diese funktionalistische Haltung eingenommen wird, desto schwieriger wird es, ihren Anforderungen nicht zu gehorchen. *Je mehr Unternehmen nach den Kriterien der Shareholder Value Arbeitsplätze rationalisieren, um ihre Rendite zu erhöhen, desto mehr sind andere gezwungen, es ihnen gleich zu tun, um auf dem Kapitalmarkt zu bestehen.* Das Bild des egoistischen Nutzenmaximierers ist zwar nur eine ökonomische Modellannahme des Beobachters; aber es eignet sich sehr als praktische Handlungsmaxime des Teilnehmers. Die systemfunktionalen Modelle werden so zu selbsterfüllenden Prophezeiungen der Realität. 381

Die disziplinäre Trennung von Systemtheorie und praktischer Politik- oder Wirtschaftsberatung lässt diesen Verantwortungszusammenhang des Denkens meist nicht sichtbar werden. Er ist aber in besonderem Masse bewusst zu halten, wenn die Systemtheorie auf das Recht angewendet wird[213]. Denn Rechtstheorie ist durch ihren Gegenstand, das Recht, immer auf Praxis bezogen. Es ist somit ethisch bedeutsam, ob man Recht als System oder als Diskurs versteht. 382

Innerhalb der *systemtheoretischen Konzeptionen des Rechts* sind Unterschiede auszumachen. So vertritt beispielsweise TEUBNER[214] eine flexiblere Position als LUHMANN[215], WILLKE[216] oder LADEUR[217]. Sein „reflexives Recht" soll beides sein: „Realanalyse der historischen Lage des Rechts *plus* normative Bewertung und Strategiewahl"[218]. Er will damit Beobachter- und Teilnehmerperspektive kumulieren. Allerdings wird nicht deutlich, wie dies gelingen soll; die Beobachtung bleibt bestimmend. 383

Typisch für Systemtheorien des Rechts ist, dass das Recht als autonomes Sozialsystem betrachtet wird, das sich allein aus seinen eigenen Elementen selbst reproduziert[219]. Z.B. entstehen Rechtsnormen durch Rechts- 384

---

213 Trotzdem will sich z.B. TEUBNER nicht auf die Frage einlassen, wie seine Systemtheorie des Rechts politisch verwertet wird (Recht, S. 81 f.).

214 DERS., Recht, S. 81 ff.; DERS., Janus, S. 197, 213 f.

215 LUHMANN, Recht, S. 66 ff.

216 WILLKE, Entwickelte Gesellschaften, S. 51 ff.

217 LADEUR, S. 167 ff.

218 TEUBNER, Recht, S. 86.

219 DERS., Recht, S. 36.

akte, also durch Operationen des Rechtssystems, die selber durch Rechtsnormen gesteuert sind[220] (*die Gesetzgebung ist ein vom Rechtssystem gesteuerter Prozess, der die Gesetze so produziert, dass diese den funktionalen Anforderungen des Rechtssystems - und nur diesen - entsprechen*). Da aber die anderen Teilsysteme der Gesellschaft (*z.B. Politik, Wirtschaft*) in gleicher Weise autonom sind, kann das Recht sie nicht direkt steuern. Vielmehr konstruiert jedes System seine eigene Sicht von den andern und richtet sich nach der eigenen Interpretation des „Geräuschs", das es von seiner Umwelt empfängt.[221]

385 Dieses Grundmodell kann so variiert werden, dass im Grenzbereich von Systemen Operationen der intersystemischen Kommunikation eingefügt werden, welche Ähnlichkeiten zur hermeneutischen Interpretation aufweisen[222]. Dann koppelt sich ein System an ein anderes an, indem es die Einflüsse aus der Umwelt deutet. Trotzdem bleibt die funktionale Perspektive gewahrt und kann keine normative Orientierung geboten werden.

386 (2) Die *Diskurstheorie des Rechts* hingegen geht aus vom Problem der Verständigung unter Menschen über die gemeinsame Lebensform. Im Rechtsdiskurs einigen sich die Betroffenen über die grundlegenden Normen des Zusammenlebens. Diese legitimieren sich durch die potentielle Zustimmung in faktischen Diskursen. Auch hier ist das Recht ein System, aber ein solches von Rechten, welche sich die Partner des Verständigungsprozesses gegenseitig zusprechen[223].

387 Die Diskursethik findet ihre Begründung in der Sprechakttheorie, welche zumindest starke Gründe für eine universalistische Qualität der diskursiven Gleichberechtigung aller Partner der sprachlichen Verständigung anbietet. *Sobald jemand beginnt, andere mittels Sprache von etwas zu überzeugen oder zu überreden, trifft er faktisch die Annahme, dass diese anderen ihn verstehen können. Verstehen kann aber nicht erzwungen werden. Daher billigt jeder Sprechende den Zuhörern das Recht zu, darüber*

---

220 DERS., Recht, S. 54 ff.

221 DERS., Recht, S. 96.

222 DERS., Janus, S. 197.

223 HABERMAS, Faktizität, S. 151 ff. Der Systembegriff ist hier jener des systematischen Denkens (vgl. soeben Rz. 375).

zu entscheiden, ob sie ihn verstehen oder nicht. Er anerkennt sie somit als gleichberechtigte Gesprächspartner.

Typisch für die Diskurstheorie ist die Konsenstheorie der Wahrheit. Im 388
Gegensatz zu den beobachtenden Erkenntnistheorien, welche ursprünglich annahmen, unsere Erkenntnis entspreche der objektiven Wirklichkeit (Korrespondenztheorie der Wahrheit), hält die Diskurstheorie das für wahr, worüber sich alle unter qualifizierten Bedingungen einigen. Da es keinen privilegierten Beobachterstandpunkt gibt, der die Realität in ihrem Sein erkennen könnte, bleibt nur der (vorläufige) Konsens darüber, das als wahr gelten zu lassen, was zur Zeit allen Zweifeln standhält[224].

Die Diskurstheorie kann natürlich ebensowenig einen vorweg gesicherten 389
ontologischen Status beanspruchen wie die Hermeneutik GADAMERS[225] oder die Systemtheorie[226]. Ob es möglich ist, ihr eine Letztbegründung zu verschaffen, ist sehr umstritten. Auch sie trifft Rationalitätsvoraussetzungen und geht von einem bestimmten Sprachbegriff aus. Sie hat allerdings eine starke Vermutung für sich, weil sie dem hermeneutischen Zirkel zwischenmenschlicher Verständigung entspricht, welcher alle soziale Erkenntnis methodisch prägt. Die Debatte über die Gültigkeit der Diskurstheorie bildet zwangsläufig selber einen Diskurs. Bestreitbar sind daher nur die Modalitäten und die Reichweite der Theorie; die Diskurssituation als solche ist unentrinnbar.

Zumindest für die Zwecke der Rechtstheorie ist allerdings eine Letzt- 390
begründung der Diskurstheorie gar nicht erforderlich. Es genügt die bedingte Fassung, wonach die Diskurskriterien gültig sind, wenn eine Rechtsordnung auch nur vorgibt, sich durch die Zustimmung der Betroffenen zu legitimieren. Denn damit treten die staatlichen Behörden in den Diskurs über ihre Legitimation ein und können an den diskursethischen Kriterien gemessen werden[227].

---

224 DERS., Wahrheitstheorien, S. 159 ff. ; DERS., Erläuterungen, S. 130f.
225 Vgl. vorne Ziff. II 2.2.2.3, Rz. 143.
226 Vgl. soeben Rz. 378.
227 MASTRONARDI, Kriterien, S. 577 ff.

391 Daraus ergibt sich ein konzeptioneller und methodischer Vorrang des Diskurses vor der Systemtheorie. Systemtheoretische Modelle von Recht, Staat, Politik oder Wirtschaft haben sich im Diskurs zu bewähren. Sie sind nur ein Verständigungsvorschlag über Modelle der Wirklichkeit, die wir zur besseren Bewältigung unseres Zusammenlebens nutzen können. Da dafür primär handlungsorientierendes Wissen erforderlich ist, können Systeme nur Teilaspekte der kommunikativen Wahrheit abbilden. Nicht das System bildet den Rahmen für die darin ablaufenden Kommunikationen, sondern unsere Kommunikation bildet den Rahmen für die darin formulierten Systeme.

5.2.2 Integrative juristische Ethik

392 Im Verhältnis von System und Diskurs geht es wieder einmal um eine Unterscheidung, nicht aber um eine Trennung. Es ist für das juristische Denken wichtig, System und Diskurs auseinanderzuhalten und den Vorrang des Diskurses zu begründen. Das bedeutet aber nicht die Verbannung der Systeme aus dem Recht. Soziale Systeme sind vielmehr nützliche Erklärungsmuster für das Verstehen der Wirklichkeit, auf welche sich das Recht bezieht. Diskurs und System entsprechen der Gedankenkette, welche von der Unterscheidung von Teilnehmen und Beobachten ausgeht und über Verstehen und Erkennen zu normativem und deskriptivem Denken führt.

393 Die beiden Gedankenketten finden auf der Ebene der Rechtstheorie ihre Integration in einer *juristischen Ethik*. Eine solche ist erforderlich, sobald der Begründungsprozess nicht bei der positiv gesicherten Entscheidungsmacht abgebrochen werden soll[228]. (*Wer zum Positivismus neigt und sich mit diesem Abbruch der Gedankenkette begnügt, braucht daher dieses Kapitel nicht zu Ende zu lesen.*)

394 Sobald der Jurist darauf verzichtet, sich auf die Machtposition seines Standes zu berufen, hat Rechtsethik zu begründen, dass es eine Gerechtigkeit „gibt", die Vorrang vor partikularen Konzeptionen des Guten hat. Sie hat zu zeigen, ob und wie ein Gemeinwohl bestimmt werden kann, das die

228 Vgl. vorne Ziff. II 4.2.3, Rz. 340.

Interessen der Einzelnen zu überwiegen vermag. Sie hat sich auch über den Stellenwert auszusprechen, welcher unseren Grundintuitionen über Freiheit, Gleichheit und Menschenwürde zukommt.

Mit andern Worten: all die für das positive Recht (scheinbar) faktisch vor- 395
entschiedenen Wertungsfragen brechen auf, sobald sich das Recht dem offenen Begründungsdiskurs unter den Disziplinen stellt. Juristisches Denken kann dann für sich nur noch die *Aufgabe* reklamieren, *Argumente für das friedliche Zusammenleben unter Menschen* herzustellen. Der Geltungsanspruch dieser Argumente ist jedoch nicht mehr im voraus gesichert.

Der Anspruch einer juristischen Ethik jenseits positivrechtlicher Normie- 396
rung reicht über das Thema der Rechtstheorie hinaus und in die Rechtsphilosophie hinein. Er muss daher hier nur soweit erhoben werden, als dies für die Grundlagen des juristischen Denkens erforderlich ist. Seine Erfüllung erfährt eine zusätzliche Einschränkung: Möglich ist an dieser Stelle nur die Skizze eines möglichen Gedankenganges, welcher die *Struktur einer ethischen Begründung des Rechts* aufzeigt. *Wie müsste der Gedankengang aussehen, der die Grundfragen des Rechts angeht?*

Es geht im Folgenden also nicht darum, Gerechtigkeit, Gemeinwohl oder 397
Menschenwürde inhaltlich zu begründen, sondern nur darum, die *Denkweise* aufzuzeigen, welcher eine solche Begründung zu folgen hat. Juristisches Denken ist seiner Aufgabe nach jenes Denken, das sich mit den Werten unserer Rechtsordnung zu befassen hat. Wie soll und kann es dies tun? Anders formuliert: *welcher Rationalität folgt juristisches Denken, wenn es diese Wertungsfragen löst?*

Die Antwort beruht auf einer Voraussetzung, die erst im nächsten Kapitel 398
thematisiert wird (Ziff. II 6, Recht und Kultur). Rechtsordnungen sind ein Produkt regionaler und nationaler *Kultur*. Was in Mitteleuropa gültig ist, muss anderswo nicht anerkannt werden. Diese Relativierung gilt nicht nur für die Inhalte des Rechts, sondern auch für das juristische Denken. Ob und wieweit es universale Denkstrukturen des Rechts gibt, muss vorerst dahingestellt bleiben. Unter diesem Vorbehalt kann *folgendes Modell eines rechtsethischen Gedankenganges* angeboten werden:

399 (1) Ethische Grundlage des Rechtsdenkens ist der *Diskurs über Fragen des gerechten Zusammenlebens*. Alles juristische Denken enthält Behauptungen über Normen der Gerechtigkeit und ist an das Verfahren diskursiver Begründung dieser Behauptungen gebunden. Sobald ich etwas zu einer Rechtsfrage mache, behaupte ich, die Frage unter dem Gesichtspunkt der Gerechtigkeit prüfen zu wollen; meine Thesen habe ich so zu begründen, dass sie von den andern Betroffenen als gerecht akzeptiert werden können.

400 (2) Die *Inhalte* der Gerechtigkeitsbehauptung sind in einer pluralen Welt *verschiedenartig*. Auch innerhalb einer bestimmten Kultur leben unter einer Rechtsordnung gegensätzliche Welten zusammen. Solche Welten können individuell, sozial oder systemisch definiert sein. Im Recht treffen sie vor allem als disziplinäre *Sprachen* aufeinander: etwa die Sprachen der Wirtschaft, der Politik, der Bildung oder des Persönlichkeitsbereichs. Alle diese Sprachen haben ihre eigene Rationalität. Zum Teil kann diese mit den Mitteln der Systemtheorie hergestellt werden, zum Teil mit jenen des kommunikativen Handelns.

401 (3) Eine diskursfähige Begründung von Gerechtigkeitsbehauptungen über diese pluralen Welten kann nicht auf eine einheitliche, übergeordnete *Vernunft* zurückgreifen, welche allen Sprachen gemeinsam wäre. Jede Sprache hat ihre eigene Rationalität. Was wirtschaftlich rational ist, braucht es nicht politisch zu sein und umgekehrt. Gerechtigkeit ist daher zunächst als Anspruch auf *gleichberechtigte Anerkennung jeder dieser Sprachen* zu definieren[229].

402 (4) Im juristischen Diskurs ist schliesslich rational, was sich innerhalb und zwischen den Sprachen nach dem Anspruch der *Gerechtigkeit* begründen lässt. Der juristische Diskurs differenziert zu diesem Zweck sowohl allgemein als auch gestützt auf konkrete Rechtsordnungen inhaltliche Kriterien der Gerechtigkeit, die sich in institutionell ausgestalteten Diskursverfahren bewähren müssen. *Seien es die Privatautonomie, die Vertragstreue, das Missbrauchsverbot, der Persönlichkeitsschutz, die Unschuldsvermutung oder das Subsidiaritätsprinzip:* alle Institute und Grundsätze des privaten

---

229 Vgl. die entsprechende Umschreibung einer „transversalen Vernunft" bei WELSCH, S. 698 ff. und hinten Ziff. II 6.2.

und öffentlichen Rechts sind dogmatisch entwickelte Gründe, mit welchen das Konzept der Gerechtigkeit im juristischen Diskurs ausgestaltet wird. Dabei werden im bekannten Hin und Her des hermeneutischen Zirkels[230] normative Gründe mit faktischen Erwartungen verknüpft.

Die Schritte (1) bis (4) beschreiben nur die *Struktur des Gedankenganges* 403 einer juristischen Ethik. Sie sagen nichts darüber aus, welche Rechtsgrundsätze richtig sind. Aber sie charakterisieren die normative *Übersetzungsfunktion des juristischen Denkens* zwischen den Sprachen, Welten oder Systemen in der Gesellschaft. Das angebotene Modell soll hier nicht weiter vertieft werden. Es dient nur dazu, plausibel zu machen, nach welchem Muster juristisches Denken in einer pluralen Welt normative Orientierung anbietet.

Die *Thesen*, die hinter diesem Modell stehen, sind folgende: 404

- (1) Die systemische Weltsicht trifft nur für Teilaspekte innerhalb einer kommunikativ konstituierten menschlichen Lebenswelt zu. Der Diskurs hat damit Vorrang vor dem System.
- (2) Für die Organisation des Zusammenlebens unter Menschen leistet das Recht *die Übersetzung zwischen Diskurs und System.* Es verbindet normative Lebenswelt und funktionales System.
- (3) Das Recht integriert Teilnehmerperspektive und Beobachterperspektive. Die Art des juristischen Denkens entscheidet dabei, welche Perspektive den Vorrang erhält. Dieser Entscheid ist im juristischen Diskurs zu rechtfertigen.

Diese Thesen seien abschliessend näher erläutert.

(1) *Zum Verhältnis von System und Lebenswelt:* Die Systemtheorie 405 (LUHMANN) beschreibt die Gesellschaft als einen Prozess zunehmender Ausdifferenzierung von Subsystemen mit je eigener Rationalität. Da sich die zunehmende Komplexität der gesellschaftlichen Verhältnisse in der Kategorie der individuellen Handlung nicht mehr fassen lässt, greifen wir zur Konstruktion von *Systemen mit eindeutiger Codierung*, um so Komplexität zu reduzieren. Nach diesem Modell wird Verhalten in jedem Sys-

230 Vgl. näheres dazu Ziff. III 1.2.2.

tem durch dessen spezifisches Medium gesteuert: In der Wirtschaft durch das Geld, in der Politik durch die Macht, im Recht durch Recht haben und in der Wissenschaft durch Wissen. Die Ausschliesslichkeit der je eigenen Rationalität jedes Systems, seine Codierung, begründet dessen Autonomie gegenüber seiner Umwelt. [231]

406 Die Gesellschaft organisiert sich nach diesem Bild als ein loses Netzwerk funktionierender Subsysteme. Nach dem eigenen Geltungsanspruch der Systemtheorie bleibt dabei kein Raum für eine nicht systemisch organisierte Lebenswelt - alle gesellschaftlichen Operationen sind Funktion eines Subsystems der Gesellschaft[232].

407 Demgegenüber anerkennt die Theorie des kommunikativen Handelns (HABERMAS) zwar Teilbereiche der Gesellschaft, für welche die systemische Beschreibung passt, weil und soweit Kommunikation hier auf unpersönliche Weise abläuft. Daneben aber sieht sie einen grossen Restbereich der Gesellschaft, der als *Lebenswelt* aus der Teilnehmerperspektive erschlossen werden muss. Kommunikation ist hier als Verständigungsprozess zu verstehen, in den ich unter bestimmten Kulturbedingungen mit meinem Gesprächspartner eingebunden bin. Ziel der gelingenden Kommunikation ist hier die Einigung, Massstab der Diskurs.

408 Die beiden Perspektiven sind insofern unvereinbar, als die Systemtheorie auch lebensweltliche Kommunikation kolonisieren will - also etwa Familie, Freundschaft, Liebe und Individuum als Systeme konzipiert. Denn hier wird vom Beobachterstandpunkt aus etwas zu erfassen versucht, was nur als Teilnehmer verstanden werden kann - oder zumindest ohne Teilnehmerstandpunkt keine Handlungsorientierung zu vermitteln vermag.

409 Verknüpfen lassen sich die beiden Perspektiven dann, wenn die Systemtheorie ihren Universalitätsanspruch zurücknimmt und ihren Stellenwert relativiert. Sie wird dann zu einem Denkmodell, das jene Teilbereiche der Gesellschaft treffend beschreibt, welche sich durch eine strategische Rationalität mehr oder weniger verselbständigt haben. Dies trifft vor allem für die Wirtschaft, für die Politik und zum Teil für das Recht zu.

---

231 TEUBNER, Recht, S. 36 ff., S. 39 ff.; LADEUR, S. 155 ff.
232 HABERMAS, Moderne, S. 415.

Lebenswelt und System sind je aufeinander angewiesen: Die Lebenswelt, weil sie in zunehmendem Masse tradierte Selbstverständlichkeiten aufbricht und der kommunikativen Verständigung unterwirft, sich dadurch aber überfordert und systemische Komplexitätsreduktion nötig hat[233]; das System, weil es die Frage nach seinem Sinn nicht selbst beantworten kann, sondern von der lebensweltlichen Begründung abhängt. In der modernen Gesellschaft ist die Lebenswelt auf das Funktionieren des Systems angewiesen – und das System auf die Legitimation durch die Lebenswelt. 410

(2) Zur Übersetzerrolle des Rechts: Das Recht trägt nach diesem Bild einerseits Elemente kommunikativer Vernunft aus der Lebenswelt in sich, anderseits kann es auch als Steuerungsmedium der Systeme funktionieren: Demokratisches Recht und die Grundrechts- und Sozialordnung sind primär Äusserungen lebensweltlicher Verständigung über die Art, wie wir zusammenleben wollen; das Wirtschaftsrecht und die staatliche Gesellschaftslenkung sind eher systemfunktionale Steuerungsmedien, in denen Recht instrumentalisiert ist. 411

Das Recht übersetzt somit nach beiden Richtungen zwischen Lebenswelt und System[234]. Es tradiert zunächst Inhalte der lebensweltlichen Rationalität in eine Sprache, die auch von den Systemen Wirtschaft und Politik verstanden werden kann. *Das Vertragsrecht überträgt das kommunikative Prinzip der gleichberechtigten Partnerschaft in das Wirtschaftssystem; das Wahlrecht vermittelt dem politischen System die Idee einer pluralistischen Repräsentation der Lebenswelt.* Auf diese Weise bindet das Recht die systemischen Bereiche an die legitimierenden Anforderungen der Lebenswelt. 412

Zugleich aber setzt das Recht die kapitalistische Eigentumsordnung und Arbeitsteilung durch, die beide zur Entsolidarisierung der Lebenswelt beitragen; oder es verleiht der Verwaltung Verfügungsrechte mit Ermessensspielraum über grundrechtsrelevante Lebensbereiche. In diesen Fällen 413

233 Ders., Moderne, S. 405.
234 Ders., Faktizität, S. 77 f.

nutzen die Systeme der Wirtschaft bzw. der Politik das Recht, um ihre funktionalen Imperative gegenüber der Lebenswelt durchzusetzen.

414 Oft findet sich im gleichen Rechtsbereich oder sogar in der gleichen Norm eine Mischung beider Ausrichtungen. So hat das Wirtschaftsrecht einerseits die Aufgabe, die Wirtschaft normativ zu steuern; zweckmässigerweise nimmt es dabei aber systemische Mechanismen in sich auf (*so etwa, wenn die Kontrolle der Geldwäscherei in der Schweiz z.T. privaten Selbstregulierungsorganisationen der Finanzwelt übertragen wird)*. Diese Methode ist heikel, weil dadurch eine systemische Steuerung rechtlich sanktioniert wird[235].

415 *(4) Zur Integration von Teilnehmer- und Beobachterperspektive im Recht:* Das Recht kann zwischen Lebenswelt und System also in zwei Richtungen wirken: als gerechtigkeitsorientierte Institution der Lebenswelt einerseits, als nützlichkeitsorientiertes systemfunktionales Steuerungsmedium von Wirtschaft und Politik anderseits. Welche Seite es stärkt, können wir erkennen, wenn wir uns fragen, wessen Zwecke, welche Rationalität einer rechtlichen Entscheidung zugrunde liegen: *Wozu dient eine bestimmte Rechtsregel? – zur Lösung einer lebensweltlichen Sinnfrage oder zur Befriedigung eines systemischen Interesses?*

416 Die Ausrichtung des Rechts wird massgeblich durch die Art des Denkens geprägt, die bei seiner Schaffung und Interpretation angewendet wird:

- Soll eine Rechtsnorm eine bestimmte Funktion für ein soziales System erfüllen, dann wird sie strategisch als Instrument eingesetzt. Sie dient als zweckrationales Mittel zur Erreichung nicht zu hinterfragender (meist politischer oder wirtschaftlicher) Ziele (*vgl. die Ausschaffungshaft im Asylrecht oder die Bestrafung des Insiderhandels: sie sind Instrumente zur Durchsetzung vorgegebener Zwecke der Asylpolitik bzw. des Kapitalmarktes*). Die Qualität der Norm lässt sich hier anhand ihrer Wirksamkeit messen.
- Soll eine Rechtsnorm Wegweiser für die vernünftige Entscheidung eines Konfliktes unter Menschen sein, dann wird sie als handlungsorientierende Wertung gesetzt. Sie dient der kommunikativen Verständigung

---

235 Ellscheid, S. 38.

über Ziele und Wege des Zusammenlebens (*so dient die Definition des Flüchtlingsbegriffs dem Entscheid über die Frage, welche Ausländer in einem Land aufgenommen werden sollen; die Kapitalverkehrsfreiheit umschreibt den Entscheid darüber, wie frei Kapital über die Landesgrenzen verschoben werden darf*). Die Qualität der Norm ist hier anhand grundlegender Menschen- und Gesellschaftsbilder zu bewerten.

Die beiden Alternativen beginnen bewusst mit einem *Sollen*. Denn ihnen 417
liegt eine normative Entscheidung zugrunde: Im ersten Fall für das funktionale Denken, das zur Gedankenkette des *Beobachtens* gehört, im zweiten Falle für das normative Denken, das zur Gedankenkette des *Teilnehmens* passt. Beide Entscheidungen sind a priori zulässig. Aber sie haben je eigene Konsequenzen, die verantwortet werden müssen. Denn jede Entscheidung im Recht ist rechtfertigungsbedürftig, auch jene über die Denkweise, welche verfolgt wird.

Die Rechtfertigung muss im juristischen Diskurs stattfinden, in welchem 418
die Teilnehmerperspektive und das normative Denken Vorrang haben. Die funktionale Denkweise lässt sich daher nur in dem Ausmass rechtfertigen, in dem sie eine notwendige Ergänzung zum normativen Denken darstellt.

Juristisches Denken kann der funktionalen und der normativen Argumen- 419
tation unterschiedliches Gewicht zumessen. *Wenn z.B. die Generalversammlung der UBS beschliesst, die Kapitalerhöhung an den Verwaltungsrat zu delegieren, stellt sich die Frage, ob dies nach schweizerischem Aktienrecht zulässig ist, obwohl der Gesetzeswortlaut es ausschliesst. Aktionärsschutz (Stimmrecht der Gesellschafter) und Effizienz der Kapitalbeschaffung (Kapitalfunktion im Wirtschaftssystem) stehen hier im Konflikt zueinander. Die funktionalen Erfordernisse einer Kapitalerhöhung am Markt sprechen für die Delegation, die demokratischen Rechte der Aktionäre dagegen. Das Schweizerische Bundesgericht argumentiert mit Berufung auf Sinn und Zweck des Gesetzes funktional und schliesst eine Gesetzeslücke zu Lasten der Rechte der Generalversammlung*[236].

236 Bundesgerichtsentscheid (BGE) 121 III 219 ff., 231; konkret geht es um den Entscheid über den Entzug von Bezugsrechten.

420 Wie das Beispiel zeigt, ist es auch möglich, die funktionale Betrachtung dominieren zu lassen. Aber der Jurist ist darin nicht frei. In der auf Gerechtigkeit bezogenen Begründungspflicht, die für jede juristische Entscheidung gilt, liegt die Chance einer Rechtsethik, welche funktionale Aspekte in einen normativen Diskurs integriert.

6 Recht und Kultur[237]

6.1 Einführung

6.1.1 Beispiel

421 *Ein Vater verspricht seinem neunzehnjährigen Sohn, ihm zum zwanzigsten Geburtstag einen Kleinwagen zu schenken. Der Sohn zieht kurz vor seinem Geburtstag aus dem Elternhaus aus und mietet eine Wohnung auf dem Land, die mit öffentlichen Verkehrsmitteln schlecht erschlossen ist. Der Vater ist enttäuscht über den unerwarteten Wegzug und zieht sein Versprechen zurück.*

422 **Frage:**

Wie gehen Sie vor, um zu bestimmen, ob der Vater an sein Versprechen gebunden ist, wenn der Fall

(1) In der Bundesrepublik

(2) In den USA

eingetreten ist? Wie unterscheiden sich die beiden Denkweisen, mit denen Sie den Fall lösen?

423 **Hinweise**:

- Vorerst geht es nur um die Unterschiede des juristischen *Vorgehens* in den beiden Rechtskulturen[238].

237 Teile dieses Kapitels erscheinen unter dem Titel „Recht und Kultur: Kulturelle Bedingtheit und universaler Anspruch des juristischen Denkens" im Jahrgang 2001 der Zeitschrift für ausländisches öffentliches Recht und Völkerrecht.

238 Zur inhaltlichen Lösung des Falles vgl. Ziff. II 6.1.3.

- Das Vertragsrecht ist in der BRD gesetzlich geregelt; in den USA ist es (in der Regel) Teil des Common Law, das aus Gerichtsentscheiden gebildet wird.

Lösung: 424

(1) In der Bundesrepublik suchen Sie im Bürgerlichen Gesetzbuch (BGB) nach den Vorschriften über den Vertragsabschluss im Allgemeinen und über die Schenkung. Der Wortlaut dieser Bestimmungen gibt Ihnen ein ziemlich zuverlässiges Bild der Rechtslage. Um sicher zu sein, dass Sie recht verstanden haben, prüfen Sie die Gerichtspraxis nach und lesen in den Kommentaren zum BGB, ob die Praxis umstritten ist.
   - Den Fall lösen Sie, indem sie den konkreten Sachverhalt den abstrakten Rechtsvorschriften unterordnen (*deduktives Denken*).

(2) In fast allen Staaten der USA fehlt ein kodifiziertes Zivilrecht. Daher müssen Sie über Nachschlagewerke und Kommentare nach Gerichtsurteilen suchen, welche im betreffenden US-Staat (oder in anderen Staaten) zu vergleichbaren Schenkungsversprechen ergangen sind.
   - Den Fall lösen Sie, indem sie den konkreten Fall mit anderen bereits entschiedenen konkreten Fällen vergleichen, um festzustellen, ob der gleiche Grundsatz anwendbar ist (*induktives Denken*).

6.1.2 Erläuterung: Kulturelle Bedingtheit des Rechtsdenkens

Bisher haben wir die *Frage nach dem Geltungsbereich* des juristischen 425
Denkens ausser Acht gelassen. Einerseits haben wir vorausgesetzt, dass die Rechtsbegriffe generell und abstrakt sind, d.h. allgemein (universal) gültig sind. Anderseits haben wir zugleich angenommen, dass das Recht ein Bestandteil unserer Kultur sei und dass das Rechtsdenken entsprechend kulturell bedingt sei. Was nun zutrifft, und wie stark das Denken der Juristen zu verschiedenen Zeiten und an verschiedenen Orten variiert, soll im Folgenden dargelegt werden.

Hinweis: Der Anspruch des Denkens auf universale Geltung entspricht 426
teilweise der Gedankenkette von Beobachten, Erkennen, Erkenntnisinteresse, deskriptivem Denken und System, weil hier überall die Relativierung durch den beschränkten Horizont des Teilnehmers fehlt. Umgekehrt passt die kulturelle Bedingtheit des Denkens zur Kette von Teilnehmen, Verstehen, Entscheidungsinteresse, normativem Denken und Diskurs, weil hier

überall die Rationalität einer bestimmten Lebenswelt, in der wir uns befinden, massgeblich ist. Allerdings streben der Diskurs und das normative Denken auch nach universaler Geltung; sie stehen daher mitten in der Spannung zwischen *Relativität* und *Absolutheit*. Die Spannung mündet in folgende Frage aus: *Gestattet uns die Vernunft, absolut wahre und richtige Aussagen zu machen, oder sind wir auf den Weg der interkulturellen Verständigung verwiesen?*

Kapitel	**polares Begriffspaar einer Denkweise**		**leitende Frage ...**
II 1	Beobachten	Teilnehmen	nach dem Subjekt
II 2	Erkennen	Verstehen	nach der Art des Wissens
II 3	Erkenntnisinteresse	Entscheidungsinteresse	nach dem Handlungsbezug
II 4	deskriptiv	normativ	nach der Geltungsart: wahr oder richtig?
II 5	System	Diskurs	nach der Intersubjektivität der Erkenntnis
II 6	universaler Anspruch ➡ absolut ➡ Vernunft	kulturelle Bedingtheit ➡ relativ ➡ interkulturelle Verständigung	nach dem Geltungsbereich der Erkenntnis

Übersichtstabelle 1 f: Universaler Anspruch und kulturelle Bedingtheit

6.1.2.1. Recht als Kultur, Prozess und Sprache

427 Recht ist ein kulturelles Phänomen. Es wandelt sich nach Massgabe der gesellschaftlichen, wirtschaftlichen und politischen Entwicklung in einem Land. Die Rechtsentwicklung ist zudem immer mehr zu einem internationalen Prozess geworden.

428 Damit ist Recht zeitlichen und örtlichen Veränderungen unterworfen. Entgegen seinem Ordnungsanspruch, in dauerhafter Weise festzulegen, was verbindlich sei, ist es zeit- und kulturbedingt. Diese Relativität prägt auch das Rechtsdenken: Dieses verändert sich von Epoche zu Epoche und von Kultur zu Kultur.

Das Recht tritt uns bei der Rechtsanwendung als statische, vorgegebene Ordnung entgegen. Es will Rechtssicherheit und Berechenbarkeit gewährleisten. Als politische Ordnung ist es aber von Menschen geschaffen und dauernd in Bewegung. Wie alles Kulturelle ist es stets in Entwicklung begriffen. Recht ist damit Ordnung und Prozess zugleich. 429

Entsprechend muss juristisches Denken das Statische und das Dynamische miteinander verbinden. Als historisches Denken bindet es das Recht an seine Wurzeln, als systematisches Denken stützt es die geltende Ordnung der Gegenwart und als teleologisches und zeitgemässes Denken fördert es die Entwicklung des Rechts in die Zukunft hinein. 430

Das kulturelle Medium, dessen sich das Recht bedient, ist die Sprache. Rechtsnormen lassen sich kaum in Bildern, Zahlen oder mathematischen Formeln ausdrücken. In aller Regel ist das geschriebene (oder gesprochene) Wort das einzige Instrument des Rechts. Von daher rührt die grosse Bedeutung einer präzisen Rechtssprache. In ihr wird festgelegt, was für unser Zusammenleben verbindlich sein soll. 431

Die Rechtssprache ist damit mehr als nur die Fachsprache einer Berufsgattung, etwa vergleichbar mit der Sprache der Mediziner oder der Informatiker. Denn diese Fachsprachen beanspruchen nur Verbindlichkeit unter Berufskollegen und zum Zwecke einer erhöhten Verständigungssicherheit im Fach. Die Rechtssprache hingegen ist die Sprache der Gesetze, der Urteile und der Verfügungen, mit welchen die Rechte und Pflichten aller Mitglieder einer Rechtsgemeinschaft bestimmt werden. Die Rechtssprache beherrschen heisst damit Macht ausüben und bedeutet Verantwortung tragen. 432

Die Probleme, welche das Recht zu lösen hat, treten in der Alltagssprache an den Juristen heran. *Der Streit zwischen zwei Hausnachbarn ist einer um Lärm, Gestank oder verdeckte Aussicht. Hinzu kommen der persönliche Neid des einen oder die Rücksichtslosigkeit des andern.* Oft ist dem Kläger wichtiger, dass der Beklagte ihn als Person respektiert, als dass die Störung objektiv zurückgeht. Der Jurist kann das Anliegen des Klägers aber nur in die Fachsprache übersetzen, indem er daraus einen Unterlassungs-, Beseitigungs- oder Schadenersatzanspruch in Bezug auf die Sachfrage (z.B. den Lärm betreffend) formuliert. Die emotionale Ebene kann 433 nicht thematisiert werden. Nicht selten ist daher der entsprechende Entscheid des Rechtssystems keine Lösung des Problems, das in der Lebenswelt der Nachbarn besteht.

434 Beispielsweise schwingt in der Alltagssprache beim Begriff der „Verwandtschaft" ein Gefühl der Familienzugehörigkeit und ein Verantwortungsbewusstsein mit. Diese Bedeutungen sind für die Rechtssprache nebensächlich. Sie interessiert sich einzig für die Rechte und Pflichten, welche sich als Rechtsfolge aus der gesetzlichen Definition von Verwandtschaft ergeben. So kann es sein, dass Geschwister, Vettern und Nichten rechtlich keine Verwandte sind, wenn es um die gegenseitige Unterhaltspflicht geht, wohl aber, wenn es darum geht, das Zeugnis zu verweigern[239].

435 Die Arbeit des Juristen besteht somit zuvorderst darin, ein Problem, das ihm in der Alltagssprache begegnet, möglichst angemessen in die formalisierte Rechtssprache zu übersetzen. (*Wie kann ich den Irrtum meines Klienten mit den Begriffen des Rechts so darstellen, dass er rechtserheblich wird?*) Diese Aufgabe ist zum Teil unlösbar. Denn das Ziel des Laien liegt oft ausserhalb der Wege, welche das Recht anbietet. So geht es uns etwa um unsere Persönlichkeit, während das Recht uns nur eine beschränkte Anzahl Rollen zur Verfügung stellt (*es behandelt uns als Ehemann, als Mieterin oder als Ausländer, Kategorien, die für unsere Selbsteinschätzung viel zu grob sind*). Oft fühlt der Einzelne sich subjektiv verletzt, aber der Richter kann ihm nur den objektiven Schaden in Geld ersetzen.

436 Als besondere Sprache neigt das Recht dazu, eine Eigengesetzlichkeit zu entwickeln, welche es zur Geheimsprache des Juristenstandes macht. Wo dies geschieht, wird dem Laien verwehrt, das Recht zu verstehen. Es entwickelt sich eine abgesonderte Rechtskultur, welche in Konflikt zur allgemeinen Kultur der Rechtsgemeinschaft gerät. Dann hat juristisches Denken in seiner Hermeneutik, d.h. in seiner Übersetzungsfunktion versagt.

437 Juristisches Denken hat deshalb zur Aufgabe, die Rechtssprache einerseits möglichst präzise auszugestalten, sie aber offen zu halten für die Anforderungen der allgemeinen Kultur und des geschichtlichen Wandels. Der juristische Diskurs muss Teil des allgemeinen praktischen Diskurses bleiben[240].

---

239 ENGISCH, Einführung S. 12 f.
240 Vgl. Ziff. II 5.1.2 Rz. 363.

6.1.2.2. Das Recht unterschiedlicher Kulturen

Wie sehr juristisches Denken von Epoche und Kultur abhängig ist, mag ein summarischer Überblick über typische Denkformen aus Rechtsgeschichte und Rechtsvergleichung zeigen (dabei kann hier nur eine grobe Skizze geboten werden, die über wichtige interne Differenzierungen hinwegsehen muss[241]). 438

a) *Römisches Recht*

Das Rechtsdenken der klassischen Römer bezieht sich nicht auf Regeln und Grundsätze, sondern auf eine Fülle von Klagemöglichkeiten, die für die verschiedenen Konflikte angeboten werden. Die Einzelentscheidung, nicht deren grundsätzliche Bedeutung steht im Vordergrund. Das Recht besteht aus der Sammlung der Entscheidungen (oder von Rechtsauskünften der Juristen dazu)[242]. Dieses sog. Aktionendenken setzt das Recht nicht aus den Rechts*verhältnissen* (den Bezügen von subjektiven Rechten der Einzelnen zueinander und zum objektiven Recht, d.h. der Rechtsordnung als Ganzes) zusammen, sondern aus den Rechts*akten* der einzelnen berechtigten Personen. Es ist stark handlungsbezogen und auf die Frage ausgerichtet, welche Instrumente die Rechtsordnung zur Verfügung stellt, um Einzelinteressen durchzusetzen[243]. 439

b) *Mittelalter*

Während die Antworten der römischen Juristen auf Rechtsfragen noch kaum Begründungen enthalten, stützt sich die Rechtswissenschaft des Mittelalters (Zeit der Scholastik) einerseits auf die Autorität der römischen und kanonischen Rechtssammlungen, anderseits auf die juristische Logik, mit welcher aus dem Präzedenzfall das allgemeine Argument für die neu zu treffende Entscheidung gewonnen wird. Dabei wird der Rechtsbe- 440

---

241 Differenzen innerhalb von Kulturen können ebenso wichtig sein wie jene zwischen den Kulturen (FREEMAN, S. 35).

242 COING, S. 247 f.

243 FLUME, S. 9 ff.; vgl. im Gegensatz dazu die Lehre vom Rechtsinstitut unter c).

hauptung das Argument aus der Rechtsquelle gegenübergestellt und aus dem Vergleich die Lösung geschlossen.[244]

c) *Deutsche Rechtslehre*

441 In der Neuzeit bewegt sich das kontinentale Rechtsdenken weg von der Bindung an die Präzedenzfälle. In Deutschland wird aus der Rechtspraxis das Rechtssystem entwickelt, in Frankreich die Kodifikation.[245]

442 Die deutsche Rechtslehre löst sich von den autoritativen Rechtsquellen und entwickelt aus der Fülle von Präzedenzfällen Prinzipien, die selber als Rechtsquelle wirken, aus welcher die Lösung des Falles konstruiert wird. Deutlich wird dies in der sog. Pandektistik des 19. Jahrhunderts (FRIEDRICH CARL VON SAVIGNY), welche Rechtsregeln als Ausdruck von Rechtsinstituten versteht, die Teil eines begrifflich gefassten Rechtssystems bilden. Die Institute (*die Ehe, das Eigentum, der Vertrag*), die wir hinter den Regeln vorfinden, sind das Primäre, die Regeln das Abgeleitete. Rechtsregeln sind daher von den Instituten her zu interpretieren, denen sie zugehören.

443 Werden die Rechtsinstitute darüber hinaus logisch zu einem Rechtssystem zusammengefügt, das seinerseits die Bedeutung der Institute prägt, entsteht ein begrifflich geordnetes System rechtlicher Normen oberhalb der Ebene der positiven Rechtssätze, welches deren Inhalte weitgehend bestimmt. In diesem Sinne macht die sog. Begriffsjurisprudenz (RUDOLF V. IHERING) die Rechtswissenschaft zu einer rein logischen Arbeit an der juristischen Begrifflichkeit. Wissenschaftlichkeit wird durch präzise Definition juristischer Ausdrücke gewährleistet. Mit solchen dogmatischen Konstruktionen nehmen die Juristen – vor allem über die Gerichte – starken Einfluss auf den Inhalt des positiven Rechts.

d) *Französische Rechtslehre*

444 In Frankreich wird zur gleichen Zeit ein anderer Schritt getan: Die Schaffung neuen Rechts ist in der Zeit nach der französischen Revolution nicht mehr Sache der Richter, sondern allein des demokratischen Gesetzgebers.

---

244 COING, S. 249 f.
245 DERS., S. 251 ff.

Sein Gesetz ist die einzige legitime Rechtsquelle, weshalb es sämtliche Rechtsfragen abdecken muss (Kodifikationsprinzip). Als Folge davon werden nur noch Argumente zugelassen, welche sich direkt auf das Gesetz abstützen können. Dieses wird in seinem Wortlaut als massgeblich erachtet; ein Rückgriff auf dogmatisch konstruierte Rechtsinstitute, die hinter dem Normtext stehen könnten, ist nicht gestattet. Das Gesetz wird dabei allerdings nicht auf seinen ursprünglichen, historisch gemeinten Sinn fixiert, sondern nach dem Sinn, den der Wortlaut heute haben kann. Dadurch und durch logische Schlüsse wie jenen der Analogie lässt sich das Recht auch unter diesem Verständnis neuen Anforderungen anpassen.[246]

e) Common Law

Das englische Common Law hat in vielem die römischrechtliche Denkwei- 445
se übernommen. Es geht von den Präzedenzfällen aus und beruht auf den Klagemöglichkeiten, welche das königliche Gericht im späten Mittelalter für die einzelnen Fälle gewährt hat. Die Regeln des Common Law stehen noch heute nicht in Gesetzen, sondern in den Gerichtsentscheidungen. An die Stelle der „ratio legis" der kontinentalen Denkweise (Auslegung der Normen vom Zweck des Gesetzes her) tritt die „ratio decidendi", die grundsätzliche Aussage eines Urteils, welche das Prinzip formuliert, das auch für andere, ähnliche Fälle gelten soll. Der Grundsatz ist hier wichtiger als die Regel.

Dieses Fallrecht führt zu einem ganz bestimmten Rechtsdenken: juristi- 446
sche Arbeit beginnt mit der genauen Analyse des zu entscheidenden Sachverhalts, vergleicht ihn mit den einschlägigen Präzedenzfällen und sucht nach den Regeln und Prinzipien, welche von diesen auf das vorliegende Problem übertragen werden können[247]. Die Argumentation ist konkret, fallbezogen, problemorientiert und vergleichend. Dabei kann der Richter freier als der kontinentale Jurist Lücken bisheriger Praxis durch

246 DERS., S. 254.
247 HAY, S. 8 ff.

Rückgriff auf gesellschaftliche Überzeugungen und ethische oder politische Argumente füllen.[248]

f) Rechtskulturen ausserhalb des Westens

447 Innerhalb der Familie westlicher Rechtskulturen sind die Unterschiede im juristischen Denken gradueller Art. Grundsätzliche Differenzen ergeben sich erst, wenn der Kreis auf asiatische, islamische und afrikanische Kulturen ausgedehnt wird. Hier begegnen wir ganz anderen Welt- und Menschenbildern, welche sich auch im Rechtsdenken niederschlagen.

448 Das *asiatische Rechtsdenken* ist zwar nicht einheitlich, wird aber überwiegend durch ein Menschenbild geprägt, das sich vom Liberalismus der westeuropäischen Kulturen unterscheidet. Kommunitaristischen[249] Werten wird viel höhere Bedeutung zugemessen: Der Einzelne ist primär Mitglied seiner Gemeinschaft. Er steht nicht mit seinen individuellen Rechten Staat und Gesellschaft gegenüber, sondern ordnet sich ihnen ein. Aus asiatischer Sicht wirkt der Individualismus des westlichen Rechtsdenkens selbstisch und asozial.[250]

449 So steht in der traditionellen *japanischen* Rechtsauffassung die persönliche Beziehung zwischen den Partnern eines Rechtsverhältnisses ganz im Vordergrund. Das gegenseitige Verhalten wird durch soziale Normen geprägt. Zu den wichtigsten Verhaltenserwartungen gehört die Dankespflicht (Giri), die den Empfänger einer Wohltat oder Gefälligkeit dazu anhält, diese in unbestimmter, aber angemessener Weise zu erwidern. Wer die Erwartungen des anderen, die zugleich jene der Gesellschaft sind, nicht erfüllt, verliert sein Gesicht. Die Erwartungen des Partners werden nicht durch Rechtsanspruch, sondern durch kollektiven Druck gesichert. Wollte der Partner seine Erwartungen als direkte Forderung gegenüber dem Verpflichteten geltend machen, würde er seinerseits das kollektive

---

248 COING, S. 256 ff. Strenger ist dagegen der Umgang mit dem gesetzten Recht, wo solches vorhanden ist. Zum Verhältnis der deutschen historischen Rechtsschule zum amerikanischen Common Law vgl. REIMANN, S. 246 ff.

249 Von engl. community, Gemeinschaft.

250 STEINVORTH, S. 7 ff.

Harmoniegebot verletzen. Die westliche Vorstellung von einem subjektiven Recht ist dieser Tradition fremd.[251]

Die Gruppe hat in Japan Vorrang vor dem Einzelnen. Ihre Beziehung wird durch gegenseitige Verpflichtungen geprägt, die wir als feudal bezeichnen. Identität wird dem Einzelnen durch seine Konformität mit der Gruppe vermittelt. Daher übernehmen die Japaner aus dem westlichen Rechtsdenken weniger die Autonomie des Individuums, als den Gedanken des Wohlfahrtsstaates.[252] 450

Japan hat Ende des 19. Jahrhunderts zunächst französisches, dann aber vor allem deutsches Zivil- und Strafrecht übernommen und nach dem zweiten Weltkrieg teilweise amerikanisches Gedankengut integriert. Diese Rezeptionen führten lange Zeit zu einer Spaltung zwischen dem Rechtsbewusstsein der Behörden und des Volkes. Heute wird eine Synthese der traditionellen und der westlichen Rechtskulturen gesucht. Noch immer aber erfolgt der Rückgriff aufs Recht erst in dritter Linie, wenn die Dankespflicht nicht greift und die gruppeninterne Konfliktregelung versagt. Das Gesetz soll dann in flexibler Weise angewendet werden und dazu dienen, die kollektiven Wertvorstellungen zu stützen.[253] 451

In China wirken ähnliche Vorstellungen wie in Japan bis heute nach. Der Einzelne hat sich stets in den Dienst der Gemeinschaft zu stellen und seine sozialen Pflichten gegenüber Staat und Gesellschaft zu erfüllen. Das Individuum ist nicht Selbstzweck, sondern immer nur Teil einer übergreifenden Gemeinschaft, die durch Hierarchie und Harmonie zugleich gekennzeichnet ist. Der Einzelne hat darin keine originäre Rechtsposition.[254] 452

Die *buddhistische Lehre* betont zwar die spirituelle Selbständigkeit des Individuums. Sie ist aber eine Ethik und versteht Rechtsfragen aus dem Blickwinkel der Pflicht und der Tugend, nicht aus jenem des subjektiven Rechts. Wenn von Recht die Rede ist, so nicht im Sinne eines persönlichen Anspruchs, sondern im Sinne der Übereinstimmung eines Verhaltens mit 453

---

251 RAHN, S. 51 f.
252 KÜHNHARDT, S. 175 ff.
253 RAHN, S. 400 ff.
254 KÜHNHARDT, S. 193 ff.

dem Recht oder der Gerechtigkeit. Weil im Buddhismus die physische Existenz des Menschen keinen besonderen Eigenwert hat, sondern nur seiner spirituellen Entwicklung dient, sind individuelle Rechte weniger erstrebenswert als im Westen. Die Würde des Menschen ist kein Menschenrecht des Einzelnen, sondern liegt in einem Vorrecht begründet, das nur dem Menschen zukommt: die Chance der Erlösung vom Kreislauf der Wiedergeburten.[255]

454 Das Gleiche gilt für den *Hinduismus* in Indien. Der Hindu wird in seine Religion und zugleich in seine Kaste geboren. Diese kosmische Ordnung ist Ausdruck des Weltgesetzes (Dharma), das durch die Veden vermittelt wird. Der Hindu ist verpflichtet, die Gesetze der natürlichen und gesellschaftlichen Ordnung anzuerkennen und ihnen gemäss zu leben. Seine Lebensaufgabe ist, sein Schicksal zu erfüllen. Nur so kann er in seinem nächsten Leben in einer höheren Kaste wiedergeboren werden und sich der Befreiung von irdischer Existenz nähern. Eine naturrechtliche Rechtsgleichheit, welche das Kastensystem durchbrechen würde, ist diesem Denken fremd. Die staatliche Gleichbehandlung stösst sich daher in Indien an einer tief verwurzelten gesellschaftlichen Hierarchisierung.[256]

455 Im *Islam* ist der Koran das unveränderliche Gesetz, das Gott als Gesetzgeber den Menschen vorgeschrieben hat. Die Religion ist damit Grundlage aller staatlichen Verfassungen, Gesetze und Interpretationen. Der westlichen Idee der Volkssouveränität wird hier eine religiöse Schranke gesetzt. Das Selbstbestimmungsrecht des Einzelnen wie des Volkes wird von der Zugehörigkeit zum muslimischen Glauben abgeleitet.[257] Da der Mensch seine Rechte kraft Zugehörigkeit zum Glauben an eine Offenbarungsreligion (Islam, Judentum, Christentum) erhält, sind nach der Scharia nicht alle Menschen rechtsfähige Subjekte. Animisten[258] haben nur einen Toleranzstatus.[259]

---

255 KANG, S. 43 ff., bes. 45 und 54 ff.

256 KÜHNHARDT, S. 159 ff.

257 DERS., S. 143 ff.

258 Animismus ist der Glaube der Naturvölker an die Beseeltheit der Natur und der Naturkräfte.

259 LAWYERS COMMITTEE ON HUMAN RIGHTS, S. 67 f.

Für das traditionelle *Afrika* ist typisch, dass es eine wesensmässige Trennung des Einzelnen vom Kosmos nicht kennt[260]. Der Mensch ist traditionell in eine Naturordnung eingebunden. Natur bedeutet dabei die Welt, die den Menschen sowohl geistig wie körperlich umfasst. Der Mensch sieht sich sowohl als Glied der Ahnenkette wie als Teil der Tierwelt und fühlt sich mit dieser verwandt. Verwandtschaft prägt auch die Beziehungen unter den Menschen, die wesentlich als Teilhabe gestaltet sind. Diese gegenseitige Verbundenheit und der Bezug zum Ganzen der Natur schaffen Rollen und Pflichten, nicht Rechte des Einzelnen. Diese widersprächen dem Selbstverständnis als Glied oder Teil der Natur. Am Land und seinen Erzeugnissen gibt es z.B. kein Eigentum, da die Ahnen seine wahren Besitzer sind.[261] 456

Rechtssubjekt und Subjekt der Moral ist im traditionellen Afrika nicht der Einzelne, sondern die Familie, der Clan, die Gesellschaft. So vereinigt z.B. die Heirat eher zwei Clans als zwei Individuen. Diese sind zwar nicht schutzlos, aber ihre Achtung ergibt sich aus der gegenseitigen Abhängigkeit von Chef und Clan.[262] 457

Entsprechend der traditionellen Gesellschaftsstruktur Afrikas sind Rechte grundsätzlich nicht staatsgerichtet, sondern beziehen sich auf das Horizontalverhältnis innerhalb der Gesellschaft. Der Rechtsbegriff ist weniger auf materielle Ansprüche ausgerichtet, als darauf, dass ein Verfahren durchgeführt wird, in welchem die Standpunkte ausgetragen werden.[263] Wichtig sind das vermittelnde Ritual des Verfahrens[264] und die Wiederherstellung einer lebenstauglichen Ordnung[265]. 458

6.1.2.3. Zur Relativität unseres Denkens

Diese Hinweise auf die Kulturbedingtheit des juristischen Denkens sollen zeigen, dass die Denkformen, welche eine Studentin oder ein Student in 459

---

260 Gonidec, S. 358.
261 Kurasha, S. 208 f.
262 Scholler, S. 123 ff.
263 Ders., S. 118 f.
264 Elias, S. 89 f.
265 Gonidec, S. 364 f.

Mitteleuropa heute lernt, nicht die einzig möglichen – und auch nicht die einzig „richtigen" – sind. *Wie ich denken soll, hängt ab von den Anforderungen meiner Zeit und meiner Kultur an das, was das Recht leisten soll.*

460 Der Kulturvergleich relativiert überspannte Erwartungen an die Objektivität einer Lehre vom juristischen Denken. Zugleich hilft er, die Besonderheit des eigenen Denkens besser zu erfassen. *Ich weiss erst wie ich denke, wenn ich erfahre, wie anders andere denken.*

461 Der Preis für diese Selbsterkenntnis ist die Unsicherheit im Gebrauch des Instrumentariums, das uns zur Verfügung steht. Wir können nicht in allen Situationen die gleichen Denkformen einsetzen. Wir wissen nicht im Voraus, was richtig sein wird.

462 Es gibt somit keine allgemeingültige Rangordnung unter den Denkformen im Recht. Sogar an einem bestimmten Ort und zu einer bestimmten Zeit können unterschiedliche Denkweisen „richtig" sein, weil das Rechtsgebiet oder das konkrete Problem eine Anpassung der Methode an den Gegenstand verlangen[266]. *Im Vertragsrecht gilt die Tauschgerechtigkeit und damit eine individualistische Gerechtigkeitskonzeption; im Sozialversicherungsrecht gilt die Verteilungsgerechtigkeit und damit eine solidarische Gerechtigkeitskonzeption. Kompetenz- und Verfahrensbestimmungen sind stärker nach ihrer historischen Entstehung zu interpretieren, Grundrechte nach ihrer Bedeutung im aktuellen Zusammenhang.*

463 Die in diesem Buch dargestellten Denkformen können somit in unterschiedlichen Mischungen verwendet werden. In allgemeiner Weise kann juristisches Denken nur in seinen Elementen dargelegt werden.

- Die Denkformen sind nur die Tasten des Klaviers;
- das Recht ist die Musik;
- der Jurist ist der Pianist, der die Musik auf dem Klavier interpretiert.

---

266 Vgl. Ziff. III 1.1.2 Rz. 595.

6.1.3 Übungsbeispiel

Das Schenkungsversprechen des Vaters aus dem Beispiel in Ziff. II 6.1.1 wird in der BRD und in den USA unterschiedlich beurteilt: 464

(1) In der BRD ist die Schenkung eine besonders geregelte Form des Vertrags. Die Schenkung ist die Verpflichtung des Einen, den Andern aus seinem Vermögen unentgeltlich zu bereichern. Ein Schenkungsversprechen gilt als rechtlich durchsetzbare Verpflichtung (§ 516 Abs. 1 BGB). Der Beschenkte kann die Leistung einklagen, wenn kein Widerrufsgrund vorliegt (§ 530 BGB). Das Schenkungsversprechen ist allerdings nur gültig, wenn es notariell beurkundet wird (§ 518 BGB).

(2) Im Common Law der USA ist die Schenkung an sich kein Vertrag. Der Staat stellt sein Recht nur für gegenseitige Leistungsversprechen zur Verfügung, welche für jede Vertragspartei einen Wert haben (bzw. von jeder Partei ein Opfer abverlangen: Erfordernis der „consideration"). Der Verpflichtung muss eine Gegenleistung der anderen Partei gegenüberstehen (die auch in einem Dulden bestehen kann)[267]. Trotzdem haftet der Schenker für sein Versprechen, wenn dem anderen aus der Nichterfüllung ein Schaden erwächst, weil der andere in erkennbarer Weise auf die Leistung vertraut hat (promissory estoppel, detrimental reliance).

Frage: Wie ist das Fallbeispiel von Ziff. II 6.1.1 (Rz. 421 ff.) nach deutschem und nach amerikanischem Recht zu lösen? 465

Lösung: 466

(1) Nach deutschem Recht wird ein einseitiges Schenkungsversprechen zwar generell als rechtsverbindlich beurteilt, die Willensbildung des Schenkers aber durch eine Formvorschrift geschützt. Im vorliegenden Fall kann das Versprechen daher mangels notarieller Beurkundung nicht eingeklagt werden. Deutsches Recht bejaht auf abstrakter Ebene eine Rechtspflicht des Schenkers, begrenzt diese aber durch ein formale Grenze (kategoriales Denken).

(2) Nach amerikanischem Recht findet ein einseitiges Schenkungsversprechen zwar grundsätzlich keinen Rechtsschutz. Im vorliegenden Fall kann der Sohn aber trotzdem auf Schadenersatz (nicht auf volle Erfüllung des Versprechens)

---

267 Hay, S. 110 ff.; Abernathy, S. 699 ff., insb. Baehr v. Penn-o-Tex Oil Corp., Supreme Court of Minnesota, 1960.

klagen, weil er auf das Versprechen vertraut und deshalb einen Schaden erlitten hat.

Merke: Amerikanisches Recht verneint dem Grundsatz nach eine Rechtspflicht des Schenkers, korrigiert aber diesen Grundsatz durch das Gegenprinzip des Vertrauensschutzes (typisierendes Denken).

467 **Hinweis**: Das Beispiel zeigt, wie deutsches Rechtsdenken eher auf *abstrakten Regeln* beruht, während amerikanisches Common Law in der Abwägung von *Grundsätzen* besteht.

6.2 Vertiefung: Kulturelle Relativität und Universalismus im Recht

6.2.1 Kulturelle Relativität des Rechts

468 Der Kulturvergleich der Rechtsordnungen zeigt, dass die Inhalte rechtlicher Regelungen nicht nur in Einzelheiten, sondern im Grundsätzlichen von einander abweichen.

469 Innerhalb der *liberalen westlichen Ordnungen* finden sich unterschiedliche Denkmuster etwa im kontinentaleuropäischen und im angelsächsischen Recht. Das Kodifikationsprinzip und das Fallrecht führen zu unterschiedlichen Arbeitsmethoden und zu einem unterschiedlichen Gewicht von materiellem und formellem Recht: Gerechtigkeit wird im ersten Fall primär über die inhaltliche Umschreibung der Rechte, im zweiten Fall vorwiegend über das Verfahrensrecht gewährleistet.

470 Daher ist z.B. der Begriff des Rechtsstaates nicht gleichbedeutend mit jenem der „Rule of Law". Zwar wollen beide die Herrschaft des Rechts an die Stelle der Herrschaft von Menschen über Menschen setzen. Die Rule of Law betont dabei aber stärker den Aspekt der Verfahrensgarantie, während der Rechtsstaat die materielle Rechtsbindung des Staates hervorhebt. Wichtige Unterschiede stammen aus dem Common Law, welches die Voraussehbarkeit von Urteilen nicht über die Regeln des gesetzten Rechts, sondern über die von der Gerichtspraxis entwickelten Grundsätze gewährleistet[268]. Rule of Law meint daher weniger den materiellen

268 Rosenfeld, S. 66.

Rechtsstaat, sondern eher den prozeduralen Rechtsstaat, der Gewähr für „Due Process of Law" und „Equal Protection" in der richterlichen Rechtsfortbildung bietet. Wohl stehen hinter diesen Fairnessgarantien materielle Gerechtigkeitsprinzipien, doch sind diese so abstrakt, dass der Inhalt rechtlicher Entscheidungen weitgehend vom Ausgang des kontradiktorischen Prozesses abhängig bleibt. Dieser ist deshalb formal strenger geregelt als im kontinentalen Recht. Rule of Law heisst zuallererst staatliche Unparteilichkeit im Streit unter Privaten[269]. Im Ergebnis freilich nähern sich die Leistungen der beiden Konzeptionen von Rechtsstaat und Rule of Law einander immer mehr an[270].

Das amerikanische Rechtsverständnis ist konzeptionell weniger staatsbe- 471
zogen als das kontinentale[271]. Das Recht wird stärker als horizontaler Interessenausgleich und weniger als vertikales Machtverhältnis verstanden, was sich auch darin zeigt, dass das öffentliche Recht kaum vom Privatrecht unterschieden wird.

Zwischen den verschiedenen westlichen Rechtsordnungen lässt sich 472
immerhin noch eine Familienähnlichkeit herstellen, welche auf ihrer gemeinsamen Wurzel in der europäischen Rechtstradition beruht.

Schwieriger wird es, eine gemeinsame Grundlage für die liberalen westli- 473
chen Ordnungen und die *arabischen, afrikanischen und asiatischen Rechtsordnungen* zu finden. Hier finden sich grundlegende Differenzen zu zentralen Elementen des westlichen Rechtsdenkens:

Weltbild: Der westlichen Anthropozentrik des Weltbildes steht in den afri- 474
kanischen und asiatischen Kulturen eine kosmozentrische Orientierung gegenüber, die den Menschen als dienendes Glied dem Ganzen der Natur einordnet. Beispielsweise ist der Rechtspositivismus, nach welchem Recht von autonomen Menschen ohne Bindung an vorgegebene Sinnstrukturen beliebig gesetzt werden kann, nur in anthropozentrischer Weltsicht denk-

---

269 DERS., S. 55 ff. Wie vielschichtig das diffuse Konzept der „Rule of Law" bei näherer Betrachtung, die hier nicht geliefert werden kann, erscheint, zeigt FALLON, S. 24 ff.

270 ROSENFELD, S. 66.

271 DERS., S. 50 ff.

bar[272]. Umgekehrt ist es typisch für diese Weltsicht, dass sie Mühe hat, der Natur Rechte zuzuerkennen[273].

475 *Individualismus:* In der autoritär strukturierten *asiatischen Welt* fehlt es bereits an der individualistischen Konzeption des Verhältnisses von Mensch und Gesellschaft. Aus moderner europäischer Sicht mag es scheinen, dass in der asiatischen Konzeption der Einzelne völlig in den Rollen aufgehe, welche ihm die Gemeinschaft zuweist; doch ist das nur die Aussensicht. Konfuzius z.B. verlangt nicht die Negation des Individuums, sondern das Gleichgewicht zwischen dem Öffentlichen und dem Privaten[274].

476 *Liberalismus:* Der liberalen Trennung von Recht und Moral steht etwa in der chinesischen Tradition die moralische Begründung aller zwischenmenschlichen Beziehungen gegenüber[275]. Wo westliches Denken sich auf Rechtsnormen verlässt, beruft sich die chinesiche Kultur auf Rituale, welche die persönliche Tugend stützen[276].

477 *Subjektive Rechte:* Der Begriff des subjektiven Rechts des Einzelnen gegenüber andern und gegenüber dem Staat, auf welchem die westlichen Rechtsordnungen beruhen, wird hier fragwürdig. In der *afrikanischen Kultur* sind Rechte gegenüber dem In-Beziehung-Stehen und gegenüber der Teilhabe zweitrangig, während Rollen und Pflichten der sozialen Verbundenheit durchaus entsprechen. Die westliche Rechtstheorie konfligierender Rechtsansprüche, welche auch dem Konzept der Menschenrechte zugrunde liegt, ist der afrikanischen Kultur fern. Sie kann hier nur als Korrektiv zur Überbetonung der Teilhabe neu eingeführt werden[277]. Typischerweise kennt die afrikanische Menschenrechtscharta von 1981 neben individuellen Rechten auch Rechte von Völkern und Grundpflichten der Solidarität[278].

---

272 BECK, S. 357.
273 DERS., S. 359.
274 DE BARY, S. 29.
275 DERS., S. 17 ff.
276 DERS., S. 30 ff.
277 KURASHA, S. 209 f.
278 AFRICAN COMMISSION ON HUMAN AND PEOPLES´ RIGHTS, Art. 19 ff., 27 ff.

Recht und Pflicht: Unklar bleibt sogar die Struktur des Rechts als eines Systems von Rechten, welchen Pflichten gegenüberstehen. Im *Islam* werden Rechte und Pflichten nicht scharf unterschieden; Rechte sind Pflichten vor Gott[279]. Aus afrikanischer und asiatischer Sicht sind die (moralischen) Pflichten das Grundlegende; subjektive Rechte sind zweitrangig oder unwichtig. Dieser Unterschied beruht auf einer grundlegend verschiedenen Weltsicht: Der anthropozentrischen Welt des westlichen Rechts steht z.B. in *Indien* die kosmozentrische Welt des Dharma gegenüber, in welcher die Ordnung und Harmonie des Kosmos den Menschen in Pflicht nimmt. Das Verhältnis von Mensch und Welt ist nicht das von Subjekt und Objekt, wie überhaupt das westliche Ich-Bewusstsein nur eine Täuschung ist, welche die Trennung des Menschen vom Kosmos vorspiegelt.[280] 478

Besonders deutlich wird der Konflikt der Rechtskulturen in der Debatte über die *Universalität der Menschenrechte*. Von muslimischer Seite wird geltend gemacht, die Menschenrechte seien erstmals und vollständig vom Islam festgelegt worden und die Scharia sei ihr Massstab[281]. In dieser Glaubensgrundlage liegt ein universaler Geltungsanspruch, der mit dem westlichen Menschenrechtsverständnis in Konflikt gerät. Dies zeigt sich insbesondere darin, dass für die Frage der Gleichbehandlung von Frauen und von Andersgläubigen ganz andere Kriterien gelten als im Westen. Frauen sind zwar an Würde den Männern gleich, haben aber andere Rechte und Pflichten. Damit ist auch der Würdebegriff ein anderer. Da der einzig richtige Glaube der Islam ist, werden Andersgläubige höchstens toleriert[282]. Auch Anhänger einer anderen Buchreligion als dem Islam (Christen, Juden) gelten nicht als gleichberechtigt[283]. 479

Aus dieser – wie auch aus asiatischer und afrikanischer – Sicht wird dem westlichen Menschenrechtsverständnis vorgeworfen, es sei eurozentrisch, weil es dem europäischen Kulturgut entstammt. Ähnlich lauten die Vorwürfe des Individualismus und der Anthropozentrik der westlichen 480

279 FARRAG, S. 134 f.
280 D´SA, S. 169 ff.
281 BIELEFELDT, S. 135.
282 DERS., S. 136 f.
283 ELWAN, S. 79.

Menschenrechtskonzeption[284]. Diese muss entweder dartun, dass diese Kritiken nicht zutreffen oder dass die kritisierten Eigenschaften Qualitäten darstellen, welche für alle Kulturen wertvoll sind, d.h. universale Gültigkeit beanspruchen können[285].

481 Diese Begründungslast wiegt um so schwerer, als nicht nur die Inhalte, sondern auch die Denkweisen im Recht der verschiedenen Kulturen differieren. Schon der bescheidene Vergleich, der hier angestellt worden ist, zeigt, dass eine Rechtsordnung nach ganz anderen Denkmustern aufgebaut sein kann, als jene, die uns vertraut sind. Juristisches Denken ist nicht weltweit das Gleiche, sondern stark kulturell bedingt. Nicht nur die einzelnen Begriffe haben eine andere Bedeutung, sondern die gesamte Fachsprache folgt unterschiedlichen Rationalitäten.

482 Der Relativismus der Rechtsordnungen und der juristischen Denkweisen hat weitreichende Konsequenzen für die Chance einer weltweiten Verständigung über das rechtlich geordnete Zusammenleben. Wenn es nicht möglich ist, die verschiedenen Konzeptionen miteinander zu verknüpfen, lässt sich keine verlässliche internationale Friedensordnung errichten.

483 Deshalb begegnet die hier vorgetragene Sichtweise heftigem *Widerspruch*. Der interkulturelle Rechtsdiskurs findet doch statt und führt zu wachsender Integration der Rechtsordnungen. Zahlreiche Staaten mit traditioneller Kultur haben bereits westliche Rechtssysteme übernommen. Insbesondere ist die faktische Universalisierung der Menschenrechte unverkennbar. Darin – so die Gegenposition – liege auch eine grundlegende Übereinstimmung in der Idee des Rechts überhaupt. Die hier dargestellten traditionellen Gesellschaftsformen und die ihnen entsprechenden archaischen Rechtsvorstellungen seien romantische Vergangenheit und nirgends zukunftsträchtig. Es handle sich dabei um vormoderne Strukturen, welche durch Nachholen der Aufklärung überwunden werden müssten.

484 Die faktische Konvergenz (vor allem in Menschenrechtsfragen) (1) und der Vernunftanspruch der Aufklärung (2) sind die zentralen Argumente dieser Gegenposition. Darauf ist hier ein erstes Mal einzugehen (Gelegen-

---

284 Bielefeldt, S. 113 ff., setzt sich mit allen drei Vorwürfen auseinander.

285 Vgl. dazu hinten Ziff. II 6.2.3, Rz. 539 ff.

heit zur Vertiefung wird sich bei der Erörterung der Thesen von OTFRIED HÖFFE in Ziff. II 6.2.2 geben).

(1) Aus der *faktischen Konvergenz* der Rechtsstandpunkte, z.B. in Menschenrechtsfragen, darf nicht auf die Berechtigung dieser Entwicklung geschlossen werden. Unbestreitbar ist, dass die westliche Menschenrechtskonzeption in weiten Teilen der Welt herrschende Lehre geworden ist und sich damit auch eine westlich geprägte Rechtsidee immer mehr verbreitet. Obwohl sich dabei erhebliche Interpretationsprobleme stellen und noch wichtige Differenzen offen bleiben, kann von einer faktischen Konvergenz gesprochen werden. Daraus aber auf die Richtigkeit dieser herrschenden Lehre zu schliessen, ist ein naturalistischer Fehlschluss. Das historische Faktum begründet keine Norm. Aus dem Sein lässt sich kein Sollen ableiten. 485

Dies ist auch dann nicht zulässig, wenn dafür auf die Figur der „anthropologischen Tatsache" zurückgegriffen wird. Aus überall wiederkehrenden Merkmalen menschlichen Verhaltens wird dabei geschlossen, dieses sei notwendig und damit implizit auch richtig. Z.B. mag die Beobachtung und Beschreibung der Rechtsentwicklung in zahlreichen Kulturen den Eindruck erwecken, es zeichne sich der Prozess einer zunehmenden Individualisierung des Menschen ab. Desgleichen lässt sich belegen, dass immer mehr Gesellschaften die Form eines Staates annehmen, d.h. die Ordnung ihres Zusammenlebens auf der Rechtsidee gründen[286]. Individualität des Menschen und Staatsförmigkeit der Gesellschaft sind damit typische Merkmale des modernen Lebens; sie werden dadurch aber nicht zu einem normativ vorgegebenen Ziel der Menschheitsentwicklung. Dazu werden sie erst unter der normativen Prämisse eines liberalen Menschenbilds. 486

Ist dann die faktische Konvergenz nicht zumindest ein erdrückendes Indiz für die Richtigkeit der europäischen Menschenrechtskonzeption? In dieser abgeschwächten Fassung ist das Gegenargument ernst zu nehmen. Die Konvergenz kann als gewichtiges faktisches Argument in den interkulturellen Diskurs eingebracht werden. Dann ist dieser Geltungsanspruch aber nur ein Element der westlichen Menschenrechts*politik*, nicht ein universa- 487

286 HÖFFE, Vernunft, spricht von „anthropologischen Interessen" (S. 34) und von der „anthropologischen Notwendigkeit des Rechts" (S. 37).

les Wesensmerkmal der Menschenrechte. Zudem ist Zurückhaltung geboten: Der interkulturelle Rechtsdiskurs findet unter Bedingungen eines doppelten Machtgefälles statt, das seine Ergebnisse verzerrt - dem Machtgefälle zwischen West und Ost einerseits, dem Machtgefälle zwischen Elite und Volk in den nichtwestlichen Gesellschaften anderseits. Wenn die Elite asiatischer, arabischer und afrikanischer Länder westlichen Konzepten zustimmt, legitimiert diese Zustimmung das Ergebnis nur sehr bedingt.

488 (2) Das zweite Gegenargument beruht auf dem Vernunftanspruch der Aufklärung. Zutreffend ist, dass Europa in früherer Zeit ähnliche feudalistische Strukturen und Rechtsformen gekannt hat, wie nichtwestliche Länder heute. Daraus zu schliessen, dass die heutigen Kulturunterschiede nur ein Entwicklungsproblem seien, ist aber nicht zulässig. Damit würde die Vernunfthypothese selber verletzt, wonach die Aufklärung ihren Sieg durch das bessere Argument erringe. Gerade der Vernunftanspruch darf nicht aufoktroyiert werden. Er muss sich im Diskurs bewähren, soll er sich nicht selber widersprechen. Er bleibt daher ein Postulat innerhalb des interkulturellen Rechtsdiskurses.

489 Diesen Postulatscharakter hat das Argument übrigens bereits innerhalb der westlichen Kultur. Denn es behauptet ja die Vernünftigkeit des Rechts (oder doch der Menschenrechte), und dieser Anspruch stösst sich am Machtaspekt allen Rechts. Recht begrenzt zwar Macht, steht aber auch im Dienst der Macht. *Kann diese Interdependenz von Recht und Macht für die Menschenrechte ausgeschlossen werden?* Wohl nicht ganz, denn je nach dem geltenden politischen System herrschen auch in Menschenrechtsfragen unterschiedliche Vorstellungen. *Der Liberalismus behandelt soziale Grundrechte als sekundär, während der Sozialismus sie vor die ideellen Menschenrechte setzt.* Politische Überzeugungen prägen auch den Inhalt der Menschenrechte. Deren Universalitätsanspruch ist damit nicht nur kulturell, sondern auch politisch umstritten.

490 Das westliche Vernunftkonzept kann somit nicht generell als gültige Grundlage des interkulturellen Rechtsdiskurses vorausgesetzt werden. Es muss sich den anderen Rationalitäten stellen und dafür offen bleiben, durch diese korrigiert oder ergänzt zu werden. Seine Universalität ist Anspruch, nicht Geltung.

6.2.2 Zum Anspruch des Universalismus

Die universale Geltung westlichen Rechtsdenkens lässt sich offenbar nicht 491
generell begründen. Vielleicht aber - so die Hoffnung - lässt sich der Anspruch des Universalismus zumindest für bestimmte zentrale Aspekte des Rechts retten. Für den weltweiten Rechtsdiskurs wäre es von grösster Bedeutung, wenn sich gewisse universal gültige Strukturen und Grundsätze des Rechts aufdecken liessen, von denen Elemente einer allgemeingültigen juristischen Fachsprache abgeleitet werden könnten.

Solche universalistische Geltungsansprüche werden daher sowohl für 492
Strukturen wie Inhalte des Rechts geltend gemacht. Das erste gilt für den logischen Aufbau der Rechtsordnungen (1), das zweite vor allem für die Menschenrechte (2).

(1) Analytische Rechtsschulen suchen mit den Mitteln der *Rechtslogik* 493
nach allgemein gültigen Strukturen des Rechts. Ausgangspunkt bildet die ethnologische und historische Feststellung, dass alle Gesellschaften eine Rechtsordnung kennen[287]. Interpretiert wird diese Feststellung dahin, es gebe bei allen Menschen eine spezifisch juristische Denkstruktur, welche sich von anderen (moralischen, religiösen, ökonomischen) Denkweisen unterscheide[288]. Prägend für diese Denkweise seien das Denken in Rechtsverhältnissen, der Dualismus von Recht und Pflicht, die Konstruktion des Rechtssubjekts, die Figur des subjektiven Rechts, das Konzept der Rechtspflicht oder jenes der Verantwortlichkeit[289]. Juristisches Denken sei ferner systematisch und auf eine Rechtsordnung bezogen, in welcher die Einheit des Rechts durch eine Normenhierarchie gewährleistet werde. Wenn nicht, wie bei KELSEN, auf eine hypothetische Grundnorm zurückgegriffen werde, könne auf eine Faktizität rekurriert werden, z.B. auf die geschichtliche Kontinuität des Rechts[290].

Der Versuch, die Universalität des juristischen Denkens rechtslogisch zu be- 494
gründen, hat mehrere Schwächen: Zunächst entleert er den Rechtsbegriff

---

287 VIRALLY, S. XXXII; HÖFFE, Vernunft, S. 10.
288 VIRALLY, S. XXX IV.
289 DERS., S. 39 ff.
290 DERS., S. 183 ff.

durch die Formalisierung des Denkens von allen normativen Inhalten. Auch wenn es eine weltweit gültige Rechtslogik geben sollte, würde das die inhaltliche Verständigung unter den Kulturen nicht fördern. Sodann ist aber der Rationalitätsbegriff dieser Strukturanalyse stark eurozentrisch geprägt. Die Schlüsselbegriffe dieses Denkens sind trotz ihrer Abstraktion Ausdruck des modernen westlichen Subjektivismus. Schliesslich ist gerade die logische Abstraktion selber eine Denkstruktur, die anderen Kulturen fern liegt. Ein Denken, das stärker in Bildern oder in Paradoxien lebt, wird hier mit dem westlichen Anspruch konfrontiert, jeder Gedankengang habe sich widerspruchslos zu einem logisch einheitlichen Ganzen zusammenzufügen. Für das Paradoxe oder das Komplementäre ist kein Platz. Der Universalitätsanspruch des europäischen Einheitsdenkens selbst ist nicht evident.

495 (2) Eine moderne juristische Vernunftlehre versucht, diese Mängel zu überwinden und eine universale Begründung (zwar nicht des ganzen europäischen Rechtsdenkens, aber doch zumindest) der *Menschenrechte* zu liefern. Als Beispiel dafür sei OTFRIED HÖFFE angeführt:

496 HÖFFE geht von der anthropologischen Offenheit des Menschen aus und schliesst aus Geschichte und Kulturvergleichung, dass es eine allgemeinmenschliche soziale Vernunft gebe, welche zur kollektiven Einsicht führe, dass der Mensch für das Zusammenleben auf die Schaffung von Rechtsverhältnissen angewiesen sei[291]. *Ohne Recht gibt es kein dauerhaftes Zusammenleben in einer Gesellschaft.* HÖFFE hütetet sich aber, daraus Schlüsse für die Strukturen und Institute des Rechts zu ziehen. Alles weitere muss sich aus einem interkulturellen Rechtsdiskurs ergeben[292]. Immerhin wird der Vernunftbegriff mit einigen anthropologischen Inhalten angereichert. Der Mensch hat das unverzichtbare Interesse daran, ein handlungsfähiges Subjekt zu sein. Aus diesem „transzendentalen Interesse" ergeben sich Menschenrechte, auf die der Mensch vernünftigerweise nicht verzichten kann. Grundlage ist dabei nicht ein humanistisches Menschenideal, sondern die Bescheidung auf ein Mindestmass: die minimalen Anfangsbedingungen des Menschseins. Diese Anfangsbedingungen müssen sich die Menschen aus eigenem Interesse einander gegenseitig zuerkennen.[293]

291 HÖFFE, Vernunft, S. 10 f., 20.
292 DERS., Vernunft, S. 53 ff.
293 DERS., Vernunft, S. 49 ff.

HÖFFE sieht die Schwierigkeiten seines universalistischen Anspruchs: Er braucht einen universalen Begriff des Menschen, dem gewisse Interessen angeboren sind; er braucht ebenso die Figur des subjektiven Rechts, das dem Menschen als Mensch zusteht. Dem Vorwurf des Eurozentrismus sucht er dadurch zu entgehen, dass er die anthropologischen Aussagen um das zusätzliche Element der wechselseitigen Gefährdung der Menschen erweitert: Menschen sind in allen Kulturen potentiell sowohl Opfer wie Täter. Sie haben daher ein unverzichtbares Interesse an Schutz vor Verletzung, das sie nur durch wechselseitige Verbürgung von entsprechenden Rechten und Pflichten verwirklichen können[294]. Menschenrechte lassen sich auf diese Weise universal dadurch begründen, dass sie unaufgebbare Interessen schützen, die nur auf Wechselseitigkeit erfüllbar sind. Der Tausch von Recht und Pflicht wird unverzichtbar.[295] 497

HÖFFE kommt mit verhältnismässig schwachen anthropologischen und moralischen Voraussetzungen aus: Anthropologisch genügt die Vernunft als Einsicht in die eigenen unaufgebbaren Interessen sowie in die Wechselseitigkeit der zwischenmenschlichen Gefährdungen. Moralisch muss er kaum kulturabhängige Werte postulieren; es genügt die Intuition der Gerechtigkeit, wobei er sich mit der Tauschgerechtigkeit zufrieden gibt. Alle Inhalte sind dem interkulturellen Rechtsdiskurs überlassen. Jede Kultur soll in diesem Diskurs selber erkennen, ob die Menschenrechte Elemente enthalten, welche in der eigenen Kultur auch gelten[296]. 498

Trotzdem bleibt auch HÖFFE zwangsläufig Partei in dem von ihm angestrebten Diskurs. Er nennt seine Position selber jene eines „moralisch-poli- 499

294 Fraglich bleibt m.E., ob dies auch zutreffen würde, wenn man das asiatische Menschenbild zugrundelegen würde. HÖFFE argumentiert zwar nicht einseitig individualistisch, aber er nimmt an, dass „die intersubjektive Konstitution von Subjektivität nur durch wechselseitige Verzichte zustande kommt" (HÖFFE, Tausch, S. 29). Diese Verzichte setzen vorbestehende Rechte des autonomen Einzelnen voraus.

295 DERS., Vernunft, S. 67 ff.

296 DERS., Vernunft, S. 83. Allerdings spielt HÖFFE diesen Diskurs nur für das Christentum durch – und bleibt damit den Nachweis schuldig, dass seine Konzeption wirklich interkulturell gültig ist (ein Nachweis, der allerdings im Monolog auch gar nicht geleistet werden kann).

tischen Liberalismus“[297]. Der Vernunftbegriff und die Vorstellung von unaufgebbaren Interessen des Einzelnen stammen aus der europäischen Kultur. Der Tausch als Grundlage der Vergesellschaftung ist ein eurozentrisches Konzept. Alle diese Prämissen müssen sich daher im interkulturellen Diskurs bewähren.

500 *Sind damit die Grenzen möglicher Universalisierung des juristischen Denkens erreicht?* Nochmals ist eine Entscheidung fällig: Wer sich zwar nicht damit begnügt, die Staatsgarantie der juristischen Fachsprache anzurufen[298], aber bereit ist, die kulturelle Bedingtheit des Rechtsdenkens zu akzeptieren, kann hier anhalten. Es ist vertretbar, einen interkulturellen Diskurs zu akzeptieren, darin aber die Position des eigenen Kulturkreises zu vertreten. Letztlich bleibt ohnehin nichts anderes übrig, als zu versuchen, die Diskurspartner vom eigenen Standpunkt zu überzeugen. Auch der Standpunkt der Menschenrechte ist hier ein Parteistandpunkt.

501 Wer mit HÖFFE hier anhält, muss allerdings gewärtigen, dass seine Definition des interkulturellen Diskurses von Seiten anderer Kulturen bestritten wird. Er muss bereit sein, sich auch in den Meta-Diskurs über die Regeln des interkulturellen Diskurses einzulassen. „Vernunft“, „Interesse“ und „Tausch“ können als Voraussetzungen in Frage gestellt werden; viel wahrscheinlicher aber ist, dass diese Begriffe zwar übernommen werden, darunter aber etwas anderes verstanden wird.

502 Der interkulturelle Rechtsdiskurs kann nicht nach den Spielregeln einer Partei definiert werden. Nicht einmal die faktische Anerkennung dieser Spielregeln durch die anderen genügt, wenn Anhaltspunkte dafür vorliegen, dass diese Akzeptanz durch verzerrte Kommunikationsstrukturen, also Machtverhältnisse, motiviert ist. Daher haben gerade Angehörige des westlichen Kulturkreises Anlass zu selbstkritischer Reflexion ihrer eigenen Prämissen.

---

297 DERS., Vernunft, S. 15.
298 Vgl. vorne Ziff. II 4.2.3, Rz. 338.

Welche Prämissen sollen wir im Interesse der interkulturellen Verständigung in Zweifel ziehen[299]? Wir können schlecht von den anderen Kulturen her denken. Vieles, was uns etwa von asiatischem Denken trennt, lässt sich allerdings in unserer eigenen Geschichte in zum Teil ähnlicher Form wiederfinden. Familie, Gemeinschaft und Solidarität haben auch in europäischer Vergangenheit mehr Bedeutung gehabt als heute. Unsere Denkgeschichte weist Elemente auf, die uns im Diskurs mit anderen Kulturen verbinden. Wir sollten daher danach fragen, welche modernen Entwicklungen uns von jenen früheren Gemeinsamkeiten mit anderen Traditionen trennen. 503

(1) Ein erstes Element ist die *Subjekt-Objekt-Spaltung* im neuzeitlichen europäischen Denken. Der westliche Diskursbegriff setzt implizit Subjekte mit klaren Interessen und rationalen Argumenten voraus. Die Teilnehmer sind autonome Personen im kantischen Sinne. Sie entscheiden frei über die Gültigkeit einer Behauptung, die dem Diskursverfahren unterstellt wird. Die kulturelle Einbindung der Teilnehmer und des Diskurses insgesamt spielt nur eine geringe Rolle. Daher wird eine liberale, tolerante Gesellschaft mündiger Menschen vorausgesetzt. 504

Nach dieser subjektphilosophischen Prämisse[300] ist das Diskursergebnis die Summe der individuell eingebrachten Argumente. Der Diskurs spiegelt damit einseitig das individualistische liberale Weltbild des Westens. Demgegenüber müsste eine kommunitaristische Variante der Diskurstheorie die kulturelle und gesellschaftliche Prägung des Diskursverfahrens stärker betonen. 505

Diese Komponente ist in der Diskurstheorie[301] durchaus angelegt. Denn Vernunft ist nach ihr nicht eine Eigenschaft der Teilnehmer, sondern gründet in der Prozedur des Diskurses. Verständigung ist ein Prozess im 506

---

299 Im vorliegenden Zusammenhang kann vorausgesetzt werden, dass interkultureller Diskurs grundsätzlich möglich ist. Mindestens als bewährte Arbeitshypothese kann z.B. gelten, dass die Regeln des logischen und des kausalen Denkens in allen Kulturen verstanden werden (vgl. PAUL, S. 141 ff., 148 ff.).

300 Zur Subjektphilosophie seit DESCARTES vgl. Ziff. II 4.2.2 Rz. 314 ff.

301 Vgl. Ziff II 5.2.1 Rz. 386 ff.

Dreieck zwischen den Partnern und ihrer Kultur, welche die Intersubjektivität erst ermöglicht.[302]

507 Der intersubjektive Charakter und die kulturelle Prägung des Diskurses müssten somit stärker betont werden, um den interkulturellen Rechtsdiskurs dem Symmetriegebot besser anzupassen. Neben die Überzeugungskraft des rationalen Arguments träte dann z.B. der Bindungswert vertrauensfördernder Handlungen im Kontext des Diskurses.

508 (2) Ein zweites Element ist das Streben nach *Einheit* im europäischen Denken. Wissenschaft ist Rückführung (Reduktion) der Vielheit auf eine Einheit, sei sie kausale Ursache oder normatives Prinzip[303]. Vernunft ist die Kraft, diese Einheit herzustellen. Solange nach sokratischem Vorbild Wissen Weisheit war oder nach christlicher Lehre das Wahre in Gott gefunden wurde, war diese Einheit sinnerfüllt. In der säkularisierten Moderne ist die Einheitsphilosophie aber ohne Ziel. Sie steht nur noch für den Anspruch, das Ganze zu erfassen; aber die Suche nach dem Ganzen ist Mitteln übertragen, welche Analyse und Differenzierung leisten, nicht Integration. Vernunft ist in zahlreiche Rationalitäten gespalten, welche gleichwertig und selbständig sein wollen.

509 Wenn schon der westliche Diskurs in disziplinäre Rationalitäten gegliedert ist, gestaltet sich der interkulturelle Diskurs entsprechend vielfältiger. Immerhin müsste es möglich sein, voneinander zu lernen: Innerhalb eines Kulturkreises muss z.B. der Rechtsdiskurs mit anderen Fachdiskursen umgehen. Wie er das tut, könnte hilfreich sein für die Frage, wie der Rechtsdiskurs zwischen den Kulturen zu gestalten sei. Und umgekehrt kann der interkulturelle Rechtsdiskurs Anregungen für den Umgang des Rechts mit anderen Disziplinen liefern.

510 *Wie können wir unter diesen Bedingungen einen fairen interkulturellen Diskurs gestalten?* Wir müssen unseren Rationalitätsanspruch so weit zurücknehmen, dass er für unsere Partner nicht ein Diktat, sondern ein Angebot darstellt.

---

302 Habermas, Nachmetaphysisches Denken, S. 100 ff.
303 Für die Naturwissenschaften vgl. Pietschmann, S. 137 ff.

Der wichtigste Schritt dürfte der *Verzicht auf die Einheitsphilosophie* sein, welche hinter dem europäischen Wissenschaftsideal steht. Wir glauben, eine vernünftige Einigung mit anderen Kulturen sei nur möglich, wenn wir das für alle gleiche Prinzip der Vernunft bestimmen und zum gemeinsamen Massstab erheben können. Interkulturell aber dürfen wir nicht erwarten, dass sich diese Voraussetzung erfüllen lässt. Die Einheit des Massstabes hat der Anerkennung der Vielheit von Kriterien zu weichen. Widerspruch ist in diesem Kontext nicht als logischer Fehler zu ächten, sondern als diskursive Handlung (als Widersprechen) zu anerkennen. 511

Wenn ein Asiat z.B. den westlichen Dualismus von Individuum und Gesellschaft nicht anerkennen will, sondern ihn in kollektiver Harmonie aufhebt, verletzt er nicht das Verbot des Widerspruchs, sondern stellt Voraussetzungen unseres Denkens in Frage. Fragen wir uns doch selber einmal, warum die deduktive Logik in unserem Denken einen so hohen Stellenwert hat: Ist sie vielleicht nur der logische Ausdruck unseres eigenen Bedürfnisses nach Harmonie, das wir mit dem analytischen Denken verletzen, weil es Ganzheiten in Teile spaltet? Vielleicht ist die logische Systembildung nur eine von mehreren Möglichkeiten, das Ganze wieder herzustellen. 512

Die Rolle der Vernunft kann im interkulturellen Diskurs nicht sein, Einheit zu stiften, sondern nur, Verknüpfungen zwischen den Rationalitäten zu schaffen. Zwischen kontinentalem Recht und angelsächsischem, islamischem, afrikanischem oder asiatischem Recht kann die Vernunft keine übergeordnete Einheit herstellen, sondern nur Ähnlichkeiten oder Verwandtschaften feststellen und Partnerschaften begründen[304]. 513

Für diese laterale Form der Integration divergierender Welten hat WOLFGANG WELSCH das Modell der *transversalen Vernunft* entworfen. Sie ist jener Aspekt unseres rationalen Vermögens, welcher trotz der zunehmenden Spaltungen auf das Ganze zielt. Nicht mehr als Suche nach der Einheit in der Vielheit, sondern als Übergang und Verknüpfung zwischen 514

304 Das Gleiche gilt auch für den interdisziplinären Diskurs zwischen Recht, Ökonomie, Politik oder Moral, vgl. hinten Ziff. II 6.2.3.

den unüberwindlich getrennten Welten[305]. Sie hat eine therapeutische Funktion gegenüber den Verengungen und Bornierungen innerhalb und zwischen den Rationalitäten[306]. Die von der Vernunft geschaffenen Übergänge heben die Diskontinuität unter den Diskursen nicht auf, sie schaffen keine Synthese. Die Verbindungen bleiben immer partiell[307].

515 *Treffen eine zweckrationale Denkweise und eine mythologische Denkweise aufeinander, so werden sie sich nie unter einen gemeinsamen Oberbegriff subsumieren lassen. Hingegen wird das mythologische Denken auch in der Lage sein, Zweck- Mittel- Relationen zu verstehen, ebenso wie das zweckrationale Denken den Sinn idealtypischer Bilder begreifen kann. An solchen Überlappungen kann die gegenseitige Verständigung ansetzen.*

516 Die transversale Vernunft ist notwendigerweise „prinzipienlos"[308], formal, oder logisch. Sie äussert sich über Strukturen wie Gleichheit und Verschiedenheit, Gegensatz, Verbindung, Teil und Ganzes[309]; sie ist gegenüber den einzelnen Rationalitäten unparteilich und neutral[310].

517 Diese Neutralität hat aber einen Namen: Gerechtigkeit. Dieser Begriff ist hier allerdings in einem sehr eingeschränkten Sinn zu verstehen. Er tritt an die Stelle der früheren Leitidee der Einheit und ist die bloss logische Folge der Anerkennung einer Eigenständigkeit gegenläufiger Rationalitäten. *Wenn eine Hierarchie aufgehoben wird, werden ihre Elemente gleichwertig.* Gleichbehandlung ist die einzige legitime Umgangsform mit der rationalen Pluralität von Welten. Denn Anerkennung verpflichtet zur Achtung und zum Schutz der Rechte des Anerkannten. Die Vernunft wird zum Anwalt diskursiver Gerechtigkeit unter den partiellen Diskursen.[311]

---

305 WELSCH, S. 301. WELSCH entwickelt sein Modell im Anschluss an DERRIDA anhand von Sprachwelten wie das Poetische oder Ästhetische im Gegensatz zum Philosophischen, Logischen oder Wissenschaftlichen. Das Modell ist aber auch auf das interkulturelle Verhältnis anwendbar.

306 WELSCH, S. 672.

307 DERS., S. 753.

308 DERS., S. 763

309 DERS., S. 758.

310 DERS., S. 760.

311 DERS., S. 698 ff.

Was heisst diskursive Gerechtigkeit beispielsweise für den Menschenrechtsdiskurs? Die Anerkennung unterschiedlicher Rationalitäten bedeutet, dass als Ausgangspunkt die Erkenntnis dient, wonach die Idee unveräusserlicher Menschenrechte nicht zum historischen Bestand des Politischen Denkens ausserhalb des Westens zählt[312]. Gewisse Schutzgüter des westlichen Menschenrechtsdenkens finden sich zwar überall. Dies gilt etwa für die Idee der Menschenwürde und für den Versuch, mit Hilfe des Rechts politische Herrschaft zu begrenzen[313]. Diese Konzepte sind aber zu wenig bestimmt und werden zu unterschiedlich interpretiert, als dass daraus konkrete Rechte deduziert werden könnten, ohne bestimmte kulturelle Inhalte beizufügen. 518

Menschenrechte können daher höchstens in einem pragmatischen Sinn als universal gelten[314]. Die in einem Kulturkreis konkret gesetzten Grundrechte besitzen nur die Rationalität einer partikularen Welt. Sie können aber anhand der Idee der Menschenrechte gemessen werden, wenn diese als Massstab angerufen werden. Das gilt gerade auch für die europäischen Ausprägungen, die daraufhin überprüft werden können, ob sie kulturell bedingte Einseitigkeiten aufweisen. Es steht aber jeder Kultur frei, die Menschenrechte abzulehnen; den anderen bleibt aus den eigenen Prinzipien heraus nur die Anerkennung dieses Widerstreits. 519

Die Menschenrechtsidee selber verbietet uns, den andern mit Gewalt zur Vernunft zu zwingen, da wir so seine Autonomie verletzen würden. Die Frage des gerechten Zwangs – im Grenzfall des „gerechten Kriegs" – bleibt damit immer eine tragische Entscheidung. 520

Allerdings wird diese (relativistische) Konsequenz durch eine andere Überlegung ihrerseits relativiert: Die Anerkennung der Andersartigkeit als schützenswert folgt erst aus der Leitidee der Menschenrechte. Sie allein begründet das Gewaltverbot im Umgang mit dem Anderen. Wer sich darauf berufen will, muss sie auch gegen sich gelten lassen. Dafür ist gar keine Universalität erforderlich. Es genügt ein pragmatischer Standpunkt: 521

312 KÜHNHARDT, S. 304.
313 DERS., S. 304.
314 WELSCH, S. 741 ff.

Die europäisch geprägte Menschenrechtstradition ist die einzige, welche die Anerkennung des Anderen konsequent umsetzt. Sie ist daher heute das einzige Modell, das die Frage beantwortet, wie unterschiedliche Kulturen friedlich zusammenleben können. Mangels eines besseren Konzepts ist es daher legitim, die europäische Menschenrechtskonzeption dem Zusammenleben der Kulturen zugrunde zu legen[315]. Die europäische Menschenrechtsgeschichte ist ein Beispiel menschlicher Erfahrung, eine Antwort des Rechts auf historisches Leiden. Sie ist nicht mehr (aber auch nicht weniger) als „ein Sinnangebot" an die anderen Kulturen[316].

522 Aus universalistischer Sicht mag diese pragmatische Begründung bedauerlich sein. Das Argument des performativen Widerspruchs[317] dessen, der sich auf etwas beruft, das er nicht gegen sich gelten lassen will, liefert nur eine schwache moralische Grundlage. Desgleichen wird die heute vorherrschende Menschenrechtskonzeption nur soweit legitimiert, als sie sich im Wettstreit mit anderen Konzepten bewährt. Ihre Geltung ist nicht für alle künftigen Streitfälle im Voraus gesichert.

523 Das Beispiel der Menschenrechte zeigt somit, dass auch die transversale Vernunft keine echt universalen Massstäbe errichten kann. Entweder wird die Vernunft so weit formalisiert, dass sie keine Bewertungen mehr gestattet, oder kulturbedingte Konzepte der Gerechtigkeit fliessen in das Urteil ein. Was das Modell der transversalen Vernunft immerhin leistet, ist die Ablösung des Einheitsdenkens durch den interkulturellen Diskurs als verbindendes Verfahren der Anerkennung unter Kulturen, in welchem alle Partner gleichberechtigt sind.

524 Alle Inhalte müssen aber realen Diskursen überantwortet werden. Diese können bestenfalls einen kollektiven Lernprozess unter den Kulturen auslösen, der die Entwicklung eines moralischen Bewusstseins weltweit fördert. Im Geist der Interkulturalität ist dabei nicht die Universalität einer bestimmten Moral anzustreben, sondern Gemeinsamkeit der grundlegenden Wertungen[318].

---

315 DERS., S. 746.
316 SCHILD, S. 193.
317 APEL, S. 354.
318 MALL, S. 261.

6.2.3 Ethik der interkulturellen Verständigung

Lassen sich unter diesen Bedingungen allgemeine moralische Anforderungen an den weltweiten juristischen Diskurs umschreiben? Wiederum scheitert der Beobachterstandpunkt. Eine Theorie mit Anspruch auf Letztbegründung einer universal gültigen juristischen Denkweise verletzt die Bedingungen, unter welchen hermeneutische Wissenschaften arbeiten. Es bleibt immer ein Rest an Entscheidung. Wir dürfen diese aber dann als vernünftig bezeichnen, wenn wir alle Möglichkeiten der Reflexion ausgeschöpft haben[319]. 525

In den Grenzen dieser Reflexion verlangt juristisches Denken von jedem Einzelnen eine ethische Entscheidung zugunsten einer materiell verstandenen und kulturell geprägten Gerechtigkeit. Gefragt ist eine Ethik der Verständigung – sowohl innerhalb der eigenen Kultur wie auch über die Kulturen hinaus. Die letztere ist allerdings anspruchsvoller. Ein Konzept, welches interkulturelle Verständigung in Rechtsfragen ermöglicht, schliesst auch die kulturinterne Verständigung ein. Deshalb sei kurz angedeutet, wie die Verständigung unter Kulturen anzustreben ist. 526

Das Konzept des interkulturellen Diskurses beruht auf drei Elementen: der Diskursethik (1), der transversalen Vernunft (2) und dem Überlappen kultureller Inhalte (3). 527

(1) Den äussersten Rahmen bildet die *Diskursethik*[320]. Sie muss allerdings vom europäischen Rationalismus entbunden und für die Anliegen anderer Rationalitäten sensibilisiert werden. Die von Europäern formulierten Diskursregeln stehen nochmals zur Disposition. Als guter Grund ist z.B. alles anzuerkennen, was in einer der Partnerkulturen als solcher anerkannt wird. 528

Niemand ist gezwungen, in den Diskurs einzutreten. Denn die Diskursidee selber ist bereits durch westliche Werte geprägt. Die Teilnahme nichtwestlicher Partner ist daher keine Selbstverständlichkeit, sondern bereits 529

319 Diese Einschränkung teilt auch Welsch, S. 724.
320 Vgl. vorne Ziff. II 5.1.2, Rz. 363 ff. und II 5.2.1 Rz. 386 ff.

Ergebnis einer Verständigung[321]. *Für die Idee der gegenseitigen Anerkennung Gleichberechtigter muss zuerst in der Gesprächssituation und dann in Bezug auf die Sachthemen geworben werden.* Begründungsbedürftig ist ferner die Entscheidung, ein Thema zum Gegenstand des spezifisch juristischen Diskurses zu machen. Denn kulturelle Werte verändern sich, wenn sie in Rechtsform gegossen werden. *So bedeutet die Umformung einer moralischen Pflicht in eine Rechtspflicht aus asiatischer Sicht eine Abwertung.* Die Verrechtlichung sozialer Beziehungen ist ein Merkmal der modernen Welt und kann sich als westliche Kulturdominanz auswirken. Eine Einigung ist daher bereits darüber erforderlich, ob über ein Thema überhaupt im Rechtsdiskurs verhandelt werden soll.

530 Ist die Diskurssituation akzeptiert, werfen alle Teilnehmer ihre kulturellen Konzepte der Gerechtigkeit ein. Diese „dichten" Formen der Moral[322] stossen sich an den Differenzen zu anderen Gerechtigkeitskonzepten. Daher verlangt der interkulturelle Diskurs die Bereitschaft, eigene Vorstellungen auf eine schwache Form der Ethik zurückzunehmen. Dies entspricht etwa dem Stand des internationalen Menschenrechtsdiskurses.[323]

531 Vom Juristen, der an der interkulturellen Verständigung mitwirkt, wird dabei verlangt, das er einer Art diskursethischem kategorischem Imperativ folgt: „Handle so, dass die Maxime Deiner Handlungen den Blickwinkel eines jeden so berücksichtigt, dass Du in der Lage wärst, um jedes anderen Beistimmung zu werben"[324]. Der Andere – die andere Kultur – wird somit zum ständigen Korrektiv der eigenen Position.

532 Auch bei dieser Verständigungshaltung bleiben die unhintergehbaren Differenzen zwischen den Rechtskulturen erhalten. Es gibt keine Garantie für

---

321 Auch auf dieser Ebene zeigt sich der hermeneutische Zirkel: Wir können den Diskurs nicht beginnen, ohne ihn schon geführt zu haben (vgl. vorne Ziff. II 2.2.2, Rz. 117 ff.).

322 WALZER, S. 17.

323 Dieser schwachen Form von Ethik entspricht etwa die Position des „schwachen Relativismus" von DONNELLY, der für die grundlegenden Menschenrechte einen Konsens feststellt, der ihnen immerhin einen „relativ universalen" Status verschafft. DONNELLY (S. 419) nimmt damit eine Mittelposition ein zwischen den harten Thesen eines starken Universalismus und eines starken Relativismus.

324 BENHABIB, S. 151 (mit Verweis auf HANNAH ARENDT).

einen Konsens. Universale Geltung ist nicht vorgegeben, sondern aufgegeben.

(2) Der interkulturelle Diskurs ist der Prozess, in welchem sich die *transversale Vernunft*[325] entfalten kann. Der Diskurs ist darauf angelegt, Unterschiede zu klären und Gemeinsamkeiten aufzudecken. Im Zuge des Argumentationsprozesses lassen sich die bestehenden Überlappungen zwischen den Sprachwelten erkennen und neue bilden. Die transversale Vernunft kann hier die Einsicht in das Gemeinsame fördern, die Einigung aber nicht garantieren. 533

(3) Weltweite Verständigung gelingt nur, soweit *interkulturelle Überlappungen* in Bezug auf die Inhalte hergestellt werden können. Die inhaltliche Einigung folgt dabei dem Muster der Verknüpfung von Familienähnlichkeiten, wie sie MICHAEL WALZER unter dem Titel des „wiederholenden Universalismus" darstellt[326]: Der Diskurs kann ergeben, dass gleiche oder ähnliche Elemente in verschiedenen Kulturen wiederkehren. Aus solchen überlappenden Leitvorstellungen lassen sich gemeinsame Wertungen bilden, welche auch für dritte Kulturen als Vorbild dienen können. Da aber jede Kultur selber über die Anerkennung dieser Werte entscheidet, ist deren Universalität nur regulative Idee, nicht vorgegebene Norm. 534

Diese dreifache Struktur des interkulturellen Diskurses ist auf alle Inhalte anwendbar, die Gegenstand einer Diskursposition sein können. Wir können dem Diskurs daher nicht ausweichen, indem wir bestimmte Grundannahmen davon ausschliessen. Dies trifft insbesondere für die bereits erwähnten anthropologischen Aussagen über die Natur des Menschen zu. Denn ob es solche allgemeinmenschliche Grundlagen gibt, und worin diese bestehen, darf nicht vom Standpunkt einer einzelnen Kultur aus bestimmt werden. Die Wahrheit einer anthropologischen Annahme bleibt Behauptung, bis sie sich im Diskurs bewährt hat. *Ob dem Menschen ein Lebenswille angeboren ist, ob er den Tod von Natur aus fürchtet, ob er jedes Leiden meiden will: das sind Fragen, welche ein Hindu anders beantwortet als ein Europäer. Erst wenn sich zeigt, dass beide z.B. unter* 535

325 Vgl. vorne Ziff. II 6.2.1, Rz. 514 ff.
326 WALZER, S. 144.

Folter das Gleiche verstehen und es als unmenschlich verurteilen, ist ein gemeinsamer Kern gefunden.

536 Der Schatz von Überzeugungen, welche auf diese Weise weltweit geteilt werden, wächst an. Das dürfen wir als echten Fortschritt bewerten. Aber es entbindet uns nicht von der Achtsamkeit gegenüber möglichen Verzerrungen im interkulturellen Diskurs, welche das Ergebnis verfälscht haben können. Die Unterschiede zwischen den Kulturen sind möglicherweise grösser, als die Übereinstimmungen in den internationalen Konventionen glauben machen. *Die politischen Eliten, welche den interkulturellen Diskurs führen, sind in unterschiedlichem Masse demokratisch und kulturell legitimiert, für ihr Volk zu sprechen.* Das faktische Zustandekommen einer völkerrechtlichen Vereinbarung wirkt nur in dem Masse legitimierend, als es sich auf einen qualifizierten Konsens stützt. *Z.B. dürfen wir die Gewährung von Entwicklungshilfe nur dann an die Bedingung knüpfen, dass die Menschenrechte gewahrt werden, wenn wir die Zustimmung der Gegenseite nicht bloss erkauft haben, sondern erkennen können, dass in Menschenrechtsfragen eine echte Einigung erzielt worden ist.*

537 Umgekehrt gilt freilich auch, dass die Berufung auf kulturelle Eigenständigkeit missbräuchlich erfolgen kann. Sie dient faktisch oft als strategisches Argument gegen die Menschenrechte, um tradierte Machtpositionen zu schützen. Kultureller Relativismus kann daher ein Mittel zur Unterdrückung der Schwachen in der eigenen Kultur sein[327]. In diesen Fällen werden Differenzen künstlich aufrecht erhalten, wo sie im offenen Diskurs überwunden werden könnten.

538 Alle realen Diskurse unter Regierungen sind Machtbeziehungen und verletzen daher das Reziprozitätsprinzip, wonach alle Beteiligten im Diskurs die gleichen Einflusschancen haben sollen. Die Diskurstheorie liefert daher nie das Modell der wirklichen Abläufe, um so mehr aber den ethischen Massstab, der die Kritik machtverzerrter Verhältnisse (sowohl innerhalb der Kulturen wie zwischen ihnen) gestattet.

---

327 FREEMAN, S. 30 ff.; DONNELLY, S. 412 f. Vgl. den Schutz vor schädlichen sozialen und kulturellen Praktiken in Art. 21 der African Charter on the Rights and Welfare of the Child von 1990 (African Yearbook of International Law 1, 1993, S. 295 ff., S. 302).

Welche Konsequenzen die Theorie des interkulturellen Diskurses für die Inhalte des Rechts hat, lässt sich am besten anhand der internationalen Debatte über die *Universalität der Menschenrechte* zeigen. Dabei sollen die bereits angeführten drei Vorwürfe der Eurozentrik (1), des Individualismus (2) und der Anthropozentrik (3) aufgegriffen und beantwortet werden.[328] 539

(1) Sind die Menschenrechte *eurozentrisch*, weil sie aus Europa stammen? 540
Das allein würde nicht genügen. Aber sie vertreten eine typische Denkweise, die sich von jener anderer Kulturen unterscheidet. Der Rationalismus der Aufklärung ist zunächst einmal europäisch; ob sein Universalitätsanspruch gerechtfertigt ist, kann nicht aus ihm selber begründet werden. Universalität kann sich nur daraus ergeben, dass andere Kulturen wesentliche Elemente europäischer Rationalität in ihrem eigenen Denken wiederfinden und der europäischen These in einem offenen Diskurs zustimmen. Der Kampf um die Menschenrechte in der westlichen Welt kann nur ein Beispiel sein für das Ringen um den Schutz von Menschenwürde in der modernen Welt. Ob es zugleich Vorbild sein kann, entscheiden die andern[329].

In diesem Menschenrechtsdiskurs wird zwischen Inhalt und Form zu un- 541
terscheiden sein. In Bezug auf die ethischen Werte, welche den Inhalt der Menschenrechte ausmachen, hat der Osten oft ebensoviel zu bieten, wie der Westen. *Z.B. verlangt die buddhistische Tugendlehre des achtfachen Pfads eine höhere ethische Haltung als die goldene Regel oder der kategorische Imperativ.* Überlegen ist der Westen hingegen in Bezug auf die Rechtsform dieser Werte[330]. Er hat die Ideale stärker verallgemeinert und dadurch rechtsgleich ausgeformt. *Der Westen hat das „Gute" in das „Recht" gekleidet*[331]. Er hat damit den moralischen Vorstellungen einer Kultur den generell-abstrakten Ausdruck verliehen, der erforderlich ist, um allgemeine Geltung zu erlangen. Der Westen stellt damit dem interkultu-

328 Vgl. vorne Ziff. II 6.2.1, Rz. 480.
329 Bielefeldt, S. 129 ff.
330 Lawyers Committee on Human Rights, S. 61.
331 Vgl. hinten Ziff. III 5.2.2.

rellen Diskurs zumindest eine adäquate Form zur Verfügung, in welche die Inhalte gekleidet werden können, auf die man sich einigt.

542 (2) Vertreten die Menschenrechte ein *individualistisches Menschenbild*? Ja, die Freiheit des Individuums ist wesentlicher Teil der menschenrechtlichen Emanzipation. Aber auch die westliche Menschenrechtskonzeption enthält das Element der freien Vergemeinschaftung; die Menschenrechte können in den Dienst eines freien und gleichberechtigten Miteinanders gestellt werden[332]. Trotz dieser sozialen Komponente ist aber nicht zu verkennen, dass die westliche Menschenrechtskonzeption von einem neuzeitlichen Subjektverständnis ausgeht, welches sich vom Menschenbild traditionaler Kulturen abhebt. Hierzu lässt sich mit einigem Grund behaupten, auch diese Kulturen würden zur Zeit einen Prozess der Aufklärung durchmachen und die westliche Entwicklung zum Individualismus nachholen. Damit werden abweichende Menschenbilder als rückständig qualifiziert. Dies ist mindestens im heutigen Zeitpunkt eine klar parteiliche Stellungnahme, deren universale Gültigkeit fraglich bleibt. Dass der historische Prozess der Individualisierung faktisch unumkehrbar scheint, ist nur eine Wahrscheinlichkeit; ob er darüber hinaus normativ richtig sei, ist umstritten. Es bleibt zumindest plausibel, dass verschiedene Kulturen auf Dauer unterschiedliche Menschenbilder pflegen werden.

543 (3) Vertreten die Menschenrechte ein *anthropozentrisches Weltbild* – im Gegensatz zu theozentrischen oder kosmozentrischen Weltbildern? Ja, auch hier gehört es zur Kernaussage der westlichen Menschenrechtskonzeption, dass sie säkularisiert ist und ihre Inhalte nicht von einer göttlichen oder universalen Autorität ableitet. Sie geht aus von der Selbstverantwortung des Menschen, lässt aber Raum für Varianten, welche einen absoluten oder göttlichen Geltungsgrund dafür postulieren[333]. Religiöse Gründe können anerkennenswerte Gründe für menschenrechtliche Wertungen bilden[334]. Sie dürfen aber der Gleichbehandlung aller Menschen keine Grenzen setzen. Die westliche Menschenrechtskonzeption ist auch in diesem Punkte liberal und toleriert unterschiedliche Glaubenshaltungen, ver-

---

332 Bielefeldt, S. 167 ff.

333 Ders., S. 183 f.

334 Lawyers Committee on Human Rights, S. 59 f.

langt aber von diesen ebenfalls Toleranz. Daher ist gerade diese Liberalität selber wieder ein Postulat, das der Bewährung im interkulturellen Diskurs ausgesetzt bleibt.

In der internationalen Menschenrechtsdebatte wird diesen drei Rahmen- 544
bedingungen oft nicht Rechnung getragen[335]. Implizit oder explizit wird die Aufklärung, etwa in der Form der kantischen Philosophie als gemeinsame Grundlage des interkulturellen Diskurses vorausgesetzt. Damit werden Eurozentrismus, Individualismus und Anthropozentrismus als allgemeingültige Prämissen postuliert. Das führt zu Missverständnissen, im schlechtesten Fall sogar zu kulturimperialistischer Gesprächsverzerrung, wenn der Partner nicht die Macht hat, diese Rahmenbedingungen zur Diskussion zu stellen.

Zwei Dinge sind demnach sorgfältig auseinanderzuhalten: 545

- (1) Die westliche Menschenrechts*politik*, die sich mit guten Gründen darum bemüht, die Errungenschaften der Aufklärung in die Welt zu verbreiten.
- (2) Die westliche Menschenrechts*theorie*, welche die universale Geltung der Menschenrechte behauptet und dabei voraussetzt, dass die Grundsätze der Aufklärung bereits allseits anerkannt seien.

Die Menschenrechtspolitik ist eine legitime westliche Position im Men- 546
schenrechtsdiskurs. Sie vertritt und begründet die Freiheit des Individuums und die säkularisierte Selbstverantwortung.

Der Anspruch auf Universalität hingegen, den die Menschenrechtstheorie 547
oft erhebt, ist nicht schlüssig. Er bleibt trotz aller gegenteiliger Versicherungen blosse These der westlichen Menschenrechtspolitik. Denn die Menschenrechte können nicht damit gerechtfertigt werden, dass sie dem liberalen Aufklärungsdenken entsprechen. Dieses ist selber Partei in einem Diskurs, der ihm vorgeordnet ist und dessen Spielregeln zwischen den Kulturen ausgemacht werden müssen.

---

335 Z.B. will TÖNNIES (S. 14) den Universalismus als blosse „geschichtlich hervorgebrachte Tatsache" darstellen, ihn aber zugleich als „gewolltes Produkt des menschlichen Geistes" „rehabilitieren".

548 Menschenrechte sind eine Kulturleistung, die durch Überzeugen verbreitet werden muss. Sie können nicht aus einer universalen Moral abgeleitet, sondern müssen als Politik aufgebaut werden. Sie sind nicht Politik gewordene Moral, sondern moralisch werdende Politik.[336]

549 Die westliche politische Kultur kann hier einen Weg weisen, weil in ihr eine Idee von Recht und Staat enthalten ist, die über die Kulturen der Völker hinweg Überzeugungskraft hat. Es ist die Idee des Rechts, das Ideal der Gerechtigkeit, die Forderung nach Anerkennung des Anderen. Darin liegt das weltgeschichtliche Projekt beschlossen, das Gute, das sich in allen Kulturen findet, in die Form der Gerechtigkeit zu giessen und damit allen zugänglich zu machen. Universalisierung wird dann zum praktischen Ziel einer Rechtspolitik.

550 Menschenrechtspolitik macht das Postulat der Universalisierung der Rechtsidee zur Leitfrage des interkulturellen Diskurses: *Wollen wir unseren kulturellen Werten gemeinsam Rechtsform verleihen?* Das Recht erhält damit die Form einer Frage an die Kulturen dieser Welt. Das Verhältnis von Recht und Kultur ist das einer Frage, nämlich jener nach der Universalisierung kultureller Werte.

551 Universalität ist die Frage des Rechts an die Kultur. Nicht eine vorgegebene Universalität, wohl aber aufgegebene Universalisierung ist genau die Frage, die das Recht an die Kultur stellt. Denn es ist die zentrale Aufgabe des Rechts, alle Kulturen aufzufordern, sich über die Werte zu einigen, die allen Menschen zuerkannt werden sollen.

6.2.4 Juristische Rationalität

552 Die Probleme des interkulturellen Diskurses sind vergleichbar mit jenen des interdisziplinären Diskurses (*z.B. zwischen Recht, Ökonomie, Soziologie, Psychologie, Medizin oder Technik*). Da juristisches Arbeiten immer auf andere Disziplinen angewiesen ist, muss es dauernd zwischen eigener und fremder Rationalität übersetzen. Die Lehren aus dem interkulturellen

336 Mall, S. 260 f.

Diskurs lassen sich daher für das juristische Denken in genereller Weise fruchtbar machen.

Juristische Probleme lassen sich als Konflikte zwischen divergierenden Rationalitäten verstehen: Jede Partei im Rechtsstreit verfolgt ihre eigene Rationalität; jedes faktische oder normative Element im juristischen Gedankengang folgt einer bestimmten Rationalität, die disziplinär ausdifferenziert sein kann. *Der enttäuschte Vater, der sein Schenkungsversprechen widerruft, weil der Sohn aus der Familie ausgezogen ist, handelt nach der Logik der patriarchalen Familienordnung (soziologische Kategorie), der Sohn, der auszieht, handelt nach der Logik der persönlichen Entwicklung (psychologische Kategorie). Das Recht beurteilt den Konflikt nach der Logik der Vertragstreue.* Besonders oft stehen wirtschaftliche oder politische Denkformen der rechtlichen gegenüber (*v.a. im Wirtschaftsrecht bzw. im öffentlichen Recht*). 553

Juristische Arbeit kann dieser Problemlage gegenüber unterschiedliche Stufen der Reflexion einnehmen: 554

- (1) Juristische Entscheidung legitimiert sich positivrechtlich durch die den Behörden zuerkannte Entscheidungsbefugnis. Wo die positive Regelung Fragen offen lässt, entscheidet die Behörde nach eigener Rechtsauffassung. Ein Rückgriff auf Werte der Kultur oder auf Prinzipien der Ethik ist nicht erforderlich.
- (2) Wem in Grenz- und Konfliktsfällen die positive Kompetenzordnung nicht genügt, greift zur Legitimation der juristischen Entscheidung auf die im eigenen Kulturkreis herrschenden Wertvorstellungen zurück, in Europa insbesondere auf die Ethik des liberalen Individualismus der westlichen Moderne.
- (3) Wer auch im juristischen Normalfall Übersetzungsprobleme zwischen unterschiedlichen Rationalitäten erblickt, greift auf eine Ethik der übergreifenden Verständigung zurück.

Mit jeder höheren Reflexionsstufe werden die Entscheidungsprobleme komplexer. Eine Beschränkung der Reflexion lässt sich daher mit Praktikabilitätsgründen rechtfertigen. Nach den Kriterien der Diskursethik müssen sich diese Gründe aber dadurch legitimieren, dass die Reflexionsbeschrän- 555 kung funktional notwendig und unter dem Gesichtspunkt der Gerechtigkeit allen Betroffenen zumutbar ist.

556 Auch wer im Einzelfall nicht bis zur Reflexionsstufe (3) vordringt, ist daher im Diskurs auf dieser Ebene gehalten, seinen Verzicht zu begründen. Als Diskurs über die Regeln juristischen Denkens[337] ist daher die dritte Reflexionsstufe unverzichtbar. *Der Positivist muss begründen, warum er seinen Entscheid nur formal begründen will.*

557 Unmittelbar oder mittelbar sind daher alle Konzeptionen juristischen Denkens auf eine Ethik angewiesen, die zwischen den Rationalitäten im Zusammenleben der Menschen vermittelt. Weil sich die moderne Gesellschaft in zahlreiche Teilwelten eigener Rationalität ausdifferenziert, ist eine Entscheidung über Rechte und Pflichten innerhalb und zwischen diesen Welten nur auf der Grundlage einer *integrativen juristischen Ethik* möglich[338].

558 Auch der Positivist oder Realist, der die juristische Disziplin auf das positive Recht einschränkt, trifft damit eine ethische Entscheidung: Er beschliesst, die Grenze der rechtlichen Domäne eng zu ziehen und für einen grossen Teil der von ihm zu lösenden Probleme die Rationalität von Teilwelten ausserhalb des Rechts zu übernehmen. Insbesondere löst er materielle Gerechtigkeitsfragen nach der Rationalität von Machtstrukturen aus Wirtschaft und Politik (*so etwa, wenn die Frage nach der funktionalen Eignung (d.h. Effektivität und Effizienz) an die Stelle der Frage nach der rechtlichen Ausgewogenheit einer Lösung tritt: Der Bereich der Rechtsfragen wird eingeengt, jener der Ermessensfragen ausgeweitet*). Gleichgültig, wie weit oder wie eng die Grenzen des Rechts gezogen werden, immer muss der Jurist über diese Grenze hinweg das Ganze des Falles entscheiden. Was variiert, ist nur der Umfang, in dem eigene oder fremde Rationalität zur Anwendung gebracht wird.

---

337 In diesem Metadiskurs werden nicht konkrete juristische Probleme erörtert, sondern die vorgelagerten Fragen zu den Bedingungen dieses konkreten juristischen Diskurses.

338 Vgl. vorne Ziff. II 5.2.2.

Erst die dritte Reflexionsstufe lässt diese Interdisziplinarität der juristischen Arbeit voll zur Geltung kommen. Das Juristische ist immer ein Doppeltes: partikuläre Rationalität (1) und integrative Ethik (2) zugleich. 559

(1) Als Disziplin, welche den Umgang mit Rechtsnormen beherrscht, ist Rechtswissenschaft eine der vielen Welten mit eigener Rationalität.

(2) Als Handlungs- und Entscheidungslehre, die gesellschaftliche Konflikte zu bewältigen hat, ist sie eine Art transversaler Vernunft im Sinne WELSCHS, welche den unterschiedlichen Rationalitäten Gerechtigkeit widerfahren lässt.

Das Modell der transversalen Vernunft ist im Kern weniger ein Ausfluss 560
der Vernunftlehre (als das es entstanden ist), denn der Rechtstheorie. Der Zerfall der Vernunft in partikuläre Rationalitäten wird mit einer Theorie der Gerechtigkeit aufgefangen; Vernunft wird nach dem Muster der Rechtsgleichheit neu konzipiert. Jedenfalls eignet sich das Modell wohl für nichts so gut wie für das Verständnis des juristischen Umgangs mit den Teilwelten der modernen Gesellschaft.

Juristische Rationalität kennzeichnet jenes transversale Element, das die 561
Teilwelten der Persönlichkeit, der Familie, der Wirtschaft oder der Politik in ihrer je eigenen Rationalität anerkennt, aber dort, wo sie zueinander in Beziehung oder Konflikt geraten, nach den Kriterien der Gerechtigkeit zu vermitteln sucht. Hierin liegt die kommunikative Macht des Rechts (HABERMAS), dass es einen normativen Diskurs mit diesen Rationalitäten führt. Rechtliche Entscheidung integriert divergierende Rationalitäten in ein Ganzes – auch wenn dieses Ganze aus der Sicht jeder Teilwelt nur sehr partiell erscheint. Auch das Recht kann nicht mehr, als die verbindenden Gemeinsamkeiten der Teilwelten hervorheben und in seine eigene Rationalität aufnehmen. Der Doppelcharakter des juristischen Denkens bleibt dabei unausweichlich: Weil das Recht gleichzeitig Fachrationalität und Form transversaler Vernunft ist, bleibt die Integration, die es leisten kann, immer beschränkt.

Mit dem Vorbehalt dieser Selbstbescheidung lässt sich die Leitidee einer 562
integrativen juristischen Ethik so formulieren, dass sie versucht, Gerechtigkeit als transversale Vernunft zwischen Disziplinen und Kulturen zu verwirklichen.

III Spielarten des juristischen Denkens

Nachdem die Grundlagen des juristischen Denkens geklärt sind, sollen im folgenden Teil die wichtigsten Spielarten, in welchen der Jurist denkt, dargestellt werden. Es geht auch hier wieder um typische Dimensionen, in welchen ein polares Spannungsverhältnis besteht. Jede der angeführten Denkweisen ist notwendiger Bestandteil der juristischen Arbeit und bildet gewissermassen eine Taste auf dem juristischen Klavier, auf dem gespielt werden soll. 563

Alle Denkweisen haben damit ihre Berechtigung. Aus der Erfahrung des Lehrers heraus werden allerdings einige besonders betont, weil sie den Studierenden besonders Mühe bereiten: 564

- das Generalisieren von Grundsätzen aus den Gesetzesbestimmungen – *welcher Grundsatz steht hinter der Regel?* (Ziff. III 3.1)
- der Ausgleich von System- und Problemlösungsdenken – *das Verfahren der Typenbildung* (Ziff. III 4.1)
- die Übersetzung von Interessen ins Recht – *der Weg vom „Nutzen" über das „Gut" zum „Recht".* (Ziff. III 5.1)

Einen Überblick über den dritten Teil verschafft die nachstehende Tabelle. Sie nennt die polaren Begriffspaare und charakterisiert jeweils das dazugehörige Spannungsverhältnis, in welchem sich die betreffende Spielart des Denkens bewegt. 565

Kapitel	**polares Begriffspaar einer Denkweise**		**Spannungsverhältnis**
III 1	Vorverständnis	Methode	Von der Meinung zum Urteil
III 2	juristische Logik	empirische Realität	Norm und Wirklichkeit
III 3	Differenzieren	Generalisieren	Unterschied und Gemeinsamkeit
III 4	Systemdenken	Problemlösungsdenken	Recht als System und als Aufgabe
III 5	Nutzen und Schaden	Rechte und Pflichten	Vom Interesse zum Recht

Übersichtstabelle 2: Die Spielarten des juristischen Denkens

1 Vorverständnis und Methode

1.1 Einführung

1.1.1 Beispiel

566 Die schweizerische Bundesverfassung erklärt: „Das Recht auf Ehe und Familie ist gewährleistet" (Art. 14 BV, DE: Art. 6 Grundgesetz [GG], Europäische Menschenrechtskonvention [EMRK]: Art. 8). Die Verfassung des Kantons Jura erklärt ihrerseits: „Das Recht auf Wohnung ist gewährleistet" (Art. 8 Abs. 1 Kantonsverfassung Jura).

567 **Frage:**

Welche Ansprüche haben die Eheleute A und B mit ihren drei Kindern auf der Grundlage dieser Verfassungsbestimmungen, wenn ihnen die Vierzimmer-Wohnung vom Vermieter gekündigt wird, weil sie mit der Miete in Verzug sind?

- *(1) Dürfen sie in der Wohnung bleiben?*
- *(2) Hat der Staat die Miete zu bezahlen, wenn A und B nachweisen, dass sie dafür selber nicht aufkommen können?*
- *(3) Hat der Staat ihnen eine angemessene Ersatzwohnung anzubieten?*

568 a) Beantworten Sie diese Fragen möglichst spontan nach ihrem Rechtsgefühl.

569 b) Beantworten Sie die Fragen (1) bis (3) unter Beachtung folgender Informationen:

- Die zitierten Verfassungsbestimmungen sind Grundrechte. Diese schützen in der Regel nur gegen staatliche Eingriffe und gewähren keinen Leistungsanspruch gegenüber dem Staat.
- Kantonale Grundrechte sind an das Recht des Bundes gebunden. Sie dürfen auch Bundesvorschriften der Gesetzesstufe nicht widersprechen. Das Privatrecht des Bundes (hier Mietrecht), das dem Vermieter die Kündigung gestattet, geht daher dem kantonalen Recht auf Wohnung vor.

- Kantonale Sozialrechte gelten in der Regel nicht als unmittelbar anwendbar; sie sind blosse Aufträge an den Gesetzgeber. Rechtsansprüche Privater müssen sich aus der Ausführungsgesetzgebung ergeben.

Lösung: 570

a)

- Wenn der Staat mir ein Recht gewährt, muss ich daraus einen Anspruch ableiten können.
- Mir gegenüber verpflichtet ist zumindest der Staat; ob auch Private in Pflicht genommen werden können, ist fraglich.
- (1) Der Vermieter kann nicht verpflichtet werden, die Familie A und B unentgeltlich in seiner Wohnung leben zu lassen.
- (2) Wenn der Staat die Miete übernimmt, entfällt der Kündigungsgrund für den Vermieter.
- (2) und (3): Der Staat ist nicht verpflichtet, A und B eine bestimmte Wohnung zu gewährleisten; er kann die günstigste zumutbare Variante wählen.

b) 571

- Das Recht auf Ehe und Familie ist ein Freiheitsrecht, das keinen Anspruch auf eine angemessene Familienwohnung enthält. Das kantonale Recht auf Wohnung ist nicht unmittelbar anwendbar. Ansprüche ergeben sich allenfalls aus der kantonalen Gesetzgebung.
- (1) Das kantonale Recht darf die vom Recht des Bundes gewährte Freiheit des Vermieters, den Mietvertrag zu kündigen, nicht beeinträchtigen. A und B haben keinen Anspruch, in der Wohnung zu verbleiben.
- (2) Eine Zahlungspflicht des Kantons besteht nur, wenn dieser sie gesetzlich vorsieht. Ob der Vermieter in diesem Fall gehalten ist, die Mieter weiterhin zu dulden, hängt von allfälligen Mieterschutzbestimmungen des Bundes ab.
- (3) Auch auf eine Ersatzwohnung besteht nur ein Anspruch, wenn das kantonale Sozialhilfegesetz dies vorsieht.

Hinweis: Die vorläufige Antwort des ungeschulten Rechtsempfindens 572
trifft nur teilweise die zutreffende Lösung eines Rechtsproblems. Rechtskenntnis, Dogmatik und methodisches Denken müssen das Vor-Urteil präzisieren und korrigieren.

1.1.2 Erläuterung: Von der Meinung zum Urteil

573 Das Vorverständnis ist die erste Meinung zum Problem, das zu lösen ist. Mit Hilfe der juristischen Methode bilden wir daraus das begründete Urteil. Juristische Arbeit findet daher stets im Spannungsfeld von Meinung und Urteil statt. Der hermeneutische Zirkel setzt beim Vorverständnis ein und wird durch die methodischen Kriterien der Überprüfung bis zum Urteil vorangetrieben.

Kapitel	polares Begriffspaar einer Denkweise		Spannungsverhältnis
III 1	Vorverständnis ➡ hermeneutischer Zirkel	Methode ➡ Kriterien der Überprüfung	Von der Meinung zum Urteil

Übersichtstabelle 2 a: Vorverständnis und Methode

574 Wir brauchen alle eine Meinung von dem, was rechtens ist. Sonst können wir uns nicht orientieren. Die Rechtsordnung soll möglichst einleuchtend gestaltet sein. Schon mit dem gesunden Menschenverstand (unserer Urteilskraft) sollten wir in der Regel das Richtige treffen.

575 Das *Vorverständnis*, welches unsere erste Meinung zum Fall prägt, ist freilich nicht unproblematisch. Es lässt sich in verschiedene Schichten[336] teilen: das individuelle, in der Psyche des Urteilenden verwurzelte Vorurteil – das soziale, durch die Zugehörigkeit zu einer Gesellschaftsschicht, einer politischen Partei oder einer Religion geprägte Vorurteil – das kulturelle, durch die in der Gesellschaft vorherrschenden Anschauungen bestimmte Vorurteil (auch etwa „Zeitgeist" genannt). Aus all diesen Quellen schöpfen wir mehr oder weniger bewusst jene Orientierung, die uns bei der Lösung von Rechtsfragen anleitet. Diese Quellen sind vorwissenschaftlich und zu einem erheblichen Teil nicht rational reflektiert. Sie müssen daher kritisch überprüft werden.

576 Die Kunst des Juristen besteht nun gerade darin, unreflektierte Meinungen über das Recht in begründete Urteile überzuführen. Dem Juristen

336 Vgl. Kramer, S. 222.

kommt dabei eine zusätzliche Schicht des Vorverständnisses zu Hilfe: die professionelle Erfahrung. Im Gegensatz zum Laien beginnt der geschulte Jurist bereits mit einer juristischen Intuition, welche er aus der früheren Arbeit an ähnlichen Problemen schöpft und die ihm ein „prima facie Urteil" gestattet, also einen ersten Anschein, der bereits plausibel ist.

Sein Judiz (seine rechtswissenschaftlich geschulte Urteilskraft) verschafft 577 dem Juristen oft die richtige Intuition darüber, wo das angemessene Ergebnis liegt, was z.B. eine gerechte Interessenwertung wäre[337]. Aber auch er darf sich nicht zu sehr auf sein Rechtsgefühl verlassen. Sein Vorverständnis der Falllösung bleibt ein Vorurteil, das kritisch zu prüfen ist.

Die *juristische Methode* dient dem Juristen als systematische Anleitung 578 bei der Herstellung seines Urteils. Sie hilft ihm, seinen ersten Urteilsentwurf zu begründen oder zu widerlegen.

Die methodische Arbeit beginnt mit einem konkreten oder typischen 579 Sachverhalt, der als Problem oder Konflikt empfunden wird. Dieser Sachverhalt tritt zunächst in seiner Rohfassung als Erzählung über ein Geschehnis auf. Darin sind viele Sachverhaltselemente rechtlich unerheblich. Andere, rechtlich wichtige tatsächliche Elemente, müssen noch ermittelt werden, damit die für das Urteil erhebliche Aussage konstruiert werden kann[338].

Der „Fall" ist somit stets eine vom voraussichtlichen Urteil her aufbereite- 580 te, normativ geprägte Darstellung der Wirklichkeit. Er ist kein blosses Faktum, sondern eine interpretierende Geschichte über Fakten. *Der Absturz eines Verkehrsflugzeuges wird ganz anders geschildert, je nachdem ob ein Techniker, ein Pilot, ein Ökonom oder ein Jurist ihre Geschichte darüber erzählen.*

Darin liegt ein typischer *hermeneutischer Zirkel*[339]: Um den Sachverhalt 581 juristisch zu verstehen, muss ich wissen, was daran für das Urteil wichtig ist. Das weiss ich aber erst, wenn ich weiss, welches Urteil zu fällen ist. Die Auswahl der Sachverhaltselemente geschieht also aus einem *Voraus-*

---

337 ALBRECHT, S. 141.
338 LARENZ / CANARIS, S. 99 ff.
339 DIES., S. 101 f.; vgl. Ziff. II 2.1.2.2 Rz. 97.

entwurf des Urteils heraus. Das Gleiche gilt für die Auswahl der anwendbaren Normen: Um eine Rechtsnorm zu verstehen, muss ich wissen, auf welche Sachverhalte sie anwendbar ist. Das weiss ich aber erst, wenn ich die Norm angewendet habe. Im Einzelfall bestimme ich daher die einschlägigen Normen aus einem *rechtlichen Vorverständnis des Sachverhalts* heraus[340].

582 *Wenn mir (wie im Eingangsbeispiel zu diesem Abschnitt) die Wohnung gekündigt wird, ist aus rechtlicher Sicht wichtig, dass die Kündigung erfolgt, weil ich die Miete nicht bezahlt habe. Dieses Sachverhaltselement wird nämlich vom Mietrecht als Kündigungsgrund anerkannt (§ 554 BGB, CH: Art. 266g OR, AT: § 1118 ABGB). Ich wähle also einerseits die „einschlägigen" Bestimmungen nach meiner Einschätzung des Sachverhalts aus – und hebe anderseits aus dem Sachverhalt jene Merkmale hervor, welche aus der Sicht dieser Bestimmungen wesentlich sind.*

583 *Nun habe ich aber die Miete aus gutem Grund nicht bezahlt, nämlich weil ich die finanziellen Mittel dazu nicht aufbringen kann. Dieser Aspekt des Sachverhalts ist aus der Sicht des privaten Mietrechts unerheblich, aber er kann für das öffentliche Recht der Sozialfürsorge wesentlich sein. Erst wenn ich mich dahin wende, stosse ich auf die Verfassungsbestimmung mit dem Recht auf Wohnung und kann prüfen, ob mir diese Norm gegenüber dem Staat einen Unterstützungsanspruch verschafft*[341].

584 Die Urteilsbildung des Juristen läuft nach folgenden methodischen Schritten ab[342]:

---

340 DIES., S. 102 ff.

341 Vgl. vorne Ziff. III 1.1.1, Rz. 566.

342 Die Darstellung stützt sich (mit Vereinfachungen) auf FRIEDRICH MÜLLER, Juristische Methodik, insb. S. 176 f.

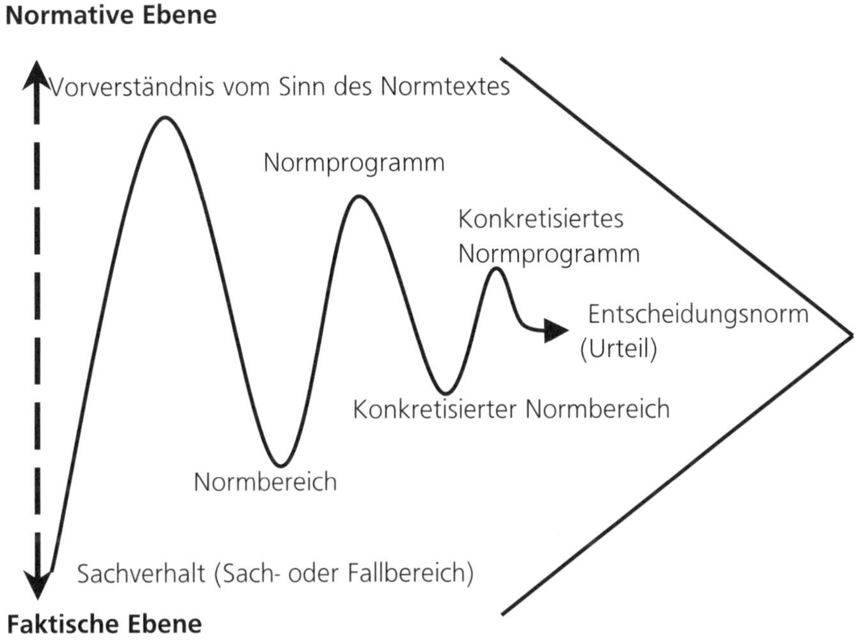

Juristische Urteilsbildung

- Der Jurist geht vom Sachverhalt aus und bewertet diesen auf der Grundlage seines Vorverständnisses.
- Sein Vorverständnis sagt ihm, welche Sachverhaltsmerkmale für eine rechtliche Beurteilung wesentlich sein könnten.
- Für diese Sachverhaltsmerkmale sucht er in der Rechtsordnung nach einschlägigen Normtexten (Gesetzen, Gerichtsurteilen).
- Nun folgt die *Auslegung* dieser Normtexte. Sie soll Normtext und Sachverhalt in ihr richtiges Verhältnis setzen.
- Zu diesem Zweck bestimmt der Jurist zunächst, ob der Fall in den Sachbereich des Normtexts fällt. Wenn dies zutrifft, sucht er zu verstehen, welche normative Aussage der Normtext für den Sachbereich und den Einzelfall enthält: Er bestimmt das *Normprogramm* oder die Sollensseite der Falllösung.

- Aus der Sicht des Normprogramms wählt er nun endgültig aus dem Sachverhalt jene Elemente aus, welche in den Anwendungsbereich der Norm fallen: Er bestimmt den *Normbereich* oder die faktische Seite der Falllösung.
- Nun sind sowohl die normativen wie die faktischen Aspekte des Falles so aufbereitet, dass sie verglichen werden können. Die Aussagen der Norm sind auf den Fall zugeschnitten und die sachlichen Aspekte sind auf ihre normativen Aspekte reduziert.
- Das Urteil (auch *Entscheidungsnorm* genannt) spricht das Resultat dieses Vergleichs aus: Es bewertet den Sachverhalt (genauer: dessen normativ relevante Aspekte) aus der Sicht der Norm (genauer: des sachlich einschlägigen Normgehalts).

585 *Wenn ich beurteilen soll, ob das objektive Sozialrecht meines Staates mir einen Anspruch auf Bezahlung meiner Wohnung gewährt, muss ich zunächst die relevanten Aspekte meiner Lebenssituation hervorheben, dann die Gesetzesnormen suchen, welche auf diese Aspekte anwendbar sind, und schliesslich vergleichen, ob der Sinn dieser Normen darauf abzielt, Personen in meiner Lage einen Unterstützungsanspruch zu verleihen.*

586 Der Jurist führt auf diese Weise den Sachverhalt an die Norm heran und die Norm an den Sachverhalt: Einerseits verallgemeinert er Merkmale des Einzelfalles, anderseits konkretisiert er Merkmale der Norm, bis beide auf einer gemeinsamen Ebene miteinander verglichen werden können. *Z.B. wird aus dem Faktum, dass ich vor zwei Monaten meine Arbeitsstelle verloren habe, das Normbereichselement der (unverschuldeten) Arbeitslosigkeit generalisiert; aus dem Normtextelement, welches von allen Arbeitslosen „zumutbare Anstrengungen der Stellensuche" verlangt, wird die Regel konkretisiert, dass Familienväter mit Betreuungspflichten keine Stellen annehmen müssen, die so weit von ihrem Wohnort entfernt sind, dass die tägliche Rückkehr nach Hause nicht möglich ist. Daraus ergibt sich die Entscheidungsnorm: „Als unverschuldeter Arbeitsloser habe ich Anspruch auf Unterstützung, wenn mir die Annahme einer auswärtigen Arbeit nicht zugemutet werden kann".*

587 Es soll an dieser Stelle keine juristische Methodenlehre angeboten werden. Dafür kann auf bestehende Literatur verwiesen werden (z.B. KRAMER,

Juristische Methodenlehre; LARENZ / CANARIS, Methodenlehre der Rechtswissenschaft; FRIEDRICH MÜLLER, Juristische Methodik; ZIPPELIUS, Juristische Methodenlehre, BYDLINSKI, Juristische Methodenlehre und Rechtsbegriff).

Im vorliegenden Zusammenhang interessiert nur, wie juristisches Denken vorgeht, um von einem vorwissenschaftlichen Vorverständnis zu einem rechtswissenschaftlich begründeten Urteil zu gelangen. Was charakterisiert die Rationalität juristischer Arbeit? Um das zu erkennen, genügt es, auf die typischen Fragen hinzuweisen, welche der Jurist bei der Auslegung von Normen stellt. Als Modell gilt dabei der rechtsanwendende Beamte oder Richter. 588

(1) Zuerst fragt der Jurist nach der Wortbedeutung der Rechtstexte (*grammatikalisches Element*). Welche Bedeutung haben die Begriffe eines Rechtssatzes in der Alltags- und vor allem in der juristischen Fachsprache? Der Jurist ist Textinterpret, weil die Rechtsordnung in (Gesetzes-) Texten verbindlich festgehalten ist. Gewaltenteilung und Gesetzmässigkeitsprinzip verlangen, dass Gerichte und Verwaltungen ihre Entscheidungen sorgfältig auf die vorhandenen gesetzlichen Grundlagen abstützen. Daher wird der Jurist in erster Linie an den Wortsinn der Rechtstexte gebunden. 589

(2) Wie andere Textinterpreten fragt der Jurist nach der Entstehung des Textes. Welchen Sinn haben die Textautoren, besser: hat die damalige Zeit, den Rechtssätzen gegeben (*historische und genetische Auslegung, CH: historisch, AT: subjektiv-historisch*)? Auch diese Frage stellen wir, weil wir verpflichtet sind, die Entscheidungen der gesetzgebenden Behörde zu befolgen. Der Jurist darf nicht neues Recht schaffen, wo eine sinnvoll anwendbare Regelung bereits besteht. 590

(3) Juristische Entscheidungen sollen sich widerspruchsfrei in die gesamte Rechtsordnung einfügen. Die Entscheidungsregel, die durch Konkretisierung der Norm auf den Fall gewonnen wird, muss daher in das System sowohl des anzuwendenden Gesetzes wie des Teilrechtsgebiets und der Gesamtrechtsordnung passen (*systematisches Element*). Der Jurist fragt daher nach den Zusammenhängen von Begriffen und Rechtsnormen und sucht ihre Bedeutung gegenseitig zu harmonisieren. Dies ist Aufgabe der juristischen Dogmatik. 591

592 (4) Juristische Entscheidungen sollen Sinn und Zweck von Rechtsnormen im Einzelfall verwirklichen (*teleologisches Element, AT: objektiv-teleologisch*). Der Jurist fragt nach dem Sinn des Gesetzes und interpretiert die einzelnen Normen im Lichte des Zwecks, dem sie dienen. Auch hier gilt die Regel der allgemeinen Hermeneutik, wonach das Einzelne aus dem Ganzen und das Ganze aus dem Einzelnen verstanden werden muss. Der Sinn der einzelnen Norm ergibt sich aus ihrem Gesamtzusammenhang im Gesetz; der Sinn des Gesetzes seinerseits ist aus den Bedeutungen der einzelnen Rechtssätze zu gewinnen.

593 (5) Ein weiteres Element ist im vorangehenden Element mitenthalten, wird aber oft selbständig angeführt: Juristische Entscheidungen sollen praktisch sinnvolle Wirkungen zeitigen (*Element der Folgenbeachtung*). Der Jurist fragt, ob seine Entscheidung Ergebnisse bringt, die von der Rechtsordnung so gewollt sein können (Wirkung, Effizienz, Praktikabilität der Lösung, Tauglichkeit als Präzedenzfall für ähnliche künftige Problemlagen).

594 Mit zunehmender Internationalisierung des Rechts gehört zur richtigen Interpretation von Rechtsnormen auch, dass die anzuwendende Regelung mit ähnlichen Ordnungen im Ausland verglichen wird (*Element der Rechtsvergleichung*). Die Auseinandersetzung mit anderen Lösungen vertieft das Verständnis für die grundsätzliche Bedeutung einer Regel; sie ist eine Fortsetzung der systematischen Interpretation über die Grenzen der nationalen Rechtsordnung hinaus.

595 Die Methode muss ihrem Gegenstand angepasst werden. Das Gewicht der soeben aufgezählten Elemente innerhalb der juristischen Argumentation steht daher nicht von vornherein in abstrakter Weise fest. Es muss innerhalb des Auslegungsprozesses für jeden konkreten Fall bestimmt werden. Auch darin liegt ein hermeneutischer Zirkel: Welche Methodenelemente für einen Fall wichtig sind, weiss ich erst, wenn ich geprüft habe, was sie zur Lösung des Falles beitragen.

596 Denn insgesamt hat der Jurist aus all diesen Elementen eine Lösung zu schaffen, welche zeitgemäss ist und ein befriedigendes Ergebnis darstellt. Die einzelnen methodischen Elemente befreien ihn somit nicht von der Verantwortung, eine Gesamtbewertung vorzunehmen. Sie setzen seiner

Entscheidung aber Leitplanken, an denen er sein Handeln orientieren soll und Kriterien, nach denen sein Ergebnis beurteilt werden kann.

Die juristische Rationalität besteht somit in den besonderen Formen, mit welchen das Problemverständnis und die Entscheidung des Juristen gerechtfertigt werden kann. Gegenüber der allgemeinen Hermeneutik ist diese Rationalität fachlich gesteigert, weil sie über Kriterien verfügt, die gestatten, die Korrektheit der Interpretation zu beurteilen. *Wer z.B. das historische oder das systematische Element übersieht oder sachlich falsch verwendet, riskiert, dass seine Entscheidung auf dem Rechtsweg angefochten wird.* 597

Auch wenn die juristischen Rationalitätskriterien nicht quantitativ messbar sind, sondern selber Gegenstand der wertenden Beurteilung bleiben, schaffen sie doch ein dichtes Netz von Gründen für die Kritik oder Rechtfertigung juristischer Entscheidungen. 598

Zum Schluss noch ein **Hinweis**: Methodische Elemente begegnen uns vor allem in den Urteilsbegründungen der Gerichte. Sie sind dort oft unvollständig präsentiert. Das kann auf einen Fehler hinweisen, muss es aber nicht. Nicht in jedem Fall sind alle Elemente so wichtig, dass es sich aufdrängt, sie in der Begründung aufzugreifen. Es ist daher zwischen der Herstellung und der Darstellung eines Urteils zu unterscheiden. 599

Die *Herstellung des Urteils* verläuft richtigerweise nach den folgenden Schritten: Vorverständnis – Urteilsentwurf als Hypothese – methodische Überprüfung – Bewährung oder Korrektur des Urteilsentwurfs – Entscheidung; 600

Die *Darstellung des Urteils* nennt das Vorverständnis nie. Sie enthält nur die entscheidrelevanten methodischen Elemente und die Entscheidung. Bei der Selektion der Entscheidgründe besteht die Gefahr, dass einseitig zugunsten des Urteils ausgewählt wird. Von daher rührt der Vorwurf, Urteile entstünden willkürlich und würden nur nachträglich durch juristische Gründe legitimiert. 601

Auch hier ist zwischen Faktum und Norm zu unterscheiden: Richter können sich tatsächlich in vielen Fällen durch ihr professionelles Vorverständnis leiten lassen. Treffen sie so das Richtige, fällt das Urteil mit dem Vor- 602

Urteil zusammen. Der Methodik verbleibt dann nur noch die Rolle der Begründung, weil sie das Vorverständnis bestätigt. Irren sie sich, bestehen zwei Möglichkeiten: Entweder korrigieren sie ihr Vorurteil selber rechtzeitig durch methodische Überprüfung oder sie erfüllen ihre Aufgabe nicht richtig. Im ersten Fall ist die Herstellung des Urteils im Nachhinein doch noch methodisch angeleitet worden. Im zweiten Fall wird es Sache der Prozessparteien und höherer Gerichte sein, das geforderte Spiel von Kritik und Rechtfertigung nachzuholen. So oder so verlangt ein normativ richtiges Urteil immer, dass zwischen Vorverständnis und Entscheid die Phase der methodischen Überprüfung eingeschaltet wird.

1.1.3 Übungsbeispiel

603 *Im Zentrum der Stadt X ist das Parkieren gemäss Hinweis auf den Parkuhren „werktags von 07:00 – 19:00 Uhr" nur gegen Gebühr und mit zeitlicher Beschränkung erlaubt. Ein Automobilist stellt seinen Wagen an einem Samstagnachmittag um 14 Uhr auf einem Parkplatz ab, ohne die Parkuhr zu bedienen. Wird er zu Recht gebüsst?*

604 **Hinweis:** Prüfen Sie Ihre spontane Antwort, indem Sie den Begriff „Werktag" grammatikalisch, historisch, systematisch und teleologisch interpretieren. Was heisst Werk-Tag? Hat sich der Begriff im Laufe der Geschichte verändert? Gehört der Samstag dazu, wenn wir verschiedene Zusammenhänge berücksichtigen (den allgemeinen Sprachgebrauch, das Arbeitsrecht, das Prozessrecht [kein Fristenlauf an Samstagen], die Fahrpläne öffentlicher Bahnen...)? Welche Interpretation ist zeitgemäss? Welchen Zweck soll der Begriff erfüllen? Und schliesslich: *Wie wäre die Rechtslage, wenn der Wagen um 17 Uhr abgestellt worden wäre?*

605 **Lösung:**

- Werk-Tag heisst Arbeitstag (*grammatikalisches Element*). Der Samstag ist für die meisten kein Arbeitstag, aber es gibt etliche Berufsgattungen, für die das nicht stimmt. Die wörtliche Auslegung ist nicht eindeutig.
- Früher, als die Sechstagewoche noch üblich war, galt der Samstag als Werktag (*historisches Element*).
- Je nach systematischem Bezug ist der Samstag ein Werktag oder nicht (der allgemeine Sprachgebrauch ist unklar, in der Arbeitswelt ist der Samstag meist

kein Arbeitstag, Prozessgesetze lassen Fristen am Samstag nicht mehr auslaufen, gewisse Fahrpläne unterscheiden nur zwischen Werktagen und Sonn- und Feiertagen, sodass der Samstag zu den Werktagen gehört; *systematisches Element*).

- Die Verkürzung der Arbeitszeiten lässt es als zeitgemäss erscheinen, den Samstag immer weniger als Werktag zu begreifen; allerdings spricht die Flexibilisierung im öffentlichen Arbeitsrecht dagegen.
- All diese Erwägungen sind nicht schlüssig. Massgeblich ist der Zweck der Vorschrift (*teleologisches Element*). Die Parkordnung soll bei Knappheit an Parkplätzen im Stadtzentrum dafür sorgen, dass möglichst viele Automobilisten eine Parkgelegenheit finden. Knappheit besteht während der Ladenöffnungszeiten. An Samstagen ist die Nachfrage nach Parkplätzen in der Stadt oft am grössten. Der Begriff „Werktag" ist daher als „Geschäftstag" zu interpretieren. Der Samstag gehört dazu.
- Gilt die Beschränkung auch an Samstagen bis um 19 Uhr, obwohl die Geschäfte an diesem Tag früher schliessen als sonst? Während „Werktag" unbestimmt ist, sind die Zeitangaben eindeutig. Sie können durch Auslegung weder ausgedehnt noch eingeschränkt werden. Der Wortlaut spricht daher für die gleiche Zeitgrenze an Samstagen (*grammatikalisches Element*). Da aber der Zweck der Bestimmung Grund für die ausdehnende Anwendung der Norm ist, soll er auch den Umfang der Ausdehnung bestimmen (*teleologisches Element*). Die Beschränkung des Parkierens soll nicht über das erforderliche Mass hinaus ausgeweitet werden. Nach Ladenschluss am Samstag wären Parkbussen unverhältnismässig.

Hinweis: Um eine juristisch rationale Entscheidung zu treffen, wird ein 606 unbestimmter Rechtsbegriff ausdehnend ausgelegt (*extensive Interpretation*); weil dadurch eine überschiessende Norm entsteht, wird diese wiederum auf ihren Zweck zurückgeführt (*teleologische Reduktion*).

1.2 Vertiefung: Methode als Rationalisierungsprozess

1.2.1 Zum Verhältnis von Methode und Urteil

Zum Begriff der Methode gehört das planmässige Vorgehen nach einem 607 zum Voraus festgelegten Verfahren. Logisch betrachtet, muss die Methode unabhängig vom Resultat nach Kriterien bestimmt werden, welche über den Einzelfall hinaus allgemein gültig sind. Das Resultat muss sich aus der Methode ergeben. Umgekehrt zu verfahren, d.h. zuerst das Ergebnis festzulegen, um daraus die Methode abzuleiten, welche zu diesem

Ergebnis hätte führen können, gilt als Musterbeispiel für Irrationalität – im Recht als Willkür.

608 Dieses logische Verhältnis von Methode und Urteil ist unbestreitbar. Die logische Forderung hat auch einen normativ richtigen Gehalt, weil sie eine Garantie für die Überprüfbarkeit von Urteilen liefert. Hierin liegt auch die grundsätzliche Bedeutung von Methode überhaupt: Methodisches Vorgehen soll Dritten gestatten, die Entstehung des Ergebnisses nachzuvollziehen und zu beurteilen.

609 Nachvollzug und Überprüfung sind allerdings auch möglich, wenn ein Ergebnis intuitiv gefunden und die Methode nachgeschoben wird. Es genügt, wenn dargelegt werden kann, dass andere anerkannte Methoden nicht zu einem anderen, ebenso vertretbaren Ergebnis geführt hätten.

610 Dies ist deshalb wichtig, weil Methode und Ergebnis im juristischen Denken in einer viel komplexeren Beziehung stehen, als die Logik vermuten lässt. Im hermeneutischen Verfahren besteht zwischen den beiden eine gegenseitige Abhängigkeit. Ähnlich wie die Norm nur im Hinblick auf den Sachverhalt verstanden werden kann (und umgekehrt), lässt sich die Methode nur im Hinblick auf das Urteil bestimmen (und umgekehrt).

611 Auch in der Methodenfrage gibt es nämlich ein Vorverständnis. Dieses enthält nicht nur einen Entwurf des Urteils, sondern auch des Lösungsweges, der zum Urteil führt. Die Methodenwahl findet zwangsläufig schon mit Blick auf das mutmassliche Urteil statt. Der hermeneutische Zirkel ist auch auf der Ebene der Methodenwahl unentrinnbar.

612 Die zirkelhafte Natur der Methodenwahl zeigt sich etwa darin, dass das Schweizerische Bundesgericht sich in seinem Entscheid BGE 83 I 173 ff., 178 genötigt sieht, die Wahl der Auslegungsmethode nach ihrer Tauglichkeit für die Bestimmung des wirklichen Sinnes der Norm im einzelnen Fall zu treffen: Obwohl grundsätzlich die Methode etwas Vorgegebenes sein sollte, erweist es sich als unmöglich, die Methode zu bestimmen, ohne bereits ein Vorverständnis von der Lösung des Falles zu haben. Letztlich begründet die Methode im Nachhinein das bereits vermutete Ergebnis[343].

343 Vgl. HINDERLING, Rz. 388.

Diese Interdependenz von Methode und Ergebnis entbindet das Gericht freilich nicht von der Pflicht zu höchstmöglicher Transparenz und Konsistenz. Die Argumentation vom Ergebnis her muss selber methodisch eingebunden bleiben. In diesem Sinne wird die Methodenwahl nicht willkürlich, sondern bleibt begründungspflichtig[344]. 613

Dass das Ergebnis die Methode beeinflusst, ist an sich keine Besonderheit der juristischen Arbeit. In etwas abgeschwächter Form gilt diese Rückkoppelung allgemein: Für jede Erkenntnis gilt die Forderung nach Anpassung der Methode an den Gegenstand. Das Objekt bestimmt, mit welchen Mitteln es sich dem Subjekt erschliesst. Die experimentelle Methode von Versuch und Irrtum (*etwa in Naturwissenschaft oder Medizin*) ist nichts anderes als der Weg, auf welchem herausgefunden wird, welche Methode dem Gegenstand der Erkenntnis angemessen ist. 614

Während aber in anderen Disziplinen einzig die Tauglichkeit der Methode über ihre Richtigkeit entscheidet, kommt in der Rechtswissenschaft eine weitere Bedingtheit hinzu: das *Verhältnis von Methode und materiellem Recht*. Die methodischen Elemente juristischer Arbeit sind nicht frei wählbar. Es kann darüber nicht ein uneingeschränkter disziplinärer Diskurs stattfinden, in welchem begründet würde, welche Elemente die gerechteste Lösung gewährleisten. Juristische Methode ist nicht nur Methode zur Erkenntnis des Rechts, sondern zugleich Methode zum Vollzug von positivem Recht. 615

Etliche methodische Elemente sind nämlich Anforderungen des positiven Verfassungsrechts. Insbesondere bedeuten die Gewaltenteilung und das Legalitätsprinzip, dass der Rechtsanwender an die Entscheidungen des Gesetzgebers gebunden ist. Alle Interpretation ist im Rechtsstaat verpflichtet, den Inhalt dieser Entscheidung möglichst zutreffend zu erkennen. Dies verleiht dem grammatikalischen und dem historischen Element der Auslegung eine prioritäre Bedeutung. 616

---

344 Daher bleibt die Kritik von HANS HUBER (Zeitschrift des Bernischen Juristenvereins 94 (1958), S. 466) bis heute gültig. Nach HUBER darf die Bestimmung der Interpretationsmethode nicht im Einzelfall nach Gutdünken vorgenommen werden, sondern muss etwas Vorgegebenes sein.

617 Allerdings ist der Inhalt der gesetzgeberischen Entscheidung nicht abstrakt, sondern in seiner Bedeutung für ein heute zu lösendes Rechtsproblem zu bestimmen. Dies ergibt sich aus den Staatsaufgaben von Gerichten und Verwaltung und aus der entsprechenden Kompetenzordnung. Der Rechtsanwender ist durch sein Amt verpflichtet, eine zeitgemässe Entscheidung zu treffen. Dies verleiht dem teleologischen Element und der Folgenbeachtung ihre Bedeutung.

618 Die Rechtsgleichheit verlangt schliesslich, dass die rechtsanwendende Entscheidung sich widerspruchsfrei in die Rechtsordnung einfügen lasse, was das systematische Element der Auslegung erforderlich macht und die dogmatische Systembildung legitimiert.

619 Für den juristischen Zirkel ist typisch, dass die Methode auf diese Weise durch Inhalte des positiven Rechts bestimmt wird, diese Inhalte aber nicht zuverlässig erkannt werden können, ohne dass die richtige Methode angewendet wird. *Ob die Gewaltenteilung bedeutet, dass die Entscheidung des Gesetzgebers zu achten sei, ergibt sich erst aus der Interpretation der Gewaltenteilungsnorm; die Methode der Interpretation hängt aber ihrerseits davon ab, was Gewaltenteilung bedeuten soll...* Die Methodenwahl erfolgt damit stets anhand eines Vorgriffs auf die Inhalte des Rechts. Methode und Resultat müssen in der hermeneutischen Spirale stets argumentativ aufeinander Bezug nehmen, damit sie sich gegenseitig immer näher bestimmen.

620 Die juristische Denkweise wird meist am Modell der Rechtsanwendung erläutert. So auch hier. Die grundsätzlichen Aussagen treffen aber auch auf die *Rechtsetzung* zu. Juristische Argumentation hat dann freilich nicht die Herrschaft über den Entscheidungsprozess, sondern erfolgt aus der Position der Politikberatung (*Juristen entwerfen z.B. Gesetzesentwürfe oder erstellen Gutachten dazu*). Deren Bedeutung ist aber beträchtlich, weil die Rechtsetzung mit dem internationalen Recht, der Verfassung und den übrigen Teilen der Rechtsordnung in Einklang gebracht werden muss.

621 Rechtsetzung und Rechtsanwendung lassen sich denn auch nicht kategorial trennen. Sie sind Stufen im Prozess der Rechtsverwirklichung, die ineinander übergehen. Wohl ist Rechtsetzung typischerweise generell-abstrakt, während Rechtsanwendung individuell-konkret ist. Der gute Ein-

zelentscheid muss aber auch als allgemeine Regel taugen und die gerechte Norm muss hypothetische Einzelfälle angemessen lösen können. Rechtssatz und Einzelakt sind daher aufeinander bezogen. Zudem entstehen immer mehr Zwischenformen zwischen den beiden idealtypischen Endpunkten eines Spektrums von staatlichen Handlungsformen, so dass die Unterscheidung verschwimmt.

Der Rechtsetzungsprozess ist grundsätzlich in den gleichen Zirkel von 622
Sachbereich und Norm eingebunden wie die Entscheidung von Einzelfällen. Der Unterschied liegt in der grösseren Interdisziplinarität der Argumentation und dem grösseren politischen Spielraum des Gesetzgebers[345]. Darüber, ob darin ein grundsätzlicher oder nur ein gradueller Unterschied besteht, streiten sich die Konzeptionen von der Wissenschaftlichkeit der Jurisprudenz. Während für die Rechtslogiker (im Gefolge Kelsens[346]) eine scharfe Trennung zwischen Recht und Politik besteht, sind beide etwa für die Anhänger der Critical Legal Studies[347] völlig verschmolzen.

1.2.2 Zur Wissenschaftlichkeit der Rechtswissenschaft

Die juristische Disziplin wird nur in der deutschen Sprache als Wissenschaft 623
bezeichnet. Traditionell zählt sie zu den Kunstlehren. Juristen könnten sich an sich damit begnügen, sich auf die historische Ehrwürdigkeit und die gesellschaftliche Unentbehrlichkeit ihrer Zunft zu berufen. Aber auch sie haben ihre Vorgehensweise vor dem Forum der Betroffenen als rational auszuweisen. Dem dient in der Moderne der Nachweis der Wissenschaftlichkeit am besten. Daher erscheint dieser vielen als erstrebenswert.

Der Ort der Wissenschaftlichkeit eines Bemühens ist seine Methodik. Wis- 624
senschaftlichkeit besteht darin, dass ein Verfahren besteht, in welchem eine Aussage bestätigt oder widerlegt werden kann. Dass ein bestimmtes Vorverständnis zur These geführt hat, die zu überprüfen ist, beeinträchtigt die Wissenschaftlichkeit nicht. Allerdings ist wichtig, dass das Vorver-

345 Zur Methodik der Gesetzgebung vgl. Noll, Gesetzgebungslehre; Feser, S. 78 ff.; Georg Müller, Elemente.

346 Vgl. hinten Ziff. III 2.2.1.

347 Vgl. Rz. 634 ff.

ständnis offen gelegt wird, weil es viel zur Bedeutung der These beiträgt[348]. Auch naturwissenschaftliche Erkenntnis ist von Intuition und Vermutung gesteuert. Entscheidend ist, dass der Schritt vom Bekannten ins Unbekannte intersubjektiv überprüfbar (ev. experimentell wiederholbar) ist.

625 Juristische Methode ist daher das Bemühen, ein Vorverständnis in intersubjektiv überprüfbarer Weise zu begründen. Der methodisch angeleitete Begründungsprozess korrigiert das Vorverständnis so, dass es sich aus dem materiellen Recht legitimieren lässt.

626 Eine Besonderheit der Jurisprudenz ist nun, dass sie eine normative Disziplin ist. Das bedeutet zweierlei: Sie hat einmal Normen und Werte zum Gegenstand. Darin ist sie eine verstehende Sozialwissenschaft[349]. Sodann ist sie aber eine praktische Disziplin im Umgang mit Normen, d. h. sie erhebt einen normativen Geltungsanspruch. Ihre Aussagen sollen nicht (nur) wahr, sondern (auch) richtig sein.

627 Richtigkeit ist dabei nicht allein durch die logisch korrekte Anwendung von normativen Regeln zu gewinnen, sondern verlangt die Erkenntnis der Wertungsprinzipien der Rechtsordnung, die hinter den Regeln stehen (sog. Wertungsjurisprudenz[350]). Wo diese Grundsätze nicht explizit im positiven Recht normiert sind, ist es Aufgabe der juristischen Dogmatik, implizit im Recht enthaltene Grundsätze zu generieren[351].

628 Da es in der Jurisprudenz um die Verwirklichung von Werten geht, müssen Juristen teleologisch denken: sie sollen angemessene, zweckmässige und sachgerechte Lösungen vorgegebener Probleme entwickeln[352]. Juristisches Denken verfolgt daher eine zielgerichtete und wertende Rationalität. Diese kann ihre Gültigkeit nicht monologisch dadurch ausweisen, dass jeder, der ihre Regeln beherrscht, zum gleichen Ergebnis gelangt (dies im Gegensatz etwa zur formalen Logik). Juristische Rationalität entsteht erst intersubjektiv durch die Heranbildung einer Überzeugung innerhalb der

---

348 Rüthers, Rz. 288.

349 Vgl. Ziff. II 2.2.3, Rz 149 ff.

350 Bydlinski, S. 123 ff.; Larenz / Canaris, S. 36 ff.

351 Vgl. dazu Ziff III 313.2, Rz. 788 ff.

352 Rüthers, Rz. 292.

Fachöffentlichkeit. Juristisch rational ist, was die herrschende Meinung teilt.

Die Gültigkeit der herrschenden Meinung in der Rechtswissenschaft gründet sich darauf, dass sie sich in Diskussion und Praxis bewährt hat. Sie gilt so lange, als sie für die überwiegende Mehrheit aller Kritik standhält und daher akzeptiert wird[353]. Garant der juristischen Rationalität ist somit der Diskurs der Dogmatik. 629

Je nach dem Wissenschaftsbegriff, den man zugrunde legt, genügt diese Rationalitätsgarantie, um die Jurisprudenz eine Wissenschaft zu nennen. Letztlich verfügen auch die Naturwissenschaften über keine andere Garantie, wie die Wissenschaftsgeschichte lehrt. Der deutsche Sprachgebrauch ist daher (gerade aus diskurstheoretischer Sicht) vertretbar. 630

Wer den Anspruch erhebt, Wissenschaft müsse strengeren Anforderungen genügen, kann sich damit freilich nicht zufrieden geben. So kann verlangt werden, Wissenschaft müsse objektiv im Sinne von empirisch und daher deskriptiv sein. Das ist der Standpunkt des Rechtsrealismus[354]. Oder es kann verlangt werden, eine Wissenschaft, die sich mit Normen befasse, müsse logisch geschlossen und daher von allen Realien abgehoben sein. Das ist der Standpunkt des rechtslogischen Idealismus[355]. Beide Thesen sind vertretbar, verkürzen aber das Recht um je eine Hälfte: entweder um seine normative oder um seine faktische Dimension. Der jeweils ausgelassene Teil fällt dann aus der juristischen Rationalität heraus und gilt dann als mehr oder weniger irrational (im subjektivistischen oder im politischen Sinne). 631

Beide Formen der Selbstbeschränkung haben den Nachteil, dass sie, um an einem anspruchsvolleren Wissenschaftsbegriff festhalten zu können, den Rationalitätsbegriff so verkürzen, dass er nicht mehr den ganzen juristischen Entscheidungsprozess zu umfassen vermag. Die Jurisprudenz 632

353 DERS., Rz. 320.
354 Näheres in Ziff. III 2.2.2; vgl. SUMMERS, S. 43 f. HOLMES, S. 61, versteht Recht z.B. als Prognose richterlicher Entscheidungen.
355 Näheres in Ziff. III 2.2.1; vgl. KELSEN, Reine Rechtslehre, oder HART, Der Begriff des Rechts.

reicht dann weiter als die Rechtswissenschaft und ist in entscheidenden Aspekten nur noch dogmatisch. Die Fachsprache ist nicht mehr einem allgemeinen Forum rechenschaftspflichtig. Weil die Disziplin derart ohne Chance der Integration in einen objektiven und einen subjektiven Teil gespalten wird, erscheint fraglich, ob sich die Konzeptionen des Rechtsrealismus und des rechtslogischen Idealismus mit dem Willkürverbot vereinbaren lassen.

633 Der integrale Rationalitätsanspruch einer Rechtswissenschaft, welche den ganzen juristischen Entscheidungsprozess einfangen will, ist freilich prekär. Die Rechtssprache ist wegen ihrer Aufgabe der Übersetzung zwischen Alltag und Recht unpräzis und nicht klar gegenüber anderen Sprachen abgrenzbar. Sie nimmt Vorstellungen und Argumente aus der Lebenswelt und aus verschiedenen Subsystemen der Gesellschaft auf und verleiht ihnen einen rechtlichen Sinn. Ein offenes Verständnis von Rechtswissenschaft kann daher von einer Position her angegriffen werden, welche behauptet, Jurisprudenz habe keinerlei selbständige methodische Legitimation und sei nichts weiter als die Fortsetzung von Politik im Bereich der Rechtsanwendung.

634 Dies ist die Position der Critical Legal Studies (CLS) [356]. Von unterschiedlichen Positionen aus vermögen die Vertreter dieser Gruppierung kritischer Juristen zu zeigen, dass sich für jedes Argument und jedes Prinzip im Recht das Gegenteil begründen lässt. Widersprüche sind im Recht allgegenwärtig[357]. Z.B. kann der Jurist ein dogmatisches Argument aus einem Rechtsbereich in einen anderen verschieben oder etwas Selbstverständliches oder Verschwiegenes zum zentralen Thema machen, und schon kehrt sich die juristische Logik in ihr Gegenteil um.[358]

---

356 Im Common Law ist die Verschiebung von Grundsätzen leichter denkbar als im kontinentaleuropäischen Recht, das durch Kodifikationen und durch die Trennung von Privatrecht und öffentlichem Recht stärker strukturiert ist. Dennoch gibt es auch hier genügend Freiräume, welche Wertungen und damit auch Umwertungen gestatten.

357 KELMAN, S. 258.

358 Vgl. die Methode des „internal development" bei UNGER, S. 18.

Der Grund dafür liegt darin, dass die Rechtsordnung gegensätzliche Grundsätze enthält, deren Beizug zu divergierenden Interpretationen einer Rechtsregel führen können[359]. *So verlangt die rechtsgleiche Behandlung ähnlicher Fälle eine Schematisierung der Rechtsprechung, während die Verhältnismässigkeit ihre Differenzierung fordert*; noch schärfer ist der Gegensatz zwischen Rechtsgleichheit und Vertragsfreiheit: *Wann und warum soll der Richter seine öffentliche Macht zur Korrektur der Privatautonomie einsetzen?* Das Recht verhält sich dazu ambivalent, weil es eine in sich widersprüchliche Mischung von Eigennutz und Solidarität darstellt. Die richterliche Entscheidung findet zwischen kontradiktorischen Werten statt, die unvergleichbar sind und sich daher nicht abwägen lassen[360]. 635

CLS kann auf diese Weise zeigen, dass die juristische Dogmatik von ideologischen Prämissen ausgeht, die üblicherweise nicht hinterfragt werden. *Warum soll im Vertragsrecht die Tauschgerechtigkeit dominieren und die Solidarität hintan stehen, wenn es doch im Familienrecht umgekehrt ist?* Die juristische Dogmatik verfügt über die Zuteilung von Grundwerten unseres gesellschaftlichen Zusammenlebens im Spannungsfeld von Liberalismus und Kommunitarismus[361]. Entsprechend der im Juristenstand herrschenden bürgerlichen Ideologie dominiert der Liberalismus in der Interpretation des Rechts. Die Rechtswissenschaft betreibt damit Ordnungspolitik. Die juristische Methodik ist nur im Lichte dieser Politik rational. Mit anderen Prämissen lassen sich aus dem verfügbaren Arsenal juristischer Argumentation gegenteilige Urteile begründen. 636

CLS trifft damit einen wunden Punkt herkömmlicher Methodik, vor allem in der positivistischen Prägung der Jurisprudenz. Die Fiktion einer juristischen Facharbeit, welche von den ethischen Überzeugungen des Juristen abstrahiert, wird durch CLS widerlegt. Juristische Entscheidungen müssen verantwortet werden, gerade weil sie (auch) politisch sind. Gerichte können sich in Härtefällen und Leitentscheidungen nicht hinter die Methodik 637

---

359 Sog. „deviationist doctrine" nach UNGER, S. 15 ff.

360 HUNT, S. 21.

361 Je nachdem ordnen wir unser Verhältnis zum anderen auf der Grundlage der Angst vor ihm oder der Sehnsucht nach ihm – und interpretieren das Recht entsprechend (GORDON, S. 114).

verstecken. Rechtswissenschaft ist – wenn schon – eine interdisziplinäre Wissenschaft und auf politische Ethik angewiesen. Erst wenn diese ethische Dimension anerkannt und offengelegt wird, lässt sich juristische Rationalität herstellen.

638 Jurisprudenz ist somit nur dann als Rechtswissenschaft zu bezeichnen, wenn ihre Interdisziplinarität auf das ganze Spektrum der expliziten und impliziten Gründe ausgedehnt wird, die ein Urteil motivieren können. Rechtswissenschaft geht dann weit über das hinaus, was heute im Pflichtstudium für Juristen angeboten wird.[362]

2 Juristische Logik und empirische Realität

2.1 Einführung

2.1.1 Beispiel

639 *A ist zugleich Mieter und Hauswart im Zehnfamilienhaus des B in Zürich. Seine Miete ist deshalb um Fr. 500.- ermässigt. A wird krank, muss ins Spital und kann seine Hauswartsaufgaben während eines Monats nicht erfüllen. B, der eine Ersatzperson bezahlen musste, erhöht den Mietbetrag auf einem der nächsten Einzahlungsscheine um Fr. 500.-. A weigert sich zu bezahlen. Daraus entsteht ein Rechtsstreit.*

640 Der Anwalt von A begründet die Weigerung wie folgt: Der Hauswartsvertrag (DE: Hausmeistervertrag) gehört zum System der privatrechtlichen Verträge. Dort wird einerseits die Miete, anderseits der Dienstvertrag geregelt. Der Hauswartsvertrag ist ein sog. Innominatvertrag (DE und AT: atypischer Vertrag), d.h. ein Vertrag, der zwar vom Gesetz nicht ausdrücklich geregelt ist, aber innerhalb des Vertragssystems als Kombination von Miet- und Dienstvertrag zulässig ist (gilt nicht für AT, vgl. die Spezialregelung im Hausbesorgergesetz). Die Mietpreisvergünstigung ist ein Lohn, der mit der Miete verrechnet wird. Arbeitsrechtlich besteht für kurz-

362 Näheres vgl. Ziff. III 5.2.

fristige Erkrankung eine Lohnfortzahlungspflicht, so dass B dem A die Mietpreisvergünstigung weiterhin schuldet.

Der Anwalt von B erwidert: Der Hauswartsvertrag ist zwar ein Vertrag, aber im Einzelnen gesetzlich nicht geregelt, so dass auf die realen Verhältnisse und Interessen abgestellt werden muss, um die konkreten Rechte und Pflichten zu bestimmen. Ein Zehnfamilienhaus braucht einen Hauswart, weil sich bei dieser Grösse die gemeinsamen Belange nicht effizient durch gegenseitige Absprache der Mieter lösen lassen. Die Mietzinsen im Haus von B sind so berechnet, dass darin auch die Hauswartsleistungen abgegolten sind. Die Mieter haben daher ein Recht darauf, dass diese Leistungen erbracht werden. B hat A gegen ein Entgelt den Auftrag erteilt (DE: Geschäftsbesorgungsvertrag), diese Leistungen zu erbringen. A haftet gegenüber B für die Nichterfüllung seiner Pflichten. Er hat den Schaden zu ersetzen, der B durch die notwendige Ersatzvornahme erwachsen ist. 641

Aufgabe: 642

Umschreiben Sie die Denkweise, welche die beiden Argumentationen prägt und fügen Sie an, was Sie bei der einen wie bei der andern stört.

Lösung: 643

- Der Anwalt von A deduziert die Lösung aus dem System des Privatrechts, indem er logische Einordnungen von Vertragstypen in das Vertragsrecht vornimmt. Den Fall konstruiert er durch Aufteilung in zwei Elemente so, dass das zu lösende Problem unter den Typus Dienstvertrag fällt. Dann stellt er die Entscheidung durch logische Anwendung von Dienstvertragsrecht her.
- Störend ist, dass ein Interessenkonflikt auf rein logische, systematische Art und ohne Bezug auf die realen Interessen getroffen wird.
- Der Anwalt von B schliesst die rechtliche Lösung aus den faktischen Verhältnissen, indem er die Funktion des Hauswarts definiert und diese in Rechte und Pflichten übersetzt. Massgeblich dafür ist die objektive Interessenlage der Parteien; ihre Rechte und Pflichten werden aus den Folgen oder Wirkungen ihres Handelns abgeleitet.
- Störend ist, dass eine Rechtsfrage auf ökonomische Funktionen reduziert wird, ohne dass gefragt wird, was den Parteien gerechterweise zugemutet werden darf.

2.1.2 Erläuterung: Norm und Wirklichkeit im juristischen Denken

644 Weil die juristische Entscheidung tatsächliche Verhältnisse normativ zu beurteilen hat, bewegt sich das juristische Denken in zwei Welten: in der Realität und in den Normen. Im Bemühen um Wissenschaftlichkeit sind für jede dieser Welten eigene Methoden und Gesetzmässigkeiten entwickelt worden.

645 Für die normative Seite gibt die juristische Logik die Regeln des Denkens vor. Sie bestimmt das Verhältnis der abstrakten Regeln zueinander und zum konkreten Urteil (Ziff. 2.1.2.1).

646 Für die faktische Seite bestimmt die empirische Logik die Regeln des Denkens. Kausale Abläufe, Wahrscheinlichkeiten, Wirkungen und ihr Beweis sind die Kriterien, denen ein Urteil nach diesem Denken zu genügen hat (Ziff. 2.1.2.2).

Kapitel	**polares Begriffspaar einer Denkweise**		**Spannungsverhältnis**
III 1	Vorverständnis	Methode	Von der Meinung zum Urteil
III 2	juristische Logik ➧ normative Seite des Rechts	empirische Realität ➧ faktische Seite des Rechts	Norm und Wirklichkeit

Übersichtstabelle 2 b: Juristische Logik und empirische Realität

2.1.2.1. Juristisches Denken als logische Analyse der Norm

a) Rechtsbegriffe

647 Präzision ist Merkmal jeder Wissenschaftlichkeit. Nach dem Vorbild der Naturwissenschaften sucht auch die Rechtswissenschaft möglichst genau zu sein. Da sie nur über das Mittel der Sprache verfügt, versucht sie eine möglichst präzise Fachsprache zu entwickeln[363].

648 Zentrales Mittel der Präzisierung ist im Recht die Definition der *Rechtsbegriffe*. Damit die Sprache möglichst eindeutig wird, sind möglichst enge Begriffe vorzuziehen (*z.B. Kaufvertrag statt Vertrag, Gebühr statt Abga-*

363 RÜTHERS, Rz. 186 ff.

be). Und um die Sprache logisch zu strukturieren, müssen klare Arten und Gattungen von Begriffen gebildet werden (*z.B. gehört der Begriff der Miete zum Oberbegriff des Vertrags und dieser zum noch allgemeineren Oberbegriff des Rechtsgeschäfts*).[364]

Allerdings knüpfen juristische Begriffsbestimmungen zunächst immer an den ungenauen allgemeinen Sprachgebrauch an. Sie grenzen den Sinn eines Wortes aus der Alltagssprache aber so ein, dass er eine eindeutigere rechtliche Aussage ergibt. Meist geschieht dies mit Blick auf den Zweck des Gesetzes, in welchem der Begriff vorkommt[365]. *Abmachungen, Vereinbarungen, Übereinkünfte des Alltags können mehr oder weniger ernst gemeint sein, erst als Vertrag werden sie rechtsverbindlich. Denn es ist Zweck des Vertragsrechts, Rechte und Pflichten im Rechtssinn zu schaffen.* 649

Die Rechtssprache macht so aus umgangssprachlichen Anschauungsbegriffen Rechtsbegriffe. Dabei werden aus deskriptiven Begriffen (*Mensch, Gesundheit, Bildung etc. als Erscheinungen und Eigenschaften der Tatsachenwelt*) normative Begriffe (*Mensch als Träger von Rechten, Gesundheit als öffentliches Schutzgut, Bildung als Staatsaufgabe*). Diese Rechtsbegriffe können nicht nach ihrer Bedeutung in der Umgangssprache gedeutet werden, sondern müssen auf ihre rechtsverbindlich festgelegten Schutzzwecke hin ausgelegt werden.[366] 650

Dieser Wandel von der deskriptiven zur normativen Bedeutung eines Wortes bildet eine der Hauptschwierigkeiten des juristischen Studiums. *Der Hund, das Kind, das Haus oder die Strasse sind im rechtlichen Sprachgebrauch nicht das, was sie im Alltag oder aus der Sicht einer anderen Wissenschaft darstellen, sondern das, was sie „im Sinne des Gesetzes" bedeuten. Der Hund kann für eine Reihe anderer Tiere stehen, wenn sie eine ähnliche Gefahr für ein Schutzgut des Rechts bedeuten; das Kind interessiert im Haftungsrecht als rechtsfähiger, aber nur beschränkt handlungsfähiger Mensch, für dessen Taten die Eltern haften; das Haus* 651

---

364 SCHNEIDER, S. 17 ff.
365 RÜTHERS, Rz. 195 ff.
366 DERS., Rz. 203 ff.

kann als Bereich des Hausrechts, in welchem meine Privatsphäre geschützt ist, weiter reichen als seine Wände; die Strasse ist vielleicht der Bereich der Fahrbahnen für Strassenfahrzeuge, vielleicht ist sie der dem Gemeingebrauch geöffnete Boden in der Stadt, vielleicht ist sie sogar der gesamte öffentliche Raum, in welchem meine Privatsphäre nicht geschützt ist. Mit andern Worten: Begriffe aus der physischen oder gesellschaftlichen Welt erhalten aus dem Zweck, der in der Rechtswelt mit ihnen verbunden wird, einen anderen Sinn.

652 Besondere Schwierigkeiten bieten werthaltige Begriffe, welche in der Alltagssprache eine andere Bedeutung haben als im Recht. *Der freie Wille, das Vertrauen, der Missbrauch oder die Gleichheit sind im Recht je genau definiert und entsprechend gegenüber dem Alltagsverständnis in ihrer Bedeutung eingeschränkt,* so dass der gesunde Menschenverstand oft enttäuscht wird, wenn die Rechtsdefinition die Alltagserwartung nicht abdeckt. *Z.B. genügt es nicht, dass jemand tatsächlich auf das Wort des andern vertraut hat. Obwohl das bewiesen sein mag, wird das Vertrauen erst geschützt, wenn der andere damit rechnen musste, dass er beim Partner ein rechtserhebliches Vertrauen schafft.*

653 Das *Faktum* des Vertrauens löst nicht ohne weiteres die *Rechtsfolge* des Vertrauensschutzes aus. Merke: *Genau so wie Tatsachen keine Rechte schaffen, sind Sachbegriffe keine Rechtsbegriffe.*

654 Die Beispiele zeigen, dass die juristische Fachsprache Übersetzungsprobleme bietet. Sie sollte sich so nahe wie möglich an den allgemeinen Sprachgebrauch halten, um für alle vom Recht Betroffenen verständlich zu sein. Die Komplexität der Rechtswirklichkeit setzt diesem Bestreben aber enge Grenzen. Die Rechtssprache muss die Lebensvielfalt schematisieren, um kohärente Entscheidungen zu ermöglichen. Und die Rechtsbegriffe müssen einen rechtstechnischen Sinn haben, damit sie eindeutig sind. So bleibt die Rechtssprache in weiten Bereichen dem Laien eine undurchsichtige Geheimsprache, was mitunter auch zu Misstrauen gegenüber dem Recht führt[367].

---

367 Ders., Rz. 207 ff.

b) Rechtslogik

Was für die einzelnen Begriffe gilt, zählt noch mehr für die Sätze der Rechtssprache, für ganze Gesetze oder für die Rechtsordnung insgesamt. Das Recht hat eine eigene logische Struktur, die im wesentlichen ein hierarchisches System bildet, aus welchem deduktive Schlüsse gezogen werden können. Dies ist zumindest der Anspruch der juristischen Logik. 655

Die Logik ist die Grundschule jedes Denkens und daher auch für den Juristen zentral. Im Folgenden werden die wichtigsten logischen Strukturen und Schlussformen im Recht kurz dargestellt: der Rechtssatz (1), der Syllogismus (2) und die spezifischen juristischen Schlussformen (3). 656

(1) Der Baustein der Rechtsordnung ist der *Rechtssatz*. Seine logische Struktur prägt die ganze Rechtsordnung und das Rechtsdenken: Der Rechtssatz ist ein Sollenssatz. Er sagt in generell-abstrakter Form, unter welchen Voraussetzungen jemand etwas tun oder unterlassen soll. Rechtstechnisch ist er als Wenn–dann–Satz formuliert: Wenn ein Sachverhalt gewisse Bedingungen erfüllt, dann hat dies bestimmte Rechte und Pflichten zur Folge. Der Rechtssatz verknüpft somit einen generell umschriebenen Sachverhalt (den Tatbestand) mit einer ebenfalls generell gefassten Rechtsfolge. Diese drückt den Sollensgehalt der Norm aus[368]. *Weil ich Eigentümer einer Sache bin, sind alle verpflichtet, mir die Sache herauszugeben*. Der Tatbestand des Eigentums hat die Rechtsfolge der Herausgabe zur Konsequenz. 657

Wer eigene Rechte oder Pflichten anderer geltend machen will, muss somit nur begründen, dass der Sachverhalt, auf den er sich stützt, den Tatbestand erfüllt. Gelingt ihm dies, ist die Rechtsfolge, die er anstrebt, blosse logische Folge daraus. *Wenn ich (durch Kaufbeleg) beweisen kann, dass die ausgeliehene Videokassette mein Eigentum ist, folgt daraus zwingend, dass der aktuelle Besitzer verpflichtet ist, mir die Kassette zurückzugeben*. 658

Der logische Zusammenhang von Tatbestand und Rechtsfolge im Rechtssatz ermöglicht die *deduktive* Struktur der juristischen Begründung. Weil der Gesetzgeber einen Tatbestand so gewertet hat, dass er ihn mit einer 659

---

368 Larenz / Canaris, S. 72 f.

bestimmten Rechtsfolge verknüpft, kann der Rechtsanwender logisch verfahren: Alle Sachverhalte, welche begrifflich unter den Tatbestand fallen, haben die vorgesehene Rechtsfolge zur Konsequenz.

660 (2) Dieses logische Schema der Gesetzesanwendung ist der sog. *Syllogismus* oder Subsumtionsschluss[369]. Der Sachverhalt muss logisch unter den Tatbestand der Norm fallen (unter ihn subsumiert werden können), damit diese auf den Fall anwendbar ist. Um dies festzustellen, ist ein logischer Dreischritt erforderlich:

- (1) Der Rechtssatz gilt für alle Fälle, die unter seinen Tatbestand fallen (Obersatz)
- (2) Der Sachverhalt fällt unter den Tatbestand (Untersatz)
- (3) Die Rechtsfolge gilt für den Sachverhalt (Schlusssatz).

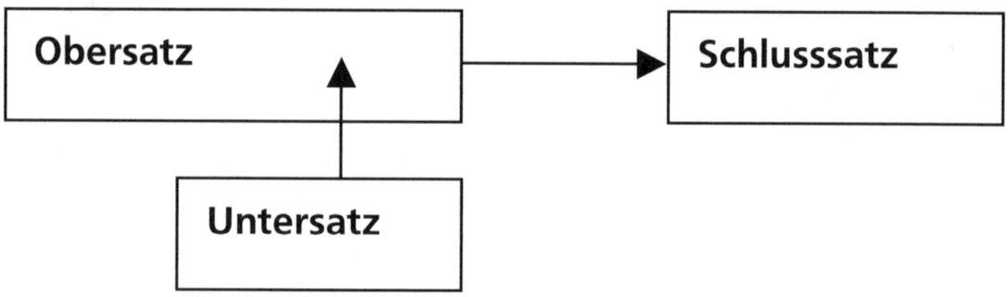

Syllogismus

661 Urteile, welche in diesem Dreischritt einen Fehler begehen, sind logisch falsch und damit willkürlich. Fehlt z.B. dem Sachverhalt ein Merkmal des Tatbestandes, ist der Sollensschluss nicht statthaft[370]. *Habe ich nicht die Absicht, mir die Sache zuzueignen, begehe ich keinen Diebstahl* (§ 242 StGB (Strafgesetzbuch), AT: § 127 StGB, CH: Aneignungsabsicht, Art. 139 StGB). Der juristische Gedankengang muss logisch korrekt aufgebaut sein. Sonst leidet er an einem inneren Widerspruch.

662 Die Subsumtion beschreibt die logischen Schritte, welche der Jurist bei der *Her*stellung seines Urteils befolgen muss. Ebenso wichtig ist sie für die *Dar*stellung dieses Urteils: Dort dient sie dazu, die Gesetzmässigkeit der

369 Vgl. DIES., S. 91 ff.; SCHNEIDER, S. 126 ff.; KOCH / RÜSSMANN, S. 18 ff.
370 Für Beispiele zu fehlerhaften Schlüssen vgl. SCHNEIDER, S. 179 ff.

Entscheidung zu begründen; nur ein Urteil, das sich korrekt unter die anzuwendende Norm subsumieren lässt, entspricht dem Gesetzmässigkeitsprinzip, das positivrechtlich für alle Entscheide staatlicher Behörden gilt. Das Subsumtionsmodell ist damit nicht nur ein Denkmodell, sondern eine Forderung des Legalitätsprinzips. Für die Kontrolle des Urteils ist die Subsumtion unverzichtbar[371].

(3) Die meisten Probleme bei der Subsumtion liegen allerdings nicht im 663
logischen Dreischritt, sondern bei der Interpretation der verwendeten Begriffe. Aber auch dafür stellt die Logik einige Hilfsmittel bereit: die *spezifischen juristischen Schlussformen*. Mit dem Analogieschluss wird aus teilweiser Gleichheit auf Gleichbehandlung geschlossen (*wenn z.B. Raubtiere den Hunden gleichgestellt werden sollen, weil sie mindestens ebenso gefährlich sind wie diese*). Mit dem Umkehrschluss wird aus Unterschieden auf Ungleichbehandlung geschlossen (*wenn Raubtiere den Hunden nicht gleichgestellt werden sollen, weil sie nicht Haustiere sind*). Das Geringere kann im Grösseren eingeschlossen sein (argumentum a majore minus) oder umgekehrt dieses ausschliessen (argumentum a minore ad maius oder a fortiori), je nachdem, ob es z.B. darum geht, *dass die umfassendere Disziplinarbefugnis auch die geringere einschliesst oder ob aus dem Fehlen einer geringeren Kompetenz auf das Fehlen der grösseren geschlossen wird*[372]*: Wer einem Mitarbeiter den Lohn kürzen darf, darf ihm auch Vergünstigungen entziehen; das Umgekehrte gilt aber nicht.*

c) Rolle der allgemeinen Logik

Die Struktur des Rechtssatzes, der Syllogismus und die spezifischen juristi- 664
schen Schlussformen sind nur besonders augenscheinliche Ausprägungen der allgemeinen Logik, auf welcher das juristische Denken wie jedes wissenschaftliche Bemühen beruht.

Grundlage der Subsumtion eines Sachverhaltes unter einen Tatbestand 665
sind die vier obersten Denkgesetze der Logik:

---

371 PAWLOWSKI, Einführung, Rz. 125 a.
372 SCHNEIDER, S. 144 ff.

- Das Identitätsgesetz stellt sicher, dass ein Begriff mit seiner Definition identisch ist, und verlangt, dass ein Begriff immer mit der gleichen Bedeutung verwendet werde.
- Das Gebot der Widerspruchslosigkeit besagt, dass von zwei sich widersprechenden logischen Urteilen eines notwendigerweise falsch ist.
- Umgekehrt besagt der Satz von ausgeschlossenen Dritten (tertium non datur), dass es neben zwei sich widersprechenden logischen Urteilen kein Drittes geben könne, so dass eines von beiden notwendigerweise wahr sei.
- Ein logisches Urteil braucht schliesslich einen zureichenden Grund, d.h. einen schlüssigen logischen Gedankenzusammenhang von Sachverhalt und Urteil.[373]

666 *Konkret heisst das,*

- *dass Begriffe innerhalb eines Gesetzes oder innerhalb einer juristischen Arbeit immer die gleiche Bedeutung haben müssen;*
- *dass von zwei einander widersprechenden Aussagen nur eine wahr sein kann (dass z.B. der Fahrer die Sicherheitslinie entweder überfahren hat oder nicht);*
- *dass aber auch das Umgekehrte gilt, wenn zwei Aussagen kontradiktorisch sind (was bedeutet, dass sie die gleiche Aussage bejahen bzw. verneinen): dann ist die eine wahr, wenn die andere falsch ist (wenn es falsch ist, zu sagen, der Fahrer habe die Sicherheitslinie überfahren, dann trifft die gegenteilige Aussage zu); und schliesslich*
- *dass ein Urteilssatz erst dann seinen zureichenden Grund hat, wenn das Urteil keinen Inhalt hat, der sich nicht aus dem Grund ergibt (z.B. kann aus dem Überfahren der Sicherheitslinie nicht logisch geschlossen werden, dass der Fahrer mit übersetzter Geschwindigkeit gefahren ist).*

667 Das *logische Urteil* ist vom juristischen Urteil zu unterscheiden, bildet aber dessen Baustein: Mit dem logischen Urteil bejahen oder verneinen wir die objektive Identität zweier Begriffe. Es verknüpft mindestens zwei Begriffe in ihrer logischen Beziehung (*z.B. „die Vertragsofferte ist eine Willenserklärung"*). Das logische Urteil ist notwendig, um das juristische Begriffs-

---

373 DERS., S. 76 ff.; ALBRECHT, S. 84 ff.

system zu bilden. Es verknüpft die Begriffe in ihrer systematischen Abhängigkeit voneinander.

Rechtsnormen sind aber nicht logische Urteile, weil sie ein Sollen zum Ausdruck bringen, nicht eine Wahrheitsbehauptung. Die Rechtsfolge ist nicht logische Konsequenz aus dem Tatbestand, sondern normative Forderung daraus. (*Der Satz: „Wer einem andern eine fremde bewegliche Sache wegnimmt... wird... bestraft", sagt nicht aus, dass der Dieb mit dem Bestraften identisch sei, sondern dass der Dieb bestraft werden* solle.)[374] 668

Die Rechtslogik kann Normen bei der Subsumtion daher nur *analog* einem logischen Urteil behandeln: Gesetzt, die Norm gilt, dann kann das Urteil daraus geschlossen werden, als ob es eine Wahrheitsfrage wäre (obwohl es eine Richtigkeitsfrage ist[375]). 669

Das gesamte juristische Denken lässt sich auf diese Weise im Hinblick auf seine logischen Strukturen analysieren. Logiker haben für den juristischen Gedankengang eine formalisierte Sprache gebildet, welche Wörter durch Zeichen ersetzt und diese mittels Operationsregeln zu einem Kalkül verbindet, das mathematische Struktur hat[376]. Der Wert solcher Analysen ist, dass sie die formale Rationalität der juristischen Fachsprache aufzeigen und eine Denkschulung anbieten. Sie fördern damit die Präzision im Ausdruck und im Gedankengang. 670

Die formale Logik erfasst jedoch nur das Gerippe des juristischen Denkens. Juristische Logik ist nicht das Ganze der juristischen Rationalität. Zur Logik gehört begriffsnotwendig, dass der Schluss sich aus den Prämissen vollständig ergibt, d. h. keine neuen Inhalte enthält. Es ist geradezu der Sinn der Logik, klarzustellen, was in den Prämissen vorausgesetzt wird, und dies vom Neuen (d.h. nicht logisch Zwingenden) abzugrenzen, das in einem juristischen Urteil enthalten ist. Denn so wird bewusst, was anderweitig begründet werden muss. Die Logik setzt Begriffe und Sätze in ein systematisches Verhältnis, sagt aber nichts aus über deren Inhalte. Diese 671

374 SCHNEIDER, S. 52 ff.
375 Vgl. Ziff. II 4.1.2.1.
376 NEUMANN, Logik, S. 294 ff.; WEINBERGER, Rechtslogik, insb. S. 218 ff.; KOCH / RÜSSMANN, S. 48 ff.

müssen verstanden, juristisch interpretiert und beurteilt werden. *Ob Hund und Raubtier gleich oder ungleich sind, sagt uns nicht die Logik, sondern der Zweck des Gesetzes im Hinblick auf das reale Problem, z.B. die Haftung des Zirkus oder des Hundebesitzers.* Die logische Struktur des Denkens dient zwar als unverzichtbare Grundlage der juristischen Arbeit; ihre Überzeugungskraft bezieht die juristische Argumentation aber weit mehr aus den methodisch korrekten Urteilsgründen und der rhetorisch angemessenen Darstellung des Ergebnisses (diese juristische Rationalität wird auch etwa als die spezifisch „juristische Logik" bezeichnet[377]).

672 Die formale Logik des juristischen Denkens verleitet dazu, den hermeneutischen Prozess des juristischen Verstehens und Entscheidens auf die blosse Applikation von Gesetzen zu reduzieren. Recht wird dann mit Gesetzestext gleichgesetzt und Falllösung mit Subsumtion[378]. Dies verletzt die Verantwortung des Juristen, seine Entscheidung umfassend zu begründen.

673 Das Denken in logischen Schlüssen ist daher einzufügen in den argumentativen Prozess der Herstellung und Darstellung von Urteilen (vgl. Ziff. III 1.1.2).

2.1.2.2. Juristisches Denken als empirische Analyse des Sachverhalts

674 Das Gegenstück zum logischen Schluss ist der empirische Beweis. Logik sucht Wahrheit im Denken, Empirie sucht Wahrheit in der Realität. Logik und Empirie sind die beiden Hauptquellen der Wissenschaftlichkeit.

675 So wie die Logik die Wissenschaftlichkeit der normativen Seite des juristischen Denkens sicherstellen soll, muss die Empirie Wahrheit auf der faktischen Seite gewährleisten. Hier geht es um den Beweis der Sachverhalte, für welche Rechtsansprüche geltend gemacht werden. Es geht um den kausalen Ablauf, der zum rechtlichen Problem geführt hat. Oft brauchen wir eine Prognose, wie sich das Problem wahrscheinlich entwickeln wird. Schliesslich geht es um die Wirkungen realer oder möglicher Handlungen, insbesondere staatlicher Eingriffe in die Situation.

377 FRIEDRICH MÜLLER, Normstruktur, S. 42.
378 KAUFMANN, Beiträge, S. 122.

Im Gegensatz zum Logiker, der das Recht vor allem als Verknüpfung von Begriffen und Ideen versteht, sieht der Realist im Recht vor allem ein Resultat faktischer Verhältnisse und Interessen. Im Recht sind die Erfahrungen der Gesellschaft zusammengefasst. Rechtsnormen sind daher im Licht der Funktionen zu interpretieren, welche das Recht für das Zusammenleben der Menschen erfüllen kann. 676

Ausgangspunkt des juristischen Denkens ist der Sachverhalt. Seine tatsächlichen Merkmale definieren das juristische Problem und damit auch die konkrete Bedeutung der Norm, mit deren Hilfe die Lösung zu finden ist. Die Kunst des Juristen liegt primär darin, den Sachverhalt so differenziert zu analysieren, dass die sachlich richtige Entscheidung erkennbar wird. „Sachliche Richtigkeit" ist das Qualitätsmerkmal eines Urteils: Es soll sachgerecht sein – der Sache gerecht werden. Gerechtigkeit setzt voraus, dass die Sache, auf die sie sich bezieht, richtig erkannt ist. 677

Auf dieser empirischen Seite kann sich das juristische Denken auf die Methoden der entsprechenden Wissenschaften abstützen. Zahlreiche Elemente des Sachverhalts fallen in die Domäne spezialisierter Disziplinen, welche dem Juristen ihre Erkenntnisse vorgeben. *Die Geschwindigkeit des Unfallwagens im Zeitpunkt des Aufpralls ist technisch messbar; das Risiko bleibender Nebenfolgen einer Operation ist statistisch abschätzbar.* 678

Das Recht stellt auf der empirischen Seite unweigerlich auf die Wahrheitskriterien der deskriptiv[379] und induktiv[380] verfahrenden Disziplinen ab. Tatsachen sind zunächst einmal gar nicht die Domäne des Rechts. Sie sind ihm vorgegeben. Analysen z.B. der wirtschaftlichen, sozialen, technischen oder medizinischen Zusammenhänge eines Falles geben schon sehr viel Auskunft über die Sachstrukturen, denen die juristische Entscheidung entsprechen muss. Rechtsnormen erweisen sich somit weitgehend als sachbestimmt. 679

Diese Sichtweise ist ebenso berechtigt wie jene des Logikers. Sie betont zudem einen Aspekt der juristischen Arbeit, der im Studium viel zu kurz kommt und bei vielen Absolventen zum „Praxisschock" führt: Der Auf- 680

379 Vgl. Ziff. II 4.1.2.1.
380 Vgl. Ziff. II 2.2.1.

wand für die Konstruktion des Sachverhalts aus dem Dossier ist oft viel grösser – und hat entsprechend einen gewichtigeren Anteil an der Lösung des Falles – als die Subsumtion des Sachverhalts unter die Norm.

681 Allerdings bedarf auch diese Sichtweise der Relativierung: Die faktischen Elemente des Dossiers mögen zwar rein empirischer Natur sein. Sobald aber die Tatsachen zu einem rechtserheblichen Sachverhalt zusammengefügt werden sollen, wird eine normative Orientierung wegleitend. Diese darf nicht nur funktional bestimmt sein, sondern muss sich aus rechtsstaatlichen Gründen an der Rechtsnorm ausrichten. *Ob die Geschwindigkeit des Unfallwagens zu gross war und ob das Risiko von Nebenwirkungen der Operation so gering war, dass es vernachlässigt werden durfte, ist nicht allein vom Verkehrsspezialisten bzw. vom Mediziner zu beurteilen, sondern bedarf der rechtlichen Würdigung durch den Juristen.*

682 Dies bedingt eine Arbeitsteilung zwischen Experten und Juristen und insbesondere eine Verständigung zwischen ihnen über die Grenzen ihrer Fachsprachen hinweg. Denn die Behörde (Richter, Verwaltung, Gesetzgeber), die einen Sachverhalt beurteilen soll, stellt in aller Regel nicht eigene empirische Beobachtungen an. Sie verfügt nur über schriftliche und mündliche Berichte zur Sache, sowie über ihre eigene allgemeine Erfahrung. Zeugen, Parteiaussagen, Gutachten und Amtsberichte müssen interpretiert und bewertet werden. Die Behörde kommt nicht umhin, sich auf hermeneutischem Wege ein eigenes Sachurteil zu bilden, d.h. über Wahrhaftigkeit und Wahrheit der Erkenntnisquellen zu entscheiden.

683 Die Behörde muss dabei meist auf „Erfahrungssätze" abstellen, die nicht die zwingende Qualität von Naturgesetzen haben, sondern die Qualität von Wahrscheinlichkeiten aufweisen. Ähnlich wie auf der normativen Seite muss der Jurist einzelne Erkenntnisse (Indizien) unter solche Erfahrungssätze subsumieren, um das Beweisergebnis zu schliessen. Letztlich entscheidet die subjektive, aber möglichst rational begründete Überzeugung über die Wahrheit eines Sachverhalts.[381]

684 Damit ist der Wahrheitsbegriff des Rechts ein juristischer geworden. Als wahr gilt das, wovon sich die zuständige Behörde überzeugen konnte.

381 LARENZ / CANARIS, S. 125 ff.

Und da der Sachverhalt aus der Perspektive des rechtlich geprägten Vorverständnisses über den Fall konstruiert werden muss, ist die Wahrheit über den Sachverhalt immer bereits durch rechtliche Kriterien normativ geprägt. *Beim Strassenverkehrsunfall ist von der niedrigsten Schätzung der Geschwindigkeit eines Unfallwagens auszugehen, weil im Strafrecht dem Angeschuldigten nur das vorgeworfen werden darf, was ihm mit hinreichender Sicherheit angelastet werden darf; beim Operationsrisiko ist hingegen zum Schutze der Patienten vom grössten Risiko auszugehen, mit welchem der Arzt vernünftigerweise rechnen muss.*

Schliesslich ist die empirische Wahrheit für das juristische Urteil oft gar 685 nicht massgeblich. Im Zivilprozess gilt die sog. Verhandlungsmaxime. Die Parteien entscheiden, welche Sachverhalte sie anerkennen bzw. bestreiten wollen. Der Richter hat die unbestrittenen Tatsachen seinem Urteil zugrunde zu legen, auch wenn er daran zweifelt, dass sie zutreffen. Ferner kann ein Sachverhalt zwar oft glaubhaft gemacht, aber nicht bewiesen werden. Je nachdem, welche Beweisanforderungen das Prozessrecht stellt, kann die Beweislast dazu führen, dass derjenige, der aus der nicht hinreichend bewiesenen Tatsache Rechte ableiten will, den Prozess verliert.

Allgemein bekannt ist der Freispruch mangels Beweisen im Strafrecht, ein 686 besonders deutliches Beispiel dafür, dass der juristische Wahrheitsbegriff durch Regeln des Prozessrechts gegenüber jenem der Alltagswelt verändert wird. Aber auch in anderen Rechtsbereichen ist Wahrheit rechtlich eingegrenzt. In den meisten Rechtsbereichen sind die obersten Gerichtsinstanzen auf Rechtsfragen beschränkt und dürfen deshalb die Tatfrage nicht mehr überprüfen, obwohl neue Argumente gegen die von der Vorinstanz getroffene Sachverhaltsfeststellung sprechen mögen. Die neu gefundene Wahrheit kann nur unter den sehr einschränkenden Bedingungen der Wiederaufnahme rechtskräftig ergangener Urteile rechtlich relevant werden.[382]

Diese Hinweise sollen deutlich machen, wie die empirische Seite des 687 Rechts von der normativen Seite abhängt: Die Realität wird in einer rechtlich geprägten Weise wahrgenommen und spielt nur in den Schranken

382 Dies., S. 127 ff.

des Rechts eine Rolle. Die Erkenntnisregeln der empirischen Wissenschaften sind zwar unverzichtbare Grundlage des juristischen Beweises, aber sie bestimmen den Beweis nicht. Der Beweis des Sachverhalts ist ebenso Gegenstand des hermeneutischen Prozesses juristischer Interpretation wie das Verständnis der Norm.

688 Letztlich ist dies der Grund, warum jede Rechtsordnung das materielle Verhaltensrecht, das uns sagt, welche Rechte und Pflichten wir haben, durch ein Organisations- und Verfahrensrecht ergänzen muss: Der Gesetzgeber, die Verwaltung und die Justiz haben die Aufgabe festzulegen, wie Tatsachen rechtlich zu beurteilen sind und wie Rechtsnormen faktisch wirksam werden können. Diese Institutionen sind nötig, weil kein Einzelner diese beiden Fragen eindeutig und für jedermann einsichtig beantworten kann. *Weil sich Rechtsnormen nicht aus den empirischen Verhältnissen ableiten lassen, braucht es Gesetzgeber, welche Rechtsnormen in demokratisch legitimierten Entscheidungsprozessen errichten; weil sich Tatsachen weder durch rein sachliche Begründung noch durch rein logische Deduktion bestimmten Rechtsnormen zuordnen lassen, braucht es Gerichte und Verwaltungsbehörden, welche darüber eine wertende Entscheidung treffen.* Behörden und Verfahren sind institutionelle Ausgestaltungen des gegenseitigen Abhängigkeitsverhältnisses von Norm und Wirklichkeit.

2.1.3 Übungsbeispiel

689 Im Beispiel von Ziff. III 2.1.1 vertritt der Anwalt von A den Standpunkt des Logikers, während der Anwalt von B jenen des Realisten einnimmt. *Die beiden reden aneinander vorbei.*

690 **Aufgabe:**

Wie lassen sich die beiden Standpunkte zu einem umfassend begründeten Urteil verknüpfen?

691 **Hinweis:** Im *Dienstvertrag* stellt der Arbeitnehmer nur seine Arbeitskraft auf Zeit zur Verfügung, er schuldet keinen bestimmten Erfolg seiner Leistung. Beim *Werkvertrag* hingegen wird ein bestimmtes Werk, ein Erfolg geschuldet. Der *Auftrag* ist eine subsidiäre Vertragsform für Arbeitsleis-

tungen, die einen nicht garantierten Erfolg anstreben. Nur der Dienstvertrag ist durch eine Sozialschutzkomponente geprägt.

Lösung: 692

Beide Seiten liefern Aspekte der juristischen Argumentation zum Fall. Aber sie machen einen Teil zum Ganzen. Der Logiker stützt sich allein auf die *systematische Interpretation*, während der Realist nur die *Folgenbeachtung* sieht. Was fehlt, ist eine abwägende *teleologische Argumentation*, welche die faktischen Interessen anhand von Grundsätzen auf ihre rechtliche Berechtigung überprüft, das Rechtsschutzinteresse der Parteien gewichtet und den Fall mit ähnlich gelagerten vergleicht. Fragen wir nach dem Sinn der Vertragsarten im Hinblick auf die Interessenlage im vorliegenden Fall, so zeigt sich, dass der Hauswart eher einem Angestellten als einem Unternehmer gleichzustellen ist. Der Werkvertrag fällt damit ausser Betracht. Dem Sinn nach passt hingegen das Dienstvertragsrecht auf den Fall. Denn es bezweckt gerade, den Schutz von Personen in vergleichbarer Stellung zu gewährleisten. Die Anwendung von Auftragsrecht würde eine Umgehung der dienstvertraglichen Schutzbestimmungen bedeuten.

Objektiv bestehen die Hauswartspflichten (DE: Hausmeisterpflichten; für AT vgl. 693
das Hausbesorgergesetz) zwar nicht darin, Arbeitszeit zur Verfügung zu stellen, sondern darin, bestimmte Leistungen (wie Sauberkeit, Schneeräumung) zu erbringen. Von der objektiven Interessenlage her ist daher eher eine Anlehnung an den Werkvertrag oder den Auftrag (DE: Geschäftsbesorgungsvertrag) am Platz als die Anwendung von Dienstvertragsrecht. Im Innenverhältnis stellen die Leistungspflichten des Hauswarts hingegen eher Bestandteil des Pflichtenhefts eines Angestellten dar; der Hauseigentümer hat gegenüber dem Hauswart Weisungsrechte, die über jene beim Auftrag und beim Werkvertrag hinausgehen. Die Stellung des Hauswarts ist insgesamt jene eines Angestellten, für den auch nicht immer eine feste Arbeitszeit bestimmt sein muss.

Hinweis: Der Krankheitsfall eines Hauswarts (DE: Hausmeisters) ist ein 694
Beispiel dafür, dass sich Rechte und Pflichten weder logisch aus dem Gesetz ableiten noch empirisch als sachgemässe Folge der objektiven Verhältnisse herleiten lassen. Die Standpunkte des Logikers und des Realisten haben je ihre Berechtigung, sind aber einseitig. Der juristische Denkprozess erschöpft sich weder in der logischen Deduktion noch in der empirischen Induktion. Beides sind aber wichtige Elemente in einem umfassenderen Verfahren der juristischen Interpretation.

2.2 Vertiefung: Rechtslogischer Idealismus und Rechtsrealismus

695 Der praktische Jurist muss Norm und Realität miteinander verknüpfen. Als Folge der Spezialisierung der modernen Wissenschaften kann eine Disziplin sich aber in der Regel nur entweder mit Normen oder mit der Realität befassen, weil für die beiden Bereiche unterschiedliche Denkregeln gelten. Die dialektische oder diskursive Verknüpfung von Sein und Sollen übersteigt den Geltungsbereich einzelner Disziplinen.

696 Auf der Suche nach wissenschaftlicher Gewissheit ist der Jurist daher versucht, sich entweder auf einen normlogischen Idealismus oder auf einen empirischen Realismus zurückzuziehen. In beiden Fällen fehlt ihm allerdings die Möglichkeit, das positiv geltende Recht kritisch zu beurteilen. Beide Haltungen sind daher Formen des Positivismus.

2.2.1 Normlogischer Positivismus

697 Normlogiker suchen die Wissenschaftlichkeit des Rechts in seinen gedanklichen Strukturen. Im Gefolge von HANS KELSEN will vor allem die sog. Wiener Schule von allem Rechtstatsächlichen und allen politischen Zwecken absehen. Sie interessiert sich primär für die reine normative Perspektive: das Recht als das Gesollte[383].

698 KELSEN trennt sauber zwischen Sein und Sollen. Sollenssätze folgen nicht den Gesetzen der Kausalität, sondern sind eine Folge menschlicher Setzung: Ein Sollen entsteht, wenn Menschen einer Bedingung eine Folge zurechnen. *Wer einen Vertrag geschlossen hat, soll ihn erfüllen.* Diese Folge ist nicht kausal, sondern durch menschliche Entscheidung gewollt. *Wird der Vertrag nicht erfüllt, so entsteht kausal ein Schaden beim Partner; der Schadensersatz aber wird erst aufgrund von Gesetz und Urteil geschuldet.* Sein und Sollen folgen unterschiedlichen Denkprinzipien und lassen sich nicht von einander ableiten. *Der Schadenersatz ist keine logi-*

---

383 Vgl. bereits Ziff. II 4.2.2, Rz. 318 zur Trennung von Sein und Sollen. Von diesem Standpunkt aus bemühen sie sich freilich, eine Brücke zur Realität zu schlagen. Vgl. den „institutionalistischen Rechtspositivismus" von WEINBERGER (Norm, S. 77 ff.).

sche Folge des Schadens, sondern eine normative Antwort des Rechts darauf.

Daher kann die Geltung einer Norm nie in einem Faktum, sondern immer nur in einer anderen Norm begründet sein. Die Vertragsklausel gilt, weil sie dem gesetzlichen Vertragsrecht entspricht. Dieses wiederum gilt, weil es verfassungsmässig ist. Die Frage nach dem Geltungsgrund einer Norm führt zu einem (an sich endlosen) Regress auf immer höherrangige Normen. Erforderlich ist zumindest eine oberste Norm, die bestimmt, dass die nachgeordneten Normen zu befolgen sind. Diese Grundnorm ist nach Kelsen hypothetisch, also bloss vorausgesetzt. Aus positivistischer Sicht darf die Grundnorm keine transzendente Werte oder moralische Pflichten zum Inhalt haben. Sie lautet daher verkürzt: Man soll sich so verhalten, wie die Verfassung es vorschreibt.[384] 699

Analytische Grundlage der Wiener Schule ist die sog. *Normenlogik*, die sich mit der Struktur der Rechtsnormen befasst. Sie untersucht die Frage, wie man auf normativem Gebiet richtig denkt, und versucht insbesondere zu belegen, dass hier logische Folgerungen ebenso möglich sind wie im Bereich deskriptiver Aussagen. 700

Die Normenlogik schliesst an die logischen Systeme der deskriptiven Sprache an, welche sich mit Wahrheitsfragen befasst. Im Gegensatz zu Aussagesätzen (*z.B.: Der Schaden ist eingetreten*) enthalten Normensätze nun aber praktische (d.h. handlungsbezogene) Informationen, welche ein Sollen ausdrücken (*z.B.: Der Schaden ist zu ersetzen*). Lassen sich auch normative Sätze logisch auseinander folgern? Die Normenlogik bejaht dies. Die logische Struktur des Normsatzes und die deduktiven Beziehungen innerhalb und zwischen den Normen gestatten eine klare Analyse der normativen Denkoperationen. Die Normenlogik setzt sich daher zur Aufgabe, für praktische Fragen, in denen es um die Richtigkeit von Handlungen geht, ebenso logische Systeme zu entwickeln, wie sie für Wahrheitsfragen bestehen.[385] 701

---

384 Kelsen, S. 203 f.
385 Weinberger, Rechtslogik, S. 218 ff.

702 Das Rechtssystem ist aus dieser Sicht ein Regelsystem, in welchem die hierarchische Struktur Ableitungen ermöglicht. Die logische Struktur des juristischen Denkens ist damit deduktiv und systematisch (*vgl. den juristischen Syllogismus*[386]) . Die juristische Arbeit gewinnt daraus ihre logische Konsistenz und Überprüfbarkeit. In seiner logischen Struktur lässt sich jedes Urteil eindeutig als richtig oder falsch beurteilen. Die formale Sicherheit, die damit gewonnen wird, schafft einen unbestreitbaren Kern juristischer Rationalität. Ebenso unbestritten ist freilich, dass damit die inhaltlichen Probleme der Rechtsordnung nicht gelöst sind.

703 Endpunkt der logischen Analyse des juristischen Denkens ist die Ausbildung einer formalisierten logischen Kunstsprache, die aus mathematischen Symbolen und Formeln besteht. Diese ist zwar eindeutig, hat aber den Nachteil, dass sie eine doppelte Übersetzung aus der Wortsprache in die Symbolsprache und zurück erforderlich macht und für nicht Eingeweihte undurchschaubar ist[387]. Auch wenn die elektronische Datenverarbeitung hier ungeahnte Entwicklungsmöglichkeiten anbietet, entfernt sich damit juristische Logik von der Rationalität praktischer Problemlösung.

2.2.2 Rechtsrealismus

704 Im Gegensatz zu den normlogischen Positivisten sehen die Realisten im Recht nicht eine ideelle Sollensordnung, sondern eine Wirklichkeit. Gesetze und Urteile sind für sie soziale Fakten, welche eine bestimmte Wahrscheinlichkeit schaffen, dass künftige Entscheide der zuständigen Behörden in bestimmter Richtung ausfallen werden. *Die Rechtsnorm, welche zum Ersatz des Schadens verpflichtet, wird den Richter voraussichtlich veranlassen, den Schädiger zum vollen Schadenersatz zu verurteilen.* Ob diese Wahrscheinlichkeit zutrifft, hängt von soziologisch und psychologisch analysierbaren Faktoren ab. Eine Norm gilt dann, wenn sie tatsächlich angewendet wird (soziologische Komponente) und der Richter das Gefühl hat, an die Norm gebunden zu sein (psychologische Komponente).

---

386 Ziff. III 2.1.2.1 a).

387 RÜTHERS, Rz. 188 ff.

Recht wird als Sozialtechnologie (social engineering) aufgefasst, als Instrument für die Machbarkeit gesellschaftlichen Wandels. Dies führt auch zur politischen Instrumentalisierung des Rechts.[388] *Damit das Haftungsrisiko der Unternehmer die Wirtschaftsentwicklung nicht lähmt, wird die Haftpflichtversicherung eingeführt.* 705

Eine Wissenschaft, die normative Erkenntnisse produziert, kann es aus realistischer Sicht nicht geben. Denn wissenschaftliche Aussagen müssen wahrheitsfähig sein, also entweder als wahr oder als falsch beurteilt werden können. Da Normen durch Fakten nicht widerlegt werden können, sind normative Sätze nicht wahrheitsfähig. Es besteht allerdings für den Realisten auch kein Bedarf nach einer solchen Wissenschaft, bloss um Normen erfassen zu können. Das ist auch mit einer Realwissenschaft möglich, welche sich mit Normen als Tatbeständen sozialer Steuerung befaßt.[389] 706

Eine empirische Wissenschaft kann beispielsweise angeben, welche Gesetze nötig sind, um bestimmte Leistungsmerkmale einer Ordnung hervorzubringen. Das ist genau die Leistung einer sozialtechnologisch verstandenen Jurisprudenz. 707

Diese antwortet auf die Frage, was geregelt oder entschieden werden muss, um bestimmte vorgegebene Ziele zu erreichen. Rechtsetzung wie Rechtsanwendung sind aus dieser Sicht Mittel, um jene Wirkungen zu erzielen, die von der Politik angestrebt werden. Im ersten Fall geht es darum, effiziente Normen zu konstruieren, welche die gesellschaftlichen Ziele verwirklichen helfen, im zweiten Fall darum, bestehende Normen im Lichte dieser Ziele ebenso effizient zu interpretieren. 708

Dazu bedarf es keiner normativen Aussagen, sondern nur Aussagen darüber, welche Normen oder Entscheidungen für die vorausgesetzten Zwecke wirksam sind. Diese Aussagen sind wahrheitsfähig und als Hypothesen prinzipiell revidierbar. Jurisprudenz bleibt so eine Realwissenschaft, die auch Verstehensaspekte im WEBER´schen Sinne kausal angehen kann.[390] 709

---

388 POUND, S. 64 f.
389 ALBERT, S. 7 ff.
390 DERS., S. 31.

710 Auch diese empirische Sichtweise schafft einen Kern juristischer Rationalität, der unverzichtbar ist. Aber auch sie trifft nicht das Ganze:

711 Der Realismus leitet die Ziele rechtlicher Vorschriften aus den tatsächlichen Wünschen und Interessen der Bürger her. Diese und die Bedingungen ihrer Verwirklichung lassen sich empirisch erkennen. Wertungsprobleme werden als Interessenskonflikte wahrgenommen, die ebenfalls als Tatsachen erkennbar sind. Die festgestellten Wünsche und Interessen werden sodann in soziale Ziele übersetzt, denen die Rechtsnormen und Urteile in zweckrationaler Weise entsprechen sollen.[391]

712 Dabei wird übersehen, dass sich die Ziele einer Rechtsgemeinschaft nicht logisch aus Interessen ableiten lassen, sondern bewertet werden müssen, um als Regeln oder Grundsätze verbindlich zu werden. Der Prozess der Verwandlung von Wille und Zwang in Recht und Pflicht wird nicht reflektiert. *Das ökonomische Interesse der Unternehmer an der Risikoverteilung bei Haftpflichtfällen bestimmt nicht, welche Ausgestaltung der Haftpflichtversicherung einen gerechten Ausgleich der Interessen von Schädigern, Geschädigten und Versicherern bringt.*

713 Was hier zu einer bestimmten Position des Rechtsrealismus gesagt wird, gilt auch für verwandte juristische Argumentationsformen, wie die Berufung auf die „Natur der Sache" oder auf anthropologische Grundgegebenheiten. Die „normative Kraft des Faktischen" ist zwar mehr als eine suggestive These: Sie trifft den Aspekt der sachlichen Prägung der Normen richtig. Das Faktische wirkt aber nur über die gegenseitige Vermittlung mit dem Normativen innerhalb des rechtsbildenden Prozesses.

714 Rechtsrealismus, Interessenjurisprudenz und ökonomische Rechtslehre haben zwar ihren Platz innerhalb des juristischen Gedankenganges, müssen aber in die juristische Hermeneutik eingebracht und mit normativem Denken verknüpft werden (vgl. vorne Ziff. II 3 und 4).

714a **Hinweis:** Die Realität, das Faktische ist dabei nie normativ. Tatsachen werden nur als Bestandteile von Gründen massgeblich. Und Gründe sind immer Bewertungen von Tatsachen im Lichte von Normen (vgl. vorne Ziff. II 4.1.2.2).

---

391 Summers, S. 33 ff., 120 ff.

2.2.3 Überwindung der Gegensätze

Der normlogische und der realistische Positivismus sind hier einander in idealtypischer Form gegenübergestellt worden. Wenn es darum ginge, die eine oder die andere Position als richtig oder als falsch zu beurteilen, wären zahlreiche Differenzierungen erforderlich, um den einzelnen Autoren gerecht zu werden. Darum geht es aber weder hier noch sonstwo in diesem Buch. 715

Zweck der Gegenüberstellung ist einzig, die Breite des Spektrums in der Dimension aufzuzeigen, mit welcher sich das vorliegende Kapitel befasst: Juristisches Denken bewegt sich zwischen kruder Empirie und abstrakter Logik in allen denkbaren Mischungen und Abstufungen. 716

Die gezeigten Endpunkte des Spektrums sind nicht falsch: Sie sind sogar unentbehrlich. Unfruchtbar wäre bloss die Behauptung, der eine oder der andere Standpunkt habe ausschliesslichen Anspruch auf richtige Darstellung der juristischen Aufgabe. 717

Einseitigkeit kann vermieden werden, indem man versucht, eine Mittelposition, einen Kompromiss zu vertreten. Der Nachteil dieser Strategie ist, dass dabei die Konturen der eigenen Position verwischt werden. Die Elemente, aus denen die Position sich zusammensetzt, sind nicht mehr transparent. Die Rationalität leidet. 718

Die Mitte ist aber nicht die einzig mögliche Stellungnahme gegenüber Einseitigkeit. Diese wird wirksamer durch Vielseitigkeit überwunden. 719

Juristisches Denken wird seiner interdisziplinären Aufgabe nur gerecht, wenn es Norm und Realität, Logik und Empirie zugleich umfasst. Es kann auf keine der beteiligten Rationalitäten verzichten. Es darf aber auch keiner Denkweise generell eine Priorität vor anderen zuerkennen. Die verschiedenen Ansätze erhalten ihr relatives Gewicht erst aus der konkreten Aufgabe, ein bestimmtes Problem rechtlich zu lösen. 720

Logik und Empirie sind die zwei methodisch am weitesten durchdachten Elemente innerhalb der juristischen Argumentation. Sie sind jene Elemente, welche der Falsifizierung zugänglich sind. Ist der Gedankengang unlogisch oder widerspricht er der Realität, kann er eindeutig als falsch verworfen werden. Logik und Empirie verleihen dem juristischen Denken deshalb am ehesten einen wissenschaftlichen Charakter. 721

722 Aber Logik und Empirie sind in einem zweiten Sinne einseitig: sie stehen (gemeinsam!) am einen Ende des Spektrums juristischer Denkweisen, das dieses Buch durchzieht. *Sie gehören zur linken Kolonne der Übersichtstabelle*[392]. Denn sie verfahren beobachtend, nicht teilnehmend; sie suchen zu erkennen, nicht zu verstehen; sie dienen dem Erkenntnisinteresse und nur indirekt dem Entscheidungsinteresse des Juristen; sie beschreiben nur und orientieren das Denken nicht an den normativen Inhalten des Rechts. Insgesamt leisten sie eine Analyse, keine Synthese. Sie sind daher nur zwei Kriterien unter mehreren, die im Prozess der juristischen Hermeneutik wichtig sind.

723 Wir haben die Wahl: Wir können den Begriff der Rechtswissenschaft auf das reduzieren, was falsifizierbar ist. Dann fällt der Grossteil der juristischen Arbeit aus dem Gegenstand der Betrachtung heraus. Oder wir verstehen unter Rechtswissenschaft alle Bemühung um die Rationalisierung des Rechtsprozesses. Dann kommen viele Aspekte in Betracht, die eher Gegenstand einer Kunstlehre der Argumentation oder der Rhetorik[393] bilden.

724 Insgesamt wird dem Anliegen optimaler Vernünftigkeit juristischer Arbeit besser gedient, wenn ein umfassender Ansatz gewählt wird. Dieser muss dann aber offen sein für eine Vielfalt von Denkweisen, die miteinander konkurrieren. Alle in diesem Buch dargestellten Spielarten juristischen Denkens sind miteinander zu kombinieren.

724a Welchen Stellenwert die eine oder die andere Denkweise im Einzelfall beanspruchen darf, muss sich aus ihrem Beitrag im methodisch geleiteten juristischen Urteilsprozess ergeben (Ziff. III 1.1.2). Zentral ist die Frage, ob die Denkweise zur Begründung eines massgeblichen normativen Grundsatzes beiträgt (Ziff. IV 1.2.3).

724b *Normlogik ist Teil der systematischen Interpretation; Rechtsrealismus ist Teil der Folgenbeachtung. Ein gutes normlogisches Argument stützt den Grundsatz der Einheit der Rechtsordnung; ein gutes realistisches Argument stützt den Grundsatz der angemessenen Problemlösung. Je nach Überzeugungskraft der Argumente lässt sich eine eher systemkonforme oder eine eher problemadäquate Entscheidung besser begründen.*

---

392 Vgl. die Tabelle in Ziff. II Rz. 34 oder in Ziff. IV 1 Rz. 984.
393 Näheres zur Redekunst findet sich in Ziff. III 4.2, Rz. 890.

3 Differenzieren und Generalisieren

3.1 Einführung

Die Denkweisen des Differenzierens und des Generalisierens markieren die wohl zentralste Dimension des juristischen Denkens. Zum besseren Verständnis dieser wichtigen Polarität sind zwei Techniken vorzustellen, welche die Voraussetzung für diese Denkrichtungen bilden: Analyse und Synthese (Ziff. III 3.1.1) sowie abstraktes und konkretes Denken (Ziff. III 3.1.2). 725

Die Spannung, um die es in diesem Kapitel geht, ist jene zwischen der Suche nach Unterschieden und der Suche nach Gemeinsamkeiten (sei es im faktischen oder im normativen Bereich). Beide Ausrichtungen sind für ein gutes juristisches Urteil notwendig. 726

Kapitel	polares Begriffspaar einer Denkweise		Spannungsverhältnis
III 1	Vorverständnis	Methode	Von der Meinung zum Urteil
III 2	juristische Logik	empirische Realität	Norm und Wirklichkeit
III 3	Differenzieren ➡ Analyse ➡ konkret ➡ unterscheiden	Generalisieren ➡ Synthese ➡ abstrakt ➡ verallgemeinern	Unterschied und Gemeinsamkeit

Übersichtstabelle 2 c: Differenzieren und Generalisieren

3.1.1 Analyse und Synthese

3.1.1.1. Beispiel

In einem früheren Beispiel hat sich gezeigt, dass der Kauf dieses Buches ein Verpflichtungsgeschäft ist, das der Verfügung über das Eigentum am Gegenstand vorausgeht[394]. Im Folgenden geht es nun um den Begriff des *„Kaufvertrags"*. 727

394 Vorne Ziff. II 4.1.1, Rz. 239.

728 **Hinweise:** Der Begriff des Kaufvertrags enthält sprachlich die beiden Elemente *Vertrag* und *Kauf*. Beide Elemente sind gesetzlich geregelt:

- „Wer einem andern die Schliessung eines Vertrags anträgt, ist an den Antrag gebunden" (§ 145 BGB [Bürgerliches Gesetzbuch], CH: Art. 3 OR [Obligationenrecht], AT: § 862 ABGB [Allgemeines Bürgerliches Gesetzbuch]).
- „Durch den Kaufvertrag wird der Verkäufer einer Sache verpflichtet, dem Käufer die Sache zu übergeben und das Eigentum an der Sache zu verschaffen..." (§ 433 BGB, Art. 184 OR, § 1053 ABGB).

  „Der Käufer ist verpflichtet, dem Verkäufer den vereinbarten Kaufpreis zu zahlen und die gekaufte Sache abzunehmen (§ 433 BGB, Art. 184 Abs. 1 OR, § 1053 ABGB).

729 **Aufgabe:**

Lösen Sie die zitierten Paragraphen in ihre juristischen Elemente auf und fügen Sie diese anschliessend wieder zum Institut des Kaufs zusammen.

(1) Analyse: Welche Elemente enthalten die zitierten gesetzlichen Regelungen?

(2) Synthese: Können Sie diese Elemente so zusammenfassen, dass alles Wichtige in einem Satz enthalten ist?

730 **Lösung:**

(1) Analyse:

- Zwei Parteien (der „Wer" und der „andere")
- Antrag zur Vertragsschliessung
- Bindung an diesen Antrag (damit der andere zu- oder absagen kann)
- Gegenstand ist eine Sache (Einigung darüber, was gekauft wird)
- Vereinbarung des Kaufpreises
- Verpflichtungen des Verkäufers:
- Übergabe der Sache
- Übertragung von Eigentum an der Sache (die beiden Elemente gelten offenbar nicht als identisch)
- Verpflichtungen des Käufers:
- Zahlung des Kaufpreises
- Abnahme der Sache

(2) Synthese:
- Die Vertragsparteien eines Kaufs verpflichten sich gegenseitig, eine Sache für einen bestimmten Preis so auszutauschen, dass Sache und Geld ihren Eigentümer wechseln;

oder
- Der Kaufvertrag ist die gegenseitige Verpflichtung zur Übertragung des Eigentums an einem Vermögensgegenstand gegen Bezahlung eines Preises.

Hinweis: Das Beispiel zeigt, dass die Synthese auf die vorangehende Analyse angewiesen ist, wenn sie mehr sein soll, als eine willkürliche Zusammenfassung. Anderseits genügt die analytische Auslegeordnung nicht, um das Institut des Kaufvertrags zu verstehen. Die Analyse ist auf die Synthese angewiesen, weil sie sonst in eine Zerstückelung ausmündet. 731

3.1.1.2. Erläuterung: Zerlegen und Zusammenfügen

Vor aller spezifischen Methodik folgt der Jurist der allgemeinen Logik von Analyse (1) und Synthese (2). Sowohl den Sachverhalt wie die Rechtsnorm zergliedert er in ihre relevanten Elemente und fügt diese dann wieder zu einem Urteil zusammen. 732

(1) Die *Analyse* (griechisch „Auflösung") ist das Zerlegen eines Ganzen in seine Teile. Wenn wir etwas untersuchen, lösen wir es in seine Bestandteile auf, um seine Teilaspekte zu erfassen. 733

Der Begriff der Analyse stammt aus der Chemie. Die analytische Chemie untersucht eine unbekannte Substanz, indem sie deren Elemente aus dem Gemisch isoliert (z.B. durch Zentrifugieren), um so deren Bestandteile zu bestimmen. Analyse ist immer ein Verfahren, mit welchem ein noch unbestimmtes, diffuses Ganzes dadurch erkannt werden soll, dass es in seine Teile aufgebrochen wird. Aufgabe der nachfolgenden Synthese ist es dann, das Ganze wiederherzustellen. Die Erwartung ist, dass dadurch das Ganze in seiner Struktur erfasst werden kann. 734

Das analytische Vorgehen bestimmt die gesamte moderne Naturwissenschaft in der Form des Experimentes. Es prägt aber auch die empirische Forschung in den Sozialwissenschaften (*Fragebogentechnik, Statistik*). Sogar das Textverständnis der hermeneutischen Wissenschaften beginnt mit dem Zerlegen von Wörtern und Sätzen in ihre Elemente. Auch die juristi- 735 sche Arbeit beginnt die Auslegung damit, den Wortlaut des Gesetzes in seine kleinstmöglichen juristischen Bestandteile zu zerlegen[395]: Was meint das einzelne Wort innerhalb des Rechtssatzes? *Beispiel: Was bedeutet das Wörtchen „und" in einer Liste von Tatbestandsmerkmalen? Heisst es, dass alle aufgezählten Elemente kumulativ erfüllt sein müssen, oder sind die Merkmale alternativ gemeint (könnte ebensogut „oder" stehen)?*[396]

736 Die Rechtswissenschaft verbindet Textanalyse und sozialwissenschaftliche Analyse, ergänzt sie aber mit ihren spezifischen juristischen Interpretationsmethoden. Dabei stützt sich die sog. grammatikalische Interpretation auf die Textanalyse, die Folgenbeachtung auf die sozialwissenschaftliche Analyse. Immer bleibt das Ziel, den Sinn einer Norm als einer Ganzheit zu erfassen, aber der Weg ist jener der Analyse aller möglichen Teilgehalte der Regelung unter Berücksichtigung sämtlicher Aspekte, die für die Entscheidung bedeutsam sein können.

737 (2) Die *Synthese* (griechisch „Zusammensetzung") ist die gedankliche Verknüpfung einzelner Teile zu einem Ganzen. Um das Ganze zu erkennen, müssen wir die Teile, die wir aus ihm herausgelöst haben, wieder richtig zusammensetzen.

738 Auch dieser Begriff stammt aus der Chemie und meint die Herstellung chemischer Verbindungen aus einfachen Stoffen. Synthetisch nennen wir ein Material, das künstlich, d.h. durch Synthese aus natürlich vorhandenen Stoffen hergestellt worden ist.

739 Allgemein meint Synthese die Verbindung mehrerer Erkenntnisinhalte zu einem Ganzen. Wir schaffen dauernd - und meist unbewusst - Synthesen, wenn wir etwas wahrnehmen. Beim Sehen und Hören schaffen unser Gedächtnis und unsere Vorstellungskraft aus den zahllosen Reizen unserer Sinnesorgane ein Bild des Ganzen (*auf ähnliche Weise kommt auch unser Vorverständnis eines Falles zustande: Jede Information „weckt" bei uns eine Vorstellung davon, wie sie zu beurteilen ist*).

740 Die Synthese ist in allen Wissenschaften das notwendige Gegenstück zur Analyse. Sie kann als Kausalzusammenhang oder als Sinnzusammenhang

---

395 Albrecht, S. 80.
396 Je nach dem Sinn der Vorschrift kann das eine oder das andere zutreffen.

gestaltet sein, je nach der Logik, auf welcher eine Disziplin aufbaut. Immer geht es darum, die Einheit in der Vielheit zu erkennen oder aus der Vielheit eine Einheit zu schaffen.

In der Rechtswissenschaft verläuft die Synthese logisch betrachtet so, dass 741
wir aus Begriffen ein Urteil bilden. Nachdem wir Sachverhalt und Norm in ihre relevanten Aspekte zerlegt haben, integrieren wir sie in einem strukturierten Gedankengang zum Urteil. Wir setzen die einzelnen Steine unseres Mosaiks in ein logisches und ein wertendes Verhältnis zueinander. *Für den Kaufvertrag wichtig sind folgende Elemente: Es braucht zwei Partner, eine Sache, eine Einigung über die Sache und über den Kaufpreis. Wenn die Angebote diese Elemente umfassen, entsteht daraus eine rechtliche Bindung an das gegebene Wort, auf welche sich die Partner berufen können. Ob die Zustimmung hingegen durch Kopfnicken, mündlich oder schriftlich geäussert wird, ist für die Verbindlichkeit nicht bedeutsam (Beweisfrage).*

Die juristische Synthese enthält Wertungen, weil die Elemente meist ge- 742
wichtet werden müssen. Es stehen gegensätzliche Argumente einander gegenüber, zwischen denen sich der Jurist entscheiden muss. Seine Kunst besteht dann darin, die Regeln und Grundsätze, welche mit diesen Argumenten angerufen werden, möglichst in ein konsistentes Verhältnis zueinander zu bringen. Juristische Synthese ist praktische Konkordanz zwischen Elementen, welche für sich allein genommen nicht zusammenpassen. *Stellt der Käufer zu Hause fest, dass die Sache, die er gekauft hat, nicht seinen Erwartungen entspricht, ist fraglich, ob er sie zurückgeben kann (je nach Umtauschvorbehalt oder Kauf auf Probe). Sein freier Wille, der durch die Privatautonomie geschützt ist, spricht dafür, das wirtschaftliche Interesse des Verkäufers, der sich auf das Vertrauensprinzip berufen kann, dagegen. Gesetz und Richter müssen für diesen Konflikt einen gerechten Ausgleich schaffen (vgl. die Lehre von den Willensmängeln[397]).*

Nicht nur das einzelne Urteil muss durch Synthese hergestellt werden. Alle 743
Rechtssätze und Prinzipien des Rechts sind Synthesen aus einer Vielheit von Einzelentscheidungen. Die Konkordanz der Rechtsordnung bedingt, dass die Fülle von rechtserheblichen Elementen des Zusammenlebens in

---

397 Ein Beispiel dazu findet sich in Ziff. III 3.1.3.2, Rz. 783 ff.

eine überschaubare Anzahl von Regelsätzen oder Teilrechtsordnungen gruppiert wird, für welche gemeinsame Grundsätze gelten (*Vertragsrecht, Familienrecht, Sozialversicherungsrecht etc.*) Hier die Zusammenhänge sichtbar zu machen und die Regeln zu einem Ganzen zu integrieren, ist die synthetische Leistung der juristischen Dogmatik.

3.1.1.3. Übungsbeispiel

744 Die Schweizerische Bundesverfassung enthält den folgenden Rechtssatz: „Grundlage und Schranke staatlichen Handelns ist das Recht" (Art. 5 Abs. 1 BV).

745 **Aufgabe:**

Lösen Sie diesen Satz in seine Elemente auf und fügen Sie diese zu einem Prinzip zusammen, das hinter dem Rechtssatz steht.

- *(1) Was bedeuten die einzelnen Begriffe des Satzes?*
- *(2) Wie lassen sich diese Begriffe zu einem einheitlichen Ganzen zusammenfügen?*

746 **Lösung:**

(1) Analyse:

- Es geht um „staatliches" Handeln. Der Staat ist primär die Verwaltung, aber auch weitere Behörden wie Parlament, Regierung, Gericht. Staatlich handeln können aber auch Dritte, wenn sie staatliche Aufgaben übertragen erhalten. Der Begriff erfasst also einen weiten Kreis von Verpflichteten.
- „Handeln" meint beim Staat die Ausübung von Macht gegenüber den Privaten oder anderen öffentlichen Organisationen.
- „Schranke" heisst Grenze: Das Recht bestimmt die Grenze des zulässigen Handelns. Der Staat darf also nicht über das hinaus gehen, was das Recht ihm erlaubt.
- „Grundlage" wird von „Schranke" unterschieden. Grundlage muss daher etwas über den Inhalt des Handelns aussagen. Das Recht bestimmt somit auch die Inhalte des staatlichen Handelns.
- „Das Recht" wird heute vor allem durch das Gesetz vertreten. Gesetz kann dabei Verfassung, formelles Gesetz und Verordnung bedeuten. Hinzu kommen die Normen des Völkerrechts. Darüber hinaus meint „Recht" auch andere Rechtsquellen, wie die Gerichtspraxis, das Gewohnheitsrecht und – vielleicht – überpositives Recht.

(2) Synthese:
- Die Elemente des Rechtssatzes weisen auf ein gemeinsames Ziel hin: die Bindung staatlicher Macht an rechtliche Regelung.
- Eng gefasst lässt sich dieses Ziel als Grundsatz der Gesetzmässigkeit der Verwaltung umschreiben (Legalitätsprinzip)
- Eine weite Fassung des Ziels umschreibt dieses als das Rechtsstaatsprinzip.

Hinweis: Analyse und Synthese der zitierten Verfassungsnorm sind hier bloss 747
mit den Mitteln der begrifflichen Logik und den Regeln der Hermeneutik vorgenommen worden; eine juristische Interpretation muss darüber hinaus die Methoden nutzen, die in der Ziffer III 1.1.2 dargestellt worden sind.

3.1.2 Abstraktes und konkretes Denken

3.1.2.1. Beispiel

Ein Strafprozessgesetz sieht vor, dass Angeschuldigte, denen eine Frei- 748
heitsstrafe von zwölf Monaten oder mehr droht, Anspruch auf einen amtlichen Verteidiger haben, wenn sie minderbemittelt sind. X wird beschuldigt, in angetrunkenem Zustand gefahren zu haben. Die gesetzliche Höchststrafe für diesen Tatbestand liegt bei zwei Jahren. Da nach den Umständen (zulässige Grenze des Alkoholgehalts im Blut nur knapp überschritten, kein Rückfall, guter Leumund) ein leichter Fall vorliegt, ist nach der Praxis des zuständigen Gerichts eine Strafe unter sechs Monaten zu erwarten. Der Angeschuldigte beruft sich auf das Gesetz und stellt den Antrag, ihm sei ein amtlicher Verteidiger zu bewilligen. Das Gericht lehnt ab. Dass X minderbemittelt ist, wird nicht bestritten.

Fragen: 749

(1) wie argumentieren Sie
   a) für den Angeschuldigten X
   b) für das Gericht?

(2) Worin unterscheidet sich die Argumentation zu a) von jener zu b)?

Lösung: 750

(1) a) Für Fahren in angetrunkenem Zustand droht das Gesetz eine Höchststrafe von zwei Jahren an. Auf diese gesetzliche Strafandrohung bezieht sich das Prozessgesetz. Nur diese Interpretation des

Begriffs der „drohenden Strafe" gewährleistet eine rechtsgleiche Behandlung aller Fälle und entspricht dem Sinn des Gesetzes. Mit dem Verweis auf den Strafrahmen bestimmt das Prozessgesetz jene Straftatbestände, die schwer genug sind, um den verstärkten Rechtsschutz des Angeschuldigten auszulösen. Wie hoch die Strafe im Einzelfall ausfallen wird, lässt sich zu Beginn eines Verfahrens nicht hinreichend abschätzen, weshalb nicht auf das mutmassliche Strafmass im bevorstehenden Urteil abgestellt werden darf.

b) Ein Abstellen auf den gesetzlichen Strafrahmen würde bei zahlreichen Bagatellfällen (etwa beim Ladendiebstahl) zu völlig unverhältnismässigem Aufwand führen, da bei vielen Delikten ein sehr breiter Strafrahmen besteht. Ein hinreichendes Rechtsschutzinteresse an einem amtlichen Verteidiger besteht nur, falls tatsächlich mit einer Strafe von zwölf Monaten oder mehr zu rechnen ist. Dieses Risiko kann vom urteilenden Gericht bei der Behandlung des Gesuchs unter Würdigung der ersten Gerichtsakten abgeschätzt werden. Im Fall des Angeschuldigten X lässt sich bereits erkennen, dass keine Strafe bevorsteht, welche die Grenze von zwölf Monaten erreicht.

(2) a) argumentiert abstrakt. Die Lösung wird ohne Rücksicht auf den Einzelfall für alle möglichen Strafverfahren gleich getroffen. Das Wort „drohen" wird im Sinne der Strafandrohung im Gesetz verstanden. Dies ist die Sichtweise des Gesetzgebers, der nur generell-abstrakte Regeln erlassen kann.

b) argumentiert konkret. Die Lösung wird auf den Einzelfall zugeschnitten. Die konkreten Umstände geben der abstrakten Regel einen veränderten Sinn. Das Wort „drohen" wird als Risiko der Bestrafung im aktuellen Fall verstanden. Dies ist die Sichtweise des Richters, der generell-abstrakte Regeln auf individuell-konkrete Fälle anwendet.

751 **Hinweis:** Wer Recht hat, entscheidet sich nach den allgemeinen Regeln der juristischen Interpretation. Viel hängt davon ab, ob der Gesetzgeber eine generell-abstrakte Grenze festlegen wollte (so der Entscheid des Schweizerischen Bundesgerichts BGE 113 Ia 12 ff.[398]), oder ob der Rich-

---

398 Der Gesetzeswortlaut war in jenem Fall allerdings nicht so unbestimmt, wie hier angenommen: Er stellte ausdrücklich auf die Höchststrafe des gesetzlichen Strafrahmens ab.

ter einen Spielraum hat. Die Zweideutigkeit des Wortes „drohen" spricht für Letzteres, die Rechtssicherheit für Ersteres.

3.1.2.2. Erläuterung: Generell-abstrakte Norm und individuell-konkreter Entscheid

Analyse und Synthese (vgl. soeben Ziff. 3.1.2.1) sind im Rechtsdenken sowohl auf der Stufe der abstrakten Rechtssätze wie auf jener der konkreten Sachverhalte notwendig. *Beispiel: Den Rechtssatz analysieren wir, indem wir ihn in seine Begriffsteile zerlegen; wir fügen diese zur Synthese zusammen, indem wir die Teile auf Sinn und Zweck der Norm ausrichten. Den Sachverhalt analysieren wir, indem wir ihn auf seine rechtserheblichen Elemente absuchen; die Synthese erstellen wir, indem wir daraus den Fall konstruieren.* 752

Juristisches Denken ist von seiner Aufgabe her sowohl konkret wie abstrakt. 753

- Konkret ist die Aufgabe des Juristen, die Frage zu beantworten, was in einem bestimmten Fall rechtens sei;
- abstrakt ist die Aufgabe, juristische Regelungen zu entwerfen, z.B. klare und widerspruchsfreie Verträge und Rechtsnormen zu formulieren.

Abstrakte Regel und konkreter Fall sind die beiden Ausgangspunkte des juristischen Denkens. Der Jurist geht vom einen zum andern und wieder zurück, indem er beide analysiert, vergleicht und abwägt[399]. Abstraktion (1) und Konkretisierung (2) sind daher stets gegenwärtige Denkbewegungen der juristischen Arbeit. 754

(1) *Abstraktes Denken* ist jenes Denken, das von allem Nebensächlichen absieht (lat. abstrahere = abziehen), das Anschauliche beiseite lässt, um das Wesentliche begrifflich zu verallgemeinern. *Was ist z.B. eine Frist? Wir kennen Verjährungs-, Ausschluss- und Beschwerdefristen (CH: statt Ausschlussfrist: Verwirkungsfrist, AT auch: Präklusivfrist). Für alle diese Begriffe suchen wir einen Oberbegriff, der das Gemeinsame zum Ausdruck bringt. Wir können sagen, der Begriff der Frist bezeichne den Zeitablauf zwischen einem Ereignis, welches einen Rechtsanspruch begrün-* 755

399 Coing, S. 243 ff.

det, und dem letztmöglichen Zeitpunkt, in welchem dieser Anspruch noch geltend gemacht werden könne. Haben wir damit alle Fälle von Fristen erfasst oder gibt es eine noch höhere Abstraktionsstufe? Nicht alle Fristen betreffen Rechtsansprüche (z.B. die Frist des strafverschärfenden Rückfalls im Strafrecht). Wir müssen also noch vom Begriff des Rechtsanspruchs abstrahieren und die Frist als den Zeitablauf zwischen einem Ereignis und seiner letztmöglichen Rechtswirksamkeit definieren.

756 Das Beispiel zeigt, dass ein Begriff weniger Merkmale enthält, wenn er abstrakter umschrieben wird. Seine Aussage wird im Idealfall auf ein einziges Merkmal reduziert (*z.B. Zeitablauf im Recht*). Dafür wird dieses Merkmal in seiner allgemeinen Bedeutung für das Recht erkennbar. Es lässt sich als Bestandteil in zahlreichen Rechtsnormen wiederfinden. Es wird zu einem Strukturelement des Rechtssystems.

757 Abstraktes juristisches Denken ordnet den gesamten Rechtsstoff in Kategorien, welche eine Gliederung der Rechtsordnung erlauben. Grundelement ist der Rechtsbegriff, also das einzelne Wort der Rechtssprache. Rechtsbegriffe bilden Rechtssätze und diese fügen sich zu Rechtsinstituten zusammen. *Der Begriff der Frist ist das zentrale Wort in einem Rechtssatz, der besagt, dass Forderungen aus Handwerksarbeit innerhalb von zwei Jahren geltend gemacht werden müssen (CH: fünf Jahre, AT: drei Jahre); der Rechtssatz gehört zusammen mit ähnlichen anderen zum Institut der Verjährung.*

758 Abstraktes Denken entspricht damit dem Anspruch, im Recht eine wissenschaftliche Begrifflichkeit zu entwickeln. Abstrakte Begriffe schaffen klare Alternativen. Ist ein Begriff abschliessend definiert, lässt sich eindeutig entscheiden, ob ein Fall unter den Begriff gehört oder nicht. Begriffliche Klarheit erleichtert damit auch die juristische Entscheidung.[400] *Eine Ausschlussfrist wirkt absolut, eine Verjährungsfrist kann unterbrochen, d.h. verlängert werden.*

759 Die *Abstraktion* ist eine Denkmethode, bei welcher Begriffe dadurch gebildet werden, dass veränderliche Merkmale eines Gegenstandes weggelassen werden, um das Gleichbleibende und Wesentliche zu erkennen.

---

400 Larenz / Canaris, S. 283.

Durch Weglassen weiterer Merkmale können Begriffe immer höherer Abstraktionsstufe gebildet werden. Je abstrakter die Begriffsdefinition, desto geringer aber ihre inhaltliche Aussagekraft.[401] Im Recht ist daher die Höhe sinnvoller Abstraktion begrenzt. Denn hier geht es immer darum, jene Merkmale zu bestimmen, welche die Gleichbehandlung all jener Fälle rechtfertigen, welche unter die Begriffsdefinition subsumiert werden können. Die Abstraktion findet daher ihre Grenze am Bestimmtheitsgebot rechtlicher Normen. *Die Bewegungsfreiheit (Teil der persönlichen Freiheit; DE: Art. 11 GG, AT: Art. 6 Abs. 1 StGG und Art. 1 Bundesverfassungsgesetz zum Schutz der persönlichen Freiheit, CH: Art. 11 BV) gewährt z.B. Schutz vor Verhaftung. Wird sie abstrakter definiert, kann sie auch das Fahren eines Motorfahrzeugs umfassen. Dann taugt sie aber nicht mehr als Grundrecht, weil zu viele Einschränkungen zugelassen werden müssen. Abstrakte Freiheit ohne einen eingrenzenden Zusatz ist rechtlich überhaupt nicht mehr fassbar und kann daher nicht als Begriffselement eines Rechtssatzes verwendet werden.*

(2) Die Gegenbewegung zur Abstraktion ist die *Konkretisierung*. Hier wird 760
ein abstrakter Begriff mit zusätzlichen Elementen angereichert. Konkret (lat. concrescere, zusammenwachsen) ist, was zu einem Bild verdichtet ist, das Konturen und Farben hat. Unter konkreten Begriffen kann man sich etwas vorstellen.

Konkretes Denken befasst sich mit den fassbaren, anschaulichen Elemen- 761
ten eines Gegenstandes; es führt bis ins Einzelne aus, was mit einem Gedanken gemeint ist. *Der abstrakte Begriff des Freiheitsentzugs wird plastisch, wenn beschrieben wird, wie dem Verhafteten Handschellen angelegt werden. Konkretes Denken fragt danach, ob diese Massnahme im Einzelfall verhältnismässig sei.*

Konkretes juristisches Denken untersucht die Sachverhaltsmerkmale eines 762
Falles, indem es die mögliche Bedeutung der Einzelheiten hervorhebt *(so spielt es für die Zulässigkeit von Zwangsmassnahmen bei der Verhaftung eine Rolle, ob der Verhaftete sich wehrt oder nicht)*; es analysiert den Gesetzes- oder Vertragstext im Detail *(was bedeutet die Lieferfrist für die*

401 DIES., S. 266.

beiden Parteien eines vorliegenden Vertrages: Ist sie zwingend oder muss bei Verzug noch gemahnt werden?); es trifft Abwägungen im Einzelfall *(was müssen Lieferant und Käufer sich nach Treu und Glauben entgegenhalten lassen?)*.

763 Die *Methode der Konkretisierung* liegt im Schritt von der Regel zum Fall. Die Regel bestimmt die Rechtsfolgen für eine Kategorie unbestimmter Fälle. Die Regel wird konkretisiert, indem ihre Aussage auf den Sachverhalt des Falles zugeschnitten wird. Dabei wird sie umgestaltet, durch Elemente des Falles zugleich angereichert und eingegrenzt. *(Strafverdächtige dürfen von der Polizei verhaftet werden, wenn ein entsprechender Haftbefehl vorliegt. Herr X darf aber nur verhaftet werden, wenn hinreichende Gewissheit über seine Identität mit dem Gesuchten besteht; je nach Gefährlichkeit oder Fluchtgefahr dürfen im konkreten Fall bei der Verhaftung Handschellen oder Schusswaffen eingesetzt werden.)*

764 Die Konkretisierung nimmt Rücksicht auf die Einmaligkeit des Einzelfalls. Ihr Ziel ist die Einzelfallgerechtigkeit. Die abstrakte Regel soll so an den konkreten Sachverhalt angepasst werden, dass ihr Normgehalt optimal umgesetzt wird. Der Schematismus, der in der Abstraktheit einer Regel enthalten ist, soll rückgängig gemacht werden. *Der formalen Gleichbehandlung durch das Gesetz wird die Verhältnismässigkeit des einzelnen Verwaltungsaktes gegenübergestellt.*

765 Je konkreter eine Bewertung ausfällt, desto mehr stellt sie ab auf die Umstände des Falles und umso schwächer wird der Regelbezug der Entscheidung. *Je tiefer auf die psychische Verfassung des Polizeibeamten eingegangen wird, desto verständlicher wird beispielsweise sein Griff zur Waffe und umso eher scheint der Schusswaffengebrauch trotz seiner gesetzlichen Beschränkung gerechtfertigt.* Im Extremfall verdrängt die Einzelfallgerechtigkeit die Regelmässigkeit des Rechtsvollzugs.

766 Daher muss die Konkretisierung im Recht ebenso ihre Grenzen finden wie die Abstraktion: Recht darf nicht in Billigkeit aufgelöst werden. Diese widerspricht der gleichmässigen Anwendung der Gesetze und damit der Rechtsgleichheit, der Rechtssicherheit und der Rechtsstaatlichkeit. Konkre-

tisierung ist daher nur im Rahmen der Bindung von Richter und Verwaltung an das Gesetz zulässig[402].

767 Das Gesetz lässt überall dort Raum für Konkretisierung, wo es von der Behörde Wertungen verlangt. Das gilt insbesondere für die unbestimmten Rechtsbegriffe, für Generalklauseln und für Ermessensvorschriften. *Ob der Polizeibeamte zur Selbstverteidigung gehandelt hat, ist Wertungsfrage. Der Richter verschafft sich daher ein möglichst konkretes Bild der Handlung, das ihm erlaubt, zu entscheiden, ob die Voraussetzung des Schusswaffengebrauchs erfüllt ist oder nicht.*

768 **Hinweis:** Dem Begriffspaar „abstrakt – konkret" entspricht ein zweites Gegensatzpaar, das im Recht bedeutsam ist: „generell – individuell". Während das erste Begriffspaar sich auf die Sachelemente des Falles bezieht, betrifft das zweite die betroffenen Personen. Die Rechtsnorm ist generell-abstrakt, weil sie auf eine unbestimmte Anzahl von Personen (generell) und auf eine ganze Kategorie von Fällen (abstrakt) anwendbar ist. Der Einzelentscheid ist individuell-konkret, weil er genau angibt, welche Personen er (individuell) trifft und welche (konkreten) Sachmerkmale die Entscheidung trägt.

769 Die Generalisierung ist eine Variante der Abstraktion: Auch sie bedient sich der Weglassung von Merkmalen, nämlich der individuellen, also jener, welche die persönlichen Interessen oder Eigenschaften der Menschen betreffen. Generalisierung ist Verallgemeinerung durch Absehen von der Person.

770 Die Individualisierung ist eine Variante der Konkretisierung: Sie nimmt Rücksicht auf die Anliegen der einzelnen am Fall beteiligten Personen und differenziert die generelle Regel im Hinblick auf individuelle Besonderheiten.

---

402 Billigkeitsentscheide sind nur dort zulässig, wo das Ergebnis der Gesetzesanwendung im konkreten Fall im Widerspruch zu den Zielen des Gesetzgebers stünde; auch dann hat der Richter nicht nach reiner Einzelfallgerechtigkeit zu entscheiden, sondern eine neue Regel für eine ganze Fallgruppe aufzustellen (nach Art. 1 Abs. 2 des Schweizerischen Zivilgesetzbuches soll der Richter „nach der Regel entscheiden, die er als Gesetzgeber aufstellen würde").

771 *Die gesetzliche Regelung der Fahrprüfung ist generell-abstrakt. Sie adressiert sich an alle, die ein Motorfahrzeug lenken wollen und bestimmt die Voraussetzungen, unter denen sämtliche Fahrausweise erteilt werden dürfen. Die Ausstellung eines Fahrausweises an Frau A, welche soeben die Fahrprüfung für leichte Personenwagen bestanden hat, ist individuell-konkret. Sie richtet sich nur an Frau A und bestimmt deren Rechte gestützt auf das Ergebnis der Fahrprüfung.*

3.1.2.3. Übungsbeispiel

772 *Der motorisierte Privatverkehr auf der Strasse gehört zu den wichtigen Fragen des Zusammenlebens, die der Staat in einer modernen Gesellschaft zu regeln hat. Er erlässt zu diesem Zweck generell-abstrakte Vorschriften (Strassenverkehrsgesetz samt Verordnungen dazu) und individuell-konkrete Verfügungen (Bewilligungen, polizeiliche Massnahmen). Diese schaffen einen Ausgleich zwischen generellen Interessen der Allgemeinheit und individuellen Interessen der einzelnen Verkehrsteilnehmer.*

773 **Aufgabe:**

Nennen Sie am Beispiel des *Führerscheins*

- die individuellen Interessen und Rechtsgüter dessen, der einen Führerschein beantragt,
- die generellen Interessen und Rechtsgüter der Öffentlichkeit gegenüber dem Autofahrer sowie
- die Ihnen bekannten abstrakten und konkreten Massnahmen, mit denen der Staat diesen Konflikt regelt;

ordnen Sie dabei die beteiligten Interessen und Rechtsgüter nach ihrem (1) individuellen bzw. (2) generellen Charakter; die staaatlichen Anforderungen an die Erteilung eines Führerscheins nach ihrer (3) abstrakten bzw. (4) konkreten Natur.

774 **Lösung:**

(1) Individuelle Interessen / Rechtsgüter

- Bewegungsfreiheit (Mobilität)
- Freie Wahl des Verkehrsmittels

(2) Generelle Interessen / Rechtsgüter
- Verkehrssicherheit (öffentliche Sicherheit)
- Gefahrenabwehr für Dritte

(3) Abstrakte Massnahmen
- Führerscheinverordnung: Mindestalter, Gesundheit, Kenntnis der Verkehrsregeln, Fähigkeit, ein Fahrzeug sicher zu führen
- Rechtsanspruch bei Erfüllung der Voraussetzungen

(4) Konkrete Massnahmen
- Abgabe des Lernfahrausweises nur unter bestimmten Voraussetzungen (Mindestalter, ärztliches Zeugnis)
- Vornahme der Prüfung: schriftliche Prüfung in Theorie, praktischer Fahrtest

Hinweis: Generelle Interessen können nicht etwa nur durch abstrakte 775 Massnahmen gewahrt werden *(die Prüfung dient als konkrete Massnahme generellen Interessen);* umgekehrt erfordern individuelle Interessen nicht nur konkrete Massnahmen *(der Rechtsanspruch auf einen Führerschein muss im abstrakten Erlass gewährleistet werden).*

3.1.3 Differenzierendes und generalisierendes Denken

3.1.3.1. Beispiel

„Jede Person in Untersuchungshaft hat Anspruch auf ein Urteil innert an- 776 *gemessener Frist" (Art. 31 Abs. 3 Satz 2 der schweizerischen Bundesverfassung; vgl. Art. 5 Abs. 3 EMRK). X wartet seit sechs Monaten auf seine Urteilsverhandlung. Diese wird immer wieder hinausgeschoben, weil ein mutmasslicher Mittäter noch nicht gefasst ist. Die Strafe, die X im Falle einer Verurteilung zu gewärtigen hat, liegt zwischen zehn und zwölf Monaten Gefängnis. Der Zeitpunkt naht, in dem er seine Strafe schon vor dem Urteil verbüsst haben wird.*

Frage: 777

Nach welchen Kriterien bestimmen Sie, wie lange die angemessene Wartezeit noch dauert? Achten Sie dabei auf die Bedeutung konkreter Umstände einerseits, allgemeiner Grundsätze anderseits *(welcher Rechtsgrundsatz verleiht dem konkreten Umstand sein Gewicht?).*

778 **Lösung:**

- Die ausstehende Verhaftung des Mittäters spricht für ein Zuwarten mit der Verhandlung, weil sich die Beweislage noch wesentlich verändern kann, wenn die Aussagen der beiden verglichen werden können. Für eine Verlängerung der Untersuchungshaft spricht auch die Verdunkelungsgefahr, die entsteht, sobald der Entlassene Kontakt mit seinem Kollegen aufnehmen kann.
  - Das erste Argument beruft sich auf das Prinzip der richterlichen Wahrheitsfindung im Strafrecht, das zweite zudem auf die Staatsaufgabe der Strafverfolgung.
  - Wie lange noch zugewartet werden soll, hängt beim ersten Argument davon ab, wie eindeutig die Beweislage heute schon ist, während beim zweiten Argument die Chance zählt, den Mittäter innert nützlicher Frist zu fassen. Die Antwort hängt von den konkreten Umständen ab.
- Der verfassungsmässige Anspruch des Verdächtigten spricht gegen ein Zuwarten mit der Urteilsverhandlung. Eine längere Untersuchungshaft ist kaum mehr zumutbar, umso weniger, als demnächst die Gefahr entsteht, dass sogar bei Verurteilung die Strafe kürzer ausfällt, als die Untersuchungshaft.
  - Der Anspruch stützt sich auf das Grundrecht der persönlichen Freiheit in ihren Gehalten als Bewegungsfreiheit und als Anspruch auf geistige Unversehrtheit (öffentlichrechtlicher Persönlichkeitsschutz).
  - Ob noch länger zugewartet werden darf, hängt von der konkreten Rechtsgüterabwägung ab. Die entgegenstehenden öffentlichen und privaten Interessen sind nach Massgabe der erwähnten Grundsätze und der konkreten Verhältnisse zu gewichten, um zu bestimmen, welches Interesse überwiegt.

779 **Hinweis:** Der Sachverhalt lässt uns primär nach tatsächlichen Elementen suchen, welche die Entscheidung anleiten können. Er verleitet uns dazu, je nach den konkreten Umständen zu entscheiden. Wir unterscheiden verschiedene Szenarien, die wir unterschiedlich behandeln würden (z.B. je nach der Wahrscheinlichkeit des Fahndungserfolgs). Wir sollten dabei aber nicht vergessen, dass wir diese Unterscheidungen nur treffen können, weil wir eine Norm voraussetzen, welche dafür den Massstab abgibt (z.B: das Gewicht des staatlichen Strafverfolgungsinteresses). Wir müssen den Sachverhalt sowohl nach seinen faktischen Elementen differenzieren als auch im Lichte genereller Normen bewerten. Unser Denken bewegt sich gleichzeitig ins Detail und ins Grundsätzliche.

3.1.3.2. Erläuterung: Unterscheiden und Verallgemeinern

Analyse und Synthese (Ziff. III 3.1.1) sowie Abstraktion und Konkretisie- 780
rung (Ziff. III 3.1.2) sind Grundoperationen des juristischen Denkens. Sie fügen sich zusammen in die allgemeineren Denkvorgänge des Differenzierens (1) und des Generalisierens (2). Dabei gehören Analyse und Konkretisierung zum Differenzieren, Synthese und Abstraktion zum Generalisieren, fallen aber je nicht damit zusammen. *Wenn ich den Begriff der Frist in Verwirkungs- und Verjährungsfristen differenziere, bleibe ich im Abstrakten; ich gewinne die beiden Varianten auch nicht durch Analyse des Oberbegriffs, sondern durch Hinzufügen anderer Merkmale.* Differenzierendes Denken nutzt zwar oft analytische Methoden und konkrete Elemente, verbindet diese aber mit freier Argumentation. Das Gleiche gilt für den Umgang des generalisierenden Denkens mit Synthese und Abstraktion.

Analyse + Konkretisierung	➡ Differenzierung
Synthese + Abstraktion	➡ Generalisierung

(1) *Differenzieren* heisst Unterscheiden. Im juristischen Zusammenhang be- 781
deutet Differenzieren, der Vielfalt des Lebens gerecht werden. Die Kunst des richtigen Unterscheidens ist die wichtigste Fertigkeit des Juristen. Der Grund liegt darin, dass das Recht die künftigen Konflikte nicht voraussehen kann, sondern nur als Regel (Gesetz) oder in Form eines Beispiels (Urteil) zu normieren vermag. Der Jurist muss dann durch gerechte Unterscheidung herausfinden, ob der neue Fall zur Regel und zum Urteil passt oder nicht. Differenzierung ist somit ein Gebot der Gerechtigkeit.

Die Aufgabe der Differenzierung ist dem Juristen durch das positive Recht 782
auferlegt. Die Rechtsgleichheit wird allgemein als das Gebot definiert, Gleiches nach Massgabe seiner Gleichheit gleich und Ungleiches nach Massgabe seiner Ungleichheit ungleich zu behandeln. Das wäre eine sinnlose Formel, wenn darin nicht die Aufgabe erkannt würde, Kriterien der Differenzierung zu definieren. Der Jurist soll differenzieren, aber nur nach dem Massstab der rechtserheblichen Unterschiede. Was *gleichwertig* ist, soll gleich behandelt werden, was *ungleichwertig* ist, soll unterschieden werden. Differenzierendes juristisches Denken betreibt wertende Unterscheidung nach dem Kriterium der Gleichwertigkeit. *Ob ein Fall verdient, gleich behandelt zu werden, wie ein bereits entschiedener, weiss*

ich erst, wenn ich zwischen den beiden Fällen keine tatsächlichen Unterscheidungen treffen kann, welche eine Ungleichbehandlung rechtfertigen würden. Unterscheidungen müssen gerechtfertigt sein. Es zählen nur jene Unterschiede, welche rechtserheblich sind.

783 Rechtserhebliche Unterscheidungen in der Sache sind solche, welche Merkmale des Sachverhalts betreffen, auf welche sich der Tatbestand der einschlägigen Norm bezieht. *Ob mein Irrtum beim Vertragsabschluss ein wesentlicher ist oder nicht, hängt davon ab, ob er sich auf ein Vertragselement bezieht, das vom Gesetz als grundlegend bezeichnet wird; andere Irrtümer können zwar faktisch wichtig sein, sind aber rechtlich nicht bedeutsam.* Das Recht bestimmt somit, ob eine Unterscheidung wichtig ist oder nicht. Die eigentliche juristische Kunst ist jene der *rechtlich richtigen Differenzierung*.

784 Das Gespür für die feine juristische Differenz ist daher etwas anderes als reine Haarspalterei oder blinde Unterscheidungswut! Die Unterscheidungskunst ist stets von ihrem Gegenteil, der Generalisierung, geprägt: Nur im Hinblick auf das Grundsätzliche lässt sich die richtige Unterscheidung treffen. Nur die Orientierung am Sinn der ganzen Norm gibt den Massstab ab für die Unterscheidung des Gleichwertigen vom Ungleichwertigen. *An sich genügt für den Vertragsabschluss die übereinstimmende Willensäusserung; ob bei einer der Parteien ein Irrtum im Beweggrund vorliegt, spielt keine Rolle. Ein solcher Willensmangel ist allerdings dann beachtlich, wenn er bei objektiver Betrachtung vom Standpunkt des loyalen Geschäftsverkehrs als wesentlich anerkannt werden muss (z.B. Irrtum über verkehrswesentliche Eigenschaften; § 119 Abs. 2 BGB, CH: Art. 24 Abs. 1 OR, AT: § 871 ff. ABGB): Hier werden Motivirrtümer danach unterschieden, ob sie nach einem Rechtsgrundsatz (Treu und Glauben im Geschäftsverkehr) als erheblich oder als unerheblich zu beurteilen sind.*

785 Trotz dieser Rückbindung an das Grundsätzliche äussert sich der Gerechtigkeitssinn des Juristen in einer ausgeprägten Liebe zum Detail. Jeder Fall ist anders als der vorangehende und verdient es, in seiner Eigenart ernst genommen zu werden. Jeder Rechtsuchende ist ein Individuum mit eigenem Persönlichkeitsrecht und hat Anspruch auf eine Rechtsantwort, die auf seine Bedürfnisse zugeschnitten ist. *Juristerei ist Massarbeit.*

Darin äussert sich die stark individualistische Konzeption unserer Rechtsordnung. Westliches Rechtsdenken ist ein stark individualisierendes Denken. Es stellt den Einzelnen in den Mittelpunkt und versucht, ihm zu seinem Recht zu verhelfen. *Jedem das Seine*. 786

Dies gilt selbstverständlich im Privatrecht, das den Ausgleich individueller Interessen zum Ziel hat. Aber es gilt auch für das öffentliche Recht, das zunächst allgemeine Interessen der Gesamtheit verfolgt. Bei der Konkretisierung von Verfassungsrecht steht dem nivellierenden Gebot der Gleichbehandlung aller vor dem Gesetz immer auch das differenzierende Erfordernis der Verhältnismässigkeit staatlichen Handelns gegenüber. 787

(2) Das *Generalisieren* ist die Gegenbewegung zum Differenzieren. Hier wird nicht ein Ganzes durch Unterscheidungen aufgeteilt, sondern es werden unterschiedene Elemente zu einem gemeinsamen Ganzen zusammengefügt. Im Unterschied zur Abstraktion geschieht dies nicht nur durch Weglassen unterscheidender Merkmale, sondern vor allem durch Hervorheben einer gemeinsamen, besonders wichtigen Qualität. Das Allgemeine entsteht weniger durch ein Wegnehmen des Individuellen, sondern in erster Linie durch ein Bewerten des Wesentlichen. Das Allgemeine ist nicht der gemeinsame Nenner, auf welchen die vielen Besonderen, die ihm zugehören, reduziert werden können (das wäre die Abstraktion), sondern der allgemeingültige Kern, der in der Vielfalt des Besonderen nur in Bruchstücken enthalten ist. Das Allgemeine finden wir, wenn wir das besondere nach seinem Sinn befragen und dabei Fallgruppen mit gemeinsamer Ausrichtung finden. 788

Die Bildung einer *Regel* ist das Hauptbeispiel der Generalisierung. Eine Gruppe von Einzelfällen wird auf ihre grundsätzliche Gemeinsamkeit hin abgesucht und daraus eine Norm formuliert. *Zahlreiche Betriebsunfälle mögen z.B. zeigen, dass der Sinn des Arbeitnehmerschutzes eine Gefährdungshaftung des Arbeitgebers verlangt. Die allgemeine Verschuldenshaftung wird dem Abhängigkeitsverhältnis der Arbeitnehmer nicht gerecht. Diese Erfahrung ist daher (je nach Rechtslage durch den Richter oder durch den Gesetzgeber) zur Regel der Gefährdungshaftung zu verdichten.* 789

790 Die Regel wird gebildet, indem jene wesentlichen Merkmale der Fallgruppe, die verallgemeinerungsfähig sind, hervorgehoben und in generell-abstrakter Weise formuliert werden. Die Regel gilt dann für alle Fälle, welche diese Merkmale aufweisen.[403] *Sämtliche Unfälle, welche Arbeitnehmer im Zusammenhang mit ihrem Verhältnis zum Betrieb erleiden, fallen unter die Gefährdungshaftung des Arbeitgebers, auch wenn sich im konkreten Fall keine typisch betriebliche Gefährdung realisiert hat.*

791 Die Regel hat begrifflichen Charakter. Alle Fälle, welche unter die Begriffe fallen, welche die Regel ausmachen, sind regelkonform zu behandeln. Soll dies vermieden werden, muss eine Zusatzregel die entsprechende Ausnahme formulieren. Dies ist die logische Konsequenz der generell-abstrakten Fassung der Regel. *Die Gefährdungshaftung des Arbeitgebers entfällt, wenn er dartun kann, dass er alle erforderlichen Vorsichtsmassnahmen getroffen hat (Exkulpation).*

792 Diese begriffliche Starrheit der Regel entspricht nicht immer dem Sinn rechtlicher Normierung. Oft ist der Fallgruppe nur eine Kernaussage zu entnehmen, welche generalisierbar ist, während unscharf bleibt, wie der Anwendungsbereich der generalisierten Aussage abzugrenzen ist. An die Stelle der Regel tritt dann der Grundsatz. Dieser hat nicht den Charakter eines abstrakten Begriffs, sondern jenen eines Typus.

793 Der *Typus* ist ein vermittelndes Konzept, das auf einer mittleren Ebene zwischen dem Allgemeinen und dem Besonderen steht. Der Typus hat einen klaren Kern, aber keine trennscharfen Grenzen[404]. Während der Begriff in seiner kategorialen Schärfe nur ein „entweder-oder" zulässt, gestattet die Offenheit des Typus das „mehr-oder-weniger".[405]

794 Der Typus ist einem Sandhaufen im Gras vergleichbar: Den Hügel erkennen wir gut, wissen aber nicht genau, wo er sich am Rand im Gras verläuft. Mathematisch gleicht der Typus der GAUSS'schen Glocke der Normalverteilung.

---

403 LARENZ / CANARIS, S. 71.
404 KAUFMANN, Analogie, S. 47.
405 FESER, S. 55.

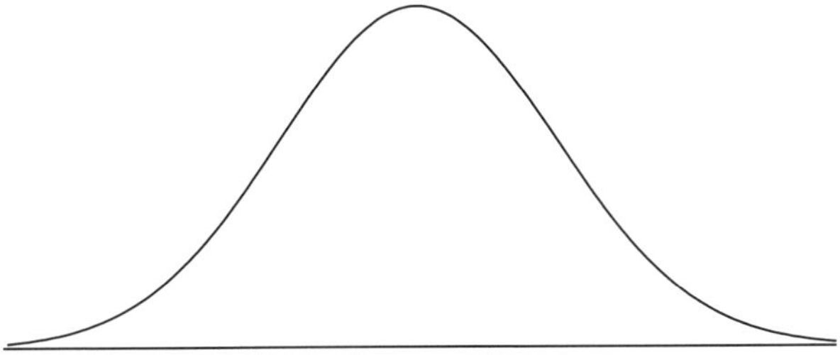

Der Typus: klarer Kern ohne trennscharfe Grenze

Der Typus wird nicht abstrakt definiert, wie der Begriff, sondern induktiv gebildet, indem wiederkehrende Merkmale hervorgehoben werden, während Einmaliges beiseite gelassen wird. Im empirischen Bereich entsteht so z.B. die durchschnittliche Verhaltensweise als Typus; im normativen Bereich wird ein vorbildliches Verhalten – das aber in Ansätzen real vorhanden ist – konstruiert. Hier wird somit ein typischer Wertmassstab geschaffen. *Z.B. ergibt sich die Norm der Vertragstreue aus den Pflichten, welche die Parteien in den verschiedenen Vertragsarten normalerweise zu erfüllen haben; die Pflicht zur Vertragstreue hat typischen Charakter, denn sie kennt Ausnahmen, etwa wenn die Gegenpartei arglistig oder unsittlich handelt.* [406] 795

Dem Verhältnis von Begriff und Typus entspricht jenes von Regel und Grundsatz: Während ein Sachverhalt entweder ganz oder gar nicht unter eine Regel fällt, kann er dem Grundsatz in unterschiedlichem Masse zugeordnet werden. *Die Vertragstreue ist keine Regel, sondern ein Grundsatz: Sie ist zwar immer zu beachten, tritt aber zurück, wenn das Element der Arglist beim Partner überwiegt.* 796

Ein anderes Beispiel liefert das Verhältnis von Gefährdungshaftung und Selbstverschulden: Die Kausalhaftung des Arbeitgebers verdrängt den Grundsatz der Selbstverantwortung des Arbeitnehmers nicht vollständig. Das Selbstverschulden des Arbeitnehmers am Betriebsunfall kann bei der 797

406 ZIPPELIUS, S. 388 ff.

Bemessung des Schadenersatzes im konkreten Fall unterschiedlich gewichtet werden.

798 Das Denken in Rechtsgrundsätzen ist dort das angezeigte Mass an juristischer Generalisierung, wo das Denken in Regeln zu abstrakt und der beschränkten menschlichen Voraussicht nicht angemessen wäre.

799 Die Auslegung von Rechtsnormen ist somit nicht nur individualisierend im Hinblick auf den konkreten Fall, sondern auch generalisierend im Hinblick auf die hinter der Norm stehenden Rechtsgrundsätze vorzunehmen. Der Normtext enthält meist Aussagen auf einer mittleren Stufe der Verallgemeinerung; er lässt sich nur richtig verstehen, wenn er auf seine grundsätzliche, d.h. allgemeingültige Aussage hin befragt wird. *Das gilt auch für die Gefährdungshaftung des Arbeitgebers: Ihr Sinn ist ein angemessener Arbeitnehmerschutz vor betrieblichen Gefahren. Von diesem Ziel her leuchtet ein, dass die Haftung dort ihre Grenzen haben soll, wo der Arbeitgeber keine Verantwortung mehr trägt und die Selbstverantwortung des Arbeitnehmers überwiegt. Weil die Haftung auf diese Weise durch unbestimmte Rechtsbegriffe eingegrenzt wird, bekommt der Begriff der Kausalhaftung letztlich auch den Charakter eines blossen Typus.*

800 Dies ist das Thema der sog. teleologischen Interpretation: Die Frage nach Sinn und Zweck einer Norm ist die Frage nach der Wertung, die hinter dem Rechtssatz steht. Welches Rechtsgut soll geschützt werden? Welcher Grundsatz steht hinter der Norm? *Rechtsgut der Haftung von Arbeitgebern ist die Gesundheit der Arbeitnehmer; der massgebliche Grundsatz besagt, dass derjenige, welcher eine Gefahr schafft, für deren Folgen einzustehen hat.*

3.1.3.3. Übungsbeispiel

801 *An der Eingangstüre eines Lebensmittelgeschäfts befindet sich ein Kleber mit der Aufschrift: "Hunde haben keinen Zutritt". Das Verbot stützt sich auf die gleichlautende Lebensmittelhygieneverordnung, welche bei Übertretungen Busse androht. Frau A hat eine Katze, die ihr nachgelaufen ist und durch den Türspalt in das Geschäft hereinkommt.*

Fragen: 802

(1) Ist die Katze rechtlich wie ein Hund zu behandeln? *Wie ist zu differenzieren, wie zu generalisieren?*

(2) Hat sich Frau A strafbar gemacht? Welche Rolle spielt bei dieser Frage der Grundsatz: „Keine Strafe ohne Gesetz"?

Lösung: 803

(1) Methodisch betrachtet ist zu entscheiden, ob der Sachverhalt „Katze" unter den Tatbestand „Hund" fällt:

- Zunächst ist zu *differenzieren*: Die beiden Haustiere lassen sich auch in rechtlich relevanter Weise voneinander unterscheiden. Insbesondere hat der Gesetzgeber selber differenziert, indem er nicht den allgemeineren Begriff „Haustier" verwendet hat. Ferner sind Katzen weit weniger folgsam als Hunde. Sie werden in der Regel nicht an einer Leine geführt (das Gebot „Hunde an der Leine führen" gilt nicht für Katzen).
- Sodann ist zu *generalisieren*: Sinn und Zweck der Vorschrift ist der lebensmittelpolizeiliche Gesundheitsschutz (teleologische Interpretation). Hinter der Norm steht der Grundsatz, Gefahren für die öffentliche Gesundheit zu verhüten. In Bezug auf diese Gefahr sind Katzen den Hunden gleichzustellen.
- Zu entscheiden ist somit, ob der Gesetzestext im Lichte des Grundsatzgehalts der Norm von „Hund" auf „Haustier, das Lebensmittel verunreinigen kann" verallgemeinert werden darf, damit anschliessend der Sachverhalt „Katze" unter diesen Begriff subsumiert werden kann.
- Wenn die Entstehungsgeschichte der Lebensmittelverordnung nichts anderes ergibt, kann davon ausgegangen werden, dass der Begriff „Hund" die typische Gefährdung erfassen sollte und auf alle anderen Fälle ausgeweitet werden soll, welche die gleiche Gefahr bedeuten. Die Katze ist analog dem Hund zu behandeln. Sie darf nicht in das Lebensmittelgeschäft.

(2) Frau A haftet für den Schaden, den ihre Katze anrichtet. Ob aber die Busse ausgesprochen werden darf, hängt davon ab, ob die Katze auch strafrechtlich den Hunden gleichzustellen ist. Die im Verwaltungsrecht zulässige Generalisierung nach dem Zweck der Vorschrift ist im Strafrecht nicht statthaft, weil sie dem Grundsatz „keine Strafe ohne Gesetz" widerspricht. Der strafrechtliche Tatbestand muss so genau sein, dass Rechtssicherheit darüber besteht, welches Verhalten darunter fällt. Hinter dem gesamten Strafrecht steht somit ein strenger Gesetzmässigkeitsgrundsatz, welcher mehr Gewicht hat als der Grundsatz der Gefahrenverhütung im öffentlichen Gesundheitsrecht.

804 **Hinweis:** Das Beispiel zeigt, wie das differenzierende Denken vom generalisierenden abhängig ist. Der Grundsatzgehalt der gesetzlichen Regel bestimmt, welche Differenzierung rechtserheblich ist. Es kann sogar notwendig werden, einen Konflikt zwischen zwei Grundsätzen (Gefahrenverhütung und Gesetzmässigkeit) zu entscheiden, damit erkennbar wird, welche Differenzierung vorzunehmen ist.

3.2 Vertiefung: Der Teil und das Ganze

805 Juristische Arbeit hat hermeneutischen Charakter. Sie versteht den Teil aus dem Ganzen und das Ganze aus seinen Teilen (vgl. vorne Ziff. II 2.1.2.2). Der Prozess, in welchem dieses Verständnis erarbeitet wird, ist das Gegenspiel von Differenzierung und Generalisierung.

806 Die Differenzierung ist fester Bestandteil der juristischen Kunst. Weniger gesichert ist die Generalisierung. Sie bedarf daher näherer Betrachtung. In einem ersten Schritt soll aufgezeigt werden, in welchem Ausmass Generalisierung im Recht notwendig und sinnvoll ist (Ziff. 3.2.1). Anzufügen ist eine Reflexion über die wissenschaftspolitische Bedeutung der grundlegenden Polarität im juristischen Denken (Ziff. 3.2.2).

3.2.1 Typus und Grundsatz als mittlere Stufen der Generalisierung

807 Zu Beginn sei nochmals auf das Verhältnis von Generalisierung und Abstraktion hingewiesen: Die Generalisierung ist der Abstraktion verwandt und hat im Recht ähnliche Grenzen wie diese. Die Abstraktion ist jener Denkprozess, der von der realen Erscheinung zum Rechtsbegriff führt *(z.B. von der Flasche zur beweglichen Sache)*. Je weiter die Abstraktion eines Begriffs getrieben wird, desto mehr verliert dieser an Inhalt (vgl. vorne Ziff. III 3.1.2.2 Rz. 759 ff.). Demgegenüber ist die Generalisierung der Denkvorgang, welcher von einer Mehrzahl von Einzelfällen zu einer Regel überleitet *(z.B. von der Gerichtspraxis bei Betriebsunfällen zur Regel der Gefährdungshaftung des Arbeitgebers)*. Auch hier führt die Begrifflichkeit der Regel zu Grenzen ihrer Anwendbarkeit im Recht. Je schärfer die Regelhaftigkeit einer Norm, desto grösser die Notwendigkeit von Ausnahmen (vgl. vorne Ziff. III 3.1.3.2, Rz. 763 ff.).

Die meisten Rechtsbegriffe sind daher nicht trennscharf, sondern haben den Charakter eines *Typus.* Der Typus hat einen klaren Kern, aber einen unbestimmten Hof. Wir können ihn uns als Begriff mit unscharfem Geltungsbereich vorstellen: Der Typus gleicht einer Hypothese, die zwar teilweise falsifiziert ist, aber dennoch eine gute Annäherung bietet[407]. Er sagt etwas Wesentliches aus, bleibt aber für Ergänzungen offen. 808

In dem Ausmass, in welchem Rechtsbegriffe die Unschärfe des Typus annehmen, nähern sich die durch diese Rechtsbegriffe gebildeten Rechtsregeln den Grundsätzen an: *Wo der Typus an die Stelle des Begriffs tritt, wird die Regel zum Grundsatz.* 809

Das hat Konsequenzen für das Verständnis der Rechtsanwendung. Die Subsumtion eines Falles unter eine Rechtsnorm erscheint zunächst als eine begriffliche Zuordnung, weil ein Tatbestand nur entweder erfüllt oder aber nicht erfüllt sein kann. *Beim Betriebsunfall des Arbeitnehmers ist ein Selbstverschulden entweder gegeben oder nicht.* Diese begriffliche Klarheit gilt aber nur für die rechtslogische Form des juristischen Urteils (abstrakte Betrachtungsweise). Sobald das Urteil in seinen konkreten Inhalten untersucht wird, zeigt sich, dass es nicht ohne typologische Zuordnung auskommt. Schon das Vorverständnis der Falllösung, das der Richter an die Norm heranträgt, hat nicht Regelcharakter, sondern ist die Vermutung, dass der Sachverhalt zum Typus jener Fälle gehört, welche normalerweise von der Norm beschlagen werden (die juristische Arbeit besteht dann darin, diese typische Aussage zu bestätigen oder zu widerlegen). Überall, wo die Rechtsnorm unbestimmte Rechtsbegriffe enthält oder Grundsätze ausspricht, liegen ferner typische Aussagen vor, deren Geltungsbereich erst noch bestimmt werden muss. Letztlich können alle Rechtsbegriffe die Funktion eines Typus erfüllen[408]. Welchen Abgrenzungswert ein Begriff hat, ergibt sich erst aus seiner Interpretation im Ein- 810

---

407 Michael Schmid, S. 419.

408 Feser (S. 66) schlägt vor, die Polarisierung von Begriff und Typus zu vermeiden und „die Unterscheidung zwischen Typus und Begriff schlicht nach der jeweiligen Funktion eines Ausdrucks zu treffen. Denn mit der Verwendung auch eines Typus im Tatbestand einer Rechtsnorm, wird aus einem typologischen ‚mehr oder minder' ein begriffliches ‚entweder- oder'."

zelfall. *Was als Selbstverschulden des Arbeitnehmers zu gelten hat, hängt von typischen Fallgruppen fahrlässigen Verhaltens im Betrieb ab; die Praxis hat dafür Standards, d.h. typisierte Erwartungen zu entwickeln.*

811 MAX WEBER hat den Begriff des Typus verwendet, um die Einzelerscheinungen der empirischen Wirklichkeit anhand einer idealisierenden Konstruktion vergleichen zu können. Der Idealtypus ist bei ihm eine bewusst einseitige Steigerung empirischer Merkmale, die für wesentlich gehalten werden *(z.B. die „Marktwirtschaft")*. Seine Gültigkeit hängt davon ab, dass die Wirklichkeit nicht zu sehr von dieser Konstruktion abweicht. Der Idealtypus postuliert eine überprüfbare Gemeinsamkeit.[409]

812 Im juristischen Kontext lässt sich die Figur des Typus sowohl empirisch wie normativ verwenden *(z.B. als „allgemeine Lebenserfahrung" oder als „Verschuldenshaftung")*. Sie dient dazu, eine Ordnung in die Vielfalt faktischer Lebensverhältnisse und normativer Antworten zu bringen, auch wenn es nicht möglich ist, die Fälle rechtlicher Gleichbehandlung in begrifflich scharf geschiedene Kategorien zu trennen.[410]

813 Der Typus wird nicht definiert, sondern beschrieben[411]. Er verbindet die wesentlichen Merkmale seines Gegenstandes zu einem Gesamtbild. Dieses enthält konkrete und abstrakte Elemente und ist im Recht immer teilweise durch Fakten, teilweise durch Normen geprägt. Der Typus eignet sich daher als Denkform, in welcher die Synthese zwischen Sachverhalt und Norm, zwischen dem Konkreten und dem Abstrakten, zwischen dem Individuellen und dem Generellen dargestellt werden kann *(z.B. soll der Begriff der leichten Fahrlässigkeit einen abstrakten Verschuldensmassstab abgeben, lässt sich aber nur durch typische Verhaltensweisen umschreiben)* . Von da rührt die grosse Attraktivität des typisierenden Denkens für den Juristen her.

814 Der Typus stellt meist das Optimum dar, welches beim Versuch der Generalisierung individuell-konkreter Aussagen im Recht erreichbar ist. Anders als in den Naturwissenschaften lassen sich hier allgemeingültige Aussagen

---

409 WEBER, Objektivität, S. 190 ff.
410 ZIPPELIUS, S. 388 ff.
411 Vgl. LARENZ / CANARIS, S. 42.

nicht durch induktives Vorgehen verallgemeinern[412]. *Aus einer Reihe gleicher Gerichtsurteile können wir nicht ein allgemeines Prinzip induzieren, aus welchem künftige Urteile logisch abgeleitet werden könnten.* Juristische Generalisierung ist ein umfassender Argumentationsprozess, in welchem der Schritt vom Besonderen zum Allgemeinen ebenso begründet werden muss, wie jener vom Allgemeinen zum Besonderen (die Subsumtion).

Allerdings ist die Generalisierung so etwas wie der „blinde Fleck" der 815 Rechtswissenschaft. Während der Schritt von der Norm zum Urteil in der juristischen Methodenlehre ausgiebig beschrieben wird, fehlt es weitgehend an einer Methodik der Generalisierung von Regeln oder Grundsätzen aus konkreten Fällen, Fallgruppen oder untergeordneten Normen. Die Scheu stammt z.T. aus einer positivistischen Zurückhaltung gegenüber der Politik, welche die Regeln erlassen soll, z.T. aus Respekt vor der Gewaltenteilung und der daraus folgenden Konzentration der Rechtswissenschaft auf die richterliche Rechtsanwendung.

Juristische Argumentation scheut sich oft, ihre grundsätzlichen Prämissen 816 offenzulegen. Dies, obwohl keine Methodik der Rechtsanwendung auskommt, ohne auf den „Sinn und Zweck" der Norm und auf das „System" des Gesetzes oder auf die „grundlegenden gesetzlichen Wertungen" zurückzugreifen. Jede Interpretation verlangt, dass vom Normtext auf ein Normprogramm geschlossen wird, welches die grundsätzliche Bedeutung des Textes umschreibt[413]. Die ganze juristische Dogmatik besteht aus solchen Generalisierungen[414]. Verallgemeinerungen sind ein notwendiges Element innerhalb der juristischen Argumentation.

In Frage steht die *Grundsätzlichkeit des Rechtsdenkens*. So wie es Aufga- 817 be des Juristen ist, dem Detail gerecht zu werden, ist es auch seine Aufgabe, das Ganze zu erfassen. In wertender Verallgemeinerung hat er normative Typen zu bilden, welche die Grundsätze formulieren, die für den Fall und für verwandte Fallgruppen gelten. Juristische Begründung

412 AARNIO, S. 201 ff., 205.
413 FRIEDRICH MÜLLER, Strukturierende Rechtslehre, S. 152.
414 PAWLOWSKI, Methodenlehre, Rz. 782 ff.

hat immer den Test der Rechtsgleichheit zu bestehen. Sie muss daher (in den Grenzen des positiven Rechts) verallgemeinerungsfähig sein. *Die Testfrage lautet: Darf ich künftige Fälle, die im Wesentlichen gleich gelagert sind, gleich behandeln?* Dies ist nur dann erfüllt, wenn die Maxime, nach der ein Fall entschieden wird, als Regel oder zumindest als Grundsatz formuliert werden kann. *(Die Anforderungen an die Sorgfalt z.B. eines Kranführers, der einen Bauarbeiter verletzt hat, müssen sich so verallgemeinern lassen, dass sie auch für die Gefährdung durch andere Baumaschinen tauglich sind; erforderlich ist daher eine grundsätzliche Umschreibung der Sorgfaltspflicht auf dem Bau, welche die typischen Fälle angemessen erfasst.)*

3.2.2 Die Integration der Differenzen

818 Differenzierung und Generalisierung sind so zentrale Polaritäten im juristischen Denken, dass mir an dieser Stelle eine grundlegende wissenschaftspolitische Betrachtung angebracht scheint. Ich nenne sie bewusst wissenschafts*politisch*, weil ich hier gegenüber einem Trend innerhalb des Wissenschaftsbetriebs Partei ergreife[415].

819 Das differenzierende Denken ist nicht nur innerhalb der Rechtswissenschaft dominant. Das wissenschaftliche Denken folgt generell einer Grundoperation des menschlichen Verstandes: dem Unterscheiden[416]. Moderne Erkenntnis folgt einem *Trennungsdenken*. Dieses spaltet die Erscheinungen unserer Wahrnehmung in Elemente, gliedert Ganzheit in Teile und schafft Differenzierungen. Das Unterscheidungsvermögen ist die Grundlage wissenschaftlicher Erkenntnis schlechthin. Differenzierung ist methodisch und real zum Merkmal unserer wissenschaftlichen Gesellschaft geworden.

415 Das vorliegende Buch soll in der Regel alle Polaritäten im Rechtsdenken gleichwertig darstellen. Eine Parteinahme findet sich ausser an dieser Stelle noch im Sinne einer Prioritätensetzung zugunsten des Teilnehmerstandpunktes (Ziff. II 2.2.3), des Diskurses (Ziff. II 5.2.2) und der Deontologie (Ziff. III 5.2.2). Diese Standpunkte werden aber offengelegt und begründet; sie sind damit der Kritik zugänglich.

416 LUHMANN, Erkenntnis, S. 14.

Das Trennungsdenken prägt unser Zusammenleben und damit auch die Rechtsordnung. Diese differenziert sich fortlaufend in kaum mehr integrierbare Teilordnungen mit eigener Sach- und Systemlogik. Die Differenzierungen sind so weit fortgeschritten, dass niemand mehr über eine Gesamtschau des Rechts als ganzem verfügt. Die Rechtswissenschaft zerfällt in Spezialwissenschaften. 820

Der differenzierende Modus der Wissenschaft ist untrennbar mit dem philosophischen und methodischen Individualismus verknüpft, der die Neuzeit prägt. Danach ist der Einzelne das Subjekt der Erkenntnis. Vernunft ist eine Eigenschaft des Individuums, welche dieses befähigt, die Welt zu erkennen. Der Einzelne definiert sich in Abgrenzung zum Ganzen seiner Gesellschaft und zu der Welt, in der er lebt. Der Mensch gestaltet damit sein Wissen nach dem Muster des Dualismus von Subjekt und Objekt. Alle weiteren Differenzierungen folgen diesem Muster.[417] 821

Das Denken der Differenz ist nicht bloss eine logische Operation, sondern die Umsetzung eines Menschenbildes. Es hat nicht bloss formale, sondern auch inhaltliche Bedeutung. Eine Gesellschaft und eine Rechtsordnung, in welchen das differenzierende Denken dominiert, stärkt das Besondere gegenüber dem Allgemeinen, schafft Freiheiten und löst Bindungen auf, stützt Partikularinteressen und schwächt das Gemeinwohl. 822

Differenzierendes Denken vertritt damit eine bestimmte Wertung. Wichtig ist zunächst, dass die normative Entscheidung, welche ihm zugrunde liegt, bewusst wird. Es gibt gute Gründe für diese Entscheidung. Sie beruhen auf dem liberalen Weltbild, das wir alle mehr oder weniger teilen. Kaum ein moderner Mensch wird bereit sein, freiwillig auf seine Individualität und die Anerkennung als autonomes Subjekt zu verzichten. Daher haben unsere Rechtsordnungen aus diesen Interessen auch zentrale Rechtsgüter gemacht. 823

Die Wertung aussprechen heisst aber auch, anerkennen, dass andere Wertungen möglich sind. Die Folgen einer einseitigen Subjektivierung der Rechtsordnung lassen erkennen, dass ein Gegengewicht zum Trennungsdenken Not tut. Nicht nur, dass das partikuläre Interesse selber leidet, wenn das allgemeine Wohl zerfällt, oder dass der kurzfristige Nutzen ver- 824

417 Dazu grundsätzlich: MASTRONARDI, Recht und Politik, S. 345 f.

fliegt, wenn seine Nachhaltigkeit vernachlässsigt wird. Freiheit und Autonomie des Individuums insgesamt sind in ihrer Substanz vom Schicksal der kollektiven Freiheit und der Mündigkeit der Gesellschaft abhängig. *Ich kann nur in einer Gesellschaft freier und mündiger Menschen selber frei sein.* Auf die Rechtsordnung bezogen: meine Grundrechte sind nur in einer Demokratie dauerhaft geschützt. Rechtsstaat und Demokratie bedingen einander gegenseitig.

825 Das gesuchte Gegengewicht zum Trennungsdenken ist freilich nicht das identitäre Denken, welches alle Besonderheit negiert und in einer Totalität auflöst. Dem Individualismus ist nicht ein Kollektivismus gegenüberzustellen, der das einzelne Subjekt unterdrückt. Die Überwindung von Absolutismus und Totalitarismus ist das Verdienst – und bleibt die dauerhafte Aufgabe – der liberalen Idee.

826 Vielmehr ist eine Konzeption zu suchen, welche gerade auch diese Form des Dualismus (die Spaltung von Individuum und Kollektiv) zu überwinden sucht. Gesucht ist eine Konzeption der *Intersubjektivität* von Mensch und Gesellschaft, und damit auch des Rechts. Intersubjektivität meint nicht eine geometrisch irgendwie bestimmbare Mitte zwischen Individuum und Kollektiv, sondern ein kontinuierliches Spektrum, das sich vom einen Pol zum andern erstreckt. Wenn Intersubjektivität integrierend wirken soll, darf sie keiner der polaren Positionen ihre Anerkennung versagen. Sie soll nur die Dominanz der Extreme verhindern.

827 Ein moderner Versuch, das Intersubjektive zu fassen, ist die *Systemtheorie* funktionalistischer Prägung. Sie erkennt, dass der Dualismus von Individuum und Gesellschaft ungeeignet ist, um die komplexen Differenzierungen innerhalb der sozialen Welt angemessen zu erfassen. Die Systemtheorie versucht, die Zwischenebene des Intersubjektiven mit der Figur der sozialen Systeme zu beschreiben. Die Gesellschaft besteht demnach nicht aus Menschen, sondern aus Subsystemen, welche sich durch Kommunikationsvorgänge konstituieren, die in jedem System einer eigenen Rationalität folgen[418].

---

418 Vgl. Ziff. II 5.2.1; dazu WILLKE, Systemtheorie I, S. 178 ff.; LUHMANN, Soziale Systeme, S. 191 ff.

Die Systemtheorie schafft damit freilich keine Integration von Individuum und Kollektiv. Vielmehr überträgt sie den Subjektivismus auf die Konstruktion des Systems. Sie verfällt sämtlichen Trennungen des Denkens in Differenzen. Sie fügt ihnen weitere Trennungen hinzu, indem sie Menschen, Gruppen und Institutionen in selbststeuernde Systeme ausdifferenziert, welche nach binärer Codierung funktionieren. 828

Ein anderer Versuch, das Intersubjektive zu erfassen, ist die *Diskurstheorie*[419]. Sie versteht Intersubjektivität als rationalen Verständigungsprozess innerhalb einer Kultur. Ausgangspunkt ist die Erkenntnis, dass der Einzelne erst durch die Kommunikation mit dem andern zum Subjekt wird[420]. *Für mich allein kann ich nicht sein; erst das Zwiegespräch macht mich zu dem, was ich bin.* 829

Rationalität ist nicht eine Eigenschaft des aufgeklärten Individuums, sondern eine Qualität der Prozeduren und Prozesse diskursiver Verständigung. Nicht der Einzelne ist Subjekt der kommunikativen Vernunft, sondern der intersubjektive Prozess, welcher im Dreiecksverhältnis zwischen Person, Kultur und Gesellschaft im Medium der Sprache abläuft[421]. 830

Die kommunikative Rationalität unterscheidet sich grundlegend von der systemischen. Gemeinsam ist beiden Konzepten, dass die Sprache den Einzelnen transzendiert. Sprache kann aber systemisch nicht angemessen verstanden werden. *Gerade für die Sprache ist kennzeichnend, dass sie nicht "sein" kann, ohne dass ich an ihr teilnehme.* Sprache lässt sich nicht beobachten, ohne dass der Beobachter in sie einbezogen wäre: Er muss sie lesen oder hören, auch wenn er nicht schreibt oder spricht. Die Sprache macht alle Wissenschaft zur Teilnahme. Sie bindet jede Äusserung an den Verständigungsprozess der kommunikativen Vernunft. Dies gilt auch für die Formulierung einer Systemtheorie, welche damit in die Diskurstheorie eingebunden wird. 831

Wissenschaftstheoretisch liegt der entscheidende Unterschied zwischen den beiden Konzeptionen darin, dass die Systemtheorie deskriptiv vorge- 832

---

419 Vgl. Ziff. II 5.2.1 Rz. 386.
420 HABERMAS, Nachmetaphysisches Denken, S. 100 f.
421 DERS., Nachmetaphysisches Denken, S. 102.

hen will, während die Diskurstheorie aller Wissenschaft eine *Ethik der Verständigung* zugrunde legt. Am Anfang aller Wissenschaftlichkeit liegt ein moralisches Prinzip, die Diskursethik.

833 Damit wird Rationalität an ethische Grundsätze gebunden. Das Denken beginnt nicht mit dem Verstand und seiner Operation des Unterscheidens, der Analyse; dem Verstand vorgelagert ist dessen Legitimierung durch leitende Prinzipien einer Ethik, welche die Bedingungen vorgibt, nach denen der Verstand zu operieren hat. Erst die diskursethische Anleitung verschafft dem menschlichen Verstand die Teilhabe an der Vernunft der Kommunikation.

834 Intersubjektivität ist aus dieser Sicht mehr als ein blosses Verknüpfen von individuellen Rationalitäten. Sie durchdringt das Denken des Einzelnen mit der kommunikativen Ethik des Diskurses. Wissen und Wahrheit werden zu Ergebnissen eines moralischen Prozesses. Dadurch öffnet sich die Wissenschaft für die Moral: Alle Dualitäten und Differenzierungen, welche von der Wissenschaft vorgeschlagen werden, sind im Diskurs zu rechtfertigen.

835 Für das Recht bringt dies die Chance zur Integration des fortschreitenden Differenzierungsprozesses. Jede Differenzierung ist begründungspflichtig, und zwar nicht nur unter logischen und funktionalen Gesichtspunkten, sondern auch unter allgemeingültigen Kriterien der Gerechtigkeit. Das Besondere, Individuelle, Partikuläre ist nicht selbständiger Wertungsmassstab, sondern immer nur im Zusammenspiel mit dem Allgemeinen, dem Gesellschaftlichen, dem Gemeinwohl massgebend.

836 Jede Differenzierung wird auf diese Weise an die ihr entsprechende Generalisierung gebunden. Die Gegenbewegung vom individuellen zum Grundsätzlichen wird notwendiger Bestandteil juristischer Rationalität. Die einseitige Einzelfallperspektive wird zur unzulässigen Verkürzung der juristischen Argumentation.

837 Juristisch rational ist nur, was sich im iterativen Prozess des auf und ab zwischen Einzelfall und Grundsatz bewährt. *Wer den Grundsatz nicht nennt, nach dem er entscheidet, handelt willkürlich.*

838 In der Grundsätzlichkeit juristischer Argumentation liegt somit die Chance zur Integration des Rechtsdenkens (vgl. hinten Ziff. IV 1.2.3).

4 Systemdenken und Problemlösungsdenken

4.1 Einführung

4.1.1 Beispiel

Frau A will in Basel Opernsängerin werden. Die Opernschule verlangt dafür einen Berufsabschluss. Frau A hat daher das Diplom für Volksschullehrer erworben. Herr B will am gleichen Ort Jurist werden. Die Universität verlangt dafür einen Mittelschulabschluss. Er hat daher diesen Abschluss erlangt. Beide bewerben sich um ein Stipendium, weil sie mittellos sind. Das Gesuch von Frau A wird abgelehnt, jenes von Herrn B gutgeheissen. Die gesetzliche Regelung sieht Beiträge nur für Ausbildungsgänge vor, die zum „ersten Berufsabschluss" führen. 839

Aufgabe: 840

(1) Begründen Sie
  a) den Standpunkt des Amtes auf der Grundlage des gesetzlichen Systems der staatlichen Ausbildungsbeiträge: Warum ist das Volksschullehrerdiplom in diesem System ein „erster Berufsabschluss", der Mittelschulabschluss hingegen nicht?
  b) den Standpunkt von Frau A auf der Grundlage ihres Ausbildungsganges: Warum ist das Volksschullehrerdiplom für sie auch kein „erster Berufsabschluss"?

(2) Wie unterscheiden sich die Denkweisen in den beiden Begründungen – insbesondere: wie verhält sich das Problem von Frau A zum System der Stipendien aus der Sicht des Amtes, bzw. aus der Sicht von Frau A?

Lösung: 841

(1) a) Standpunkt des Amtes: Das System der staatlichen Ausbildungsbeiträge bezweckt, unbemittelten Personen die Ausbildung so lange zu ermöglichen, bis sie ihren Lebensunterhalt selber verdienen können. Der erste Berufsabschluss ist jener, mit dem dies erstmals möglich wird. Das Diplom für Volksschullehrer entspricht dieser Bedingung, der Mittelschulabschluss nicht. Dass Studierende länger unterstützt werden als andere ist eine zwingende Konsequenz des Bildungssystems und stellt keine rechtsungleiche Behandlung dar.

b) Standpunkt von Frau A: Für sie ist der Beruf der Opernsängerin der Erstberuf, das Lehrerdiplom nur eine Vorstufe dazu. Dass es Berufe gibt, die nur über eine zweistufige Ausbildung erlernt werden können, wurde vom Stipendiengesetz nicht bedacht. Das Problem, welches das Gesetz lösen will, ist das der Berufwahlfreiheit für Unbemittelte. Dieses Ziel lässt sich nur erreichen, wenn das System auf doppelstufige Ausbildungen ausgeweitet wird. Der erste Berufsabschluss nach Sinn und Zweck des Gesetzes ist daher im vorliegenden Fall die Konzertreife als Opernsängerin. Wenn diese Interpretation mit dem Gesetzeswortlaut nicht zu vereinbaren ist, deutet dies auf eine Lücke im Gesetz hin.

(2) Unterschied in den Denkweisen: Das Amt, das sich die Argumentation unter a) zu eigen macht, interpretiert den Begriff des ersten Berufsabschlusses aus dem System staatlicher Beiträge. Dieses braucht eine gewisse Regelhaftigkeit und kann nicht auf die subjektiven Wünsche aller Gesuchsteller eingehen. Die Staatsverantwortung für soziale Gleichheit ist auf ein Mindestmass beschränkt; was darüber hinaus geht, verbleibt in der Eigenverantwortung der Privaten. Der Spezialwunsch von Frau A fällt aus dem Bereich der Staatsverantwortung heraus. Das Amt denkt schematisch; es setzt beim System der Stipendienordnung an. Das Problem von Frau A fällt aus dem Stipendiensystem heraus. *„Der Ansatz beim System führt zu einer Problemauslese"*[422] *!*

Frau A interpretiert den Begriff des ersten Berufsabschlusses vom Problem her, das zu lösen ist: Es geht darum, Frau A Chancengleichheit in der Berufswahl zu verschaffen. Eine schematische Anwendung des Stipendiensystems auf ihren Fall wäre ungerecht. Denn die Regelung über die Ausbildungsbeiträge ist nur das Mittel zum Zweck der Chancengleichheit und daher zielkonform zu interpretieren. Weist die Regelung eine Lücke auf, ist diese durch richterliche Ergänzung der Norm zu schliessen. Das Problem fordert eine Anpassung des Systems. *„Der Ansatz beim Problem führt zu einer Systemauslese"*[423]!

4.1.2 Erläuterung: Das Recht als System und als Aufgabe

842 Je nachdem, wie wir an das Recht herantreten, zeigt es uns seinen Charakter als System oder als Aufgabe. Suchen wir darin die vorgegebene, statische Ordnung, so erkennen wir es als System (Ziff. 4.1.2.1); suchen wir darin den Prozess möglicher Problemlösung, so erkennen wir es als Aufgabe (Ziff. 412.2). Den Ausgleich zwischen diesen beiden Aspekten herzustellen, ist der Sinn der juristischen Dogmatik (Ziff. 4.1.2.3).

422 VIEHWEG, S. 33.
423 DERS., S. 33.

Die ausgezogene Sicherheitslinie darf nicht überfahren werden. So will es das System des Strassenverkehrsrechts. Die Aufgabe dieses Rechts ist es, die Verkehrssicherheit zu gewährleisten. Die Sicherheitslinie dient diesem Zweck. Wenn aber der Unfallwagen mit Blaulicht hinter mir nicht zwischen den Kolonnen hindurch fahren kann, darf ich die Regel verletzen und auf die linke Strassenseite ausweichen. 843

Die Spannung, um die es hier geht, ist jene zwischen zwei Modellen des Rechts: *Ist Recht primär eine Ordnung (die wir zu wahren haben), oder ist es primär eine Aufgabe (die wir zu erfüllen haben)?* 844

Kapitel	**polares Begriffspaar einer Denkweise**		**Spannungsverhältnis**
III 1	Vorverständnis	Methode	Von der Meinung zum Urteil
III 2	juristische Logik	empirische Realität	Norm und Wirklichkeit
III 3	Differenzieren	Generalisieren	Unterschied und Gemeinsamkeit
III 4	Systemdenken ➡ Statik ➡ Ordnung	Problemlösungsdenken ➡ Prozess ➡ Aufgabe	Recht als System und als Aufgabe

Übersichtstabelle 2 d: Systemdenken und Problemdenken

4.1.2.1. Recht als System

Bei funktionaler Sichtweise ist das Recht primär Friedensordnung. Es ist jener Teil der Gesellschaftsordnung, welcher Konflikte mit Hilfe staatlicher Macht befriedet. Der Ordnungscharakter des Rechts erfordert, dass dauerhafte Regeln gesetzt und durchgesetzt werden. Damit diese Ordnung kohärent bleibt, muss sie systematisch strukturiert werden. Diese Strukturierung macht aus dem Recht das *Rechtssystem*. Durch Abstraktion und Generalisierung werden die einzelnen Rechtsnormen in einen logischen und sinnhaften Zusammenhang gebracht (Systembildung). Aus diesem Gesamtzusammenhang lassen sich rationale Entscheide ableiten, indem Regeln voneinander abgeleitet und Urteile gefällt werden (Deduktion und Subsumtion). 845

846 *Die Stipendienordnung soll eine abstrakte Grenze zwischen den berechtigten und den nicht berechtigten Gesuchen ziehen. Dazu taugt nur der erste Abschluss, der zu einem anerkannten Beruf führt. Daraus kann abgeleitet werden, dass ein Mittelschulabschluss die Beitragsberechtigung nicht hindert, das Lehrerdiplom aber wohl. Ausnahmen von der Regel würden die Grenze verwischen und die Rationalität des Systems beeinträchtigen.*

847 Der Systemcharakter des Rechts wird durch das Kodifikationsprinzip gestützt. Rechtsbereiche, welche abschliessend gesetzlich normiert sind, eignen sich besser für die Systembildung als solche, die nur bruchstückhaft geregelt sind. Denn die Kodifikation erhebt den Anspruch, alle Fragen zu regeln, welche in ihrem Lebens- und Rechtsbereich auftreten können. Die Praxis ist daher aufgefordert, für sämtliche realen Probleme des Bereichs aus dem Gesetz Lösungen zu entwickeln. Mit Hilfe der Dogmatik wird sie daher Institute und Grundsätze umschreiben, die gestatten, das Gesetz mit einem systematischen normativen Dach zu versehen, unter welchem alle Fälle entschieden werden können. Ist diese Systematik einmal erstellt, kann auf schlüssige Art und Weise bestimmt werden, welche Fälle positiv, welche negativ zu beantworten sind.

848 Die Systematisierung des Rechts dient damit der *Rechtssicherheit*. Juristische Entscheidungen werden voraussehbar. Die Rechtsuchenden können die Rechtslage berechnen und ihr Verhalten auf eine zuverlässige Grundlage stellen. *Rechtssicherheit ist oft wichtiger als Gerechtigkeit.* In vielen Fällen ist uns besser gedient, wenn wir wissen, woran wir sind, als wenn wir eine unbestimmte Hoffnung haben, besser weg zu kommen, dafür aber auch ein unbestimmbares Risiko besteht, dass wir nicht Recht kriegen.

849 Der Systemaspekt des Rechts ist für die Komplexitätsreduktion unentbehrlich. Nur so lässt sich die unüberschaubare Vielfalt der Lebenssachverhalte in eine Ordnung bringen, die praktisch bewältigt werden kann. Recht muss vereinfachen. Wenn dies nicht auf willkürliche Weise geschehen soll, muss es auf systematische Art erfolgen. Damit dient die Systematisierung des Rechts auch der *Rechtsgleichheit*.

4.1.2.2. Recht als Aufgabe

Bei handlungsorientierter Sichtweise ist das Recht hingegen primär ein Verfahren der Problemlösung. Es ist Richtschnur oder Massstab richtiger Entscheidung. Es formuliert die Wertungen, unter welchen ein konkreter Sachverhalt beurteilt werden soll. *Nach welchen Kriterien sollen Studierende einen Ausbildungsbeitrag erhalten?* Zu diesem Zweck muss das Recht aus seiner abstrakten, regelhaften Form gelöst und in konkrete, individuelle Inhalte übersetzt werden. *Was bedeutet der „erste Berufsabschluss" für den Beruf der Opernsängerin?* Im Prozess der Rechtsanwendung gewinnt die formale Gesetzesnorm ihren Entscheidungsgehalt, indem sie zum Urteil konkretisiert wird. Diese *Konkretisierung* reichert die abstrakten Begriffe der Rechtsnorm mit den rechtserheblichen Gesichtspunkten des Sachverhalts an, bis das normative Urteil die Umstände des Einzelfalles angemessen berücksichtigt. 850

Die Ausbildungsbeiträge sollen allen ermöglichen, einen Beruf zu erlernen. Aufgrund der Berufswahlfreiheit (DE: Art. 12 GG, CH: Art. 27 Abs. 2 BV, AT: Art. 18 StGG) muss jeder Einzelne selber bestimmen können, welchen Beruf er ergreift. Was als „erster Berufsabschluss" zu gelten hat, hängt somit von den Umständen des Einzelfalles ab. Massgeblich ist der erste Abschluss, der „für den gewählten Beruf" gilt. Erst diese Konkretisierung gibt dem gesetzlichen Begriff seinen richtigen Inhalt. 851

Konkretisierung heisst, einen abstrakten Begriff mit konkreten Elementen anreichern. Dazu ziehen wir alle Gesichtspunkte bei, welche im Lichte der Rechtsfrage als erheblich erscheinen. Alles, was die Bedeutung des Sachverhalts aus der Sicht der Norm, und alles, was die Bedeutung der Norm für die Eigenart des Sachverhalts erläutern kann, ist in diesem Sinne erheblich. Die Kunst, hier die richtigen Elemente auszuwählen, nennt man *Topik*[424]. In jedem Fall sind Gesichtspunkte faktischer wie normativer Natur zu berücksichtigen. Wichtig ist, dass nach Gesichtspunkten gesucht wird, die für unterschiedliche Antworten sprechen. 852

Im Stipendienfall sind normative Gesichtspunkte z.B. : die Berufswahlfreiheit, die Chancengleichheit, die Rechtssicherheit, die Rechtsgleichheit, die 853

424 DERS., S. 31 ff.

Gesetzmässigkeit der Verwaltung; faktische Gesichtspunkte sind etwa: das Schulsystem, die Aufnahmebedingungen der Opernschule, der Berufswunsch von Frau A, die Erwerbstauglichkeit des Lehrerberufs sowie die Abgrenzungsschwierigkeiten zwischen dem Fall von Frau A und verwandten Ausnahmefällen.

854 Bei der systematischen Denkweise ist die Konzeption beherrschend. Der Standpunkt, von welchem aus geurteilt wird, ist gegeben. Bei der topischen Denkweise ist das Problem beherrschend. Das System ist nur eine Idee im Hintergrund, die nicht die Kraft hat, das Feld möglicher Lösungen zu begrenzen[425].

855 Während bei der systematischen Denkweise die formale Logik (Deduktion und Subsumtion) dominiert, herrscht beim problemorientierten Denken die inhaltliche Argumentation vor. Die Gesichtspunkte stehen nicht in einem systematischen Zusammenhang zueinander, sondern bilden selbständige Gründe in einer oft gebrochenen Kette von Argumenten. Entscheidend ist, dass ein Gesamtbild entsteht, in welchem die Elemente gewichtet werden, und dass das Urteil überzeugt. Das kann es freilich nur, wenn es widerspruchsfrei ist und sich als zulässige Subsumtion darstellen lässt. Insofern ist die topische Argumentation in die Grenzen eingebunden, welche das systematische Denken setzt. Aber da dieses die Inhalte seiner Begriffe aus dem Prozess der Topik gewinnt, gilt auch das Gegenteil: Die Systematik hat nur den Sinn, den sie aus den Gesichtspunkten der Argumentation gewinnt. *Frau A erhält ihr Stipendium nur, wenn sich ihr Opernstudium unter den Begriff des „ersten Berufsabschlusses" subsumieren lässt. Ob dies möglich ist, wissen wir aber erst, wenn wir alle Argumente dafür und dagegen abgewogen haben.*

856 Der typisch juristische Teil der Topik betrifft die *Rechtsgüterabwägung*. Juristische Argumentation beruht zwar auch auf Fakten, wählt diese aber unter normativen Gesichtpunkten aus. Diese normativen Gesichtspunkte sind meist nicht Regeln, sondern Grundsätze. D.h., sie bestimmen nicht das Ganze der Falllösung, sondern nur einen Teil davon, indem sie eine typische Aussage machen, die beim Entscheid zu berücksichtigen ist. *Die*

425 Coing, S. 290 ff.

Chancengleichheit von Frau A im Verhältnis zu Herrn B ist nur einer unter mehreren Gesichtspunkten des Falles.

Die Kunst, die richtige Lösung zu finden, liegt darin, die wesentlichen 857
Grundsätze zu erkennen, die den Fall beschlagen, und dann die angemessene Abwägung zwischen diesen Grundsätzen zu treffen. Beides geht nicht ohne ein Minimum an Rechtskenntnis und Erfahrung. Hier nur einige Hinweise:

Juristische Abwägung ist nicht Interessenabwägung. Diese braucht es 858
auch, aber nur, um festzustellen, ob überhaupt ein Konflikt besteht, der eine Rechtsantwort erfordert. Der Interessenausgleich ist Sache des ausserrechtlichen Vergleichs (wobei die Chancen im Rechtsstreit ein bedeutsames Kriterium bilden können). Eine Rechtsfrage entsteht erst, wenn konfligierende Interessen sich je auf rechtlich geschützte Positionen berufen. Erst das Behaupten einer Rechtsregel macht den Interessenkonflikt zum Rechtsstreit. Und erst der Konflikt zwischen möglichen Sinngehalten dieser Regel führt zur Notwendigkeit der juristischen Abwägung unter Rechtsgütern.

Zum *Verhältnis von Regel, Grundsatz, Rechtsgut und Interesse* hilft eine 859
Faustregel weiter:

- Hinter jeder Regel steht ein Grundsatz
- Jeder Grundsatz schützt ein Rechtsgut
- Jedes Rechtsgut entspricht einem Interesse

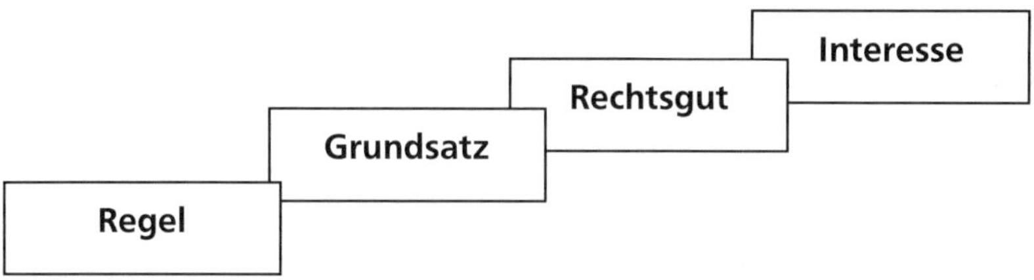

Verhältnis von Regel, Grundsatz, Rechtsgut und Interesse

Wer das Recht anruft, behauptet, dass sein Interesse rechtlich geschützt 860
sei. Er macht ein Rechtsgut geltend, das ihm zustehe. Frau A. hat ein Inte-

resse, vom Staat Geld zu erhalten. Sie beruft sich auf ihr Persönlichkeitsrecht, in Ausbildungsfragen nicht wegen ihrer finanziellen Verhältnisse diskriminiert zu werden. Das Rechtsgut wird durch Grundsätze und Regeln geschützt, wobei der Grundsatz die allgemeine Idee formuliert, nach welcher die Regel ausgestaltet wird. Dem Persönlichkeitsrecht von Frau A entspricht der Grundsatz der Chancengleichheit im Zugang zu den bestehenden Ausbildungsangeboten. Dieser Grundsatz ist im Gesetz über die Ausbildungsbeiträge näher geregelt.

861 Der Weg vom Interesse zur Regel ist in beiden Richtungen begehbar: Die Partei beginnt beim Interesse, der Richter bei der Regel. Entscheidend ist, dass klar wird, auf welcher Ebene die Abwägung stattfindet: auf jener der Grundsätze, welche die entgegenstehenden Rechtsgüter vertreten. Das Resultat der Abwägung gibt dann den Massstab für die Auslegung der Regel ab.

862 Topisches Denken interpretiert eine Rechtsnorm demnach im Lichte der Grundsätze, welche die massgeblichen Rechtsgüter des Interessenkonflikts schützen. *Der erste Berufsabschluss ist dann das Lehrerdiplom, wenn die Grundsätze der Gesetzmässigkeit der Verwaltung und der Rechtssicherheit als überwiegend beurteilt werden; das Gegenteil trifft zu, wenn der Grundsatz der Chancengleichheit in der Berufsausbildung höher gewertet wird (in einem konkreten Fall wurde salomonisch – ohne Anerkennung einer Rechtspflicht – das halbe Stipendium gesprochen und der Rest als Studiendarlehen ausgerichtet...).*

863 So, wie die Systematisierung des Rechts der Rechtssicherheit und der Rechtsgleichheit dient, fördert das topische Denken die *Gerechtigkeit*. Die Berücksichtigung vieler Gesichtspunkte in ihrem gegenseitigen Gewicht bei der Beurteilung des Einzelfalles verhindert Schematisierungen und gibt dem Einzelnen optimale Gewähr, in seinen Anliegen ernst genommen zu werden. So wie systematisches Denken zur Generalisierung neigt, tendiert topisches Denken zur Individualisierung. System und Topos sind zwei entgegensetzte Pole im juristischen Denken, deren materiellrechtliche Relevanz nicht unterschätzt werden sollte.

4.1.2.3. Ausgleich durch die juristische Dogmatik

Aufgabe der juristischen Dogmatik ist es, die beiden Sichtweisen des Rechts auszugleichen. Die juristische Lehre konstruiert einerseits Institute des Rechts (*wie Privatautonomie, Gewaltenteilung, Unschuldsvermutung*) und erstellt die Systematik der Rechtsordnung. Sie folgt damit dem Systemdenken. Anderseits ist die Dogmatik nicht Selbstzweck. Sie dient immer der gerechten Problemlösung und richtet so die Rechtsordnung auf die Lösung typischer Einzelfälle aus. Sie folgt hierin dem Problemdenken. *Die Sicherheitslinie im Strassenverkehr formuliert zwar ein generelles Verbot; bei einem Verkehrsunfall darf davon aber ausnahmsweise abgewichen werden, weil die abstrakte Regelung sonst nicht gestatten würde, das konkrete Problem zu lösen.* 864

Die Dogmatik verknüpft die beiden Denkweisen, indem sie in ihren Konstruktionen vorwiegend Typen benutzt und nicht scharfe Begriffe. Ferner stellt sie neben Regeln zahlreiche Grundsätze auf, welche nach Konkretisierung rufen. Damit ist das juristische System immer offen für die von der Praxis geforderten Anpassungen. 865

Ziel der Dogmatik ist die Gewährleistung *juristischer Rationalität*: Die Dogmatik umschreibt diejenigen Gründe, die als Rechtfertigung juristischer Entscheidungen anerkannt werden können. Da diese sowohl dem Einzelfall gerecht werden sollen, wie in die Gesamtheit des Rechts passen müssen, vereinigt die Dogmatik sowohl topische wie systematische Argumente. Die Qualität der juristischen Lehre liegt gerade in der richtigen Mischung von Vielfalt und Ordnung in der Argumentation. *Ein gerechter Entscheid soll möglichst viele Aspekte des Falles berücksichtigen, aber er soll sich trotzdem auf jene Argumente beschränken, welche im Gesamtzusammenhang des Rechts wesentlich sind.* Die Dogmatik bestimmt, in welchem systematischen Rahmen sich welche Topik entfalten soll. Während die Dogmatik sich früher weitgehend auf ihre systematisierende Aufgabe konzentriert hat, neigt sie heute vermehrt dazu, dem problemorientierten Denken gösseren Raum zu gewähren als dem Systemdenken[426]. 866

---

426 DERS., S. 292 ff.

867 Das Verfahren der *Typenbildung*, mit welchem die angemessene Stufe der Generalisierung bestimmt wird[427], liefert auch die brauchbare Verknüpfung von System- und Problemdenken. *Im Beispiel der Opernsängerin ist der „erste Berufsabschluss" dogmatisch betrachtet ein unbestimmter Rechtsbegriff, für den ein typischer Bedeutungsgehalt zu finden ist. Die Dogmatik hat dabei einen Ausgleich zwischen dem generellen Schema des Stipendiensystems und den konkreten Sonderwünschen einzelner Gesuchsteller zu finden.*

868 Der Typus setzt beim Problemdenken an, indem er die Gesichtspunkte des Einzelfalles zu Gruppen mit ähnlichen Merkmalen zusammenfügt. Aus den einzelnen Gesichtspunkten lassen sich so Kriterien entwickeln, die für ganze Fallgruppen zutreffen. Diese Kriterien bilden die typischen Gründe bei der Beurteilung von Fällen ähnlicher Art. Der Typus bringt auf diese Weise Systematik ins Problemdenken. Solche typisierte Gesichtspunkte können sachbezogen oder normativ sein. *Beispiel eines sachbezogenen Typus: Die Ausbildung zur Opernsängerin kann mit anderen ähnlichen Lehrgängen zum Typus der Ausbildungen mit obligatorischem Erstberuf zusammengefasst werden. All diesen Sachverhalten ist gemeinsam, dass sie in den gleichen Konflikt mit der Regelung für Ausbildungsbeiträgen geraten. Beispiel eines normativen Typus: Die finanziellen Ansprüche der Studierenden sind zwar unterschiedlich, lassen sich aber vergleichen. Der Staat soll nur den legitimen Finanzbedarf decken. Er setzt daher einen typischen Standard der anrechenbaren Lebens- und Studienkosten fest.*

869 Der Typus bringt aber auch Problemadäquanz ins Systemdenken. Kategorische Begriffe schaffen Regelungsgrenzen, welche der Mehrdeutigkeit von Lebenssachverhalten meist nicht gerecht werden. Indem die Dogmatik ihre Begriffe als Typen gestaltet, öffnet sie diese für eine problemgerechte Interpretation. Während der Typus für den Normalfall eine klare Aussage macht, lässt er für den Grenzfall Spielraum für Abwägungen.

870 *Als kategorischer Begriff ist die Wendung „erster Berufsabschluss" eindeutig. Das Lehrerdiplom fällt klar darunter. Als Typus sollen die gleichen Worte die typische Erstausbildung von der typischen Zweitausbildung oder Weiterbildung abgrenzen. Die Gesangsausbildung kann sich dann*

---

427 Vgl. Ziff. III 3.1.3.2, Rz 793 ff.

als Grenzfall erweisen, weil sie im konkreten Fall als Zweitausbildung nicht richtig erfasst ist. Die Dogmatik kann daher u. U. auch Ausbildungsabschlüsse unter den Begriff des „ersten Berufsabschlusses" subsumieren, welche typischerweise eine Vorausbildung verlangen, die auch selbständig beruflich verwertet werden kann.

Am deutlichsten erfüllt die Dogmatik ihre Funktion, System und Problem 871
miteinander zu verknüpfen, wenn sie Grundsätze formuliert. *Der Grundsatz ist die Norm in der Form des Typus.* Er steht zwischen der systematischen Regel und dem topischen Gesichtspunkt. Er wählt einen wesentlichen normativen Gesichtspunkt aus und erhebt ihn zur Kernaussage einer Regelung *(z.B. die Chancengleichheit als Kern der Stipendienregelung).* Er gibt keine unmittelbare Gewissheit darüber, ob ein bestimmter Fall nach seiner Aussage zu entscheiden ist, gibt aber die Richtung an, in welcher eine typische Gruppe von Fällen beurteilt werden soll. Der Grundsatz enthält die typische normative Aussage für einen unscharf abgrenzbaren Kreis von Problemfällen. *Der Grundsatz der Chancengleichheit besagt, dass Frau A und Herr B den gleichen Zugang zu ihrer ersten Berufsausbildung haben sollen. Er definiert aber nicht, was diese ist.* Der Grundsatz umschreibt den wesentlichen Normgehalt einer Regel, nicht aber deren Grenze. Grundsätze müssen konkretisiert werden, entweder zu generellen Regeln oder zu einem Urteil. *Die Chancengleichheit im Bildungswesen muss zu generellen Regeln über Ausbildungsbeiträge konkretisiert werden. Ohne diese wäre der Grundsatz nicht hinreichend bestimmt, um Einzelentscheide über Stipendien zu rechtfertigen. Im Umfeld einer bestehenden Regelung der Beiträge kann der Grundsatz aber – je nach den Gesichtspunkten des konkreten Falles – die Schliessung einer Regelungslücke durch den Richter rechtfertigen.*

Die wichtigsten Grundsätze unserer Rechtsordnung sind solche dogmati- 872
schen Typen: die allgemeinen Rechtsgrundsätze *(wie Treu und Glauben oder Verbot des Rechtsmissbrauchs)*, die Grundsätze der einzelnen Rechtsgebiete *(wie im Haftungsrecht oder Sozialversicherungsrecht)*, die staatsleitenden Grundsätze *(wie Rechtsstaat oder Demokratie).*

Z.B. ist das Rechtsstaatsprinzip eine dogmatische Konstruktion aus der 873
gemeinsamen normativen Ausrichtung zahlreicher Regeln des Verfas-

sungs- und Verwaltungsrechts. Auch wenn es ausdrücklich oder implizit in einer Verfassung genannt wird, muss sein Gehalt dogmatisch gebildet werden. Die Lehre fasst darin die Grundrechte, Verfahrensrechte, die Gewaltenteilung, das Legalitätsprinzip und anderes mehr zusammen, weil diese Normen die Freiheit des Einzelnen gegenüber dem Staat sichern. Das Gleiche gilt für die übrigen staatsleitenden Prinzipien[428].

4.1.3 Übungsbeispiel

874 *Der letzte schweizerische Kanton, der das Frauenstimmrecht einführte, wurde dazu durch ein Urteil des Schweizerischen Bundesgerichts gezwungen. Das Gericht wandte dabei das Grundrecht der Rechtsgleichheit, das auf Bundesebene gewährleistet ist, direkt auf die kantonalen politischen Rechte an und gab ihm Vorrang vor einer Bestimmung der Bundesverfassung, welche den Kantonen die Befugnis belässt, die Ausübung der politischen Rechte auf kantonaler Ebene zu regeln.*

875 *Die beiden anzuwendenden Bestimmungen der Bundesverfassung von 1874 (aBV) lauteten:*

- *Rechtsgleichheit: Art. 4, Abs. 2, Satz 1: „Mann und Frau sind gleichberechtigt".*
- *Frauenstimmrecht auf Bundesebene: Art. 74, Abs. 4: „Für Abstimmungen und Wahlen der Kantone und Gemeinden bleibt das kantonale Recht vorbehalten".*

876 **Aufgabe:**

(1) Argumentieren Sie zum Fall
   a) aus systematischer Sicht *(in welchem Verhältnis stehen Art. 4 und 74 aBV zueinander?)*
   b) aus Sicht der Problemlösung (*wie ist der Konflikt zwischen den Männern und den Frauen im Kanton zu lösen?*)

(2) Generalisieren sie die Grundsätze, welche hinter den zitierten Normen stehen und treffen Sie die erforderliche Abwägung.

---

[428] Dazu werden etwa Rechtsstaat, Föderalismus, Nationalstaat, Demokratie, Leistungsstaat und Wirtschaftsstaat gezählt; vgl. MASTRONARDI, Strukturprinzipien, S. 132 ff.

Lösung: 877

(1) a) Systematisch ist Art. 4 einerseits die allgemeine Norm, während Art. 74 die spezielle Norm (für den Bereich der politischen Rechte) ist. Diese geht daher vor. Anderseits ist Art. 4 ein Grundrecht, an welches auch die Kantone gebunden sind. Die Gleichbehandlung von Mann und Frau ist auch vom kantonalen Gesetzgeber zu beachten. Die Bestimmung einer Vorrangregel wird in diesem Fall dadurch erschwert, dass der historische Gesetzgeber bei der Einführung des Grundrechts den Vorbehalt zugunsten des kantonalen Gesetzgebers bewusst stehen liess. Die systematische Interpretation führt zu keiner schlüssigen Folgerung.

b) Zu lösen ist das Problem, ob den Frauen im Kanton Appenzell-Innerrhoden die politischen Rechte zustehen, obwohl die Männer befugt sind, ihnen diese Rechte zu verwehren. Zu entscheiden ist ein Konflikt zwischen einem Grundrecht und einer Kompetenzbestimmung: Erfasst Art. 4 auch die politischen Rechte auf kantonaler Ebene? Ist das Bundesgericht befugt, den Entscheid des kantonalen Gesetzgebers zu korrigieren? Die Gleichbehandlung von Mann und Frau in politischen Fragen hat den Charakter eines Menschenrechts und ist daher von höchstem Gewicht. Soweit der kantonale Gesetzgeber der Stimmbürgerschaft Rechte gewährt, muss er sie Männern und Frauen gleichermassen zugestehen. Für eine unterschiedliche Behandlung fehlt es an legitimen Kriterien. Die kantonale Kompetenz muss daher grundrechtskonform ausgeübt werden.

(2) Hinter Art. 4 steht das Rechtsstaatsprinzip, soweit es um den Grundrechts- und Menschenrechtscharakter der Norm geht. Zugleich steht dahinter das Demokratieprinzip, soweit es um die gleichberechtigte Teilhabe der Geschlechter an der politischen Willensbildung geht. Hinter Art. 74 Abs. 4 steht die kantonale Organisationsautonomie als Teil des Bundesstaatsprinzips, aber auch das Demokratieprinzip in seiner kantonalen Ausgestaltung. Der Bundesgerichtsentscheid hat eine Abwägung zwischen Rechtsstaat und Föderalismus sowie zwischen dem allgemeinen Demokratieprinzip und seiner kantonalen Ausgestaltung zum Gegenstand. Rechtsstaat und Demokratie werden durch den Ausschluss der Frauen von den politischen Rechten wesentlich stärker getroffen

als Föderalismus und kantonale Selbstorganisation durch den richterlichen Eingriff. Im konkreten Fall überwiegen die beiden ersteren[429].

878 Das Beispiel zeigt, dass systematische und topische Argumentation einander ergänzen müssen. In einer ersten Prüfung bildet das System den Rahmen für die Problemsicht. Bei näherem Zusehen sind aber die Systemregeln auf die ihnen zugrundeliegenden Grundsätze zu hinterfragen; diese liefern dann die entscheidenden Gesichtspunkte für die vorzunehmende Wertung. Damit lässt sich das System nur im Lichte des Problems verstehen: Systemdenken und Problemdenken müssen miteinander verbunden werden.

4.2 Vertiefung: Juristische Argumentation

879 Das Systemdenken, das Problemdenken und das typisierende Denken spiegeln drei unterschiedliche Konzepte des Normativen im Recht. Alle drei Denkweisen sollen die normative Orientierung des juristischen Denkens gewährleisten.

880 (1) Für das Systemdenken ist die Norm eine Regel: Sie bestimmt für eine klar definierbare Klasse von Fällen ein klar definiertes Sollen. *Wenn der Tatbestand erfüllt ist, hat die Rechtsfolge einzutreten.*

881 (2) Für das Problemdenken oder die Topik[430] ist die Norm ein Wegweiser: Sie deutet für eine unbestimmbare Anzahl von Fällen die Richtung an, in welcher Lösungen gesucht werden sollen. Für einen bestimmten Fall können mehrere Normen unterschiedliche Richtungen weisen. *Das Problem ist optimal gelöst, wenn alle normativen Gesichtspunkte angemessen berücksichtigt sind.*

882 (3) Für das typisierende Denken schliesslich ist die Norm ein Grundsatz: Sie spricht für einen Kernbereich von Fällen ein klar definiertes Sollen aus; für den Randbereich der übrigen Fälle dient sie als Wegweiser. *Für den*

[429] Das Schweizerische Bundesgericht hat den Entscheid weitgehend unter Berufung auf systematische Argumente zu lösen versucht (BGE 116 Ia 359 ff.); die Begründung ist misslungen (vgl. BIAGGINI, S. 65 ff.).

[430] Vgl. dazu Ziff. III 4.1.2.2.

typischen Fall bestimmt die Norm die Lösung; im Übrigen liefert sie einen Gesichtspunkt, der zu beachten ist.

Das typisierende Denken nimmt damit zwischen Systemdenken und Topik eine vermittelnde Position ein. Es ist weniger streng an schematische Regeln gebunden als das Systemdenken, aber stärker an der Regel orientiert als das Problemdenken. 883

Was heisst normative Orientierung für die drei Denkweisen? Was erwarten sie von einer Norm? Das Systemdenken erwartet von einer Norm die Determination der richtigen Lösung; das Problemdenken erwartet von einer Mehrzahl von Normen eine Pluralität von Handlungskriterien; das typisierende Denken erwartet von einer Norm die Vorgabe der optimalen Lösung für den Normalfall. 884

Die unterschiedliche normative Orientierung zeigt sich am besten an der Bedeutung, welche die Norm für die drei Denkweisen hat: Für die Topik ist die Norm nur ein Kriterium; für das typisierende Denken ist sie ein Grundsatz; für das Systemdenken ist sie eine Regel. *Kriterium, Grundsatz und Regel sind die drei Steigerungsformen der Norm im juristischen Denken.* 885

Wiederum soll nicht eine Denkweise als richtig herausgestellt werden. Vielmehr genügt es, deutlich zu machen, welche Prämissen eine Denkweise in Bezug auf den Orientierungsgehalt der Norm trifft. Jede Haltung hat unter bestimmten Bedingungen ihre Berechtigung. Auf der abstrakten Ebene ist daher ein Normmodell zu suchen, das vom richtungsweisenden Kriterium über den Grundsatz bis zur Regel alle möglichen Grade der Bestimmtheit einschliesst. *Die Rechtsgleichheit zwischen Mann und Frau liefert für den Ermessensentscheid bei der Anstellung von Personal nur ein Kriterium zugunsten der Anstellung der gleich qualifizierten Bewerberin. Für die Frage der Besoldung in typischen Frauenberufen liefert sie den Grundsatz des gleichen Lohns für gleichwertige Arbeit. Für die Arbeitszeit- und Ferienregelung enthält sie ein klares Diskriminierungsverbot.* 886

Die Normativität einer Aussage wird damit nicht an ihrem Regelcharakter festgemacht, sondern an der Handlungsorientierung, welche sie vermittelt. Qualitativ sagt das Kriterium das Gleiche aus, wie der Grundsatz und die Regel; unterschiedlich ist nur das Ausmass, in welchem das Handeln 887 bestimmt werden soll. Je nach Kontext bestimmt die Norm das Handeln umfassend (Regel), bedarf noch der Konkretisierung (Grundsatz) oder konkurriert mit anderen Normen in der Richtungsvorgabe (Kriterium).

888 Die unterschiedliche Normbindung der drei Denkweisen führt *zu drei Formen der juristischen Argumentation*, welche nun näher darzustellen sind: (1) Freie Argumentation ist angemessen, wo die Norm nur als Kriterium der Topik gilt; (2) systematische Argumentation ist am Platz, wo der Norm der Gehalt einer Regel zukommt; (3) typisierende Argumentation ist gefragt, wo die Norm den Gehalt eines Grundsatzes hat.

889 (1) Die *freie Argumentation* folgt dem Verfahren der Topik. Die Norm liefert hier nur Argumente oder Lösungshinweise. Sie bildet einen Topos unter anderen[431]. Sie hat keinen höheren Rang als andere faktische oder normative Gesichtspunkte. Weil nicht sie, sondern das Sachproblem im Mittelpunkt der Argumentation steht, dürfen zwar keine sachfremde, wohl aber normfremde Topoi herangezogen werden[432]. Von einer unzulänglichen Norm kann daher auch abgewichen werden. *In Ermessensfragen können Rechtsgrundsätze als Orientierungsgesichtspunkte beigezogen werden.*

890 Die Topik ist denn auch eher ein Stil, denn eine Methodik[433]. Ihr kommt es darauf an, zu überzeugen. Sie hat daher den Charakter einer Rhetorik, die soziale Konflikte mit dem Mittel der Sprache bewältigen will, indem sie alle relevanten Argumente ordnet, gewichtet, bewertet, und abwägt, damit angemessen entschieden werden kann[434].

891 Die klassische Rhetorik ist in den Verruf gelangt, eine blosse Kunst des Überredens zu sein, mit welcher versucht werde, für beliebige Standpunkte die Meinung der Mehrheit für sich zu gewinnen. Richtig daran ist, dass Rhetorik die Kunst der wirkungsvollen Rede ist. Dazu gehören sowohl gute Gründe wie eine gute Verständigung mit anderen über diese Gründe.[435]

---

431 FRIEDRICH MÜLLER, Normstruktur, S. 59.
432 DERS., Normstruktur, S. 56.
433 VIEHWEG, S. 51.
434 HAFT, S. 13 f.
435 DERS., S. 15 ff.

Die Betonung der Redekunst neben der inhaltlichen Richtigkeit trifft einen 892
wichtigen Aspekt im Rechtsdenken: *Um Recht zu kriegen, genügt es nicht, Recht zu haben.* Letztes Kriterium der Richtigkeit einer Entscheidung ist nicht schon die Tatsache, dass sie Gesetz und Recht entspricht *(wer entscheidet denn, wann diese Tatsache gegeben ist?)*, sondern erst der Konsens darüber, dass die Lösung Gesetz und Recht entspreche. Juristische Argumentation muss sich daher stets um die Zustimmung der anderen bemühen *(seien es die Vertragspartner, die Richter, die Beamten oder die Kollegen im Parlament oder im Volk)*. Rhetorik ist die Lehre des Argumentierens mit dem Zweck, ein Auditorium zu überzeugen und dadurch Konsens zu fördern[436].

Wenn man das Recht nicht als das juristische Normengefüge definiert, 893
sondern als den realen Prozess, in welchem soziale Konflikte bewältigt werden, dann verfährt Recht nach der rhetorischen Methode. Diese besteht darin, "den widerstreitenden Stimmen Einhalt zu gebieten, Reihenfolgen festzulegen, in denen Argumente vorgebracht werden dürfen, Gewichtungen der verschiedenen Gesichtspunkte vorzunehmen, abzuwägen und schliesslich eine Entscheidung zu treffen"[437].

(2) Die *systematische Argumentation* wirft der Topik und der Rhetorik 894
vor, die Normbindung des Rechtsdenkens zu verletzen. Juristen haben Probleme nicht irgendwie zu lösen, sondern nur so, wie das Recht es zulässt. Das systematische Denken betont deshalb den Umstand, dass die Prämissen im Recht nicht durch Konsens der am Streit Beteiligten, sondern durch das objektive Recht, insbesondere das Gesetz festgelegt werden[438]. Die Topik verkennt demnach den Aspekt der Verbindlichkeit rechtlicher Gesichtspunkte: Ein Argument, das sich auf eine Rechtsquelle beruft, hat einen qualitativ anderen Geltungsanspruch als ein Argument, das bloss den Charakter einer Meinung hat oder sich auf den Common Sense beruft[439].

---

436 Perelman, S. 141 ff.
437 Haft, S. 11.
438 Canaris, S. 141 f.
439 Ders., S. 149.

895 Systematisches Denken ist die Grundlage moderner Wissenschaft[440]. Auch die Rechtslehre besteht im wesentlichen in der Systematisierung des Rechtsstoffes. Grundlage ist die geltende Rechtsordnung, die gedanklich in einen systematischen Zusammenhang gebracht werden muss.[441] Rechtliche Systematisierung geht nach dem Vorbild der wissenschaftlichen Theoriebildung vor. Dabei dient als „Wahrheitstest" für die Überprüfung ihrer Hypothesen die Frage, ob das System die geltende Gesetzgebung in adäquater Weise widerspiegle.[442]

896 Systematisches Denken ist dabei nicht auf die Variante der Rechtslogik beschränkt[443]. Neben dem formallogischen System lässt sich auch ein „inneres System" der Wertungen und Prinzipien der Rechtsordnung errichten. So lassen sich Grundsätze unterschiedlicher Konkretisierungsgrade auseinanderhalten *(z.B. wird das Rechtsstaatsprinzip durch das Vertrauensprinzip und dieses durch das Verbot der Rückwirkung von belastenden Gesetzen konkretisiert).* Aus solchen Grundsätzen lässt sich kein deduktives System bilden, wohl aber ein wertender Zusammenhang dadurch herstellen, dass die Grundsätze einem leitenden Gedanken, der allen gemeinsam ist, zugeordnet werden. Dabei werden die generellen und die konkreten Teilgehalte in einem typisch hermeneutischen Prozess je auseinander entwickelt[444]. *Wenn ich das Vertrauensprinzip verstehen will, muss ich etwas vom Rechtsstaatsprinzip verstehen, zu dem es gehört, (z.B. was Rechtssicherheit bedeutet). Ebenso aber muss ich das Rückwirkungsverbot zu erfassen suchen, das eine Ausgestaltung des Vertrauensprinzips bildet. Erst wenn ich das Vertrauensprinzip in seine generellen wie konkreten Bezügen gestellt habe, nimmt es Gestalt an.*

897 Ein solches System bleibt immer offen, unvollendet und fragmentarisch. Es grenzt sich allerdings deutlich von einem rein topischen Denken ab, indem es nur solche Argumente zulässt, die sich aus dem „inneren System" der Rechtsordnung (etwa seiner Werthierarchie) rechtfertigen lassen[445].

---

440 Die historischen Wissenschaften verfahren freilich nicht systematisch.
441 Aarnio, S. 54 f.
442 Ders., S. 66 f.
443 Vgl. dazu Ziff. III 2.2.1.
444 Larenz / Canaris, S. 302 ff.
445 Dies., S. 317 f.

Die Argumentation bleibt normativ und abstrakt. *So erkennt das systematische Denken zwar, dass das Vertrauensprinzip mit dem Prinzip der Gesetzmässigkeit in Konflikt treten kann, es kann aber nicht angeben, unter welchen faktischen Umständen das eine Prinzip im Einzelfall den Vorrang vor dem andern verdient.* Daher wird dieser Fassung des Systemdenkens vorgeworfen, es eigne sich nicht zur Gewährleistung richtiger Entscheidungen, weil diese der Abwägung im Einzelfall überlassen bleibe.[446] Die offene Systembildung lässt immer einen Anteil an willkürlicher Entscheidung übrig, der als systematischer Mangel zu werten ist.[447]

Systemdenken sucht daher nach einer allgemeinen Methode der Entschei- 898
dung, die im Normalfall eine systematisch konsistente Lösung gewährleistet. Die Dogmatik errichtet dafür Teilsysteme für zahlreiche Themenbereiche, welche zwar immer wieder neu überarbeitet werden müssen, aber doch die Grosszahl der Fälle konsistent zu entscheiden erlaubt. Nur dort, wo das System keine Lösung hergibt, ist aus dem Fall selbst heraus zu argumentieren. Der Einzelfallentscheid ist freilich wiederum in ein neues dogmatisches System einzubinden[448]. *So verfährt die richterliche Lückenschliessung stets so, dass für die Lücke im Gesetz nicht nur eine Einzelfalllösung gesucht wird, sondern eine zusätzliche Regel, welche auch für künftige ähnliche Fälle gelten soll.*

Auch diese Denkweise grenzt sich von der Topik ab, nutzt sie aber als 899
Entwicklungsschritt: Priorität bei der juristischen Fallösung gebührt dem System. Für Grenzfälle ist auf die Topik zurückzugreifen. Topisch entwickelte Lösungen sind anschliessend wieder zu systematisieren. So entwickelt sich das juristische System im dialektischen Dreischritt von System, Einzelfall und neuer Systembildung weiter.

Letztlich ist systematisierendes Denken der Versuch, optimale Rationalität 900
in das juristische Denken einzubringen. So unerfüllbar die Idee eines einheitlichen juristischen Systems sein mag, so unverzichtbar ist das Grundanliegen des Systemdenkens, juristische Entscheidung in ein konsistentes

---

446 PAWLOWSKI, Methodenlehre, Rz. 162 ff.
447 DERS., Methodenlehre, Rz. 166.
448 DERS., Methodenlehre, Rz. 224 ff.

Verhältnis zur Rechtsordnung zu bringen. Die Strukturierung der Rechtsordnung durch offene Teilsysteme bleibt immer anzustreben.

901 (3) *Typisierende Argumentation* versucht, den Mittelweg zwischen Systemdenken und Topik zu gehen. Auch wer den Vorrang des Systems vor der Topik im Recht geltend macht, anerkennt die Bedeutung der offenen Argumentation[449], und wer rhetorisch verfährt, sieht die Notwendigkeit der Systembildung[450]. Juristische Arbeit ist auf beides angewiesen: Systembildung und Einzelfallargumentation. Sie treffen sich im typisierenden Denken[451].

902 Der Typus hat sowohl den Vorteil (a) wie den Nachteil (b) der mittleren Unschärfe zwischen dem unscharfen Topos und dem scharfen System:

903 (a) Von Vorteil ist die mittlere Unschärfe, weil sie der Aufgabe des rechtlichen Denkens entspricht, Angemessenheit zu gewährleisten. Juristische Entscheidung muss zwischen Norm und Sachverhalt, abstrakter Regel und konkretem Einzelfall, Idee und Realität vermitteln. Sie ist nicht ableitbar, sondern nur begründbar; sie ist aber auch nicht nur dem Einzelfall, sondern ebenso dem Ganzen der Rechtsordnung verpflichtet. Schliesslich soll sie zwischen den Sprachwelten verschiedener Disziplinen oder Teilsysteme der Gesellschaft übersetzen. Dieser integrativen Aufgabe muss auch die Fachsprache des Rechts angemessen sein.

904 Die juristische Begrifflichkeit muss daher immer relativ sein, bezogen auf das Ziel, den gerechten Ausgleich zwischen zwei Polen herzustellen. Gerechtigkeit verlangt immer sowohl Verallgemeinerung wie Individuation, sowohl Gleichheit für alle, wie Einzelfallgerechtigkeit. Daher muss der juristische Begriff in der Lage sein, sowohl das Individuelle wie das Allgemeine angemessen auszudrücken. Dem entspricht der Begriff des Typus.

905 Typisierendes Denken ist immer *vergleichendes Denken*. Es setzt verschiedene Merkmale seines Gegenstandes in Beziehung zueinander, unterscheidet und setzt gleich, indem es das Wesentliche als Vergleichsmassstab hervorhebt. Typisierendes Denken ist wertende Analogie[452]. Diese

---

449 Z.B. CANARIS, S. 149 f.

450 Z.B. HAFT, S. 25.

451 Zur Umschreibung des Typus vgl. vorne Ziff III 313.2 Rz. 793 ff. und 321, Rz.808 ff.

452 KAUFMANN, Analogie, S. 48.

Denkweise beherrscht nicht nur das Common Law, das Richterrecht und das Völkerrecht, wo es besonders augenfällig ist, sondern gilt für alle juristische Arbeit, sei es, dass wir aus dem Sachverhalt den Fall konstruieren, sei es dass wir den Sinn der Norm für den konkreten Fall bestimmen. Juristische Arbeit ist ein stetes Vergleichen aller Elemente im Hinblick auf ihre wesentlichen Gemeinsamkeiten oder Unterschiede: bei der Norm im Hinblick auf den Sachverhalt, beim Sachverhalt im Hinblick auf die Norm.

Der Typus negiert dabei weder den Topos noch das System, d.h. weder 906
die Gesichtspunkte des einzelnen Falles, noch die generell-abstrakten Regeln der Rechtsordnung. Typisierendes Denken nutzt die Topoi als Elemente seines Verfahrens. Die (faktischen und normativen) Gesichtspunkte des Einzelfalls bilden die Merkmale, die typisiert (d.h. zu grundsätzlichen Aussagen generalisiert) werden können. Die Typisierung ist eine partielle Systembildung, die aus den möglichen Merkmalen des Einzelfalles jene hervorhebt, welche systemrelevant (rechtserheblich) sein können. Die Auswahl der Merkmale wird somit vom Entwurf eines normativen Systems des Rechts bestimmt. Entgegen der Idealvorstellung des Systemdenkens kann dieses System seinen Entwurfcharakter aber nie überschreiten, weil es dauernd von neuen Problemen und neuen Topoi „gestört"[453] wird. Begriffe und Systemaspekte haben nur heuristischen Charakter, d.h. sie sind nur Denkmodelle. Sie dienen als Hilfsmittel bei der rationaler Argumentation über die Frage, bis zu welchem Grad sich die Topoi systematisieren lassen. Die Stellung des Typus zwischen System und Topos lässt sich wie folgt angeben: *Der Typus ist die optimale Systematisierung eines Topos.*

So ist das Prinzip des Vertrauensschutzes keine Regel, aber auch nicht nur 907
ein Gesichtspunkt. Der Vertrauensschutz ist ein Rechtsbegriff mit typischem Charakter. Er enthält die typische Umschreibung einer Vielzahl von Fällen, in welchen Einzelne in ihrem Interesse an Rechtssicherheit geschützt werden sollen. Der Vertrauensschutz systematisiert die vergleichbaren Merkmale dieser Einzelfälle in Bezug auf das ihnen gemeinsame schützenswerte Interesse an Rechtssicherheit. Er schafft aber keine Regel mit begrifflich trennscharfen Kategorien, welche logische Ableitungen ermöglichen würden.

453 VIEHWEG, S. 39.

908 (b) Von Nachteil ist die mittlere Unschärfe des Typus, weil sie die Rationalität der juristischen Entscheidung begrenzt. Sie tut dies in doppelter Weise: zunächst bei der Bestimmung des Typus, sodann bei seiner Verwendung.

909 Wenn der Typus einen optimalen Grad von Systematisierung darstellt, bleibt unklar, wie dieses Optimum bestimmt werden soll. Wer die Priorität des Systems betont, wird weitergehen, als wer den Vorrang des Problems behauptet. Hinzu kommt, dass die Methode des Vergleichens sehr komplex ist: Es gilt immer, Ungleiches zu vergleichen, was logisch undenkbar wäre und nur wertend möglich wird. Die Gleichheiten werden erst durch den Bezug auf einen normativen Typus (ein Rechtsgut, ein Grundsatz) erkennbar. Wieder einmal muss im hermeneutischen Zirkel das Ergebnis im Voraus entworfen werden.

910 Unklar bleibt aber auch der Stellenwert des Typus für den Schluss auf das Urteil. In seiner Kernaussage mag er eine klare Subsumtion gestatten; meist aber muss er aber anhand von Topoi aus dem Einzelfall konkretisiert werden. Sein normativer Gehalt steht erst fest, wenn das Urteil, das er anleiten soll, bekannt ist. Auch hier bestimmt sich das Allgemeine erst am Konkreten.

911 Von Nachteil zu reden ist allerdings nicht ganz richtig, weil dies voraussetzt, dass er vermeidbar wäre. Dies ist aber nur in Bezug auf ein abstraktes Systemdenken möglich, welches sich von der Aufgabe des Rechts abhebt, konkrete Probleme angemessen zu lösen. Diese Aufgabe ist dem Juristen vom positiven Recht her vorgegeben. Er muss konkrete Konflikte entscheiden und er muss sich dabei an „Recht und Gesetz" halten. Was diese Vorgabe bedeutet, ist Sache der Interpretation. Und diese werden Systemdenker und Problemdenker unterschiedlich vornehmen.

912 Problem- und Systemdenken bleiben damit die siamesischen Zwillinge des juristischen Denkens. Ihre Spannung ist unauflöslich, ihre Verschmelzung unabdingbar. Innerhalb dieser Polarität bewegt sich die gesamte juristische Argumentation.

913 **Hinweis:** Hier setzt eine Variante der Rechtstheorie an, welche eine Theorie der juristischen Argumentation zu entwickeln versucht. Jenseits positivistischer Verkürzungen des juristischen Denkens öffnet sich ein Pluralis-

mus von zulässigen Argumenten, der nur noch durch eine Metatheorie des juristischen Arbeitens zusammengehalten werden kann. Dafür bietet sich die Diskurstheorie an. Der juristische Diskurs kann als Sonderfall des allgemeinen praktischen Diskurses verstanden werden, für welchen eigene diskursethische Regeln gelten.[454]

5 Nutzen und Schaden – Rechte und Pflichten

5.1 Einführung

5.1.1 Beispiel

In einem schweizerischen Kanton findet eine Volksabstimmung über ein neues Ladenschlussgesetz statt. Die Vorlage will die täglichen Öffnungszeiten verlängern, insbesondere abends bis längstens 22 Uhr; ferner ermöglicht sie die Bewilligung von Sonntagsverkäufen. 914

Aufgabe: 915

Zählen Sie die Gründe für und gegen die Vorlage auf, die Ihnen in den Sinn kommen. Ordnen Sie die Argumente aufgrund der folgenden Fragen:

(1) Finden Sie die Neuerung gut oder schlecht (nützlich oder schädlich)?

(2) Finden Sie die Neuerung gerecht oder ungerecht (Verteilung von Rechten und Pflichten)

Lösung: 916

(1) Die Neuerung ist gut für die Konsumenten, weil sie ihrer Konsumfreiheit dient. Sie ist gut für die Ladenbesitzer, weil sie neue Umsatzchancen bringt. Sie ist schlecht für das Personal, weil sie unregelmässige Arbeitszeiten bedingt. Sie ist schlecht für Familienbetriebe, weil sie die Lebensqualität der Familie verschlechtert und die Existenz des Betriebs gefährdet. Die Vorlage nützt den Interessen der ersten beiden Gruppen und schadet den Interessen der letzten beiden.

---

454 Vgl. Alexy, insb. S. 31 ff.; Krawietz, Argumentation, S. 3 ff.

(2) Die Neuerung ist gerecht, soweit es um die Konkurrenz am Konsummarkt geht, weil sie wettbewerbsneutral ist und die Konkurrenz erhöht. Die Neuerung ist ungerecht, weil sie Familienbetriebe benachteiligt und weil sie die zusätzlichen Rechte der Konsumenten mit zusätzlichen Pflichten des Personals erkauft. Rechte und Pflichten werden ungleich verteilt.

917 **Hinweis:** Als Marktteilnehmerin oder Marktteilnehmer urteile ich vor allem nach Nützlichkeitserwägungen. Als Staatsbürgerin oder Staatsbürger sowie als Juristin oder Jurist urteile ich zusätzlich auch nach Gerechtigkeitserwägungen. Deshalb kommt es vor, dass das Volk erweiterte Ladenschlusszeiten ablehnt, obwohl es überwiegend Konsumenteninteressen vertritt.

5.1.2 Erläuterung: Der Weg vom Interesse zum Recht

918 Die Spannung, um die es in diesem letzten Kapitel geht, ist jene von Interesse und Recht: *Wann ist mein Interesse durch das Recht anerkannt?* Zu klären ist die Übersetzung, die zwischen dem Bereich des Faktischen und jenem des Rechtlichen zu leisten ist. Innerhalb des Rechtlichen wiederholt sich die Spannung nochmals in der Polarität zwischen dem Guten und dem Gerechten: *Mein Interesse wird vom Recht zunächst als ein schützenswertes Gut anerkannt; ob ich damit durchdringe, hängt davon ab, ob das auch gerecht ist.*

Kapitel	**polares Begriffspaar einer Denkweise**		**Spannungsverhältnis**
III 1	Vorverständnis	Methode	Von der Meinung zum Urteil
III 2	juristische Logik	empirische Realität	Norm und Wirklichkeit
III 3	Differenzieren	Generalisieren	Unterschied und Gemeinsamkeit
III 4	Systemdenken	Problemlösungsdenken	Recht als System und als Aufgabe
III 5	Nutzen und Schaden ➡ Interesse ➡ das Gute	Rechte und Pflichten ➡ Recht ➡ das Gerechte	Vom Interesse zum Recht

Übersichtstabelle 2 e: Nutzen und Schaden – Rechte und Pflichten

Recht antwortet auf Wirklichkeit. Rechtsfragen treten meist nicht von Anfang an in Rechtsform auf, sondern sind umformulierte Sachfragen. Am Anfang steht ein soziales Problem, das sich meist als ein Interessenkonflikt deuten lässt. Die erste Bewertung, die wir an einem Sachverhalt vornehmen, ist somit nicht die rechtliche Wertung, sondern die faktische: Der Sachverhalt wird im Lichte der Interessen (realer oder potentieller) Parteien beurteilt. Ohne Interessen gibt es keinen Anlass, eine Rechtsfrage zu formulieren. 919

Die erste Frage betrifft immer das Interesse: *Was will ich?* Erst wenn diese Frage hinreichend klar ist, kommt die Rechtsfrage hinzu: *Worauf kann ich mich dabei berufen?* Erst damit wird der Rechtsschutz für die Durchsetzung des Interesses angerufen. 920

Das Interesse bezieht sich auf die Vermehrung eines Nutzens oder die Verminderung eines Schadens; der Rechtsschutz richtet sich auf die Gewährung eines Rechts oder die Abwehr einer Pflicht. Im Prozess des Rechts wird Nutzen oder Schaden in Recht oder Pflicht übersetzt. Interessenskonflikte werden als Rechtskonflikte rational entscheidbar gemacht. 921

Wie das geschieht, lässt sich anhand der bereits eingeführten Faustregel zum Verhältnis von Regel, Grundsatz, Rechtsgut und Interesse erläutern[455]: *Hinter jeder Regel steht ein Grundsatz – jeder Grundsatz schützt ein Rechtsgut – jedes Rechtsgut entspricht einem Interesse.* In der Praxis verläuft der Gedankengang umgekehrt, d.h. vom Sachverhalt zum Recht: *Steht über meinem Interesse ein Rechtsgut? – Welcher Grundsatz schützt das Rechtsgut? – Welche Regeln konkretisieren den Grundsatz?* 922

Wenn Sie als Studentin oder als Student eine Wohnung oder ein Zimmer gemietet haben, ist das Besitzen dieser Wohnung Ihr Interesse. Das Rechtsgut, auf welches Sie sich berufen, ist der Schutz und die Entfaltung ihrer Persönlichkeit (Obdach, Privatsphäre). Der Grundsatz, der dieses Rechtsgut schützt, ist der Mieterschutz (z.B. Kündigungsschutz). Die Regel, welche den Grundsatz konkretisiert, ist das Mietrecht in seinen zwingenden Bestimmungen. Auf der Gegenseite hat der Vermieter ein Interesse am Kapitalertrag. Das Rechtsgut, auf welches er sich beruft, ist das Eigentum. Der Grundsatz, der dieses Rechtsgut im privaten Verhält- 923

455 Vgl. Ziff. III 4.1.2.2, Rz. 859.

nis schützt, ist die Privatautonomie. Und die Regel, welche den Grundsatz konkretisiert, ist das Vertragsrecht, hier insbesondere das Mietrecht in seinen dispositiven (nicht zwingenden) Bestimmungen.

924 Das *Interesse* ist das faktische Motiv, das den Sachverhalt zum Problem werden lässt. Es geht hier um die Befriedigung von Bedürfnissen, um die Erfüllung von persönlichen Anliegen, um Geld oder um Macht.

925 Das *Rechtsgut* ist das materielle oder immaterielle Interesse, soweit es vom Recht als schützenswert anerkannt wird. Es umschreibt den rechtlich schützenswerten Teil des Sachverhalts[456]. Das Interesse an Eigentum, an der Verwertung der eigenen Arbeitskraft oder am Schutz der Persönlichkeit wird rechtlich dadurch anerkannt, dass dafür eigene Rechtsinstitute und Teilrechtsordnungen errichtet werden (so dient ein Teil des Strafrechts der körperlichen Integrität, ein anderer dem Schutz der Ehre, beides Teilgehalte der Persönlichkeit). Im öffentlichen Recht nimmt das Rechtsgut auch die Form des öffentlichen Gutes an (z.B. öffentliche Sicherheit oder Gesundheit), das allen dient, aber auch vom Einzelnen angerufen werden kann.

926 Der *Grundsatz* ist die normative Idee, nach welcher das Rechtsgut geschützt werden soll. Er enthält die Konzeption für die Regelung des Rechtsschutzes. Er gibt die Richtung vor, in welcher das faktische Problem gelöst werden soll. Ein Rechtsgut kann auf vielfältige Weise und daher auch durch mehrere Grundsätze geschützt werden. Zum Teil sind Abwägungen erforderlich (z.B. schützt die Privatautonomie die Freiheit der Rechtsgestaltung, während der Grundsatz von Treu und Glauben die vertragliche Bindung durchsetzt).

927 Die *Regel* ist die Ausgestaltung des Grundsatzes, die für bestimmte Sachverhalte bestimmte Rechtsfolgen vorsieht. Sie bestimmt möglichst klar, in welchen Fällen dem Interesse Rechtsschutz gewährt wird, und in welchen Fällen dies nicht geschehen soll (z.B. Kündigungsfrist bei Mietverträgen; Mieterstreckungsgesuch).

928 Der gedankliche Weg vom Interesse über Rechtsgut und Grundsatz zur Regel mag auf den ersten Blick als Umweg erscheinen. Denn zunächst

---

456 FRIEDRICH MÜLLER, Strukturierende Rechtslehre, S. 217 f. bezeichnet die Rechtsgüter als rechtlich gewährleistete Sachbereiche.

stehen sich doch Sachverhalt (d.h. Interesse) und Norm (d.h. Regel) unmittelbar gegenüber. *Warum kann ich die Norm nicht direkt aus meinen Interessen heraus verstehen? Weil die Norm sich nicht in einem Kompromiss zwischen Interessen erschöpft.*

Wollten wir Sachverhalt und Norm direkt miteinander vergleichen, wür- 929
den wir den Sinn des Normativen verkennen. Wir sähen im Recht lediglich die soziale Norm, die Konflikte entscheidet, ohne dafür einen Anspruch auf Richtigkeit zu erheben. Recht wäre allein das Produkt der Machtverhältnisse. Es könnte nicht überzeugen. Es wäre nicht rational in dem Sinne, dass es einen einsichtigen Ausgleich zwischen den Vorstellungen über das Gute und Gerechte in der Gesellschaft herstellt. Juristische Urteile wären nicht normativ begründbar. *Die Gewichtung der Interessen von Mieter und Vermieter wäre der Willkür des Richters überlassen.*

Der Umweg über Rechtsgut und Grundsatz unterscheidet das juristische 930
Denken vom ökonomischen oder soziologischen. Er ist konstitutiv für das juristische Verständnis von Sachverhalt und Norm: Wir verstehen beide nur, wenn wir die Gründe kennen, welche die Subsumtion rechtfertigen. *Warum soll die Regel auf Fälle dieser Art angewendet werden? Warum gehört der Sachverhalt zum Typus der Fälle, welche die Norm regeln soll?*

Um begründen zu können, warum eine Norm einen Ausschnitt aus der 931
Wirklichkeit in bestimmter Weise regelt, muss ich ihren Sinn und Zweck verstehen. Dazu muss ich ihren Grundsatzgehalt erfassen, d.h. aussagen können, was die normative Kernaussage der Norm ist. Ich interpretiere dann die Regel im Lichte des Grundsatzes, welcher ihr die normative Ausrichtung verleiht. *Der Grundsatz sagt mir, warum die Regel auf Fälle dieser Art anzuwenden ist.*

Um den Sachverhalt unter die Norm subsumieren zu dürfen, muss ich be- 932
gründen können, dass er zum Sachbereich gehört, den die Norm regeln soll. Ich muss darlegen, dass das, was geschehen ist, einen typischen Fall darstellt, der rechtlich als schützenswert gewertet wird: Ich muss ein Rechtsgut geltend machen. *Das Rechtsgut bestimmt, ob der Sachverhalt in den Bereich der schützenswerten Fälle gehört.*

Der Vergleich zwischen Sachverhalt und Norm, der notwendig ist, um 933
über die Subsumtion zu entscheiden, ist nur dank der Vermittlung über

Rechtsgut und Grundsatz möglich. Sie stellen die Übersetzung zwischen dem Faktischen und dem Normativen her. Das Rechtsgut übersetzt das faktische Interesse in ein normatives Argument; der Grundsatz verleiht den Argumenten ihr Gewicht. *Der Grundsatz gibt an, wie weit das Rechtsgut von der Regel geschützt wird.*

934 *Das Interesse an der gemieteten Wohnung und der Kündigungsschutz in Härtefällen sind nicht direkt miteinander vergleichbar. Damit ich weiss, ob ein Härtefall vorliegt, muss ich mein Interesse als Mieter bewerten. Je nachdem, wie schützenswert mein Persönlichkeitsrecht daran ist, in dieser Wohnung bleiben zu können, fällt mein Sachverhalt unter die typischen Fälle, welche die Regel abdecken soll. Welche Fälle im Sinne der Regel typische Härtefälle sind, bestimmt sich aus dem Grundsatzgehalt des Mieterschutzes. Gleich ist für die Interessen des Vermieters zu verfahren. Welches Interesse den Vorrang verdient, muss durch Interpretation der Normen und Sachverhalte im Lichte der Rechtsgüter und Grundsätze begründet werden.*

935 Der hier beschriebene gedankliche Weg vom Interesse zum Recht hat grundsätzliche Bedeutung. Er kennzeichnet die Eigenart des Rechts im Umgang mit der Wirklichkeit: Das Faktische wird auf einer normativen Ebene abgehandelt. Soziale Konflikte werden als Rechtsfragen thematisiert und in die juristische Fachsprache übersetzt. Das „Wollen" oder „Müssen" des Alltags wird zum „Dürfen" oder „Sollen" des Rechts. Der „Nutzen" wird zum „Gut" und zum „Recht".

936 Indem das juristische Denken Nützlichkeitserwägungen ins Grundsätzliche anhebt, verwandelt es die Inhalte der Argumente. Zum einen wird das faktische „Interesse" in das normative „Gute" umgeformt. Das kommt im soeben erläuterten Begriff des Rechtsguts zum Ausdruck. Zum andern aber genügt es nicht, ein Interesse als ein solches Gut auszuweisen. Es muss zudem noch den Test der Gerechtigkeit bestehen. Das, was für den einen gut (und schützenswert) ist, muss auch noch für den andern gerecht (und zumutbar) sein.

937 Der Test der Gerechtigkeit besteht in einem Rollentausch: Würde ich auch zustimmen, wenn ich mich in der Rolle des andern befände? Oder: Würde ich zustimmen, wenn ich nicht wüsste, welche Rolle ich übernehmen

werde? Im Rollentausch frage ich, ob das, was für mich gut ist, es auch für den andern sein kann. Die Frage nach der Gerechtigkeit verallgemeinert auf diese Weise die Frage nach dem Guten.

Das Gute und das Gerechte sind zwei Wertungsdimensionen, die im 938
Recht nebeneinander Geltung haben. Das Gute bezeichnet den Wert, den eine Handlung für mich oder für uns (als Gruppe) darstellt. Es umschreibt die rechtlich anerkannte Interessenposition einer Partei. Das Gerechte bezeichnet den Wert, den eine Handlung für jeden Betroffenen darstellt. Es vergleicht die Positionen beim Rollentausch.

Das Gute bezieht sich auf die Vorstellungen des Einzelnen, seiner Gruppe 939
oder seiner Kultur. Es ist subjektiv oder zumindest auf einen beschränkten Lebenshorizont bezogen – das gute Leben, wie wir es uns vorstellen. Das Gerechte ist grenzüberschreitend, seiner Tendenz nach universal. Es gewährt allen andern das gleiche Recht auf das Gute, das ich für mich in Anspruch nehme. Gerechtigkeit begrenzt das eigene Gute aus Rücksicht auf das Gute des andern.

Das Gute ist Inhalt, das Gerechte ist Form. Das Gute kann ich umschrei- 940
ben, wenn ich weiss, für wen es gelten soll (als Glück, als Macht, als Geld, als Rechtsgut des Eigentümers oder des Mieters). Das Gerechte kann ich nicht inhaltlich begrenzen, weil es ein Mass ist für das richtige Verhältnis zwischen beliebigen Inhalten.

Zahlreich sind deshalb die Versuche, Gerechtigkeit allgemein zu definie- 941
ren. Umschrieben wird sie etwa als „goldene Regel" (was du nicht willst, dass man dir tu, das füg' auch keinem andern zu), als kategorischer Imperativ (handle stets nach jener Regel, von der du möchtest, dass sie als allgemeines Gesetz gelten würde), als das Prinzip, jedem das Seine zu geben, als das Prinzip der Anerkennung des Anderen sowie als austeilende, ausgleichende oder soziale Gerechtigkeit[457]. All das sind formale Umschreibungen. Inhaltlich lässt sich Gerechtigkeit am ehesten in ihrer Nega-

457 Die austeilende (distributive) Gerechtigkeit will alle an den allgemeinen Gütern teilhaben lassen; die ausgleichende (kommutative oder Tausch-) Gerechtigkeit will die Gleichwertigkeit von Leistung und Gegenleistung im Güteraustausch; die soziale Gerechtigkeit will die primäre Güterverteilung über den Markt durch eine sekundäre staatliche Einkommensverteilung ergänzen.

tion fassen, als elementare Verletzung des Rechtsgefühls. Positiv ist sie dagegen kaum eingrenzbar, allenfalls mit dem Bild, sie sei die rechtliche Form der Liebe.

942 Für das juristische Denken ist diese Unbestimmtheit nicht von Bedeutung. Wichtig ist, dass das Richtige als Ziel der juristischen Argumentation sich nicht darauf beschränkt, gut zu sein, sondern immer auch den Test des Rollentausches bestehen muss. Nicht die „beste" Lösung ist die richtige, sondern jene, die das Gute möglichst gerecht auf alle verteilt. Das Gute und das Gerechte sind die beiden unverzichtbaren Ziele der juristischen Arbeit.

943 Deutlich wird dies etwa an der Spannung zwischen Zweckmässigkeit und Gerechtigkeit. Recht ist immer zweckgerichtet. Es hat einen bestimmten Ordnungszweck zu erfüllen und soll dies möglichst wirksam und wirtschaftlich tun. Daraus darf aber nicht geschlossen werden, dass das, was zur Erreichung dieses Ziels zweckmässig ist, auch rechtmässig sei. Das Zweckmässige ist eine funktionale Kategorie; es erfüllt bestenfalls das Kriterium des Guten für ein bestimmtes Teilsystem der Gesellschaft. Als solches kann es aber noch mit dem Kriterium des Gerechten in Konflikt geraten, das den Standpunkt der anderen einnimmt. Gerechtigkeit wird dabei durch zahlreiche Normen konkretisiert, welche der Zweckmässigkeit Grenzen setzen: Die Grundrechte Betroffener (vor allem die Rechtsgleichheit), das Legalitätsprinzip, die Verfahrensrechte Dritter, die Volksrechte oder der politische Minderheitenschutz. *Wenn der Kanton Zürich im Schulunterricht der englischen Sprache den Vorrang vor der französischen geben will, ist das als Vorbereitung für das Berufsleben zweckmässig, aber mit Rücksicht auf das Zusammenleben von deutschsprachigen und französischsprachigen Bevölkerungsteilen in der Schweiz nicht unbedingt richtig.*

5.1.3 Übungsbeispiel

944 Bei den amerikanischen Präsidentenwahlen des Jahres 2000 fiel das elektronisch ermittelte Wahlergebnis in Florida äusserst knapp aus. Das oberste Gericht des Staates hatte zu entscheiden, ob der gesetzliche Anspruch auf Handauszählung Vorrang vor der ebenfalls gesetzlichen Frist für die Auszählung des Ergebnisses habe. Zu beachten war dabei, dass das Elektorensystem bedingte, dass die Wahlmänner Floridas bis zum 12. Dezember

feststanden, damit das Wahlmännergremium am 18. Dezember die Präsidentenwahl vornehmen konnte. Sonst hätte das Parlament Floridas die Wahl vornehmen müssen; schlimmstenfalls hätte der ganze Staat aus dem Wahlverfahren ausgeklammert werden können. Das Gericht verlängerte daher die Auszählungsfrist, allerdings nur bis zum 26. November, damit eine hinreichende Frist verblieb, gegen das Wahlresultat Beschwerde zu führen (die Fristverlängerung genügte der County Miami-Dadem daher nicht, um die Handauszählung durchzuführen).

Aufgabe: 945

Listen Sie die massgeblichen Argumente pro und kontra auf, indem Sie sie nach (1) Gerechtigkeit und (2) Nützlichkeit ordnen.

Lösung: 946

(1) Gerechtigkeit: Nach dem Grundsatz der Stimmengleichheit hat jede stimmberechtigte Person Anspruch auf Zählung ihrer Stimme. Der Anspruch gilt ohne Rücksicht auf den Einfluss der Stimme auf das Gesamtergebnis (Nützlichkeitserwägungen spielen daher keine Rolle). Der Anspruch ist Ausfluss des individuellen Wahlrechts eines jeden. Bestehen begründete Zweifel am Wahlergebnis, so hat jeder einen gesetzlichen Anspruch auf Handauszählung. Dafür ist die erforderliche Zeit einzuräumen. Ordnungsfristen dürfen den Nachzählungsanspruch nicht vereiteln. Anderseits verlangt das Beschwerderecht aller Wahlberechtigten, dass auch gegen das Wahlergebnis noch Beschwerde geführt werden kann.

(2) Nützlichkeit: Die Wahl in Florida ist Teil des nationalen Wahlverfahrens. Die Nachzählung nützt nichts, wenn deswegen die nationalen Fristen verpasst werden. Das Wahlergebnis muss daher innert nützlicher Frist festgestellt werden. Rechtzeitigkeit geht daher der Gerechtigkeit vor. Die Effizienz gebietet, praktikable Auszählungsfristen zu setzen. Dabei ist wichtiger, dass das Gesamtresultat des Staates Florida in das nationale Verfahren eingebracht werden kann, als dass es bis ins letzte Detail auskorrigiert ist. Ungenauigkeiten im Wahlergebnis sind auch weniger gravierend als der Rückgriff auf die Wahl durch das Parlament. Die Volkswahl bietet die bessere demokratische Legitimation als die Parlamentswahl.

Hinweis: Nützlichkeit und Gerechtigkeit sind im juristischen Urteil stets 947
gleichzeitig anzustreben. Recht ist Nützlichkeit in der Form der Gerechtigkeit

– Inhalt und Form aber bilden ein Ganzes. Der Inhalt trägt die Form und die Form prägt den Inhalt. Nur gemeinsam haben sie rechtliche Gestalt. Die Kunst des Juristen ist es, das Gute und das Gerechte zu integrieren.

5.2 Vertiefung: Das Gute und das Gerechte

5.2.1 Ethik für Juristen

947a „Das Gute" und „die Gerechtigkeit" sind philosophische Themen, die im Rahmen dieses Buches nicht umfassend behandelt werden können. Daher ist eine Selbstbeschränkung erforderlich. Verzichtet wird auf den Versuch, das absolute Gute und das absolut Gerechte zu erfassen. Eine Rechtsphilosophie darf dies, weil sie sich auf die praktischen Fragen einer Rechtsordnung bezieht. Das Recht aber bezieht sich nicht auf den höchstpersönlichen Bereich der individuellen Überzeugungen, sondern beschränkt sich auf den äusserlichen Bereich des zwischenmenschlichen Verhaltens und dort auf jene Aspekte, welche nicht der Kultur und den sozialen Normen des Zusammenlebens überlassen werden können.

947b Eine Ethik für Juristen kann daher bei den faktischen Problemen ansetzen, welche Rechtsregeln erst erforderlich machen:

- dem Konflikt von *Interessen*, welche als schützenswert anerkannt sind (Problem der Nützlichkeitsethik), und
- dem *Machtverhältnis*, das korrigiert werden soll (Problem der Pflichtenethik).

947c Die Interessen werden nach dem Massstab des Guten bewertet, die Machtverhältnisse nach dem Massstab der Gerechtigkeit.

947d Damit folgt das Verhältnis von Recht und Ethik zwei Gedankenketten:

947e (1) In Bezug auf das Gute:

(a) Ausgangspunkt ist das faktische *Interesse*, in meinem Willen oder Bedürfnis von anderen anerkannt zu werden

(b) Als Zweites folgt die Bewertung dieses Interesses als *anerkennenswerten Nutzen* durch die Gesellschaft (Nützlichkeitsethik)

(c) Sodann setzt die Rechtsordnung diesen Nutzen um in ein *rechtlich geschütztes Gut* (Rechtsgut)

(d) Massstab dafür sind die Werte, die *das Gute im Recht* zum Ausdruck bringen (Grundsätze wie Privatautonomie, Eigentumsgarantie, Solidarität, Subsidiarität)

(e) Nicht erforderlich ist ein Entscheid über *das Gute schlechthin*, das für die Menschen aller Kulturen absolut gültig wäre.

(2) In Bezug auf des Gerechte: 947f

(a) Ausgangspunkt ist das *faktische Machtverhältnis,* vor welchem ich als unterlegene Person Schutz suche

(b) Als Zweites folgt die Bewertung dieses Anliegens *als anerkennenswertes Schutzbedürfnis* nach sozialer Gleichstellung durch die Gesellschaft (Pflichtenethik)

(c) Sodann setzt die Rechtsordnung dieses Schutzbedürfnis um in *Rechte und Pflichten* (Regeln, Grundsätze, Ansprüche)

(d) Massstab für diese Rechte und Pflichten ist die Zielnorm der *juristischen Gerechtigkeit* (Grundsätze wie Rechtsgleichheit, Verhältnismässigkeit, Willkürverbot, Menschenwürde)

(e) Nicht erforderlich ist ein Entscheid über die *Gerechtigkeit schlechthin*, die universale Geltung hätte.

Das absolute Gute und Gerechte kann zwar als sog. regulative Idee die Richtung angeben, in welcher auch im Recht Lösungen zu suchen sind. Das Recht kann sich aber auf die zweitletzte Ebene beschränken. 947g

5.2.2 Utilitarismus und Deontologie

Juristisches Denken steht unter der doppelten Anforderung des Guten und des Gerechten. Jede Entscheidung muss sowohl möglichst gut als auch möglichst gerecht sein – gut für die Beteiligten und gerecht gegenüber den Betroffenen. Das Recht steht damit im Spannungsfeld der zwei grossen, sich polar gegenüberstehenden Hauptströmungen der philosophischen Ethik, dem Utilitarismus und der Deontologie. 948

Der Utilitarismus ist Nützlichkeitsethik (lat. utilitas, Nutzen). Er beurteilt eine Handlung danach, in welchem Masse sie zum Glück der meisten 949

Menschen beiträgt. Er trägt den Charakter einer Erfolgsethik, weil er die Handlung nicht nach der inneren Gesinnung, sondern nur nach den äusseren Folgen bewertet. Man spricht deshalb auch von Konsequenzialismus (1). Die Deontologie ist Pflichtenethik (griech. déon, Pflicht). Sie beurteilt eine Handlung unabhängig von ihren äusseren Konsequenzen nach der Pflicht, die zu erfüllen ist. Sie trägt daher den Charakter einer Gesinnungsethik. Die Pflicht besteht in der Befolgung des inneren Gesetzes oder Sittengesetzes. Dessen moralischer Anspruch ist auch dann zu befolgen, wenn kein äusserer Nutzen zu erwarten ist (2)[458]. *Hören wir mit dem Auszählen von Wahlzetteln auf, sobald das Ergebnis eindeutig ist, oder zählen wir die letzte Stimme, obwohl sie nichts mehr zu ändern vermag?*

950 (1) Im Utilitarismus bestimmt sich die Richtigkeit einer Handlung von ihren Folgen her. Diese werden am Nutzen gemessen, den sie für etwas bringen, das an sich als gut gewertet wird. Als höchstes Gut gilt das menschliche Glück, die Erfüllung der menschlichen Bedürfnisse und Interessen. Sittlich geboten ist, was am meisten Lust bereitet oder Unlust vermeidet. Dabei geht es nicht nur um das Glück des Handelnden, sondern um das Wohlergehen aller Betroffener. Die utilitaristische Maxime lautet: Handle so, dass die Folgen deiner Handlung für das Wohlergehen aller Betroffenen optimal sind.[459] *Diebstahl wird verboten, weil das Stehlen, wenn alle es täten, die Eigentumsordnung und die Volkswirtschaft schädigen würde.*

951 Aus utilitaristischer Sicht rational ist jene Handlung, welche den grössten Gesamtnutzen bewirkt. Das lässt sich mit Hilfe des sog. hedonistischen Kalküls errechnen, indem wir die individuellen Nützlichkeiten einer Handlung für die Betroffenen addieren. *Die Verlängerung der Ladenöffnungszeiten ist dann richtig, wenn die Summe von Nutzen und Schaden für Konsumenten, Ladenbesitzer und Angestellte positiv ist.*

952 Dieses Nutzenkalkül lässt sich freilich nur durchführen, wenn eine klare Wertung vorgegeben ist, welche die verschiedenen Nutzenarten vergleichbar macht. Deshalb eignet sich das hedonistische Kalkül vor allem

---

[458] Die von Max Weber formulierte Verantwortungsethik sucht einen Mittelweg, der innere Pflicht und äussere Situation durch Verantwortung verknüpft (Politik, S. 441 ff.).

[459] Höffe, Utilitaristische Ethik, S. 10 f.

im Bereich der Ökonomie, in welchem vorentschieden ist, worin das Gute liegen soll. Sonst liefert der Utilitarismus eine nur scheinbare empirische Begründung des Sollens. Zudem besteht die Gefahr, dass die Mittel das Ziel bestimmen: Das Quantifizierbare wird zum moralisch Wichtigen erklärt (Geld, Sachwerte, Wohlfahrtsindikatoren).

Typisch für den Utilitarismus ist der fehlende Bezug zur Gerechtigkeit. 953
Moralische Fragen werden als Interessenkonflikte behandelt, nicht als Rechtskonflikte. Der Einzelne ist Interessenträger, nicht Rechtsträger. Er hat sich dem Gesamtinteresse unterzuordnen, wenn dieses überwiegt. Das Leid des einen darf mit dem Wohlergehen des andern verrechnet werden, wenn die Gesamtsumme des Glücks trotzdem gesteigert wird.[460]

Sein Empirismus und das Nutzenkalkül beschränken die Tauglichkeit des 954
Utilitarismus für die juristische Arbeit. Er leistet nicht das operative System der Konfliktentscheidung, das er anstrebt. Hingegen liefert er wertvolle Teilaspekte für die juristische Argumentation und für die regulative Idee des Gemeinwohls.[461]

(2) Die Deontologie betrachtet die Handlung als Vollzug einer Verpflich- 955
tung gegenüber dem Gesetz. Ursprünglich ist damit das göttliche Gesetz gemeint, das Natur und Mensch in ihrem Wesen bestimmt. Sittliche Pflicht des Menschen ist es, in Übereinstimmung mit seinem inneren Gesetz zu leben. Rechtsform erlangt das Sittengesetz als Naturrecht, das religiös, anthropologisch oder rational begründet werden kann. Vor allem in der dritten Form hat es als formales Vernunftrecht durch IMMANUEL KANT grossen Einfluss erlangt.[462]

Nach den Regeln der Vernunft können soziale Normen nur dann allge- 956
meine Gültigkeit beanspruchen, wenn sie verdienen, von allen Menschen anerkannt zu werden. Vernünftig sind jene Normen, die bei allgemeiner

460 Vgl. DERS., Utilitaristische Ethik, S. 41 ff..

461 Mehr leistet der Utilitarismus lediglich, wenn das Recht einseitig aus der Warte der Ökonomie betrachtet wird. Vgl. die Ökonomische Analyse des Rechts bei SCHÄFER / OTT, S. 21 ff. oder die „Nutzentheorie des Rechts" von SCHWINTOWSKI, S. 169 ff.

462 Vgl. SCHREY, S. 68 ff.

Befolgung dem langfristigen Interesse jedes Menschen entsprechen. Anzustreben ist der rationale Konsens aller Betroffenen. Jeder Einzelne wird damit zum Prüfstein der Gültigkeit einer Norm. Der andere wird als frei und gleichberechtigt anerkannt. Mein Interesse muss mit jenem des anderen verträglich sein.

957 Das Kriterium, nach welchem mein Interesse beurteilt wird, ist seine Verallgemeinerung zum Gesetz. Denn nur, wenn alle wollen dürfen, was ich will, ist mein Wille mit ihrem verträglich. Der kategorische Imperativ ist Ausdruck dieser Rücksichtnahme. Er fordert ein Handeln nach verallgemeinerbaren Maximen. Eine Handlungsregel ist nur dann verbindlich, wenn sie widerspruchsfrei als allgemeiner Sollenssatz gewollt werden kann.

958 *Andere zu bestehlen, kann meine eigene Maxime sein, niemals jedoch ein allgemeines Gesetz. Denn wenn ich andere bestehle, verletze ich das Privateigentum anderer, will aber selber Privateigentum haben. Wollte man diese Maxime verallgemeinern, dürfte jeder sich fremdes Eigentum aneignen, was das Eigentum als Institution aufheben würde. In der Diebstahlsmaxime selbst liegt ein Widerspruch: Sie beansprucht Eigentum und verneint es zugleich.*[463]

959 Das Vernunftrecht hat es nicht geschafft, objektive Normen des überpositiven Rechts zu liefern. Aber es formuliert die regulative Idee, wonach Normen des positiven Rechts nur soweit Legitimität beanspruchen können, als sie sich durch allgemein konsensfähige Grundsätze rechtfertigen lassen.

960 Die wichtigste Leistung des Vernunftrechts betrifft die Struktur des Rechts: Das Recht ist jene Teilordnung der modernen Gesellschaft, welche die Verhältnisse unter den Menschen als Rechte und Pflichten ausgestaltet. So wie gut und böse die Kategorien der Ethik sind, Nutzen und Schaden jene der Ökonomie oder Wille und Zwang jene der Psychologie, sind Rechte und Pflichten die Kategorien des Rechts. Alles, was das Recht zur Norm erhebt, muss unter gleichen Bedingungen jeden gleich berechtigen oder verpflichten. Das Recht ist die Verallgemeinerung des Nutzens.

---

463 KLESCEWSKI, S. 79.

Damit lassen sich die Leistungen von Utilitarismus und Deontologie vergleichen: Die Nützlichkeitsethik orientiert sich am Gesamtnutzen; die Pflichtenethik orientiert sich am Recht des Einzelnen. Der Utilitarismus optimiert die Folgen für das Wohlergehen aller Betroffenen, die Deontologie schützt die Gleichheit der Rechte und Pflichten aller Betroffenen. Dem Gemeinwohl steht das Individualrecht, dem Guten das Gerechte gegenüber. 961

Die Deontologie setzt dem Utilitarismus im Recht Grenzen. Denn dieser übersieht, dass Nützlichkeit nicht das oberste Prinzip sein kann. Nützlichkeit setzt eine Wahl des Guten voraus und braucht die Ergänzung durch das Gerechte. Es ist Aufgabe des Rechts, das Gute in die Form der Gerechtigkeit zu giessen. Gerechtigkeit ist der Qualitätstest des Guten im Recht. 962

Recht entsteht, wenn Nützlichkeit auf das gemeinsame Gute zurückgeführt und in die Rechte und Pflichten umgeformt wird. 963

5.2.3 Das gerechte Gute?

Wenn wir Recht als das in die Form der Gerechtigkeit gegossene Gute definieren: was bedeutet das für das juristische Denken? Können wir das Gute und das Gerechte erkennen? Können wir beide zu einer Einheit verknüpfen? Kann juristisches Denken die beiden grossen Philosophien integrieren? 964

Deontologie und Utilitarismus sind die beiden ethischen Grundlagen der Rechtsordnung. Dabei liefert die Pflichtenethik den universalen Rahmen, während die Nützlichkeitsethik diesen mit kulturellen Inhalten füllt. Das Gerechte und das Gute bilden die beiden Zielpunkte: Die Pflicht zum gerechten Umgang mit allen Menschen gilt bedingungslos und ohne Rücksicht auf Nutzenüberlegungen; das Streben nach dem Guten hingegen ist stets beschränkt auf die Gemeinschaft geteilter Werte[464]. 965

Das grösste Glück der grössten Zahl von Menschen fällt nur im Idealfall mit der Gerechtigkeit zusammen, nämlich dann, wenn die Gerechtigkeit 966

464 Frankena, S. 30 ff.; Ulrich, Integrative Wirtschaftsethik, S. 57 ff.

zum höchsten Gut wird: wenn jeder seinen grössten Nutzen darin erkennt, allen Mitmenschen gerecht zu werden[465].

967 In allen praktischen Belangen besteht aber zwischen Gerechtigkeit und Nützlichkeit eine unauflösliche normative Spannung. Diese durchdringt das ganze Rechtsdenken: Seiner Struktur nach ist das Recht ein System von Rechten und Pflichten – seinem Inhalt nach ist es eine Synthese von Nützlichkeitserwägungen.

968 Einerseits vertritt juristisches Denken den Universalitätsanspruch der Deontologie: Recht soll Nützlichkeit in den Kategorien der Gerechtigkeit ausdrücken. Die Verallgemeinerungsfähigkeit eines Interesses ist das Kriterium dafür, ob es dazu taugt, gesetzlich sanktioniert zu werden. Recht ist nach rechtsstaatlichem Denken geradezu der Inbegriff der Unterordnung des Nutzens unter die Gerechtigkeit.

969 Anderseits schränkt der Utilitarismus dieses universalistische Anliegen des Rechts ein. Da wir über keine absolute Wahrheit verfügen und das Gerechte nicht evident ist, bleibt uns nichts anderes übrig, als einen Konsens über jene relativen Güter zu suchen, über die wir uns aufgrund gemeinsam geteilter Werte einigen können. Angesichts der Widersprüchlichkeit der Wertungen reduziert sich der Konsens meist sogar auf einen Kompromiss unter widerstreitenden Interessen oder Nützlichkeiten. Ein fairer Ausgleich von Eigennutz und Gemeinnutz ist das Optimum, das erreicht werden kann.

970 Dennoch behält die Pflichtenethik die Oberhand. Denn auch auf die pragmatischen Kompromisse bleibt der kritische Massstab der Diskursethik anwendbar. Juristisch legitim ist eine Entscheidung nur, wenn sie sich im Diskurs als *für alle gleich gut* bewährt. „Für alle gut" heisst, dass der Entscheid für alle von Nutzen ist; „für alle gleich gut" heisst, dass er zudem gerecht ist.

971 *Das Gute, das zugleich gerecht ist?* Ist das nicht eine Utopie? Gewiss, es ist nicht mehr als eine regulative Idee, eine Leitvorstellung, welche unsere Arbeit ausrichten kann. Ohne die konkreten Normen der Rechtsordnung

465 Rawls, S. 614 ff.

könnte die Idee keine brauchbaren Entscheidungskriterien abgeben. Aber als Auftrag, die Normen des Rechts immer sowohl auf ihren Nutzen wie auf ihre Gerechtigkeit hin zu befragen, leistet die Idee ihren Beitrag: Sie zwingt uns dazu, immer beide Sinnfragen zugleich zu stellen und bewahrt uns vor Einseitigkeit.

Das Gute ist die normative Zielvorstellung, welcher das Recht folgt. Zu 972
oberst steht die Chiffre des „guten Lebens", wie es den geteilten Wertvorstellungen unserer Gesellschaft entspricht; darunter finden wir die politischen Ziele, die sich in Verfassung und Gesetzgebung niederschlagen und Gegenstand der teleologischen Interpretation werden; schliesslich kommen die schützenswerten Interessen der Parteien im Einzelfall hinzu, an denen sich die Nützlichkeit des Rechts bewähren muss.

Vorstellungen von dem, was das Gute ist, fliessen dauernd aus Kultur, 973
Wirtschaft und Politik in das Recht hinein und prägen dessen Inhalte. Das Gute braucht daher nicht abstrakt festgelegt zu werden. Es wird im Prozess des Rechts fortwährend geltend gemacht. Seine Erkenntnis ist Aufgabe der juristischen Arbeit mittels aller prozeduralen und methodischen Hilfsmittel.

Schwieriger ist die Erkenntnis der Gerechtigkeit. Unbestreitbar ist einzig 974
die diskursive Verpflichtung dazu. Weil keine Behörde über Wahrheit und Richtigkeit verfügt, hat sie die Betroffenen am Entscheidungsprozess zu beteiligen. Soweit Dritte nicht mitwirken können, sind ihre Anliegen zu bedenken. Damit werden die von der Entscheidung Betroffenen als Partner mit eigenen Rechten anerkannt. Darin liegt bereits ein Kern der Gerechtigkeit.

Gerechtigkeit wird zwar ebenfalls von Gesellschaft, Politik und Prozesspar- 975
teien ins Recht hineingetragen, aber meist in der Form von Interessen und Nutzenerwartungen, denen Missachtung droht. Diese Interessen müssen erst noch in Gerechtigkeitsargumente übersetzt werden. Ob ein Interesse den Charakter einer Gerechtigkeitsforderung hat, wird erst klar, wenn es sich als Argument im Rollentausch oder im Test der Verallgemeinerung bewährt. Das Interesse eines Dritten ist dann eines an Gerechtigkeit, wenn es sich auf ein anderes, bereits anerkanntes Interesse stützt und

verlangt, das dieses verallgemeinert oder im Rollentausch auf ihn übertragen wird *(so z. B: der Anspruch auf analoge Behandlung ähnlicher Fälle).*

976 Auf der Ebene der Inhalte des Rechts lassen sich nur wenige Aussagen über die gerechte Entscheidung machen, weil Gerechtigkeit eine vergleichende, relative Aussage ist, also zu jedem Inhalt ins Verhältnis gesetzt werden kann. Einzig im Negativen lässt sich definieren, was Gerechtigkeit meint: die Negation von Ungerechtigkeit. Über die Verletzung des Kerns der Gerechtigkeitsidee, die Willkür, ist am ehesten Konsens möglich. In Bezug auf die positiven Forderungen der Gerechtigkeit hingegen ist dauerhaft mit Dissens zu rechnen.

977 Besser bestimmbar sind Aussagen auf der Ebene der Prozeduren des Rechts. Hier gelten die Prinzipien der Diskurstheorie, die im rechtsstaatlichen und demokratischen Verfahrensrecht ihren Niederschlag gefunden haben (Reziprozität und Symmetrie der Prozeduren). Die Verfahrensgerechtigkeit vermag zumindest teilweise Mängel in der materiellen Gerechtigkeit zu kompensieren.

978 Rechtsstaatliche Entscheidungen müssen nicht in jedem Einzelfall richtig sein, aber sie müssen die Hoffnung aller Beteiligten begründen, dass das Verfahren des Rechtsstaates langfristig Gerechtigkeit schaffen wird und damit "für alle gleich gut" ist. Entscheidend und hinreichend für die moralische Legitimation ist die Zustimmung zu den Prozeduren; die Einigung über das momentane Ergebnis ist nicht erforderlich. Wir unterziehen uns dem fairen Richterspruch, auch wenn wir unterlegen sind. Wir halten die Institutionen und Verfahren für legitim, weil sie gerecht sind, auch wenn sie das, was uns das Gute zu sein scheint, (zeitweise) verfehlen.

979 Auf diese Weise wird das Gute mit dem Gerechten lose verknüpft: Ziel bleibt die Einigung über das konkrete Gute, auch wenn ein Konsens nicht absehbar ist. Die Enttäuschung ist erträglich, solange die Gerechtigkeit der Prozeduren gewahrt bleibt, weil sich daraus die Erwartung nährt, dass auf lange Sicht die Chance einer inhaltlichen Einigung besteht.

980 Allerdings darf das Vertrauen in das Verfahren nicht überdehnt werden. Es ist immer die Teilhabe am Guten, welche gerecht verteilt werden soll. Das Recht muss immer wieder unter Beweis stellen, dass es dieses „ge-

rechte Gute" zu leisten vermag. Sein Versagen darf nicht einseitig sein, etwa in der Richtung, dass es meist das Gute trifft, aber ungerecht verteilt. Oft wird es besser sein, das Gute nicht zu optimieren, dafür gerecht zu verteilen. Denn Gerechtigkeit ist gerade dort gefordert, wo Dissens über das Gute besteht. Für den Rechtsstaat ist es wichtiger, dass wir langfristig darauf vertrauen können, vom anderen anerkannt zu werden, als dass kurzfristig unser Nutzen maximiert wird.

Das „gerechte Gute" bleibt eine Optimierung, aber der Aspekt der Ge- 981
rechtigkeit hat dabei den Vorrang. Ein Entscheid, der den Nutzen schmälert, aber gerecht verteilt, ist immer noch ein Rechtsakt; ein Entscheid, der den Nutzen maximiert, aber ungerecht verteilt, ist ein Unrechtsakt.

Die Gerechtigkeit ist damit der Qualitätstest des Guten. In diesem Vor- 982
rang liegt wohl der typische Unterschied von Politik und Recht: Aufgabe der Politik ist der Konsens über das gemeinsame Gute – Aufgabe des Rechts ist die Einigung über das Gerechte. Beide aber sind aufeinander angewiesen.[466]

466 Vgl. dazu MASTRONARDI, Recht und Politik, S. 363 f.

IV Das Gesamtbild des juristischen Denkens

1 Einführung

Abschliessend soll eine Gesamtschau der juristischen Denkweisen zeigen, wie mit den einzelnen „Tasten des Klaviers" Musik gemacht werden kann. 983

Die Tastatur liefert die Übersichtstabelle auf der nächsten Seite. 984

1.1 Beispiel

Wir greifen nochmals das Beispiel aus den Ziffern II 1.1.1 und II 2.1.1 auf, um es allseitig zu beleuchten: 985

A hat mit seinem Personenwagen einen Fussgänger angefahren, der über die Strasse wollte. Nach seinen Aussagen hat A den alten Mann überhaupt nicht gesehen, weil dieser hinter einem parkierten Wagen hervorkam. 986

Zu entscheiden ist, ob sich A strafbar gemacht hat. Dabei sind u.a. folgende Unterfragen zu beurteilen: 987

a) Befand sich der alte Mann auf dem Fussgängerüberweg (CH: Fussgängerstreifen, AT: Schutzstreifen)?
b) Hat der Mann seinen Unfall selber verschuldet?

Sie verfügen über folgende Beweismittel: 988

- Polizeirapport
- Fotos der Spurensicherung (mit Lage von Fahrzeug und Opfer nach dem Unfall, Position des parkierten Wagens, Bremsspuren)
- Protokoll über die Einvernahme des Angeschuldigten
- Protokoll über die Zeugenaussage einer Passantin, wonach der alte Mann sehr langsam und gut sichtbar auf die Strasse gekommen sei.

Kapitel	polares Begriffspaar einer Denkweise		leitende Frage ...
II 1	Beobachten ➡ wahre Aussage ➡ Theorie	Teilnehmen ➡ richtiges Urteil ➡ Praxis	nach dem Subjekt
II 2	Erkennen ➡ über die Sinne wahrnehmen	Verstehen ➡ einen Text interpretieren	nach der Art des Wissens
II 3	Erkenntnisinteresse ➡ Selbstzweck	Entscheidungsinteresse ➡ Mittel zum Zweck	nach dem Handlungsbezug
II 4	deskriptiv ➡ Beschreiben ➡ Tatsachen	normativ ➡ Werten ➡ Normen	nach der Geltungsart: wahr oder richtig?
II 5	System ➡ Kommunikationsprozess	Diskurs ➡ zwischenmenschliche Verständigung	nach der Intersubjektivität der Erkenntnis
II 6	universaler Anspruch ➡ absolut ➡ Vernunft	Kulturelle Bedingtheit ➡ relativ ➡ interkulturelle Verständigung	nach dem Geltungsbereich der Erkenntnis
III 1	Vorverständnis ➡ hermeneutischer Zirkel	Methode ➡ Kriterien der Überprüfung	von der Meinung zum Urteil
III 2	juristische Logik ➡ normative Seite des Rechts	empirische Realität ➡ faktische Seite des Rechts	Norm und Wirklichkeit
III 3	Differenzieren ➡ Analyse ➡ konkret ➡ Unterscheiden	Generalisieren ➡ Synthese ➡ abstrakt ➡ Verallgemeinern	Unterschied und Gemeinsamkeit
III 4	Systemdenken ➡ Statik ➡ Ordnung	Problemlösungsdenken ➡ Prozess ➡ Aufgabe	Recht als System und als Aufgabe
III 5	Nutzen und Schaden ➡ Interesse ➡ das Gute	Rechte und Pflichten ➡ Recht ➡ das Gerechte	vom Interesse zum Recht

Übersichtstabelle 3: Gesamtbild

Aufgabe: 989

Bestimmen Sie für jede Unterfrage und die dabei verwendeten Beweismittel die polaren Denkweisen, die bei der Beantwortung verwendet werden können. *Z.B.: Ziff. II 1: Wer beobachtet, wer nimmt Teil? Die Passantin beobachtet, der Richter nimmt teil.*

Lösung: 990

a) Fussgängerüberweg:

- (II 1 / II 2; Beobachten / Teilnehmen und Erkennen / Verstehen) Die Fotos der Spurensicherung können *beobachtet* werden, daraus lässt sich *erkennen*, dass sich der alte Mann nicht auf einem Fussgängerüberweg befand; Polizeirapport und Einvernahme des Angeschuldigten, welche dies bestätigen, sind Texte, die vom Standpunkt des einfühlenden *Teilnehmers* aus *verstanden* werden müssen.
- (II 3; Erkenntnisinteresse / Entscheidungsinteresse) Das *Erkenntnisinteresse*, den Unfall in allen seinen Aspekten zu verstehen, führt zu Fragen wie: Wo befindet sich der nächste Fussgängerüberweg? Warum hat der Mann den Umweg dorthin nicht gemacht? Schmerzt ihn das Gehen? Das *Entscheidungsinteresse* schneidet das Weiterfragen dort ab, wo es für das Urteil nicht mehr interessant ist: Wenn der nächste Fussgängerüberweg zu weit entfernt ist, gibt es keine Rechtspflicht, ihn zu benutzen.
- (II 4; deskriptiv / normativ) Die Tatsache, dass der Mann sich nicht auf dem Fussgängerüberweg befand, erfasse ich *deskriptiv* (durch Beschreibung); die Frage, ob dieser Umstand für das Urteil Bedeutung hat, *normativ* (durch rechtliche Bewertung).
- (II 5; System / Diskurs) Die Art und Weise, wie der Richter mit den verfügbaren Informationen umgeht, um seinen Entscheid zu begründen, kann ich als *Kommunikationsprozess im System der Strafverfolgung* funktional darstellen; die Befragung des Angeschuldigten und der Zeugin verstehe ich nur, wenn ich sie *als zwischenmenschliche Verständigung im richterlichen Diskurs* begreife.
- (II 6; universaler Anspruch / kulturelle Bedingtheit) Die Feststellungen des Richters erheben den Anspruch, für jedermann wahr zu sein; sie sollen *absolut, d.h. universal gelten*. Die rechtliche Bewertung will nur für die nationale Rechtsordnung gültig sein: sie ist relativ und durch das gewohnte Verkehrsverhalten *kulturell bedingt* (in Indien wären die Kriterien anders).
- (III 1; Vorverständnis / Methode) Beim ersten Blick auf die Fotos sagt sein *Vorverständnis* dem Richter, dass hier kein schwerer Fall im Sinne des Überfahrens eines Menschen auf dem Fussgängerüberweg vorliegt; erst die

kritische Überprüfung dieses ersten Urteils nach den *Methoden juristischer Arbeit* bestätigt oder widerlegt die Vermutung.

- (III 2; juristische Logik / empirische Realität) Die Frage nach dem Fussgängerüberweg ist nach der *juristischen Logik* wichtig, weil der Sachverhalt je nachdem unter eine strafverschärfende Bestimmung subsumiert werden kann, also *normativ* anders zu beurteilen ist; sie ist auch unter dem Gesichtspunkt der *empirischen Realität* bedeutsam, weil das Strafrecht *faktisch* bewirken soll, dass die Sicherheit von Menschen auf dem Fussgängerüberweg gewährleistet ist.
- (III 3; Differenzieren / Generalisieren) Um die Höhe der Strafe *gerecht* zu bemessen, muss der Richter den Sachverhalt möglichst *differenzieren*; z.B. muss er prüfen, ob der Fussgängerüberweg für den Fahrer leicht erkennbar war (parkierte Autos, Kurve, Bodenwelle). Anderseits soll das Urteil allen Fussgängern *Rechtssicherheit* verschaffen, daher müssen die Grundsätze, nach denen das Urteil gefällt wird, allgemein gültig sein: Die Urteilskriterien müssen *generalisierbar* sein.
- (III 4; Systemdenken / Problemlösungsdenken) Das Urteil hat die Funktion, die *gesetzliche Ordnung*, hier *das System des Strassenverkehrsrechts* im Einzelfall durchzusetzen; es geht um den Vortritt der Fussgänger auf dem Fussgängerüberweg. Der Richter hat aber zugleich die *Aufgabe*, das *Problem* zu lösen, das im Konflikt zwischen der Lebensform alter Leute und der Hektik des modernen Strassenverkehrs besteht.
- (III 5; Nutzen und Schaden / Rechte und Pflichten) Der *Nutzen* des Fussgängerüberwegs für den alten Mann liegt darin, *Schaden* an Leib und Leben zu verhüten. Der Mann ist daher daran *interessiert*, den Streifen zu benutzen; als Anordnung des Strassenverkehrsrechts verleiht der Fussgängerüberweg dem Mann das *Recht* auf Vortritt und errichtet die *Pflicht* des Fahrers, Vortritt zu gewähren.

b) Die Frage des Selbstverschuldens lässt sich analog auffächern. Dabei stellen sich Fragen wie: Hat der alte Mann seine Vorsichtspflicht verletzt? Ist er unvermittelt hinter einem parkierten Wagen auf die Strasse getreten? Sie sind eingeladen, hier die Lösung selber zu finden...

991 **Hinweis:** Das Beispiel zeigt, dass sämtliche Denkweisen mit ihren polaren Ausrichtungen zum Zuge kommen. Und zwar müssen sie nicht nur irgendwo im Urteilsprozess zur Geltung gelangen, sondern sogar in jeder Teilfrage. Erst ihr Zusammenspiel ergibt die richtige juristische Argumentation.

1.2 Erläuterung

1.2.1 Das Zusammenspiel der juristischen Denkweisen

Die juristischen Denkweisen sind in diesem Buch paarweise als polare Ausrichtungen des Denkens dargestellt worden. Dies soll der Orientierung dienen. Polarität ist aber nicht zu verwechseln mit Widersprüchlichkeit. Das eine schliesst das andere nicht aus. Gegensätze sind Aspekte unseres Lebens; ihre Verbindung ist die Kunst richtiger Entscheidung. 992

Die Gegensätze sind weder absolut zu setzen, noch durch einen Kompromiss zu verdecken. Jede einzelne Denkweise hat etwas Wesentliches zur juristischen Argumentation beizutragen, deckt aber nie das Ganze ab. Sie ist daher nur von relativem Wert. Immerhin ist sie notwendig, wenn das Recht die Vielfalt der Lebensverhältnisse einfangen soll. 993

Das Verhältnis unter den Denkweisen ist daher komplementär. Jede bedarf der Ergänzung durch ihr Gegenstück. Das ist nicht ganz einfach, weil jede ihre eigene Logik und Überzeugungskraft entwickelt. Jede stellt eine eigene Sprache dar, welche in die anderen Sprachen übersetzt werden muss, damit ein konsistentes Urteil über das Ganze möglich wird. *Das Systemdenken sieht in der Bestrafung des Fahrzeuglenkers die logische Konsequenz aus der Strafnorm, während das Problemdenken ein Abwägen verschiedener Grundsätze verlangt.* 994

Oft wird gesagt, das Recht habe die Konkordanz widerstrebender Interessen, Grundsätze und Regeln herzustellen. Das stimmt für die materielle Entscheidung im Einzelfall. Das Urteil muss die Gegensätze gewichten, zwischen Ungleichem „abwägen" und das optimale Mass treffen. Das bedeutet aber keineswegs, dass dazu die Spannung zwischen den verschiedenen Denkweisen abgebaut werden muss. Es gibt keine „richtige Mitte" zwischen deskriptivem und normativem Denken oder zwischen juristischer Logik und empirischer Realität. Vielmehr fördert gerade der Pluralismus der Beiträge die Rationalität der juristischen Argumentation. 995

Der „Methodenpluralismus", der in Praxis und Lehre für die Kombination von grammatikalischer, historischer, systematischer und teleologischer Interpretation gilt, zählt ebenso für die gegenseitige Ergänzung der ver- 996 schiedenen juristischen Denkweisen: Es müssen alle gleichermassen zur Geltung kommen!

997 Der Pluralismus der Denkweisen führt uns in das *Dilemma von Vielfalt und Ordnung.* Denn Pluralismus bedeutet, dass keine vorgegebene Hierarchie zwischen den Denkweisen besteht. *Wie schaffen wir dann eine Ordnung unter den Denkweisen und ihren Beiträgen zum Urteil?*

998 Allerdings bedeutet Pluralismus nicht Beliebigkeit. Der Pluralismus gewinnt seine Ordnung durch die Ausrichtung auf die Aufgabe, eine *gerechte Entscheidung* im Einzelfall zu treffen, die *optimal begründet* ist. Gerechtigkeit und Begründungspflicht bestimmen so den Gehalt der juristischen Rationalität.

999 Jede Denkweise liefert ihre Argumente für den Entscheidungsprozess. Die Argumente erhalten ihr Gewicht aus dem materiellen Recht: Die Vertragsfreiheit, der Grundsatz von Treu und Glauben, das Legalitätsprinzip oder das rechtliche Gehör – diese und all die weiteren Institute des Rechts sind Ausgestaltungen des Ziels der Gerechtigkeit, welche den einzelnen Argumenten zum Fall deren Gewicht zuweisen. *So kann sich nicht auf die Vertragsfreiheit berufen, wer dabei Treu und Glauben verletzt: Das Systemdenken des Vertragsrechts findet am Problemdenken nach dem Vertrauensprinzip seine Grenze.*

1000 Gewiss wird an dieser Lösung des Dilemmas auffallen, dass sie zirkulär ist: Die pluralen Denkweisen sollen den Gehalt des materiellen Rechts bestimmen helfen – dieses aber soll den Stellenwert der einzelnen Denkweisen bestimmen. Wir sind wieder beim hermeneutischen Zirkel angelangt, der für alle juristische Arbeit unentrinnbar ist. Die Methode ist an das Ziel gekoppelt und das Ziel an die Methode. Diese gegenseitige Rückkoppelung ist kein logischer Zirkelschluss, sondern die Spirale gegenseitiger Vergewisserung bei der Annäherung an die Aufgabe gerechter und rational begründeter Entscheidung. Jede Denkweise entwirft eine für sie plausible Lösung des Falles – und wird sogleich durch die anderen Denkweisen korrigiert. Das Vorverständnis von der richtigen Lösung des Falles wird so im Wechselspiel von Entwurf und Gegenentwurf bis zum Urteil verfeinert.

1.2.2 Verhältnis von Denkweise und Methode

Die Spielarten des juristischen Denkens sind Denkmethoden im weiteren Sinn. Deshalb mag es nötig sein, ihr Verhältnis zur juristischen Methodenlehre zu klären. 1001

Im engeren Sinne sind die juristischen Methoden die Canones der grammatikalischen, der historischen, der systematischen und der teleologischen Methode (vielfach noch durch weitere Elemente wie die Folgenabschätzung oder die Rechtsvergleichung ergänzt)[465]. So gefasst, ist Methodenlehre nur die Methode der juristischen Interpretation von Rechtstexten (v.a. Gesetzen). 1002

In einem weiteren Sinn gehört zur juristischen Methode der gesamte Argumentationsprozess, der vom Sachverhalt über den Normtext, das Normprogramm und den Normbereich zur Entscheidungsnorm führt[466]. Methodik ist dann die Anleitung, nach welcher der Blick des Juristen zwischen den faktischen und den normativen Elementen der Problemlösung hin und her wandern soll, bis das Urteil hergestellt ist. 1003

Die typischen Schritte dieses Argumentationsprozesses seien hier nochmals erwähnt[467]: 1004

(1) Zuerst heben wir (aufgrund unseres rechtlichen Vorverständnisses) aus dem Sachverhalt die rechtserheblichen Elemente hervor und konstruieren diese zum Fall,
(2) dann suchen wir den einschlägigen Rechtssatz, der als Normhypothese zum Fall zu passen scheint,
(3) sodann interpretieren wir den gesetzlichen Tatbestand, um herauszufinden, ob sein Normbereich den Fall erfasst (hier sind die Elemente der juristischen Methodik im engeren Sinne anwendbar) und
(4) schliesslich subsumieren wir den Fall unter die Norm und überprüfen das Ergebnis auf seine Wirksamkeit[468].

---

465 Vgl. Ziff. III 1.1.2, Rz. 589 ff.

466 Friedrich Müller, Juristische Methodik , S. 176; vgl. Ziff. III 1.1.2, Rz. 584 ff.

467 Für eine praktische Anleitung vgl. Wank, S. 3 ff.; vgl. die ausführliche Darstellung in Ziff. III 1.1.2 Rz. 584.

468 Interpretationselement der Folgenbeachtung (vgl. Ziff. III 1.1.2, Rz. 593).

1005 In all diesen Schritten ist zu prüfen, welche Denkweisen einen Beitrag leisten können. Während die Subsumtion von der juristischen Logik dominiert wird, stellen die übrigen Schritte eine Mischung verschiedenster Denkweisen dar. Stets sind sowohl faktische wie normative Elemente zu beachten. Stets ist zu differenzieren und zu generalisieren, system- und problembezogen zu denken. Immer geht es darum, Nutzen und Schaden in Rechte und Pflichten zu übersetzen...

1006 *Im Beispiel des Verkehrsunfalls ist der Fussgängerüberweg ein Element des Tatbestandes, nach welchem der Autofahrer beurteilt wird. Die Denkweisen, die in der Lösung angeführt worden sind, bilden die Grundlage für die vier Schritte der Fallösung.*

(1) Die Konstruktion des Falles aus dem Sachverhalt verlangt zunächst ein deskriptives Erfassen und Verstehen des Sachverhaltes, sodann ein normatives Bewerten im Lichte des Vorverständnisses, das methodisch anhand der mutmasslich anwendbaren Norm überprüft wird (*Wo trat der alte Mann auf die Strasse? Hat er sich dabei richtig verhalten...?*);

(2) diese Norm suchen wir, indem wir uns fragen, wie das Recht wohl die Interessen der Beteiligten (*hier: den Schaden*) in Rechte und Pflichten umgesetzt haben könnte (*Vortrittsrecht des Fussgängers*);

(3) die gefundene Norm interpretieren wir, indem wir sowohl den Sachverhalt wie die Norm zugleich differenzieren und generalisieren und dabei gleichermassen Problemdenken und Systemdenken zum Zuge kommen lassen (*Was bedeutet das Vortrittsrecht grundsätzlich und im konkreten Fall...?*);

(4) wenn alle Wertungen und Abwägungen getroffen sind, subsumieren wir den Fall gemäss juristischer Logik unter die Norm und überprüfen das Resultat noch im Hinblick auf seine Folgen für die empirische Realität des künftigen Verhaltens im Strassenverkehr (*Ist das Vortrittsrecht verletzt und der Fahrer entsprechend schärfer zu bestrafen? Wie wirkt sich diese Rechtsfolge auf das Verhalten von Autofahrern und Fussgängern in Zukunft aus?*).

1007 Die Denkweisen bestimmen die Richtung, in welcher die einzelnen Schritte der juristischen Arbeit zu lenken sind. Sie bilden den Stoff, aus dem juristische Argumente gemacht werden. Sie liegen der gesamten Methodik zugrunde. Oder umgekehrt: Juristische Methodik bedient sich der unterschiedlichen Denkweisen, um ihre Argumente zu konstruieren. *So nutzt z.B. die systematische Interpretation vor allem die juristische Logik und das Systemdenken sowie das Generalisieren, während die teleologische Interpretation eher auf die empirische Realität und das Problemdenken abstellt.*

1.2.3 Pluralistische Grundsätzlichkeit

Der Pluralismus der Denkweisen wird also durch die Schritte der juristi- 1008
schen Arbeit in eine methodische Ordnung gebracht: Das Ziel jedes Schrittes bestimmt, welche Denkweise geeignet ist, um dieses Ziel zu erreichen (*um die rechtserheblichen Elemente aus dem Sachverhalt hervorzuheben, muss ich deskriptives und normatives Denken miteinander verknüpfen; desgleichen juristische Logik und empirische Realität sowie Systemdenken und Problemlösungsdenken*).

Damit entsteht eine Ordnung der Zweckmässigkeit, nach welcher die 1009
Denkweisen einzusetzen sind. Zweckmässigkeit kann freilich nicht der oberste Massstab des Rechts sein. Gefordert ist darüber hinaus eine grundsätzliche Rechtfertigung der Ordnung im Pluralismus der juristischen Denkweisen.

Grundsätzlichkeit ist die normative Qualität juristischer Arbeit. Juristisches 1010
Denken muss an Grundsätzen orientiert sein, um das normative Ziel des Rechts, die Gerechtigkeit, zu verwirklichen. Daher muss die Ordnung innerhalb der Vielfalt von Denkweisen ebenfalls an Grundsätzen orientiert werden.

Grundsätzlichkeit bedeutet Ausrichtung auf Werte. Das Recht kennt zwar 1011
einen obersten Wert, die Gerechtigkeit, doch ist dieser Wert so abstrakt, dass sein Inhalt konkretisiert werden muss, damit er eine brauchbare Orientierung abgibt. Wenn wir die Idee der Gerechtigkeit aber differenzieren, entstehen zwangsläufig mehrere Grundsätze, die zueinander in Konkurrenz treten: es entsteht ein Pluralismus von Grundsätzen (*z.B. Rechtsgleichheit, Rechtssicherheit, Angemessenheit*).

Diese Grundsätze lassen sich nicht in eine logische Geltungshierarchie 1012
bringen. Sie sind einander gleichwertig. Das Recht ist daher von einer plu-

ralistischen Grundsätzlichkeit geprägt. Das relative Gewicht der einzelnen Grundsätze lässt sich nicht abstrakt, sondern nur im Einzelfall oder für typische Fallgruppen (Rechtsinstitute) bestimmen.

1013 Auf einer allgemeinen Ebene lassen sich folgende grundsätzliche Ziele im Recht aufzeigen: Oberstes Ziel ist die *Gerechtigkeit* in ihren verschiedenen Ausprägungen (z.B. Jedem das Seine geben, Gleiches gleich behandeln, Verbot der Willkür). Daneben verlangt aber der Grundsatz der *Rechtssicherheit* die Voraussehbarkeit und Durchsetzbarkeit des Rechts, was Schematisierungen und Vereinfachungen bedingt, die Abstriche an der Gerechtigkeit notwendig machen können. Ihm gegenüber steht der Grundsatz der *Billigkeit*, der die Einzelfallgerechtigkeit oder pragmatische Angemessenheit der Entscheidung fordert. Die Nutzenorientierung des Rechts spiegelt sich im Grundsatz der *Zweckmässigkeit*, wonach das Recht geeignet sein muss, seine Ziele in praktisch wirksamer Weise zu verfolgen.

1014 Auf einer nächsten Ebene liegen die sog. *allgemeinen Rechtsgrundsätze*, welche im gesamten Recht oder doch in weiten Rechtsbereichen Geltung beanspruchen. Dazu gehören z.B. der Grundsatz von Treu und Glauben, die Verantwortlichkeit allen Handelns oder das Prinzip der Gleichbehandlung.

1015 Das Verfassungsrecht als Grundlage der Rechtsordnung richtet sich auf sechs *staatsleitende Grundsätze* aus, die das gesamte Staatsrecht umfassen: die Prinzipien des Rechtsstaates, der Demokratie, des Nationalstaates, des Bundesstaates, des Leistungsstaates und des Wirtschaftsstaates[469].

1016 Jedes Rechtsgebiet kennt sodann seine *spezifischen Grundsätze*. So richtet sich das Haftungsrecht nach den Grundsätzen der adäquaten Kausalität, der Rechtswidrigkeit und (teilweise) des Verschuldens. Das Vertragsrecht orientiert sich an der Privatautonomie, der Verbindlichkeit von Verträgen (pacta sunt servanda) und dem Willensprinzip. Das öffentliche Recht ist durch die Prinzipien der Gesetzmässigkeit, des öffentlichen Interesses und der Verhältnismässigkeit geprägt.

---

469 MASTRONARDI, Strukturprinzipien, S. 55 ff.

All diese Prinzipien liefern zumindest eine partielle Orientierung für die juristische Arbeit. Sie sind materielles Recht, bestimmen aber die geforderte Denkweise und Methodik des Juristen. 1017

Pluralistische Grundsätzlichkeit verlangt, dass vor jeder Entscheidung sämtliche anwendbaren Grundsätze daraufhin befragt werden, welchen Beitrag sie zur rationalen Begründung leisten können. Grundsätzliches Denken sucht die Geltung der Prinzipien zu optimieren, d.h. einen angemessenen Ausgleich im Spannungsfeld der Grundsätze herzustellen. Dazu muss es auf sämtliche juristischen Denkweisen zurückgreifen. 1018

Z.B. muss ein Eingriff in ein Grundrecht u. a. verhältnismässig sein. Der Grundsatz der Verhältnismässigkeit verlangt, dass der Eingriff geeignet, erforderlich (AT: notwendig) und zumutbar (verhältnismässig i.e.S.) sei. Ob dies zutrifft, kann ich erst beurteilen, wenn ich die faktische Seite kenne, d.h. den Sachverhalt sorgfältig analysiert, differenziert und auf die konfligierenden Interessen hin untersucht habe; desgleichen muss ich die normativen Wertungen verstehen, welche den Fall regieren, indem ich die anwendbaren Normen methodisch sauber interpretiere, das System der Staatsaufgaben mit dem System der Grundrechte vergleiche und den Konflikt zwischen ihnen als Problem, das zu lösen ist, begreife. Insgesamt muss ich versuchen, den Nutzen, welchen der Eingriff dem Staat bringt, und den Schaden, den er dem Einzelnen zufügt, in gegenseitige Rechte und Pflichten zu übersetzen, welche die Grenze der Zulässigkeit des Eingriffs bestimmen. 1019

Pluralistische Grundsätzlichkeit löst das Dilemma von Vielfalt und Ordnung, indem sie die Vielfalt möglicher Argumente auf eine überschaubare Anzahl von Grundsätzen ausrichtet, zwischen diesen aber den Pluralismus bewahrt. Auf der Ebene grundsätzlicher Argumentation gibt es keine abstrakte Rangordnung der Prinzipien, sondern nur die begründete Gewichtung im Einzelfall. Entscheidend ist, ob eine Argumentationskette alle grundsätzlichen Gesichtspunkte zu einem überzeugenden Gesamtbild integrieren kann. 1020

Juristische Argumentation bedingt daher ein vernetztes Denken, d.h. die gleichzeitige Beachtung einer Vielzahl von Gesichtspunkten, die nicht in einer linearen (kausalen oder logischen) Abhängigkeit voneinander stehen, son- 1021 dern kombiniert werden müssen. Die Gesichtspunkte oder Grundsätze lassen sich grafisch so darstellen, dass sie die Eckpunkte eines Vielecks bilden, in dessen Mitte das zu lösende Problem liegt, oder als Vektoren, die in die verschiedenen Richtungen zeigen, in welcher die Lösung zu suchen ist.

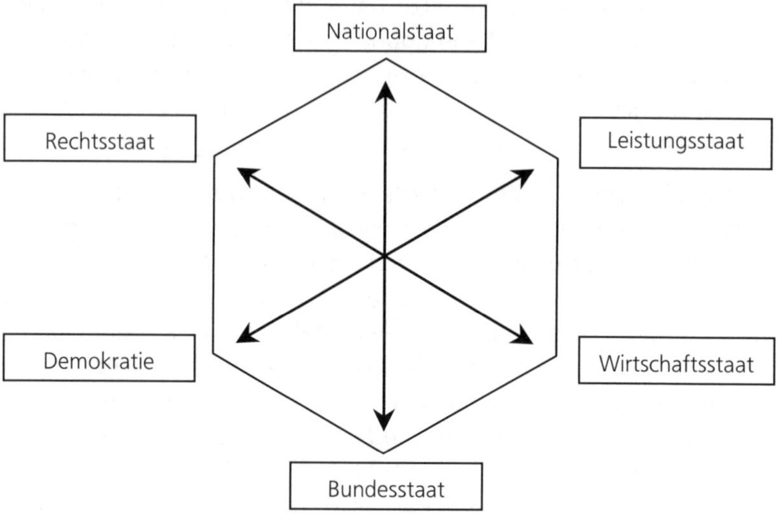

Vieleck mit Vektoren
(Die Vektoren sind positiv oder negativ zu bewerten, je nachdem ob das entsprechende Prinzip für oder gegen eine zu erwägende Lösung spricht).

1021a Pluralistische Grundsätzlichkeit ist damit mehr als ein beliebig verknüpfbares Netzwerk von Gesichtspunkten. Sie ist materiell und methodisch geordnet.

1021b Die materielle Ordnung der Grundsätze besteht in der dogmatischen Bewertung der verschiedenen Grundsätze einer Rechtsordnung (oberste Ziele, allgemeine Rechtsgrundsätze, staatsleitende Grundsätze und spezifische Grundsätze einzelner Rechtsgebiete).

1021c Die methodische Ordnung der Grundsätze besteht darin, dass die aus den jeweiligen Grundsätzen gewonnenen Argumente in den methodisch gegliederten Prozess der juristischen Urteilsbildung eingebracht werden müssen. Jedes Argument muss seinen methodischen Stellenwert dartun.

Argumente, welche die Zweckmässigkeit einer bestimmten Entscheidung begründen, haben daher weniger Gewicht, als solche, welche die Gesetzmässigkeit des Urteils dartun: Nach dem Prinzip der Gewaltenteilung haben Entscheidgründe, welche sich auf den Gesetzestext beziehen, methodischen Vorrang vor Gründen, welche sich auf die Folgen der Entscheidung beziehen (vgl. vorne Rz. 588 ff.).[470] 1021d

Trotz dieser methodischen Einbindung bleibt juristische Argumentation letztlich eine Aufgabe der abwägenden praktischen Vernunft. Alle methodischen Hilfsmittel bleiben unvollständig, wenn sie nicht von der richtigen Haltung des Juristen angeleitet werden. Oberste Voraussetzung ist daher das ehrliche Bemühen, nach bestem Wissen und Gewissen die für alle möglichst gute und gerechte Lösung zu finden. Nur aus diesem Bemühen heraus wird es möglich, eine Synthese unter den Werten des Rechts herzustellen. 1022

1.2.4 Die Verantwortung des Juristen

Alle Reflexion über die juristischen Denkweisen und Methoden mündet somit in die Feststellung, dass der richtige Gebrauch der angebotenen Hilfsmittel in die Verantwortung des Juristen gelegt ist. Die ethische Verpflichtung darauf, unsere Aufgabe im Dienste des Rechts bestmöglich zu erfüllen, bleibt oberste „methodische" Anleitung. 1023

Der Jurist hat sich zwar um Sachlichkeit zu bemühen, nicht aber im Sinne der unpersönlichen Distanziertheit, sondern im Sinne des ehrlichen Einsatzes für die zu entscheidende Sache. Gerechtigkeit als neutrale Unvoreingenommenheit heisst nicht fehlendes Engagement oder kalte Nüchternheit, sondern verlangt einen vollen Einsatz mit Herz und Hand, allerdings nicht für ein einseitiges Interesse, sondern für die methodisch geläuterte, ausgewogene Lösung. Der Jurist, das sei hier ein letztes Mal wiederholt, ist immer Teilnehmer und damit in das Geschehen involviert; er 1024

470 FRIEDRICH MÜLLER, Juristische Methodik, S. 293.

beginnt stets mit seinem Vorverständnis von dem, was er im konkreten Fall für gut und richtig hält. Seine Sachlichkeit und Neutralität ist daher nicht Ausgangspunkt, sondern Ergebnis seriöser Argumentation. Gerechtigkeit ist nicht das Fehlen von Parteilichkeit, sondern deren Überwindung im rationalen juristischen Diskurs.

1025 Die Verantwortung des Juristen ist umfassend. Sie erstreckt sich auf den gesamten Entscheidungsprozess: auf die Denkweisen, auf die methodischen Elemente im engeren Sinn und auf die materielle Dogmatik zum betroffenen Rechtsbereich. Die gesamte „Rechtssprache", d.h. die juristische Rationalität, ist ihm anvertraut. Er hat somit eine öffentliche Aufgabe zu erfüllen: Die Ausrichtung des Rechts auf die Gerechtigkeit.

1.3 Übungsbeispiel

1026 *Das Neue Steuerungsmodell (New Public Management, Wirkungsorientierte Verwaltung) ist nicht nur eine neue Form der Verwaltungsführung, sondern hat staatsrechtliche Bedeutung:*

a) Es verlangt eine schlanke Gesetzgebung, welche der Verwaltung die Ziele vorgibt, die Voraussetzungen des Verwaltungshandelns aber möglichst offen lässt, damit möglichst effizient gehandelt werden kann.

b) Es verlagert einen Teil der politischen Steuerung der Verwaltung aus dem Gesetzgebungsverfahren in das Verfahren des Voranschlags, in welchem neu Wirkungs- und Leistungsziele festgelegt werden können.

c) Es baut die Detaillierung des Voranschlags ab, wenn das Parlament nur noch Globalkredite für ganze Tätigkeitsbereiche beschliessen kann.

d) Es beschränkt das Parlament auf strategische Fragen und überlässt der Regierung und der Verwaltung die operative Ebene des Managements.

e) Es fördert die Leistungs- und Wirkungsorientierung der Verwaltung, indem es nicht mehr Tätigkeiten, sondern Produkte (oder Leistungen) honoriert.

f) Es schafft marktähnliche Anreize für das Handeln der Verwaltung und fördert damit das Denken in ökonomischen Kategorien (Wettbewerb, Kosten, Gewinn).

Aufgabe: 1027

(1) Welche staatsrechtlichen Probleme schaffen die erwähnten Elemente der neuen Verwaltungsführung?

(2) Beurteilen Sie die neue Verwaltungsführung anhand des Sechsecks der staatsleitenden Prinzipien (vgl. Ziff. IV 1.2.3, Rz. 1021), indem sie für jedes Prinzip durch positive oder negative Vektoren angeben, ob das Prinzip die neue Führungsform stützt oder beschränkt und wie stark dies der Fall ist.

Lösung: 1028

1) staatsrechtliche Probleme:

a) Das Legalitätsprinzip (Gesetzmässigkeit der Verwaltung) verlangt, dass die Voraussetzungen des Verwaltungshandelns möglichst genau umschrieben werden; nur so lässt sich der gerichtliche Rechtsschutz der Bürgerinnen und Bürger gewährleisten.

b) Das Verfahren des Voranschlags ist meist weniger gründlich und umfassend als jenes der Gesetzgebung; es verschafft damit eine geringere demokratische Legitimation[471].

c) Die Budgetkompetenz des Parlaments reicht bis ins Detail, sie wird durch die Globalisierung der Budgetierung eingeschränkt.

d) Das rechtlich und politisch Wichtige fällt nicht mit dem aus Sicht der Managementlehre „Strategischen" zusammen; auch operative Fragen können wichtig sein.

e) Die Leistungs- und Wirkungsorientierung steht im Einklang mit den Grundsätzen des modernen Leistungsstaates, der sich über die Dienstleistungen für die Gesellschaft und deren Wirksamkeit legitimiert (Kriterium der Wirksamkeit staatlichen Handelns).

f) Die Einführung ökonomischer Denkweisen in die Verwaltung entspricht der Wirtschaftsverfassung und der Aufgabe des Staates, der Marktwirtschaft einen wettbewerbsförderlichen Rahmen zu verschaffen; ökonomisches Denken kann aber zu anderen Aspekten des öffentlichen Interesses im Leistungsstaat in Konflikt treten.

---

471 Dies gilt, obwohl in Deutschland und in Österreich der Voranschlag in ein formelles Gesetz gefasst wird.

2) Das Vektorbild sieht folgendermassen aus:

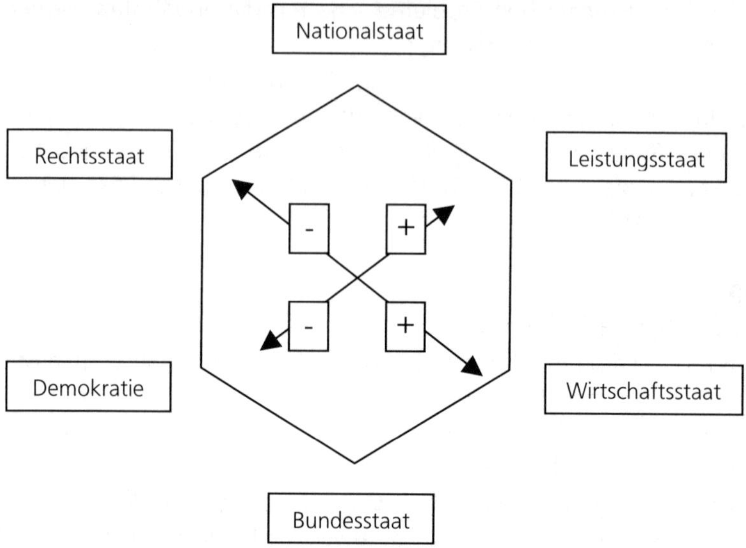

1029 **Hinweis:** Die neue Steuerungsform steht im Einklang mit den Prinzipien des Leistungsstaates und des Wirtschaftsstaates, jedoch im Konflikt zu Rechtsstaat und Demokratie. Wenn die rechtlich erforderlichen Korrekturen oder Begrenzungen des neuen Managementmodells nicht vorgenommen werden, führt die Reform zu einer Umwertung zu Lasten der beiden letztgenannten staatsrechtlichen Grundsätze.

2 Vertiefung

2.1 Ethik der juristischen Verständigung

1030 Im Teil II dieses Buches, der sich mit den Grundlagen befasst, ist eine Verstehenslehre entwickelt worden, welche auf eine juristische Ethik hinführen soll, die integrierend wirkt: die Ethik der juristischen Verständigung[472].

472 Vgl. Ziff. II 5.2.2, 6.2.2 und 6.2.3.

Die Ethik der Verständigung pflegt einen Rationalitätsbegriff, der über die systemische oder Zweck- Rationalität hinaus führt. Rational soll auch die Entscheidung von Sinnfragen im Zusammenleben unter Menschen sein. Verständigung setzt den Verstand des Einzelnen dem Diskurs aller Betroffenen aus. Der Verstand muss sich an den Prinzipien der Diskursethik legitimieren. Rational ist erst, was sich im Diskurs bewährt. Auf den juristischen Diskurs bezogen heisst dies: Recht hat erst, wer zustimmungsfähige Gründe für seine Position anführen kann. 1031

Unter pluralistischen Verhältnissen wird die Verständigung dadurch erschwert, dass unterschiedliche Rationalitäten aufeinanderstossen. Das gilt sowohl in Bezug auf die Spaltung der Gesellschaft in kulturelle und individuelle Welten mit je eigener Wertordnung, wie für die Spezialisierung der wissenschaftlichen Erkenntnis in disziplinäre Rationalitäten. Juristische Probleme müssen als Konflikte zwischen divergierenden Rationalitäten begriffen werden: Jede Partei im Rechtsstreit verfolgt die Logik ihrer Interessenlage, und jeder Fachmann, der im Prozess beigezogen wird, verfolgt die Logik seiner Disziplin (Recht, Wirtschaftswissenschaft, Technik, etc.). Diese Rationalitäten müssen grundsätzlich als gleichberechtigt anerkannt werden. 1032

Das Recht und der Jurist haben die Aufgabe, zwischen diesen Rationalitäten zu übersetzen. Die juristische Rationalität hat dabei ein Doppelgesicht: Sie ist partikuläre Fachrationalität und integrative Ethik zugleich. 1033

- Als Fachsprache hat sie systemischen Charakter. Sie folgt der geschlossenen Logik der rechtlichen Zurechnung von Folgen an das menschliche Verhalten. Die spezifisch juristische Perspektive wählt dabei aus der Wirklichkeit jene Elemente aus, die für das Rechtssystem relevant sind, und schliesst alles Übrige aus. Ein Vorrang dieser Logik vor anderen disziplinären Rationalitäten ergibt sich nur kraft der politischen Macht der Behörden, welche Recht setzen und sprechen.
- Als integrative Ethik übernimmt die juristische Rationalität die Aufgabe der transversalen Vernunft[473]. Sie verknüpft die verschiedenen Rationalitäten, soweit sie das organisierbare gesellschaftliche Zusammenleben

473 Vgl. Ziff. II 6.2.2, Rz. 514.

betreffen. Überall dort, wo Wirtschaft, Politik, Kultur oder andere Teilbereiche der Gesellschaft darauf angewiesen sind, zwischenmenschliche Beziehungen unter Fremden auf zuverlässige Weise zu ordnen, sind sie auf das Recht angewiesen. Dieses gestaltet ihre Beziehungen nach dem Grundsatz der gegenseitigen Anerkennung und des gerechten Ausgleichs. Es integriert die systemischen Rationalitäten in einem überlappenden Diskurs.

1034 Der juristische Diskurs dient so als Übersetzer zwischen den Teilsystemen der Gesellschaft. Soweit die Überlappungen reichen, d.h. soweit es um das organisierbare Zusammenleben geht, beansprucht die Diskursethik Vorrang vor den partikulären Rationalitäten der Systeme. Das gilt auch gegenüber der Fachrationalität des Rechts: Die spezifisch juristische Methodik (Fachsprache) wird eingebettet in die Vielfalt von Denkweisen, welche im juristischen Prozess zur Geltung kommen müssen. Die Form des Rechts wird durch wirtschaftliche, politische und kulturelle Inhalte gefüllt. Wenn Recht als die gerechte Form für das Gute und das Nützliche definiert worden ist[474], dann bestimmen die gesellschaftlichen Kräfte, was als gut und nützlich zu gelten hat.

1035 Der normative Vorrang des Rechts vor den übrigen Rationalitäten legitimiert sich somit nur durch den Anspruch, zwischen den partikulären Rationalitäten gerecht zu vermitteln. Das Recht wird dadurch an den Vernunftbegriff des Diskurses gebunden: Vernünftig ist der gesamte Entscheidungsprozess, wenn er sich nach Gründen richtet, welche die Anerkennung aller Betroffenen verdienen. Die Verständigung über diese Gründe ist somit das Ziel juristischer Rationalität. Juristisches Denken strebt (in seinem Geltungsbereich) nach kommunikativer Vernunft.

1036 Juristische Fachrationalität wird demnach in dem Masse vernünftig, als sie sich der Ethik der Verständigung unterzieht und alle Teilrationalitäten gleichberechtigt am Diskurs über die gerechte Entscheidung teilhaben lässt. Die Spielarten des juristischen Denkens öffnen die juristische Fachrationalität in vielfacher Weise für diesen interdisziplinären Diskurs.[475]

---

474 Vgl. Ziff. III 5.2.2.
475 Vgl. Ziff. II 6.2.3.

Wird die Ethik der Verständigung als Bedingung von Vernunft anerkannt, 1037
bedeutet dies, dass nicht das einzelne Argument vernünftig sein kann, nicht einmal der einzelne Teilnehmer, sondern erst der Diskurs selber. Vernunft wird zu einer intersubjektiven Qualität. Wir nehmen daran Teil, soweit wir das Arsenal möglicher Denkweisen ausschöpfen, damit die Verständigung gelingt.[476]

Zwei Bedingungen, die erfüllt sein müssen, um juristische Fachrationalität 1038
auf die Ebene juristischer Vernunft anzuheben, sind abschliessend näher zu betrachten: das integrierende Denken (Ziff. 2.2) und die ethische Anleitung (Ziff. 2.3).

2.2 Integrierendes Denken

Die juristische Fachrationalität ist vor allem durch die Denkoperation des 1039
Differenzierens geprägt. Der bessere Jurist ist derjenige, welcher die feineren Unterscheidungen treffen kann.

Zum analytischen Zergliedern muss allerdings die Gegenbewegung der 1040
Synthese hinzutreten, wenn die juristische Fachrationalität die Aufgabe der integrierenden Vernunft wahrnehmen soll.

Alles juristische Denken ist begründungspflichtig. Entsprechend müssen 1041
sich auch alle Differenzierungen rechtfertigen lassen. Die Differenz muss notwendig sein, um einem bestimmten Rechtsgrundsatz Geltung zu verschaffen (*z.B. der Rechtsgleichheit bei wesentlich unterschiedlichen Verhältnissen oder dem Vertrauensprinzip bei den unterschiedlichen Arten von Willensmängeln*). Der Differenzierung steht daher stets die Generalisierung eines Grundsatzes zur Seite: rechtliche Differenzierungen müssen grundsätzlicher Art sein; sie müssen sich zu einer Regel generalisieren lassen *(im Wesentlichen gleiche Sachverhalte sind immer gleich zu behandeln*). Allgemeine Kriterien der Gerechtigkeit liefern den Massstab, nach welchem Differenzierungen zulässig und erforderlich sind.

476 Vgl. Ziff. II 5.2.2, Rz. 399 ff.

1042 Das Besondere, Individuelle, Partikuläre lässt sich im Recht immer nur aus seinem Bezug zum Allgemeinen, zum Kollektiven, zum Gemeinwohl begründen. Jede Differenzierung ist an die ihr entsprechende Generalisierung gebunden.[477]

1043 In dieser Grundsätzlichkeit liegt die Chance zur Integration des Rechtsdenkens. Fachliche Rationalität mag sich mit der Differenzierung zufrieden geben. Interdisziplinäre Integration und intersubjektive Verständigung sind jedoch nur möglich, wenn die Unterschiede aus grundsätzlicher Warte legitimiert werden. Juristische Gründe überzeugen ausserhalb der Fachschaft nur, wenn sie sich auf Grundsätze stützen, die allgemeine Anerkennung verdienen.

1044 Damit ist juristische Argumentation auf Grundsätze der Ethik angewiesen. Die Prinzipien unseres Rechtsstaates müssen sich als rechtsspezifische Ausprägungen einer anerkennenswerten Ethik ausweisen lassen. Nur dann kann die Disziplin Recht gegenüber anderen Disziplinen bestehen und ihnen gegenüber den Anspruch der Integration einlösen.

1045 Rechtsdenken muss integrierend sein, indem es verschiedene Fachrationalitäten unter dem Dach einer übergreifenden Ethik der Verständigung zusammenbringt. Seine Geltung hängt von seiner Überzeugungskraft in diesem Diskurs ab.

2.3 Ethische Anleitung

1046 In Ziffer III 5.2 sind die Grundlagen einer juristischen Ethik gelegt worden. Die Aufgabe des Rechts, das Gute und das Gerechte zu verknüpfen, führte zur Klärung des Verhältnisses von Utilitarismus und Deontologie. Das oberste ethische Kriterium des Rechts muss sein, Lösungen zu finden, die für alle gleich gut sind, d.h. Nutzen und Gerechtigkeit vereinen. Daraus ergibt sich die Formel des gerechten Guten oder der Gerechtigkeit als Qualitätstest für das Gute.

---

477 Vgl. Ziff. II 3.2.2 Rz. 836.

Im Folgenden soll versucht werden, diese Grundlagen mit den Erkenntnissen aus dem interkulturellen Diskurs zwischen West und Ost zu verbinden (vgl. Ziff. II 6.2.2). 1047

Auf einen einfachen Nenner gebracht, lässt sich die Gegenüberstellung folgendermassen formulieren: Der Westen denkt in *individuellen Rechten*, der Osten in *kosmischen Gesetzen*. Die Gegenüberstellung kennzeichnet die jeweilige Geisteshaltung: Das Individuum steht im Gegensatz zum Kosmos, das subjektive Recht im Gegensatz zum Gesetz. Die eine Haltung betont das Singuläre, die andere das Universale. 1048

Im Osten ist der Einzelne Teil der göttlichen Ordnung. Er ist „eine Welle im Ozean Gottes". Bewusstsein ist hier das Wissen um die Einheit von Mensch, Natur und Gott. Im Westen hat sich der Einzelne emanzipiert und von höheren Ordnungen gelöst. Bewusstsein ist hier das Wissen um die eigene Individualität. 1049

Dieser Unterschied hat religiöse Wurzeln, wirkt sich aber massgeblich auf Kultur und Recht aus. Wenn wir den interkulturellen Diskurs ernst nehmen, können wir daraus folgende Lehren ziehen: 1050

Im Westen denken die Menschen heute vorwiegend an ihre Rechte und kümmern sich wenig um ihre Pflichten. Dies ist logisch und ethisch ein Fehler. Denn es gibt keine subjektiven Rechte ohne objektive Gesetze und daher keine Rechte ohne Pflichten. Rechte und Pflichten sind juristisch und ethisch untrennbar miteinander verbunden. Nicht nur, weil das eine logisch nicht ohne das andere zu haben ist, sondern auch, weil Rechte und Pflichten mehr sind als ein blosses Tauschverhältnis: eine Ordnung des Zusammenlebens, die aus gegenseitiger Achtung und Verbindlichkeit besteht. Das ethische Bindeglied zwischen Recht und Pflicht ist – *die Liebe*. Denn Gerechtigkeit ist nur die weltliche Form, in welcher wir Liebe zu Fremden üben können, wenn unsere Liebeskraft nicht über den Freundeskreis hinaus reicht. 1051

Der Jurist ist Diener des Rechts. Wenn dieses mehr ist als ein Vorteilstausch, dann darf das Denken des Juristen nicht von Egoismus und Nützlichkeit geprägt sein, sondern muss im Dienst am Mitmenschen und an der Rechtsgemeinschaft stehen. Juristisches Denken muss von der Bürger- 1052 tugend des demokratischen Rechtsstaates getragen sein, in welchem der Jurist arbeitet.

1053 Normatives Denken ist immer ethisch angeleitet. Es beschränkt sich nicht auf den Verstand, sondern verbindet Kopf und Herz, ist Einheit von Denken und Fühlen. Denn normatives Denken strebt nach Gerechtigkeit. Und das Motiv der Gerechtigkeit ist die Liebe. Diese äussert sich als Liebe zur Sache, zu den betroffenen Menschen, zur Rechtsgemeinschaft und zur Menschheit.

1054 Die Tugend, welche richtiges juristisches Denken hervorbringt, ist *Hingabe*. Sich mit Hingabe der Lösung von Konflikten widmen ist die Haltung, die im juristischen Beruf Erfolg bringt. Unser Denken ist nicht nur eine Technik, die für beliebige Zwecke eingesetzt werden kann, sondern es ist daneben und zugleich Wegweiser, der die Richtung angibt, in der das Ziel liegt. Es kommt also darauf an, dass unser Denken richtig ausgerichtet ist. Daher muss es sich den Werten des demokratischen Rechtsstaates unterziehen und sie zum inneren Ziel machen. „Jurist oder Juristin werden" heisst, diese Werte und das dazugehörige Denken verinnerlichen. Die Hingabe an die Gerechtigkeit ist die ethische Pflicht des Juristen.

1055 Einzig diese Hingabe an die Sache der Gerechtigkeit befähigt das juristische Denken, das gerechte Gute zu verwirklichen.

Literaturverzeichnis

Aarnio, Aulis, Denkweisen der Rechtswissenschaft: Einführung in die Theorie der rechtswissenschaftlichen Forschung, Wien / New York, 1979

Abernathy, Charles F., Law in the United States. Cases and Materials, Washington, D.C., 1995

African Commission on Human and Peoples' Rights, African Charter on Human and Peoples' Rights, Banjul / Gambia, ohne Jahrgang

Albert, Hans, Kritik der reinen Hermeneutik. Der Antirealismus und das Problem des Verstehens, Tübingen 1994

Albrecht Achim, Juristisch denken und argumentieren. Leitfaden zum Studienerfolg, Köln 1998

Alexy, Robert, Theorie der juristischen Argumentation. Die Theorie des rationalen Diskurses als Theorie der juristischen Begründung, 2. Aufl., Frankfurt am Main, 1991

Apel, Karl-Otto, Diskurs und Verantwortung. Das Problem des Übergangs zur postkonventionellen Moral, Frankfurt am Main 1988

Bamberg Günter / Coenenberg Adolf Gerhard, Betriebswirtschaftliche Entscheidungslehre, 10. Aufl., München, 2000

Beck, Heinrich, Die Menschenrechte im interkulturellen Dialog. Ein weiterführendes Resumee, in: Voigt, Uwe (Hrsg.), Die Menschenrechte im interkulturellen Dialog, Frankfurt am Main 1998, S. 353 ff.

Benhabib, Seyla, Selbst im Kontext. Kommunikative Ethik im Spannungsfeld von Feminismus, Kommunitarismus und Postmoderne, Frankfurt am Main, 1995

Betti, Emilio, Die Hermeneutik als allgemeine Methodik der Geisteswissenschaften, Tübingen 1962

Biaggini Giovanni, Die Einführung des Frauenstimmrechts im Kanton Appenzell I.Rh. kraft bundesgerichtlicher Verfassungsinterpretation, in: recht, Zeitschrift für juristische Ausbildung und Praxis, Bern 1992, S. 65 ff.

Bielefeldt, Heiner, Philosophie der Menschenrechte. Grundlagen eines weltweiten Freiheitsethos, Darmstadt 1998

Bleicher, Knut, Normatives Management. Politik, Verfassung und Philosophie des Unternehmens, Frankfurt am Main 1994

Bydlinski, Franz, Juristische Methodenlehre und Rechtsbegriff, 2. Aufl., Wien 1991

Canaris, Claus-Wilhelm, Systemdenken und Systembegriff in der Jurisprudenz. Entwickelt am Beispiel des deutschen Privatrechts, 2. Aufl., Berlin 1983

Coing, Helmut, Grundzüge der Rechtsphilosophie, 5. Aufl., Berlin 1993

D'SA, FRANCIS X., Das Recht, ein Mensch zu sein, und die Pflicht, Kosmisch zu bleiben, in: HOFMANN, JOHANNES (Hrsg.), Begründung von Menschenrechten aus der Sicht unterschiedlicher Kulturen, Band I, Symposium: Das eine Menschenrecht für alle und die vielen Lebensformen, Frankfurt 1991

DE BARY, WM. THEODORE, Asian Values and Human Rights. A Confucian Communitarian Perspective, Cambridge (Mass.) / London, 1998

DILTHEY, WILHELM, Der Aufbau der geschichtlichen Welt in den Geisteswissenschaften, in: Gesammelte Schriften, Band 7, 8. Aufl., Göttingen, 1992

DONNELLY, JACK, Cultural Relativism and Universal Human Rights, Human Rights Quarterly 6, 1984, S. 400 ff.

DUX, GÜNTER, Strukturwandel der Legitimation, Freiburg im Breisgau 1976

EBERHARD, KURT, Einführung in die Erkenntnis- und Wissenschaftstheorie. Geschichte und Praxis der konkurrierenden Erkenntniswege, 2. Aufl., Stuttgart 1999

ELIAS, T. OLAWALE, The Nature of African Customary Law, in: SMITH, J. C. / WEISSTUB, DAVID N. (Hrsg.), The Western Idea of Law, London etc. 1983, S. 88 ff.

ELLSCHEID, GÜNTER, Hermeneutik zwischen Lebenswelten und System, in: HASSEMER, WINFRIED, Dimensionen der Hermeneutik, Heidelberg 1998, S. 29 ff.

ELWAN, OMAIA, Rechtsnormen im Islam und Menschenrechte, in: BARRUCAND, MARIANNE et al., Islam – eine andere Welt?, Heidelberg 1999, S. 73 ff.

ENGISCH, KARL, Logische Studien zur Gesetzesanwendung, 2. Aufl., Heidelberg 1960 (zit.: Studien)

ENGISCH, KARL, Einführung in das juristische Denken, 9. Aufl., Stuttgart / Berlin / Köln 1997 (zit.: Einführung)

ESSER, JOSEF, Vorverständnis und Methodenwahl in der Rechtsfindung, Frankfurt am Main 1970

FAGAGNINI, HANS PETER, Wissenschaftstheorie und Politische Wissenschaft, in: Schweizerisches Jahrbuch für Politische Wissenschaft, Nr. 7, St. Gallen 1973, S. 29 ff.

FALLON, RICHARD H., „The Rule of Law" as a Concept in Constitutional Discourse, Columbia Law Review 97, 1997, S. 1 ff.

FARRAG, AHMAD, Human Rights and Liberties in Islam, in: BERTING, JAN et al. (Hrsg.), Human Rights in a Pluralist World. Individual and Collectivities, Westport / London, 1990, S. 133 ff.

FESER, ANDREAS, Das Recht im juristischen Denken. Das hermeneutische Prinzip als allgemeine Denkweise juristischer Methodik von der Regelbildung bei der Normsetzung bis zur Regelkonkretisierung durch den Richter, Baden-Baden 1996

FISCHBACH, RAINER, Volkswirtschaftslehre I. Einführung und Grundlagen, 9. Aufl., München / Wien 1996

FLUME, WERNER, Rechtsakt und Rechtsverhältnis, Paderborn / Zürich 1990

FRANKENA, WILLIAM K., Analytische Ethik. Eine Einführung, 5. Aufl., München 1994

FREEMAN, MICHAEL, Human Rights and Real Cultures: Towards a Dialogue on „Asian Values", Netherlands Quarterly of Human Rights, Vol. 16, 1998, S. 25 ff.

FROMMEL, MONIKA, die Rezeption der Hermeneutik bei Karl Larenz und Josef Esser, Ebelsbach 1981

FUNK, BERND-CHRISTIAN, Juristische Auslegung als Erkenntnis- und Entscheidungsprozess, in: KRAWIETZ, WERNER et al. (Hrsg.), Argumentation und Hermeneutik in der Jurisprudenz, Berlin 1979, S. 107 ff.

GADAMER, HANS-GEORG, Hermeneutik I: Wahrheit und Methode: Grundzüge einer philosophischen Hermeneutik, 6. Aufl., Tübingen 1990

GONIDEC, PIERRE-FRANÇOIS / GLELE, MAURICE AHANANZO, Encyclopédie juridique de l´Afrique, tome premier, Abidjan / Dakar / Lomé 1982

GORDON, ROBERT W., Critical Legal Histories, Stanford Law Review, vol. 36, 1984, S. 57 ff.

GROEBEN, NORBERT, Handeln, Tun, Verhalten als Einheiten einer verstehend-erklärenden Psychologie. Wissenschaftstheoretischer Überblick und Programmentwurf zur Integration von Hermeneutik und Empirismus, Tübingen 1986

HABERMAS, JÜRGEN, Der philosophische Diskurs der Moderne, 3. Aufl., Frankfurt am Main 1986 (zit.: Moderne)

HABERMAS, JÜRGEN, Die Einbeziehung des Anderen, Frankfurt am Main 1996 (zit.: Einbeziehung)

HABERMAS, JÜRGEN, Erkenntnis und Interesse, 12. Aufl., Frankfurt am Main 1999 (zit.: Erkenntnis)

HABERMAS, JÜRGEN, Erläuterungen zur Diskursethik, Frankfurt am Main 1991 (zit.: Erläuterungen)

HABERMAS, JÜRGEN, Faktizität und Geltung. Beiträge zur Diskurstheorie des Rechts und des demokratischen Rechtsstaats, Frankfurt am Main 1992 (zit.: Faktizität)

HABERMAS, JÜRGEN, Legitimationsprobleme im Spätkapitalismus, 9. Aufl., Frankfurt am Main, 1988 (zit.: Legitimationsprobleme)

HABERMAS, JÜRGEN, Moralbewusstsein und kommunikatives Handeln, Frankfurt am Main, 1983 (zit.: Moralbewusstsein)

HABERMAS, JÜRGEN, Nachmetaphysisches Denken, Frankfurt am Main, 1988 (zit.: Nachmetaphysisches Denken)

HABERMAS, JÜRGEN, Technik und Wissenschaft als „Ideologie", Frankfurt am Main 1969 (zit.: Technik)

HABERMAS, JÜRGEN, Theorie der Gesellschaft oder Sozialtechnologie? Eine Auseinandersetzung mit Niklas Luhman, in: HABERMAS, JÜRGEN / LUHMAN, NIKLAS, Theorie der Gesellschaft oder Sozialtechnologie – Was leistet die Systemforschung, Baden-Baden 1971 / 1975, S. 142 ff. (zit.: Theorie der Gesellschaft)

HABERMAS, JÜRGEN, Theorie des kommunkativen Handelns, Band 2, Frankfurt am Main 1981 (zit.: Kommunikatives Handeln)

HABERMAS, JÜRGEN, Wahrheitstheorien, in: DERS., Vorstudien und Ergänzungen zur Theorie des kommunikativen Handelns, 3. Aufl., Frankfurt am Main 1989 (zit.: Wahrheitstheorien)

HAFT, FRITJOF, Juristische Rhetorik, 5. Aufl., Freiburg im Breisgau 1995

HART, HERBERT L.A., Der Begriff des Rechts, Frankfurt am Main, 1973

HASSEMER, WINFRIED, Tatbestand und Typus. Untersuchungen zur strafrechtlichen Hermeneutik, Köln, Berlin / Bonn / München 1967

HAY, PETER, US – Amerikanisches Recht, München 2000

HESSE, KONRAD, Die normative Kraft der Verfassung, Tübingen 1959

HINDERLING, HANS GEORG, Rechtsnorm und Verstehen. Die methodischen Folgen einer allgemeinen Hermeneutik für die Prinzipien einer Verfassungsauslegung, Bern 1971

HÖFFE, OTFRIED, Einleitung„ in: HÖFFE, OTFRIED (Hrsg.), Einführung in die utilitaristische Ethik, 2. Aufl., Tübingen 1992, S. 7 ff. (zit: Utilitaristische Ethik)

HÖFFE, OTFRIED, Gerechtigkeit als Tausch? Zum politischen Projekt der Moderne, Baden-Baden, 1991 (zit.: Tausch)

HÖFFE, OTFRIED, Vernunft und Recht, Bausteine zu einem interkulturellen Rechtsdiskurs, Frankfurt am Main 1996 (zit.: Vernunft)

HOLLIS, MARTIN, Soziales Handeln. Eine Einführung in die Philosophie der Sozialwissenschaft, Berlin 1995

HOLMES, OLIVER W., The Path of the Law, Harvard Law Review X, 1897, S. 61 ff.

HOMANN, KARL, Rationalität und Demokratie, Tübingen 1988

HUNT, ALAN, The Theory of Critical Legal Studies, in: Oxford Journal of Legal Studies, Vol. 6, Nr. 1, Oxford 1986, S. 1 ff.

KANG, SUNG YONG, Die problematische Suche nach Menschenrechten im Buddhismus, in: ORSI, GIUSEPPE et al. (Hrsg.), Recht und Kulturen, Frankfurt am Main 2000, S. 43 ff.

KAUFMANN, ARTHUR, Analogie und „Natur der Sache". Zugleich ein Beitrag zur Lehre vom Typus, 2. Aufl., Heidelberg 1982 (zit.: Analogie)

KAUFMANN, ARTHUR, Beiträge zur juristischen Hermeneutik. Sowie weitere rechtsphilosophische Abhandlungen, Köln 1984 (zit.: Beiträge)

KELMAN, MARK, A Guide to Critical Legal Studies, Cambridge (Mass.) 1987

KELSEN, HANS, Reine Rechtslehre, 2. Aufl., Wien 1960 / 1983

KLESCEWSKI, DIETHELM, Kants Ausdifferenzierung des Gerechtigkeitsbegriffs als Leitfaden der Unterscheidung von Unrechtsformen, in: BROCKMÖLLER ANNETTE et. al. (Hrsg.), Ethische und strukturelle Herausforderungen des Rechts, Stuttgart 1997, S. 77 ff.

KNEER, GEORG, Beobachten, Verstehen und Verständigung, in: SUTTER, TILLMANN (Hrsg.), Beobachtung verstehen, Verstehen beobachten. Perspektiven einer konstruktivistischen Hermeneutik, Opladen 1997, S. 50 ff.

KOCH, HANS-JOACHIM / RÜSSMANN, HELMUT, Juristische Begründungslehre. Eine Einführung in die Grundprobleme der Rechtswissenschaft, München 1982

KOLAN, IRIS, Normative Wirtschaftswissenschaft. Theoretische Fundierung und praktische Anwendung am Beispiel der Gesundheitspolitik, Sinzheim 1996

KRAMER ERNST A., Juristische Methodenlehre, München / Bern 1998

KRAWIETZ, WERNER, Juristische Argumentation und Argumentationstheorien auf dem Prüfstand (Vorwort), in: KRAWIETZ, WERNER / ALEXY, ROBERT (Hrsg.), Metatheorie juristischer Argumentation, Berlin 1983, S. 3 ff. (zit.: Argumentation)

KRAWIETZ, WERNER, Juristische Entscheidung und wissenschaftliche Erkenntnis: eine Untersuchung zu Verhältnis von dogmatischer Rechtswissenschaft und rechtswissenschaftlicher Grundlagenforschung, Wien / New York 1978 (zit.: Entscheidung)

KÜHNHARDT, LUDGER, Die Universalität der Menschenrechte, 2. Aufl., Bonn, 1991

KURASHA, JAMESON, Afrikanische Kultur und die Vermittlung der Menschenrechte, in: VOIGT, UWE (Hrsg.), Die Menschenrechte im interkulturellen Dialog, Frankfurt am Main 1998, S. 207 ff.

KÜTTNER, MICHAEL, Deskriptive Modelle und Handlungsempfehlungen in der Betriebswirtschaftslehre, in: SCHMIDT, REINHARD H. / SCHOR, GABRIEL (Hrsg.), Modelle in der Betriebswirtschaftslehre, Wiesbaden 1987, S. 255 ff.

LADEUR, KARL-HEINZ, Postmoderne Rechtstheorie: Selbstreferenz – Selbstorganisation - Prozeduralisierung, Berlin 1992

LARENZ, KARL / CANARIS, CLAUS-WILHELM, Methodenlehre der Rechtswissenschaft, 3. Aufl., Berlin 1995

LAUX, HELMUT, Entscheidungstheorie, 4. Aufl., Berlin 1998

LAWYERS COMMITTEE ON HUMAN RIGHTS, Islam and Justice. Debating the Future of Human Rights in the Middle East and North Africa, New York / Washington, 1997

LOOSCHELDERS, DIRK, Juristische Methodik im Prozess der Rechtsanwendung. Zugleich ein Beitrag zu den verfassungsrechtlichen Grundlagen von Gesetzesauslegung und Rechtsfortbildung, Berlin 1996

LUHMANN, NIKLAS, Das Recht der Gesellschaft, Frankfurt am Main 1993 (zit.: Recht)

LUHMANN, NIKLAS, Die Wirtschaft der Gesellschaft, 2. Aufl., Frankfurt am Main 1996 (zit.: Wirtschaft)

LUHMANN, NIKLAS, Erkenntnis als Konstruktion, Bern, 1988 (zit.: Erkenntnis)

LUHMANN, NIKLAS, Moderne Systemtheorien als Form gesamtgesellschaftlicher Analyse, in: HABERMAS, JÜRGEN / LUHMAN, NIKLAS, Theorie der Gesellschaft oder Sozialtechnologie – Was leistet die Systemforschung, Baden-Baden 1971 / 1975, S. 7 ff. (zit.: Moderne Systemtheorien)

LUHMANN, NIKLAS, Soziale Systeme, Grundriss einer allgemeinen Theorie, 7. Aufl., Frankfurt am Main 1999 (zit.: Soziale Systeme)

MALL, RAM ADHAR, Orthafte Ortlosigkeit der Menschenrechte – Eine interkulturelle Perspektive unter besonderer Berücksichtigung indischer Traditionen, in: VOIGT, UWE (Hrsg.), Die Menschenrechte im interkulturellen Dialog, Frankfurt am Main, 1998, S. 245 ff.

MASTRONARDI PHILIPPE, Recht und Politik – Systeme oder Diskurse? Eine wissenschaftstheoretische Reflexion, in: ROLAND KLEY / SILVANO MÖCKLI (Hrsg.), Geisteswissenschaftliche Dimensionen der Politik, Festschrift für ALOIS RIKLIN zum 65. Geburtstag, Bern, Stuttgart, Wien 2000, S. 341 ff. (zit.: Recht und Politik)

MASTRONARDI PHILIPPE, Strukturprinzipien der Bundesverfassung? Fragen zum Verhältnis von Recht und Macht anhand des Wirtschaftsstaatsprinzips, Beiheft zur Zeitschrift für Schweizerisches Recht (ZSR), Heft 7, Basel 1988 (zit.: Strukturprinzipien)

MASTRONARDI, PHILIPPE, Der Zweck der Eidgenossenschaft als Demokratie, Zeitschrift für Schweizerisches Recht (ZSR) NF 117, 1998, II, S. 317 ff. (zit.: Zweck der Eidgenossenschaft)

MASTRONARDI, PHILIPPE, Funktionales Recht, in: MEIER-SCHATZ, CHRISTIAN J. (Hrsg.), Die Zukunft des Rechts, Basel 1999, S. 163 ff. (zit.: Funktionales Recht)

MASTRONARDI, PHILIPPE, Kriterien der demokratischen Verwaltungskontrolle. Analyse und Konzept der parlamentarischen Oberaufsicht im Bund, Basel / Frankfurt am Main 1991 (zit.: Kriterien)

MUELLER DENNIS C., Public Choice II, Cambridge (Mass.) 1989

MÜLLER FRIEDRICH, Juristische Methodik, 7. Aufl., Berlin 1997 (zit.: Juristische Methodik)

MÜLLER FRIEDRICH, Normstruktur und Normativität. Zum Verhältnis von Recht und Wirklichkeit in der juristischen Hermeneutik, entwickelt an Fragen der Verfassungsinterpretation, Berlin 1966 (zit.: Normstruktur)

MÜLLER FRIEDRICH, Strukturierende Rechtslehre, 2. Aufl., Berlin 1994 (zit.: Strukturierende Rechtslehre)

MÜLLER, GEORG, Elemente einer Rechtsetzungslehre, Zürich 1999 (zit.: Elemente)

NEUMANN, ULFRID, Juristische Logik; in: KAUFMANN, ARTHUR / HASSEMER, WINFRIED (Hrsg.), Einführung in Rechtsphilosophie und Rechtstheorie der Gegenwart, 6. Aufl., München 1994, S. 292 ff. (zit.: Logik)

NEUMANN, ULFRID, Zum Verhältnis von philosophischer und juristischer Hermeneutik, in: HASSEMER, WINFRIED, Dimensionen der Hermeneutik, Heidelberg 1998, S. 49 ff. (zit.: Hermeneutik)

NOLL, PETER, Gesetzgebungslehre, Reinbek bei Hamburg 1973 (zit.: Gesetzgebungslehre)

OTT, EDWARD E., Kritik der juristischen Methode, Basel / Frankfurt am Main 1992

PAUL, GREGOR, Universalität und Kritik: "Westliche" Prinzipien? in: SCHWEIDLER, WALTER (Hrsg.), Menschenrechte und Gemeinsinn – westlicher und östlicher Weg? Philosophisch-politische Grenzerkundungen zwischen ostasiatischen und westlichen Kulturen, Sankt Augustin 1998, S. 139 ff.

PAWLOWSKI, HANS-MARTIN, Einführung in die juristische Methodenlehre. Ein Studienbuch zu den Grundlagenfächern Rechtsphilosophie und Rechtstheorie, 2. Aufl., Heidelberg 2000 (zit.: Einführung)

PAWLOWSKI, HANS-MARTIN, Methodenlehre für Juristen. Theorie der Norm und des Gesetzes, 3. Aufl., Heidelberg 1999 (zit.: Methodenlehre)

PERELMAN, CHAIM, Juristische Logik als Argumentationslehre, Freiburg im Breisgau / München 1979

PHILIPPS, LOTHAR, Normentheorie, in: KAUFMANN, ARTHUR / HASSEMER, WINFRIED (Hrsg.), Einführung in Rechtsphilosophie und Rechtstheorie der Gegenwart, 6. Aufl., München 1994, S. 317 ff.

PIETSCHMANN, HERBERT, Phänomenologie der Naturwissenschaft. Wissenschaftstheoretische und philosophische Probleme der Physik, Berlin 1996

POPPER, KARL R., Logik der Forschung, Tübingen 1994

POUND, ROSCOE, Social Control through Law, (1942) New Brunswick / London 1997

RAHN, GUNTRAM, Rechtsdenken und Rechtsauffassung in Japan. Dargestellt an der Entwicklung der modernen japanischen Zivilrechtsmethodik, München 1990

RAWLS, JOHN, Eine Theorie der Gerechtigkeit, 8. Aufl., Frankfurt am Main 1994

REIMANN, MATHIAS, Historische Schule und Common Law. Die deutsche Rechtswissenschaft des 19. Jahrhunderts im amerikanischen Rechtsdenken, Berlin 1993

ROSENFELD, MICHEL, Rule of Law versus Rechtsstaat, in: HÄBERLE, PETER / MÜLLER, JÖRG PAUL (Hrsg.), Menschenrechte und Bürgerrechte in einer vielgestaltigen Welt. Wissenschaftliche Begegnung einiger Freunde von THOMAS FLEINER zu Ehren seines 60. Geburtstages, Basel / Genf / München, 2000, S. 49 ff.

RÜEGG-STÜRM, JOHANNES, Das neue St. Galler Management-Modell. Grundkategorien einer integrierten Managementlehre: Der HSG-Ansatz, Bern / Stuttgart / Wien 2002

RÜTHERS, BERND, Rechtstheorie. Begriff, Geltung und Anwendung des Rechts, München 1999

SCHÄFER, HANS-BERND / OTT, CLAUS, Lehrbuch der ökonomischen Analyse des Zivilrechts, 2. Aufl., Berlin etc. 1995

SCHILD, WOLFGANG, Menschenrechte als Fundament einer Weltverfassung, in: KERBER, WALTER (Hrsg.), Menschenrechte und kulturelle Identität, München 1991, S. 165 ff.

SCHMID, MICHAEL, Idealisierung und Idealtyp. Zur Logik der Typenbildung bei Max Weber, in: WAGNER, GERHARD / ZIPPRIAN, HEINZ (Hrsg.), Max Webers Wissenschaftslehre. Interpretation und Kritik, Frankfurt am Main 1994, S. 415 ff.

SCHMID, PETER A., Ethik als Hermeneutik. Systematische Untersuchungen zu Hermann Cohens Rechts- und Tugendlehre, Würzburg 1995

SCHNEIDER, EGON, Logik für Juristen, 4. Aufl., München 1995

SCHOLLER, HEINRICH, Anknüpfungspunkte für eine Rezeption der abendländischen Menschenrechte in der afrikanischen Tradition, in: KERBER, WALTER (Hrsg.), Menschenrechte und kulturelle Identität, München 1991, S. 117ff.

SCHREY, HEINZ-HORST, Einführung in die Ethik, 4. Aufl., Darmstadt 1991

SCHROTH, ULRICH, Philosophische und juristische Hermeneutik, in: KAUFMANN, ARTHUR / HASSEMER, WINFRIED (Hrsg.), Einführung in die Rechtsphilosophie und Rechtstheorie der Gegenwart, 5. Aufl., Heidelberg, 1989, S. 306 ff.

SCHWINTOWSKI, HANS-PETER, Recht und Gerechtigkeit. Eine Einführung in Grundfragen des Rechts, Berlin 1996

SEIFFERT, HELMUT, Einführung in die Wissenschaftstheorie. Erster Band: Sprachanalyse – Deduktion – Induktion in Natur- und Sozialwissenschaften, 10. Aufl., München 1983 (zit.: SEIFFERT I)

SEIFFERT, HELMUT, Einführung in die Wissenschaftstheorie. Zweiter Band: Geisteswissenschaftliche Methoden: Phänomenologie – Hermeneutik und historische Methode – Dialektik, 8. Aufl., München 1983 (zit.: SEIFFERT II).

STEINVORTH, ULRICH, Menschenrechte in Asien, in: ORSI, GIUSEPPE et al. (Hrsg.), Recht und Kulturen, Frankfurt am Main 2000, S. 7 ff.

SUMMERS, ROBERT S., Pragmatischer Instrumentalismus und amerikanische Rechtstheorie - Darstellung und Kritik, Freiburg im Breisgau / München 1983

SUTTER, TILMANN, Beobachten und Verstehen – eine überwundene Differenz? (Einleitung), in: SUTTER, TILLMANN (Hrsg.), Beobachtung verstehen, Verstehen beobachten. Perspektiven einer konstruktivistischen Hermeneutik, Opladen 1997, S. 11 ff.

TEUBNER, GUNTHER, Die zwei Gesichter des Janus: Rechtspluralismus in der Spätmoderne, in: SCHMIDT, EIKE / WEYERS, HANS-LEO (Hrsg.), Liber Amicorum. Josef Esser zum 85. Geburtstag, Heidelberg 1995, S. 191 ff. (zit.: Janus)

TEUBNER, GUNTHER, Recht als autopoietisches System, Frankfurt am Main 1989 (zit.: Recht)

THIELEMANN, ULRICH, Das Prinzip Markt: Kritik der ökonomischen Tauschlogik, Bern / Stuttgart / Wien 1996

THOMMEN, JEAN-PAUL, Die Bedeutung normativer Fragen in der Betriebswirtschaftslehre, in: Die Unternehmung, Jg. 45 (1991), S. 433 ff.

TÖNNIES, SYBILLE, Der westliche Universalismus. Eine Verteidigung klassischer Positionen, 2. Aufl., Opladen 1995

ULRICH, PETER, Demokratie und Markt. Zur Kritik der Ökonomisierung der Politik, in: Jahrbuch für Christliche Sozialwissenschaften, Band 36 (1995), S. 74 ff. (zit.: Demokratie und Markt)

ULRICH, PETER, Integrative Wirtschaftsethik. Grundlagen einer lebensdienlichen Ökonomie, 3. Aufl., Bern / Stuttgart / Wien 2001 (zit.: Wirtschaftsethik)

ULRICH, PETER, Wirtschaftsethik – Interdisziplin im Schnittfeld zweier normativer Logiken, in: HOLZHEY, HELMUT / SCHABER, PETER (Hrsg.), Ethik in der Schweiz, Zürich 1996 (zit.: Interdisziplin)

UNGER, ROBERTO MANGABEIRA, The Critical Legal Studies Movement, Cambridge (Mass.) 1986

VIEHWEG, THEODOR, Topik und Jurisprudenz. Ein Beitrag zur rechtswissenschaftlichen Grundlagenforschung, 5. Aufl., München 1974

VIRALLY, MICHEL, La pensée juridique, Paris 1960 / 1998

VON ARNIM, HERBERT, Staatslehre der Bundesrepublik Deutschland, München 1984 (zit.: Staatslehre)

VON ARNIM, HERBERT, Zur normativen Politikwissenschaft, Speyer 1986 (zit.: Politikwissenschaft)

WALZER, MICHAEL, Lokale Kritik – Globale Standards, Hamburg 1996

WANK, ROLF, Die Auslegung von Gesetzen: Eine Einführung, Köln, 1997

Weber, Max, Der Sinn der „Wertfreiheit" der soziologischen und ökonomischen Wissenschaften, in: Ders., Gesammelte Aufsätze zur Wissenschaftslehre, hrsg. von Johannes Winckelmann, 5. Aufl., Tübingen 1982, S. 489 ff. (zit.: Wertfreiheit)

WEBER, MAX, Die „Objektivität" sozialwissenschaftlicher und sozialpolitischer Erkenntnis, in: DERS., Gesammelte Aufsätze zur Wissenschaftslehre, hrsg. von JOHANNES WINCKELMANN, 5. Aufl., Tübingen 1982, S. 146 ff. (zit.: Objektivität)

WEBER, MAX, Politik als Beruf, in: WEBER, MAX, Gesammelte politische Schriften, München 1921, S. 396 ff. (zit.: Politik)

WEBER, MAX, R. Stammlers „Überwindung" der materialistischen Geschichtsauffassung, in: DERS., Gesammelte Aufsätze zur Wissenschaftslehre, hrsg. von JOHANNES WINCKELMANN, 5. Aufl., Tübingen 1982, S. 291 ff. (zit.: Stammler)

WEBER, MAX, Wirtschaft und Gesellschaft, hrsg. von JOHANNES WINCKELMANN, 5. Aufl., Tübingen 1972 (zit.: Wirtschaft)

WEINBERGER, OTA, Norm und Institution. Eine Einführung in die Theorie des Rechts, Wien 1988 (zit.: Norm)

WEINBERGER, OTA, Rechtslogik, 2. Aufl., Berlin 1989 (zit.: Rechtslogik)

WELSCH, WOLFGANG, Vernunft. Die Zeitgenössische Vernunftkritik und das Konzept der transversalen Vernunft, Frankfurt am Main 1996

WERHAHN, PETER H., Menschenbild, Gesellschaftsbild und Wissenschaftsbegriff in der neueren Betriebswirtschaftslehre. Faktortheoretischer Ansatz, entscheidungsorientierter Ansatz und Systemansatz im Vergleich, 2. Aufl., Bern / Stuttgart 1989

WILLKE, HELMUT, Stand und Kritik der neueren Grundrechtstheorie. Schritte zu einer normativen Systemkontrolle, Berlin 1975 (zit.: Grundrechtstheorie)

WILLKE, HELMUT, Systemtheorie entwickelter Gesellschaften. Dynamik und Riskanz moderner gesellschaftlicher Selbstorganisation, 2. Aufl., Weinheim / München 1993 (zit.: Entwickelte Gesellschaften)

WILLKE, HELMUT, Systemtheorie I: Grundlagen, 5. Aufl., Stuttgart 1996 (zit.: Systemtheorie I)

WINKLER, GÜNTHER, Sein und Sollen. Zur Anwendbarkeit der transzendentalen Logik auf das rechtstheoretische Denken, in: KRAWIETZ, WERNER (Hrsg.), Argumentation und Hermeneutik in der Jurisprudenz, Berlin 1979, S. 177 ff.

WINKLER, GÜNTHER, Zeit und Recht. Kritische Anmerkung zur Zeitgebundenheit des Rechts und des Rechtsdenkens, Wien / New York 1995

WURZEL, GEORG KARL, Rechtswissenschaft als Sozialwissenschaft: juristisches Denken und Sozialdynamik des Rechts, Wien / New York 1904 / 1991

ZIPPELIUS, REINHOLD, Recht und Gerechtigkeit in der offenen Gesellschaft, 2. Aufl., Berlin 1996

Sachwortregister

Das Sachwortregister bezieht sich auf die Randziffern.

Die Fundstelle erstreckt sich meist über mehrere Randziffern hinaus. Fett gedruckte Zahlen bezeichnen jene Texte, in welchen die wichtigsten Aussagen zum Sachwort zu finden sind.

A

abstrakt 755
Analyse 733
Anthropologie 486, **496**, 535
Anthropozentrik 480, 543
Argumentation
- freie 889
- juristische 856, **879**, 913
- systematische 894
- typisierende 901
- vergleichende 905

Aufgabe
- oder Funktion 258
- des Rechts 850

B

Begriff **647**, 791
begründen 180, 228, **262**
beobachten **35**, 42, 67, 77, 131, 378, 415, 722
beschreiben **245**, 285
Betriebswirtschaftslehre 204, 266

C

Critical Legal Studies 634

D

Deduktion **110**, 328, 659
Denkweise 182,
- juristische 34, 565, 984, 1001
- Pluralismus 997, **1008**
- Zusammenspiel 992

Deontologie 31, 949, 955, **965**
Descartes 314
deskriptiv 61, **245**, **301**, 651
Dialektik 94
differenzieren 726, **781**, 819
Diskurs 121, **352** , 399
Diskurstheorie **363**, **386**, 506, 528, 829
Dogmatik 743, **864**

E

Effizienz 270
Empirie **674**, 707, 721
entscheiden 229
Entscheidung 46, **202**
- juristische **213**, 557
- wertende 46

Entscheidungsinteresse 65, **175**, **217**
erkennen 61, **84**, 89, **145**
Erkenntnis **193**
Erkenntnisinteresse 65, **175**
erklären 151, 313

Ethik **278**, **525**, 832
- juristische **392**, 398, 557, **1030**

eurozentrisch 480, 540

F

Funktion
- oder Aufgabe 258

funktionales Denken **293**, 301, 416

G

Gadamer, Hans-Georg 137
Geltung 39, 130, 253
generalisieren 726, **788**, 814
generell 768
Gerechtigkeit **22**, 220, 399, 517, 863, **937**, **947f**, **974**, 1013
Gründe 299, vgl. begründen
Grundsatz 796, 859, **871**, 926
- allg. Rechtsgrundsatz 1014
- spezifischer 1016
- staatsleitender 1015

Grundsätzlichkeit 817, 838, **1010**, 1043
Gute, das 12, 27, 541, **936**, **947e**, **971**

H

Habermas, Jürgen 74
Handlungslehre 63, **68**
handlungsorientierend 416
Hermeneutik,
- allgemeine 90
- juristische 101, 160

hermeneutischer Zirkel 97, **116**, **160**, 581, 619, 1000
Höffe, Otfried 495
Hollis, Martin 151

I

Individualismus 475, 480, 542, 821
individuell 768
Induktion 110
interdisziplinär 336, 552, 559, 637, 720
Interesse 31, **193**, 859, **918**
interkultureller Diskurs 483, 502, **510**, **525**
Intersubjektivität 352, 826

K

Kant, Immanuel 955
Kelsen, Hans 318, 697
Kodifikationsprinzip 847
konkret 760
Kultur 425, 438, **468**

L

Lebenswelt 405
Legitimität 130, 256
Liberalismus 476
Logik **110**, 313, 493, 721, 896
- allgemeine 664
- juristische 318, **646**

Luhmann, Niklas **69**

M

Macht 278, 947b
Menschenrechte 479, **518**, **539**
Methode 103, 164, 573, **578**, **607**, 1001
- und materielles Recht 615
- und Wissenschaftlichkeit 624

Methodenlehre 587
- Folgenbeachtung 593
- grammatikalische 589
- historische 590
- Rechtsvergleichung 594
- systematische 591
- teleologische 592

Müller, Friedrich 164

N

Norm **261**, **293**, 311, 584, 884, 929
- soziale 1
- und Wirklichkeit 286

Normalität 247

normativ 61, 209, **245**, **293**, 417, 626, 651, 684
Normativität 247, 887, 929
Normlogik 697
Nutzen 10, **22**, 220
- und Schaden 918, 960
Nützlichkeitsethik: vgl. Utilitarismus

O
Ökonomie 48, 242, 270, 347
ökonomische Analyse 356

P
Pflicht 29
Pflichtenethik: vgl. Deontologie
Politikwissenschaft 274
Popper, Karl 115
Positivismus 340, **697**
Praxis 41
Problemdenken 844, 855, **867**, 881

R
Rationalität 508, **1031**; vgl. Vernunft
- der juristischen Ethik 397
- juristische **552**, 631, 836, 866
- kommunikative 831
Realismus **674**, 704
Realität 646, **674**
Recht **278**, 541
- normative Denkweise 935
- Übersetzerrolle 403, **411**, 435, 561, 933, 1034
- und Pflicht 10, 478, 918, 960,1051
Rechtsetzung 620
Rechtsgleichheit 849
Rechtsgut 859, 925
Rechtsgüterabwägung 856
Rechtssatz 657
Rechtssicherheit 848
Rechtssprache **432**, 633, 650
Rechtssystem 845
Reflexion
- Stufen 553
Regel 299, 789, 859, 927
Relativität 459, **468**
Rhetorik 890
Richtige, das 12, 627
Rollentausch 937

S
Sachverhalt 584, 929
- empirische Analyse 675
Sein und Sollen 248, **310**
Sozialwissenschaft 66
- beobachtend 67
- teilnehmend 77
- verstehend 67, **122**, 626
Sprache **431**, 831
Subjekt und Objekt **315**, 328, 504
Subjektive Rechte 477
Subsumtion 660
Syllogismus 660
Synthese 737
System 295, 352, **374**, **845**
Systemdenken 844, 854, **867**, 880, 894
Systemtheorie 63, **68**, **376**, 405, 827

T
Tatsache **261**, 311
teilnehmen 35, 42, 77, 137, **378**, 415
Theorie 41
Topik **852**, 889
Trennungsdenken 819
typisierendes Denken 882
Typus **793**, **808**, 867, 902

U
Universalismus 426, **491**
Ursache 299
Urteil 180, **573**, 607
- darstellen **230**, 601
- herstellen **230**, 600

Urteilsbildung **584**, 1003
Utilitarismus 31, **949**, 965

V

Verantwortung des Juristen 1023
vernetztes Denken 1021
Vernunft 401, 495, **508**
- juristische 1038
- kommunikative 411, 1035
- praktische 1022
- transversale 514, 533, 560

Verständigung 407, 506, **525**, **1030**
verstehen 61, **84**, 89, **145**, 227
Verstehenslehre 149, 1030
Vorverständnis **193**, **573**, 611

W

Wahrheit 119, **684**
Walzer, Michael 534
Weber, Max 122, 322
Welsch, Wolfgang 514
Weltbild 474
werten 46, **245**, 285, **304**, 712
Wertfreiheit 125, 136
Wirkung 36
Wissenschaft 623
- systematische 178

Wissenschaftstheorie 110
Wissensspirale der Differenzierung 344

Z

Zirkel, hermeneutischer: vgl. hermeneutischer Zirkel
Zweckmässigkeit 943
Zweckrationalität **126**, 300

Bitte beachten Sie auch die folgenden Seiten!

Gerhard Walter

Internationales Zivilprozessrecht der Schweiz

UTB 1852
3. neu bearbeitete Auflage 2002
605 Seiten, kartoniert
€ 47.90 / CHF 41.50
ISBN 3-8252-1851-1

Mit dem Bundesgesetz über das Internationale Privatrecht von 1989, durch den Beitritt zum Lugano-Übereinkommen und eine Reihe von Verträgen im Bereich der internationalen Rechtshilfe hat sich die Schweiz im Internationalen Zivilprozessrecht moderne Rechtsgrundlagen geschaffen. Die weiterhin rasch wachsende Judikatur und Literatur haben eine Neubearbeitung von Walters bewährtem Lehrwerk nötig gemacht, die über eine blosse Nachführung weit hinaus geht. Die Neuauflage ist auf den Stand vom 31. Dezember 2001 gebracht, sie enthält aber u.a. auch die seit dem 1. März 2002 geltende EU-Verordnung.

UTB

Haupt

Haupt Verlag Bern · Stuttgart · Wien
verlag@haupt.ch · www.haupt.ch